重新
與人對話

迎接數位時代的
人際考驗，

修補親密關係的
對話療法

Reclaiming Conversation:

The Power of Talk
in a Digital Age

Sherry Turkle
雪莉・特克——著　洪慧芳——譯

謹獻給蕾貝卡、凱莉、艾米麗，
感謝所有的餐桌對話

我的屋裡有三把椅子，
一把方便獨處，
兩把供促膝談心，
三把為社交需求。

——梭羅 Henry David Thoreau，《湖濱散記》

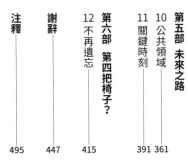

PRAISE

各界好評

「智慧型手機猶如糖和脂肪，威力強大，使用時若不節制，就足以毀滅我們。雪莉．特克為我們介紹一種二十一世紀的保命妙方：以面對面的交談為重。這招真的有效，你的人生、家庭生活、職場生活都會因此變得更好。特克以成千上百個精闢的論點主張，為什麼我們應該把視線移開螢幕。」

——凱文．凱利（Kevin Kelly）

《連線》雜誌（*Wired*）創辦人、《科技想要什麼》（*What Technology Wants*）作者

「在這本精彩絕倫的好書中，雪莉．特克說明了對話的力量、現今對話的沒落、對話消失的

後果，以及如何保留與重啟對話。」

——霍華德．嘉納（Howard Gardner）
哈佛大學教育研究所霍布斯講座的認知與教育學教授

「很少看到一本書同時精闢地批判科技對文化的隱約危害，又精彩地主張語言感動我們、增廣見聞、深化人際關係的力量。」

——瑪莉安．沃夫（Maryanne Wolf）
塔弗茲大學狄比亞久講座的公民和公共服務教授

「重啟對話就是重拾人性。雪莉．特克告訴我們，想要愛得更深、學得更好，就必須好好保護這個重要的一環，而且那是我們都能做到的。這本書儼然就是一場關於對話的重要對話。」

——任碧蓮（Gish Jen）
《世界與城鎮》（*World and Town*）、《東西方寫作》（***Tiger Writing***）作者

「每一頁引人入勝的精彩內容，都清楚顯現雪莉．特克在人機互動方面的過人專業，以及她對人們苦於追尋自我認知的深刻同情。這本好書來得正是時候，我們可以從討論這本書開始重啟對話。」

——羅莎貝絲・摩絲・肯特（Rosabeth Moss Kanter）
哈佛商學院教授，《移動》（*Move*）、《信心》（*Confidence*）作者

「雪莉・特克抱著惻隱之心勇敢地證明，社群媒體的真正效用，在於讓我們重新了解『共創人生意義』這門失傳的藝術。」

——道格拉斯・洛西科夫（Douglas Rushkoff）
《當代衝擊》（*Present Shock*）作者

「我們溝通與聯繫方式不斷地改變，而且還不見得變好。在這樣的年代裡，雪莉・特克以我們亟需的謹慎與理性方式，說明現在究竟發生了什麼事。」

——阿茲・安薩里（Aziz Ansari）
《救救我的羅曼史》（*Modern Romance*）作者

「『唯有相連！』佛斯特在一九一〇年的小說《此情可問天》裡如此寫道。在這本睿智又精闢的好書中，雪莉・特克提出一種與時俱進的妙方：唯有對話！」

——尼可拉斯・卡爾（Nicholas Carr）
《網路讓我們變笨？》（*The Shallows*）、《被科技綁架的世界》（*The Glass Cage*）作者

我們說得夠多了，但沒有對話。

——塞繆爾·詹森（Samuel Johnson），《漫談者》（*The Rambler*）

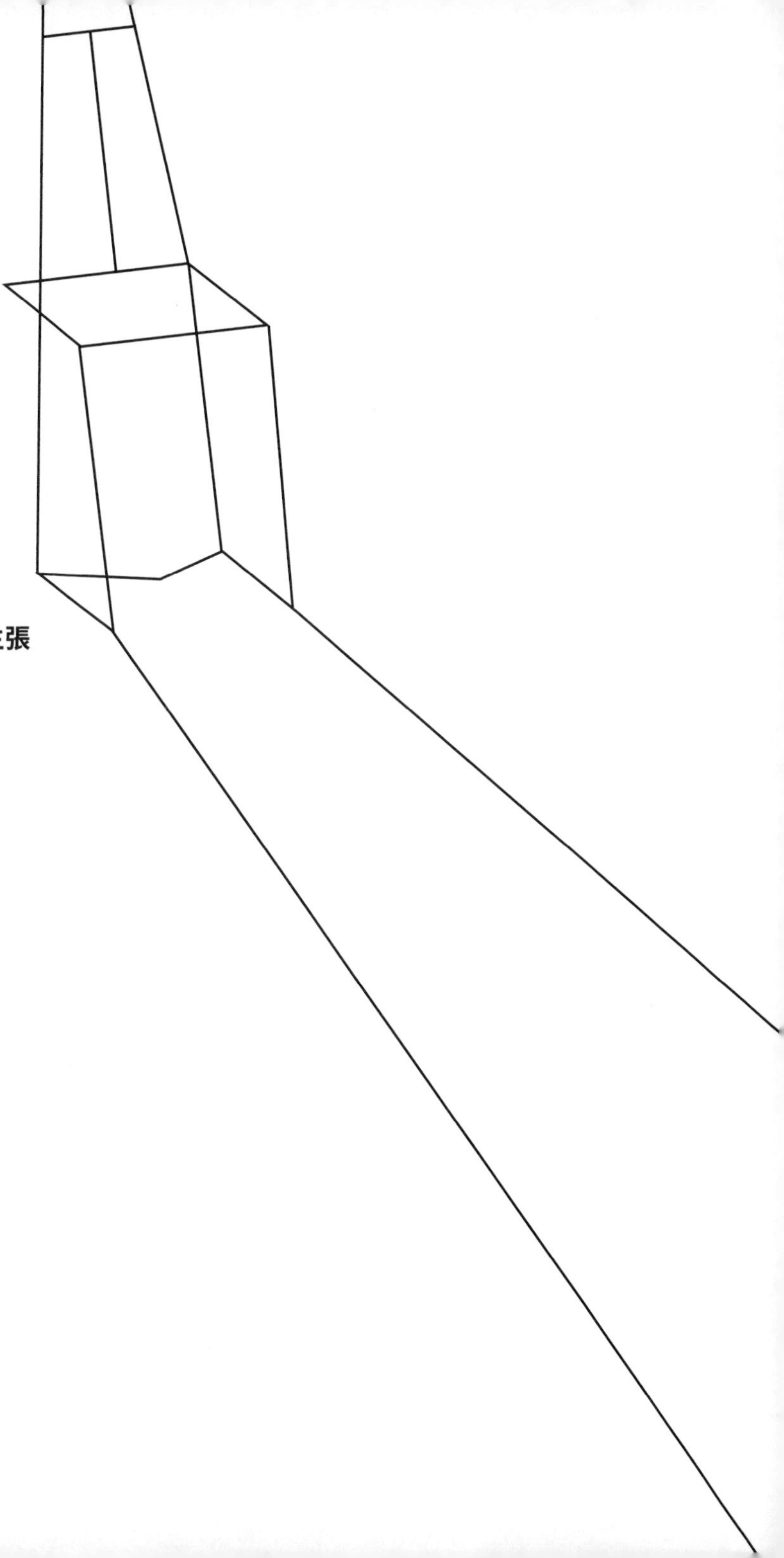

第一部　對話主張

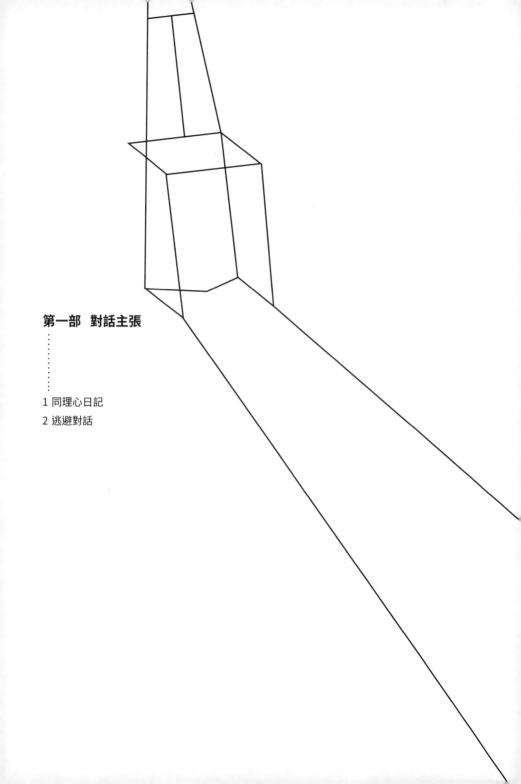

CHAPTER

1

同理心日記

十二歲的孩子在遊樂場像八歲小孩一樣……他們似乎無法設身處地為他人著想。

——霍布魯克中學教務長評論學生的「同理心落差」*

為什麼要寫一本談對話的書？我們不是一直在講話嗎？我們傳簡訊、發文、上網聊天，甚至在螢幕上發表高見，感覺相對輕鬆自在。面對親朋好友、同事、愛人，我們選擇貼近手機，而不是貼近彼此。我們坦言，相較於面對面或講電話，我們更愛傳簡訊或寫電郵。

* 註：霍布魯克中學是虛構的校名，我在本書中掩飾了所有訪談對象、學校、機構、企業的身分。若是從公開紀錄中引述，或是引用公開論壇的言論，則是使用真實姓名。關於我的研究方法，請見四九三頁。

這種新的連結方式使我們的生活開始陷入麻煩。面對面的對話是最有人情味、也最人性化的事情。唯有在彼此面前，我們才能學會傾聽，才能培養同理心，才能感受到有人傾聽的喜悅。對話也促進了自省，自省是我們的自我對話，那是童年發展的基石，而且會延續一輩子。

但如今我們老是想逃避對話，即使我們隨時相連，卻避不相見。因為在螢幕上，我們可以展現出自己想要的樣子。當然，任何形式、任何地點的見面都是一種表演。但在網路上，我們更容易隨心所欲地構思、編輯、精進我們所呈現的樣貌。

我們會說，「無聊」時滑手機。我們已經習慣不斷地接收各種動態訊息、資訊和娛樂，所以常感到無聊[1]。我們老是心不在焉，在課堂、教會或商務會議上，我們只注意感興趣的東西。當我們對主題不感興趣時，就把注意力轉向隨身攜帶的電子裝置以尋找其他的樂子。現在字典裡有個字叫phubbing（低頭族）[2]，意指一邊做別的事情，一邊滑手機。學生告訴我，他們經常那樣做，一點都不難。

我們開始覺得自己是一人部落，窩在自己的世界裡。我們忙裡偷閒查看訊息，或是受不了線上誘惑，偷偷上網瞄個幾眼。現在連孩子也不面對面聊天了，而是改傳簡訊；他們也不做白日夢了，不再花時間沉浸在自己的思緒裡。

於是，這形成一股逃避對話的風潮，尤其是逃避開放式的即興對話，那種天馬行空、充分投入的交流。但是那種對話正是我們培養同理心、拉近人際關係、強化社會行動的方式。

教育和商業的創意合作，就是在那種對話中蓬勃發展的。

但是那種對話需要時間和空間，我們總說我們太忙了。在餐桌和客廳、商務會議、甚至街道上，我們心不在焉，發現了一個新的「寂靜春天」（silent spring）[3]——那是數十年前瑞秋・卡森（Rachel Carson）創造的環保詞彙。當時我們發現科技改變衝擊了環境，如今我們有了新的體悟[4]，發現科技不僅衝擊了環境，也破壞了同理心，連一聲不響的手機也阻礙了我們的對話[5]。只要有手機出現在眼前，彼此就更加疏離，更不會將心思放在對方身上。

儘管這種情況看起來很嚴重，但我寫這本書時依然樂觀。我們一旦知道問題所在，就可以自我反省，進而重啟對話。唯有對話療法能夠修復數位時代人們彼此的連結中斷。

「他們相識卻不相熟。」

二〇一三年十二月，紐約北部霍布魯克中學的教務長與我聯繫。他說學生的交友狀況令老師感到憂心，想請我去和老師們談談。那位教務長說：「學生似乎不再像以前那樣交友了，他們相識卻不相熟。」

這種交情淺薄的中學情誼勾起了我的興趣，我聽到其他學校比較年長的學生也有類似的現象，所以他們決定讓我加入霍布魯克中學的教師研討會。我帶了一本新的筆記本去，一個小時後，我在筆記本的封面上寫下「同理心日記」這幾個字。

因為那正是霍布魯克的老師百思不解的問題，多年的教學經驗告訴他們，孩子應該會逐漸培養出同理心，但他們在霍布魯克中學的孩子身上看不到這點。教務長艾娃．里德（Ava Reade）說她很少介入學生的社交互動，但最近她已經不得不插手了。她把一位犯錯的七年級生叫進辦公室，問她究竟是怎麼回事，那個女孩幾乎沒什麼反應。

那位七年級生就像機器人一樣，毫無反應，她說：「我沒什麼感覺。」她看不出來她傷害了另一位同學。

這些孩子不是冷血，但他們的情感發育不全，十二歲的孩子在遊樂場像八歲小孩一樣。他們像八歲小孩那樣排擠彼此，似乎無法設身處地為他人著想，只會直截了當地告訴其他孩子：「你不能跟我們玩。」

他們沒有發展出溝通技巧，不懂得同理和學習如何看待彼此、傾聽彼此。

霍布魯克的老師對教育技巧都很熱中。不過，在研討會上，他們依循所謂的「預警原則」（precautionary principle）[6]，即一出現傷害跡象時就採取行動，而不是證明有害以後才行動。這些老師認為他們已經看到傷害的跡象了，他們難以讓學生在課堂上互相交談，直接對話，他們也叫不動孩子來跟老師談談。一位老師說：「中午用餐時，學生都在滑手機。他們和朋友分享東西時，都在手機上分享。」難道這是新型的對話嗎？如果是的話，這種新型對話並未發揮過去舊型對話的效果。這些老師認為，舊型對話可以幫孩子培養同理心，現在的學生似乎對彼此不是那麼了解。

我之所以受邀到霍布魯克中學進行研究，是因為幾十年來我一直在研究兒童在科技文化中的發展。我從一九七〇年代開始投身這個領域，那時有些學校開始在教室裡安裝電腦或設立電腦室。後來很多孩子開始自帶平板電腦或筆電上學時（或由學校配發電腦），我仍在研究這個主題。

打從一開始，我就發現孩子喜歡在數位世界裡大玩「身分轉變」。一九七〇年代末期和一九八〇年代初期，孩子使用簡單的程式作為表達媒介。一個十三歲的孩子用程式編寫出自己的圖形世界，他說：「編寫程式時，你是把一小部分的心思浥注到電腦中，你會因此以不同的方式看待自己。」後來，孩子開始用個人電腦玩線上遊戲時，他們以網路化身來切換身分。隨著遊戲和電腦的日新月異，細節也許不同，但有一個本質始終沒變：虛擬空間是探索自我的地方[7]。

此外，大人對小孩及機器的焦慮也從未改變。從一開始，老師和家長就擔心電腦太誘人，他們目睹孩子在遊戲中迷失，忽略了周遭的人，寧可長時間沉溺在電腦世界裡。

一位十六歲的少年描述這個藏身之地：「現實世界中，世事難料；但在電腦中，事事皆可料。」電腦世界可以設計得很刺激，也可以提供新的可能，讓人體驗所謂的「無阻力」（fiction-free）。在虛擬世界裡，牛頓定律不見得適用，虛擬物件可以無限地滑動，不受阻力干擾。只要程式那樣設計，你在遊戲中也可以無限地滑動，面對各種挑戰，對抗惡棍、巫師和魔法，你知道最後一定會過關。就算死了，也可以重來。**人一旦長期沉浸在虛擬實境中，可能會覺得真實世界的人無法預料、難以應付。**

從早期研究開始，我就看到電腦給人一種「陪伴」的假象，讓人不需要交友。後來隨著程式的精進，電腦開始給人「友誼」的假象，讓人不需要親密關係。因為人與人之間一旦面對面，對方會提出一些電腦永遠不會要求的事情。除非對方密切注意你，懂得設身處地為你著想，否則面對面的互動難以盡如人意。真實的人類需要你回應他們的感覺，而且不能隨便應付了事。

經常沉浸在虛擬世界裡的孩子，會愈來愈習慣待在虛擬世界裡；經常接觸真人的孩子，則可以從對話開始學習人際互動。於是，我們再回頭看霍布魯克中學教師的焦慮。當霍布魯克的孩子花愈來愈多的時間傳簡訊時，他們失去了面對面交流的練習，也因此無法培養同理他人的能力——學習眼神交流、專心傾聽、關注對方。對話是促進親密、合群、交流的途徑。重啟對話是喚醒人類最根本價值的第一步。

行動科技一旦問世，就不可能消失，它帶來的諸多美好及相關效應也會留存下來。而現在我們應該思考，它對我們珍愛的其他東西可能造成什麼妨礙，以及一旦我們發現問題所在，該如何採取行動：**我們可以重新設計科技，改變科技融入生活的方式。**

對話的支持者

我的專業領域是研究對話，我曾接受社會學家、教師、臨床心理學家的專業訓練，這些專業讓我成為對話的支持者，使我對談話的功效有更深的了解，從蘇格拉底式的課堂討論到茶水間的閒聊，各有各的效果。

我的指導老師是社會學家大衛・雷斯曼（David Riesman），他說這些專業是「靠說話吃飯的行業」。他說的沒錯，他們需要對話，而且是抱著高度期待投入的對話。他們對於「對話有何功效？」這個問題各有一套自己的答案。

社會學家和人類學家透過對話來了解家庭、職場、公共生活的人際關係。當一切順利進行時，社會科學家的訪談就是開放、輕鬆的交流。這種情況通常發生在雙方取得彼此的信任之後：當研究者闔上筆記、當受訪者幾分鐘前仍是「你的研究」的「參與者」，卻開始意識到自己也能從中受惠時，你的問題也變成了他們的問題，於是對話就此展開。

在課堂上，對話不僅傳遞了課程的細節，老師也在幫助學生學習如何發問，學習不要僅僅滿足於簡單的答案。不僅如此，學生與良師的對話，也讓學生了解到學習不單只是為了知道答案而已，而是為了了解答案的意義。對話幫學生構思敘事的論點（無論是談槍枝管制，還是談內戰），幫他們學習，並以對他們有意義的方式銘刻在心。少了這些敘事，你雖然可以學到新的事實，但不會知道那有什麼用處，也不知道該怎麼理解它。在治療中，對話探索人際關係的意義，它讓我們注意到停頓、猶豫和聯想，以及靜默所透露的訊息。這種對話不是為了給人「建議」，而是要幫人發現自己隱匿起來的東西，讓他們找到內心的羅盤。

這類對話有很多的共通點，它們順利進行時，參與者不會只是訴說，他們也會聆聽，而且不僅聆聽他人，也聆聽自己。他們會卸下心防，和盤托出，充分參與，敞開心胸去面對。

你不需要做「靠說話吃飯的行業」，也可以感受到對話的功效。我訪問過各個年齡層、各種背景的人，我請他們談談他們覺得最重要的對話，對象可以是孩子、朋友、配偶、伴侶、愛人、同事等等。結果發現，大家都很樂意回答問題。他們提到讓他們墜入愛河的對話；驚覺父母孱弱，需要他們照顧的對話；發現孩子不再是孩子的對話；指導老師給他們機會去探索新奇古怪的概念，從而讓他們確立了職涯方向的對話。

所以，當我聽到情侶說他們比較喜歡傳簡訊「對話」、家庭成員說他們靠寫電郵來抒發歧見，以避免面對面的緊繃情緒、企業副總裁說上班開會是「清收件匣的休息時間」時，我聽見他們對排解情緒、輕鬆自在和效率的渴望，但我也知道他們選擇的方式無法達到對話的功效。

良性循環

科技讓我們陷入沉默，某種程度來說，那好像「治癒了多話病」。這類沉默引發了同理心危機，讓我們在家裡、職場、公共生活中逐漸隱形。我說過，最簡單的解方是「對話療法」，這本書就是我的對話主張。

我的立論起點從一位隱士開始，很多人誤以為他之所以隱居，是想逃避對話。一八四五年，亨利．大衛．梭羅移居麻州康科特的華爾騰湖畔（Walden Pond），以學習更「用心地」生活，離開雜亂無序的紛擾。但他為了實現那個抱負所挑選的家具，卻透露出那不是單純的「隱居」。他說他的小木屋裡有「三把椅子，一把方便獨處，兩把供促膝談心，三把為社交需求」[8]。

這三把椅子形成了一種良性循環，把對話和同理心及自省力串連成一個正向的迴圈。我們從獨處中找到自己，和自己進行真誠的對話。當我內心感到安穩時，就能夠傾聽他人，認真聆聽別人的想法。在與他人對話後，我們也更善於進行內心的對話。

當然，這種良性循環只是一種理想型態，但是這樣想確實有用。獨處讓我們的自我意識更加沉穩，進而強化同理心；與他人的交談則可以提供豐富的自省素材。於是我們在獨處時，蓄積與他人對話的能量；從社交對話中擷取反省思考的題目，讓獨處發揮更大的功效。

但科技破壞了這個良性循環。

破壞從梭羅的第一把椅子「獨處」開始。最近的研究顯示，放一個人獨自思考，會讓那個人感到不安，即使只是獨處幾分鐘也會如此。在一項研究中，研究人員要求受試者靜靜地坐著十五分鐘，不能看書或看手機。實驗開始前，研究人員先問受試者，他們感到無聊時，會不會考慮給自己電擊一下。他們說，無論如何，他們都不願給自己電擊。但實驗進行六分鐘後，有不少人已經無聊到啟動電擊了[9]。

這個結果雖然驚人，但某種程度上並不足為奇。如今很多人獨自等紅燈或是在超市排隊結帳時，都呈現出這種焦慮模樣，他們常掏出手機排解焦慮。我們已經習慣隨時連線的狀態，所以獨處似乎變成科技應該解決的問題。

這就是上述良性循環開始崩解之處：因為害怕孤獨，我們想盡辦法把焦點放在自己身上，也因此無法關注他人。當我們找不到自己的核心時，也對自己的能力失去信心。

或者，你也可以將這個循環反過來看：我們因為無法關注彼此，而損及認清自我的能力。

我們逃避對話，其實也是在逃避自省、同理心、良師益友——那正是梭羅那三把椅子的用處。**但這種逃避並非在所難免，當良性循環被打破時，對話可以發揮修復的效用。**

這個世界尚未陷入絕望，我們仍有好消息。儘管科技有強大的拉力，我們也有強大的復原力。例如，孩子參加禁用電子裝置的夏令營五天後，他們的同理心都增加了（同理心的衡量方式，是透過觀察照片和影片中的表情，以分辨他人的感受來進行[10]）。我曾經到夏令營進行研究，親眼目睹過那種復原力是什麼樣子。

夜裡，一群十四歲的少年在小木屋裡聊著最近三天的野外健行。幾年前，科技尚未滲透我們的生活時，野外健行最令人興奮的，可能是「克難」活動或是純淨的天然美景。如今，

「無手機干擾的時間」反而變成這種活動的最大特色。一名少年說，那是「無所事事的時間，只能安靜思考及聊天」。另一名少年則利用這次在木屋裡閒聊的機會，思考他對沉靜的新體會：「大家難道不知道，有時在車上只要望向窗外，看著世界流轉，就覺得很美好嗎？」

交叉口

有些人會問：「為什麼要寫一本談對話的書呢？我們不是一直在講話嗎？」也有些人會問：「何必只提缺點呢？你肯定知道網路上也有很多精彩的新對話啊！」我確實知道，拜臉書所賜，我參加了一次小學同學會，要不是有臉書，這種同學會根本開不成。我的女兒二十三歲了，她從美東千里迢迢搬到美西工作，她傳給我的訊息讓我覺得她好像離家不遠。例如，以下是女兒在二〇一四年秋季傳給我的簡訊：「我真的超喜歡《娥蘇拉的生生世世》（*Life After Life*）！」、「哪裡可以買到猶太白麵包捲？」、「我和室友要打扮成《冰雪奇緣》裡的艾莎和安娜去參加派對。」突然間，我的手機接收到某本書、某種食物或萬聖節裝扮的訊息，讓我想起我們母女之間依然親密，也讓我感受到她仍在我的生活中。這些事情確實令人愉悅，也值得珍惜。但是，如果這些親密的「提醒」反而導致我們遠離親密的關係，問題就來了。

大多數的人際關係都是線上與線下互動的結合。既然搞曖昧和談情說愛可以靠簡訊加溫，政治辯論和社會運動是從網路上發酵的，為什麼不把焦點放在網路的優點上，頌揚那些新的交流呢？

因為我們在解釋「科技為什麼是進步的證明」時，就是在講那些故事。我們喜歡聽那類正面的故事，因為那不會勸阻我們追求新的慰藉、新的消遣、新型態的商業。我們喜歡聽那些故事，因為如果那些是唯一重要的故事，我們就不必在乎其他揮之不去的感受了——例如我們變得比以前更孤獨[11]、孩子欠缺他們那個年紀該有的同理心[12]、家人一起用餐聊天時，幾乎不可能毫無干擾。

我們有時為了多瀏覽幾封電子郵件，而忘了正眼看孩子，或是忘了花時間和孩子好好交談。如果十年後孩子因此付出代價，變得害怕孤獨卻又焦慮於情感需求，我們難道要等到那時候才把焦點移回孩子身上嗎？把這種令人不安的可能狀況，和臉書交友或推特交流的精彩故事相提並論沒有意義。這不是遊戲，我們無法祈禱科技的優點抵銷它的缺點。我們希望獲得好處，但同時得做出必要的改變，以免付出後悔莫及的代價。

世代

一九八〇和九〇年代，我們開始以個人電腦上網。在那個年代，你想玩遊戲、寫作或使用試算表、收發電郵時，就會使用那些機器。電腦是提高生產力的輔助工具，也製造了很多新的壓力，但在那個年代還看不出文字會取代對話的跡象。

幾年後，一群孩子在智慧型手機、社群媒體、數位聊天軟體的陪伴下成長。如今，那些孩子都已經長大成人，當了老師、企業家、醫生，也為人父母。

這些新生代思考「逃避對話」的概念時，他們常問：「那真的是問題嗎？你傳簡訊或線上聊天，那不也是『說話』嗎？」況且，你還會收到確認對方已讀的訊息，那有什麼不好？我跟他們聊到開放式對話時，有人要我具體說明它的「價值主張」（value proposition），有人說對話似乎很「麻煩」，需要先邀請，過程往往變化莫測、不完美、難以掌控，有時又很無聊，所以又何必大費周章呢？

我們在愛情與職場上遇到的許多難題，都可以靠對話解決。研究顯示，少了對話，我們會變得較無同理心、疏離、缺乏創意和充實感。我們窩在自己的世界時，逐漸隱於無形。但是對從小習慣用手機傳簡訊與交流的年輕世代來說，**他們可能完全感受不到這些研究所描述的失落**。他們從小到大，面對面交談的機會本來就不多。

當然，有些世代不需要我說服他們相信對話的價值。但即便是這些對話的支持者，也常出現令我意外的反應。他們之中似乎有很多人深感無奈，他們說未來已經把他們遠遠拋在後方了。一位二〇〇九年大學畢業的導演告訴我，二〇〇九年是對話消失的年代。最令我訝異的是，我聽到有些父母說，他們想要求孩子吃飯時別傳簡訊，但是看到孩子拿出手機時，又覺得他們沒有立場反對。他們認為那種告誡已經過時了，不接受新科技可能會被時代淘汰。

我描述的這些情況，已經不只是逃避對話了，而是逃避親子教養及指導的責任。科技使人著迷，讓我們忘了生活細節。我們把新奇和進步混為一談，當我們亟欲接納新東西時，卻忘了我們對後代應負的責任。我們應該把我們知道的寶貴事物傳給下一代，跟他們談談我們的經驗與歷史，分享我們覺得哪些地方做對了或做錯了。

直接要求孩子放下手機是不夠的，你必須以身作則，先放下**你的**手機。如果孩子不學習傾聽、為自己挺身而出、在課堂或家裡與他人協商，他們要等到何時才能學會良好的人際互動，或學到民主辯論中所需的妥協與互讓？重啟對話是從承認「用心說話與聆聽」是一種技巧開始，那是可以教導的技巧，是需要不斷練習的。現在在家裡、課堂、職場上就可以開始練習！

挺身而出，而不是退後一步

這本書鎖定的對象至少有兩種。其中一種需要了解，逃避對話是一種問題，而不是進化，而且那個問題是有辦法解決的：只要肯騰出對話空間，我們就能再次面對彼此，面對自己。

這本書鎖定的另一種對象是對此現象感到無奈的人，他們哀嘆逃避對話是「不可避免」的，以旁觀者自居。對於這種讀者，我想提出另一個主張：現在不是退縮的時候。那些了解對話如何運作的人，無論年齡大小，都需要挺身而出，傳授他們知道的東西。

我們不僅在與家人或朋友相處時，需要增進對話互動，同時也要加強梭羅所說的第三把椅子——「社交對話」，這類型的對話也需要有人指導。在這方面，我想到的是師生之間的對話：課堂是一種社交空間，學生可以在課堂上看到思維的演變。大學教授往往不好意思要求學生上課時把電子裝置收起來。幾年前，多數教授告訴我，他們不想當學生的「保母」，他們覺得這種「管制」工作不該由他們來做。但我們知道學生帶筆電來上課時，一定會一心多用。那不僅影響到那個學生的學習效果，也連帶影響到周邊的其他同學[13]。如今教授不再放任學生為所欲為了，很多教授在學期一開始就宣布課堂上不准使用電子裝置，或是在課堂上特別騰出「關機」的對話時間。

我認識幾位執行長，他們如今要求員工必須**親自**和同事釐清歧見及當面道歉。一位三十五歲左右的新任主管坦言，他會逃避面對面的對話，但公司每週舉行的「純對話」全員會議帶給他新的啟發。他不知道自己該表達什麼，但他說：「每週會議是我學習對話的地方。」在另一家公司裡，一位經理召開部門會議時，要求大家把所有的筆電和手機都放在門口的籃子裡，她不想再看到大家利用開會的時間處理電子郵件了。

除了學校和職場以外，還有公共領域。

我們常在媒體上聽到一句話：「我們需要全國性的對話。[14]」但是把這句話掛在嘴邊的名嘴，已經習慣斷章取義、選邊站、熱潮一過就趕緊切換議題（無論是戰爭、氣候或種族問題）。他們也習慣談論新聞時，螢幕下方的跑馬燈顯示毫無相關的訊息。新聞跑馬燈是一九八一年伊朗人質危機爆發時出現的，那時不管當下的新聞在播報什麼，美國人都想知道美國人質的最新狀況。後來人質危機結束了，令人分心的跑馬燈卻留下來了。想要啟動更令人滿意的公共對話，需要投入不少心力，但我們不該把「困難」和「不可能」搞混了。只要有心，那是我們都知道該怎麼做的事。

有例外就沒問題了嗎？

這個被我統稱為「逃避對話」的問題，不見得引人關注（但科技確實引人關注！），很容易被擱在一旁。由於大家依然聚在一起交流（看起來很像對話），所以我們可能沒注意到生活有多大的改變。所以，某種程度來說，「逃避對話」就像「氣候變遷」一樣：我們每天在家覺得很安全，通常不會想到「三十年後」的事情。而且面對「逃避對話」和「氣候變遷」這種問題時，大家難免會有一種僥倖的心態，心想這種問題搞不好不是真的，或是哪天問題會自己消失。

全球的氣候型態可能正以驚人的方式改變，但當下你看到的是晴空萬里的好天氣，可能還是你所見過最美好的一天，這使你更容易把問題拋諸腦後。同樣地，我們現在很少把注意力完全集中在彼此身上，我們已經忘了這種情況有多麼異常。很多年輕人在成長的過程中，沒遇過毫無干擾的對話（無論是在餐桌邊，或是和家長或朋友出去散步的時候）。對他們來說，手機隨時都在身邊。

我常對家長演講，很多家長會提到他們很難和孩子好好地說話。但之後常有人舉手說：「我兒子很愛說話，他現在十六歲。」彷彿只要有例外存在，問題就解決了似的。

但問題並未解決，我們尚未評估數位媒體對人類的完整影響。我們只想把焦點放在它帶來的樂趣上，認為它的問題是無心插柳的結果。為了衡量這一切[15]，我採用梭羅那三把椅子的模式來分析：一把方便獨處，兩把供促膝談心，三把為社交需求。

梭羅說，當聊天話題變得廣泛，他會帶著訪客走向大自然。這個圖像讓我聯想到「第四把椅子」，那也是梭羅想像不到的對話。我想探討我們如何培養「第二天性」（亦即「人工天性」），以及如何與它對話。我們發明了會說話的機器[16]，當我們與它們對話時，我們忍不住覺得這些毫無人性的機器也有人性。

我們已經展開了一趟遺忘的旅程，這趟旅程上有好幾個停靠站。**一開始，我們透過機器說話**，忘了面對面交流對人際關係、創意、同理心有多麼重要。**接著，我們更進一步，不僅透過機器說話，也只對機器說話。**這是一大轉折點，當我們想和機器對談人類面臨的困境時，那表示我們也走到一個自我檢討的時刻。那有機會讓我們終結這場遺忘之旅，也讓我們有機會再次確定人類有別於機器的關鍵。

現在是重啟對話的恰當時機

二〇一一年，我出版《在一起孤獨》（*Alone Together*），那本書評論我們過著隨時連線的生活，卻忽視了彼此，我知道我是在描述多數人不樂見的複雜狀況。科技令我們著迷，當時我們就像年輕的情侶，擔心講太多話可能破壞浪漫。然而，不過才幾年的光景，整個氣氛就變了，現在我們已經準備好隨時講話。只要身邊有行動裝置，我們就離孩子、伴侶、同事愈來愈遠。我們已經準備好重新思考「連結愈緊密，對你我愈好」這種過於簡化的說法。

現在我們開始衡量溝通對我們的影響。我們知道連線會使神經系統亢奮；我們也發現這種渴望「隨時連線」的感覺，會阻礙我們全力以赴、做到最好，於是我們開始從科技無所不能的神話中覺醒。

我們意識到，社群媒體所抑制的東西，其實是我們需要的。我在上一本書中描述一個不斷演變的問題；而這本書則是一種行動呼籲。我想告訴大家，現在是修正方向的時候了。此刻，我們已經做好重啟對話的萬足準備，因為我們擁有彼此。

CHAPTER 2

逃避對話

我認為人類十分健談，所以你和更多人做更簡短的交流可能是無害的，甚至是有益的。不過，我想這論點應該還會爭論好一陣子。[17]

——艾力克・施密特（Eric Schmidt），Google執行董事長

把這些簡短的推文、網路上交流的隻字片語彙總起來，難道不算是真正豐富的對談嗎？[18]

——史蒂芬・柯貝爾（Stephen Colbert），演員及脫口秀主持人

如今，我們既想陪伴彼此，也想神遊他方，因為我們最在乎的是我們能不能掌控自己的注意力。我們的言行舉止也跟著演進，以配合這種新的輕重緩急概念。你跟朋友出去吃飯

時，你無法期望他們把所有的注意力都放在用餐上。新罕布夏州的大三學生卡麥倫表示，他和朋友一起吃飯時，「每個人都把手機放在旁邊，動不動就滑一下手機，實在很討厭。」前天晚上吃飯時，他故意傳簡訊給鄰座的朋友（「老兄，你在幹嘛？」），只是為了吸引他的注意。

卡麥倫這種反感很常見，因為現實狀況就是如此。大學生一起吃飯時，他們既想要有朋友作陪，也想要自由地滑手機。為了兩者兼顧，他們採行所謂的「三人法則」（rule of three）：大家一起吃飯時，你低頭看手機以前，必須先確定至少有三個人沒在看手機，這樣交談才能繼續下去，只不過每個人「抬頭」的時間會錯開。

我訪問了卡麥倫和他的六位朋友，其中一位女孩艾莉諾說「三人法則」是一種持續查看現況的策略：

> 假設我們有七個人一起用餐，每個人都帶著手機，你必須確定至少有兩人沒在玩手機或低頭查看訊息，例如用Google查電影上映時間或上臉書之類的。也就是說，你需要有某種兩人或三人的法則。所以，我會確定有兩、三人抬頭，讓其他人去傳簡訊或是做別的事情，這是我維持禮貌的方式。我覺得我們的交談很零碎，每個人都是有一搭沒一搭地聊。你不時會說：「等等，你們剛剛說什麼……」然後再請別人幫你補充你漏聽的部分。

這種「三人法則」的效果可想而知。就像艾莉諾說的，交談變得很零碎，每個人都只是隨口聊聊。

連靜音手機也讓人疏離

任何場合只要有手機在場，隨口聊聊便成了一種新的社交禮儀。艾莉諾的朋友說，用餐時的話題若是趨於嚴肅，這時有人開始看手機，那就是一種「聊點輕鬆話題」的暗示。她也指出，即使不是用餐的場合，遵守三人法則也是一種禮貌。她說，大家不時「低頭」看手機時，「即使用餐結束已久，交談依然隨性輕鬆」。

我剛開始規劃研究時（後來才促成這本書的撰寫），本來是把焦點放在簡訊和即時通訊等新型態上。我想了解，為什麼簡訊和即時通訊那麼誘人、那麼獨特？但研究初期，我訪問了這些新罕布夏州的學生後，他們的回應指引我到另一個他們認為更重要的問題。卡麥倫說：「我覺得人際對話確實變少了，但少的不是你和傳訊對象的對話，而是你和周遭人的對話！」他這樣講時，我們正好八個人圍在一起討論，大家討論的同時，偶爾也會低頭查看手機。有幾人想避免看手機，但很難做到。

卡麥倫歸納他從周遭觀察到的現象：「其實我們的簡訊沒什麼問題，問題在於我們面對面時，傳訊息這個動作會影響我們的交談。」

這個洞察真是敏銳。也就是說，手機影響了面對面的交流才是問題所在。研究顯示，只要桌上有手機（即使手機關機），就會改變談話的內容[19]。如果我們覺得交談可能隨時被打斷，我們只會隨口聊聊，聊一些沒什麼爭議或沒什麼後果的話題。交談時只要有手機在場，就會阻礙彼此的共鳴。兩個人聊天時，即使隔壁桌上擺一支手機，他們也會覺得兩人的共鳴不如沒手機的時候[20]，**可見連靜音手機也會讓人疏離**。

所以，過去二十年間，大學生的同理心研究調查分數大跌了四〇%，而且跌幅大多集中在近十年內。研究人員認為，這種趨勢和數位通訊的出現有關[21]。

既然傳了那麼多訊息，反而讓我們覺得彼此更加疏離，為什麼我們還花那麼多時間在訊息上呢？短期來看，網路交流讓我們覺得自己在時間及自我表現上更有掌控權。傳訊息時，我們可以控制交流的時間，但面對面交談時就難以掌控了。而且傳訊息、寫電郵、上網發文是對外公開我們想要展現的面向，還可以編輯修潤。

我稱之為「金髮女孩效應*」（Goldilocks effect）：只要我們彼此保持一定的「數位距離」，不要太近，也不要太遠，而是剛剛好的距離，我們就永不相厭。

但人際關係是豐富、複雜且費神的。當我們利用科技來打理這些錯綜複雜的關係時，**我們也抽離了對話，只剩下有效率的聯繫**。我們恐怕已經忘了對話和聯繫的差異，也忘了在數位時代成長的孩子並不知道兩者有別，或不知道以前並非如此。研究顯示，孩子愈少聽到大人談話，他們也會變得愈沉默寡言[22]。如果我們一味地滑手機，忽略孩子，孩子從小就在缺乏對話的環境中成長，連他們欠缺什麼都不自覺。重點不僅是他們說話多寡的問題，那也會影響到他們理解他人話語的能力。

實際上，當年輕人說「其實我們的簡訊沒什麼問題」時，他們也忽略了某個重要的東西。他們覺得沒問題的是，收到簡訊的當下，表示有人需要他們，他們是某個圈子的一份子。數位裝置的提醒機制豐富了這些時刻，每天我們都收到許多通知，經歷許多「豐富時刻」（moments of more）。不過，隨著這種數位連結占用愈來愈多的時間，他們的日子可能過得愈來愈貧乏（lives of less）。

寧傳簡訊，不想交談

對很多人來說，有一種感受已是家常便飯，一言以蔽之就是「我寧可傳簡訊，也不想交談」。這句話的意思，不僅是指他們喜歡發簡訊而已，也表示他們不喜歡某種交談。他們會迴避開放式的對話。在多數情況下，甚至是某些親密的狀況，他們寧可發簡訊，也不想打個電話或是跟對方當面講清楚。

＊ 譯註：典故出自《格林童話》，金髮女孩在三隻熊家裡看到桌上有三碗粥，她太燙的不吃、太涼的不吃，只挑溫度剛剛好的粥來吃。

我問他們：「對話有什麼不好嗎？」他們馬上就給我答案了。一位高三學生一語道破：「對話有什麼不好？我來告訴妳吧！因為對話是即時發生的，你無法控制你說的話。」

這種不願意加入「即時」對話的現象，不僅出現在年輕人身上。每個世代不分老少都覺得，資訊源源不絕地「流入」，需要去吸收、採取行動及管理，根本難以招架。上網處理這些事情似乎是解決問題的開端：至少我們可以挑方便的時候回應，還可以把回應編輯得「恰到好處」。

由於我們對即興式的對話感到焦慮，又渴望掌控時間，某些對話因此漸趨式微，其中瀕臨絕跡的對話包括：你用心傾聽對方，也預期對方聆聽你的那種對話、突然離題，但後來又繞回來的那種對話、意外發現某些人事物有其獨到之處的對話。此外，有些其他的東西也消失了：面對面交談時，訊息是透過表情、聲音和肢體語言傳達的；但是在網路上，一切從簡，雖然那變得更有效率了，而且還可以編輯訊息，但我們也學會只問那種可以透過電郵回覆的問題。

最近有一項研究佐證了前述的論點：我們每天過著被各種訊息塞滿的充實日子，生活卻過得愈來愈貧乏。那項研究把二十歲左右的朋友兩兩編成一組，要求他們以四種方式溝通：面對面交談、視訊交談、語音交談、網路即時通訊。接著，再詢問他們的感覺並觀察他們的互動，藉此評估他們的親近度。結果很明顯：面對面交談的情感最強烈，網路即時通訊的情感最冷淡[23]。那些參試者利用表情符號來增加數位訊息的「熱絡程度」，例如打出笑聲「哈哈哈」，或是以全部大寫的字母來強調語氣，但這些技巧對交談都沒什麼活絡效果。唯有看到對方的臉，聽到彼此的聲音時，表現最有人情味[24]。

這些似乎都是常識，確實沒錯，但我前面也說過，還有別的東西在作怪：科技令人入迷，讓我們忘了人生的意義。

我們在不自覺中逐漸相信，隨時相連可以讓我們不再那麼孤單。但這其實是有風險的，因為事實正好相反：無法獨處的人，只會感到更加孤單。如果我們不教導孩子學會獨處，他們只知道孤單是什麼感覺[25]。

然而，如今有太多人一旦無法連線，就開始感到焦慮，不分大人小孩都有這種現象。在安靜的時刻，他們拿出手機，查看訊息通知並發送簡訊，他們受不了所謂的「無聊」或「暫歇」時刻。但是我們對他人及自己展現出最多的真我時，往往是我們猶豫不決、欲言又止或陷入沉默的時刻。

「我的小神明」

我不是要建議大家遠離電子裝置，相反地，我只是建議大家更仔細觀察這些裝置，和它們培養更有自我意識的關係。

例如，我的同事雪倫三十四歲，她說她從二〇〇二年開始就「很習慣發簡訊」，但她聽到朋友把智慧型手機稱為「我的小神明」時，還是嚇了一跳。那稱法使她不禁思考她和手機的關係，她是不是在某些方面也把手機當成神明看待了？有可能喔。

雪倫跟我聊起這件事時，她顯然擔心的是社群媒體如何形塑她的自我意識。她擔心自己花太多時間「展演」出更好的自己，好讓追蹤者看到較好的一面。她說，所有的互動當然都有展演的成分。但在網路上，她覺得自己過度沉浸於展演中，已經分不清哪些是演的、哪些是真的。

我希望我在網路上給人的感覺是機靈、聰明、認真投入的，並與一切保持恰當的距離。自我反省時，應該多思考我是誰，以及我看待自己的方式，毫無保留。我擔心我為了塑造別人眼中的自己，而忘了反思真正的自己。我不是很認真了解內心感受和想法。你在網路上展演時，會迷失自己。在推特和臉書上，我努力展現出自己最好的一面，表現得很堅強，或是盡量避免露出脆弱的一面。

研究告訴我們，坦然接納自己的脆弱，是提升幸福、創意、甚至生產力的關鍵。這種訊息深深吸引著我們，因為我們似乎已經厭煩了不斷展演的文化[26]。然而，就像雪倫說的，社群媒體卻鼓勵我們「表現得很堅強，或是盡量避免露出脆弱的一面」。我們既渴望展現出真實的自我，又覺得有必要在網路上展現出最好的一面。我們在兩者之間左右為難，這也難怪常上社群媒體容易導致憂慮和社交焦慮[27]。

此外，那也會影響同理心。研究顯示，常用社群媒體的人難以解讀別人的情緒[28]，包括他們自己的情緒。不過，同樣的研究也提出一個令人維持樂觀的動機：我們都有復原力，面對面的交談可以提高自尊，改善人際互動的能力[29]。所以，**對話療法真的有效。**

如果你跟雪倫有同樣的擔憂，這本書不是要叫你放棄手機。不過，如果你了解手機的深遠影響，你使用手機時會更加用心，並選擇以不同的方式與手機共處。

支持對話

所以，我的論點不是反對科技，而是支持對話。當我們的注意力不斷在身邊的人及手機的世界之間切換，或是一落單就開始滑手機時，我們也忽略了必要的對話。我們說服自己相信，上網瀏覽和天馬行空的想像一樣，我們以為兩者都可以提供自省的空間，其實不然。

現在是讓科技回歸本位、重啟對話的時刻。這趟旅程得從了解對話的效果以及科技所造成的干擾開始。以目前的情況來看，即使我們打定主意好好地面對面溝通，仍會遇到很多干擾，導致事與願違。不同世代的人都告訴我：「每個人都知道不該以簡訊提分手，都知道那樣做是錯的，分手應該要面對面講。」但幾乎每個人都有透過簡訊或電郵分手的故事，可能他們自己或朋友就是主角。為什麼呢？因為那樣做比較容易。

電子產品使我們變得脆弱，令我們難以抗拒，動不動就分心。我們有能力變成另類的科技消費者，就像我們改變飲食的消費習慣一樣。如今我們攝取食物時，辨識食物好壞的能力比以前更強，我們知道誘人的食物不見得營養，其實科技也是如此。

一位住在紐約的十歲孩子告訴我，他和父親從未單獨聊天，每次聊天一定會有電話干擾。我向那位四十歲的父親求證這件事時，他坦言：「他說的沒錯，週日早上我和兒子一起散步去買報紙時，我總是隨身帶著手機。」為什麼呢？「怕有急事。」目前為止，還沒發生過什麼緊急狀況，但是走去街角買報紙時，他會接聽電話。

當前真正緊急的狀況，可能是父母和孩子沒有對話。這段時間，親子之間明明可以分享趣事或談心訴苦，卻落得無話可說。一位夏令營的輔導員提到，在禁用電子裝置的夏令營裡，工作人員常有一種共同的體驗：你和一個調皮搗蛋的孩子（可能是愛打架或喜歡在用餐時欺負年紀較小的孩子）一起到林中散步時，可能一小時內兩人都沉默不語，有時甚至兩小時都沒說話。「然後呢，」那位輔導員說，「就會有人提出問題，接著呢，對話就出現了。」

三個願望

行動裝置似乎幫我們實現了三個願望，那彷彿是好心的精靈送給我們的禮物。第一，我們的話總是有人聽到；第二，我們的注意力無遠弗屆，可任意神遊；第三，我們再也不孤單。這三個願望的實現也連帶隱含了另一個好處：我們再也不覺得無聊。相反地，在用心了解彼此的創意對話中，你卻往往需要先忍受一點無聊。我們試圖理解新的人事物時，難免一路磕磕絆絆，探索型的對話通常會出現很長的靜默，但如今大家常告訴我，靜默是他們想逃避的「暫歇時間」。氣氛陷入沉靜時，「有手機在身邊很好，手機上總是有事情做」。但是，在手機發明以前，我們可能覺得這些沉靜時刻「恰到好處」，而不是無聊。現在我們還沒有體驗到那種適度的留白，就避之唯恐不及。

我說過，我本來的研究計畫是打算探索「寧傳簡訊，不想交談」的心態。科技促成了多種新的連結型態，包括電郵、即時訊息、推特等等。我本來想探索為什麼那些連結方式如此誘人又獨特。

但我訪問各個年齡層以後，發現另一個議題成了主要的焦點。大家聚在一起聊的話題，往往取決於他們從手機上接收的內容，甚至只因為他們隨身帶著手機，隨時隨地都能透過掌上或桌上裝置連線的技術，改變了我們面對面談話的內容。我注意到，當與他人相處時，有帶手機的人不像沒帶手機的人那麼脆弱易感，卻比沒帶手機的人更與周遭他人疏遠[30]。

在這場龐大的科技實驗中，我們明明知道自己有正事要做，卻又忍不住查看手機。現代人不分老少，都任由科技把我們抽離對話，卻又渴望那些因此失去的東西。我們想要導正這種偏差，重新掌握以往熟悉的感覺。投入對話讓我們了解自己，發揮同理心，體驗歸屬感。

當我們不再對話、彼此連結脆弱時，始料未及的後果也大量湧現。

現在已經有幾個世代的孩子是在家長和保母「心有旁騖」下成長。很多家長一邊用餐、一邊發簡訊，父母或保母帶小孩去遊樂場和公園後，就自顧自地滑手機。在這種新出現的靜默時刻中，大人並未以身作則示範人際互動的技巧。那種人際互動的技巧和交談技巧是相同的，都和同理心有關：關注對方的感受，讓對方接收到「你想要了解他」的訊息。現在的小孩在學校及遊樂場上也寧可發簡訊，不想交談。這些青少年對交談時的意見交流感到焦慮，所以不太確定自己的喜好。而這種對喜好的三心二意，也使他們對交談更沒有把握。

如今，第一個在智慧型手機陪伴下成長的世代，即將從大學畢業或剛剛畢業。他們聰明又有創意，正要展開職業生涯，但是雇主卻表示，這些社會新鮮人竟然有令人不解的恐懼感和焦慮感。他們不知道怎麼打開話匣子和人交談，也不知道如何結束對話。他們與人面對面接觸時，眼神飄忽，難以正眼看人，他們還說打電話交談令他們焦慮。我們不禁想問：難道我們在無意間剝奪了孩子需要的工具？剝奪了他們培養友誼、創意、關愛和工作的重要技巧？[31]

一位高三學生告訴我，他對無法編輯和修改的對話感到恐懼，但他也知道那些對話的價值。「以後我需要學習怎麼交談，如何從對話中找出我和對方的共通點。」但目前他頂多只能這樣想想，他說：「有朝一日，改天，我會想要學習怎麼對話，但肯定不是現在。」他的語氣聽起來很認真，他知道自己欠缺什麼。

駕駛艙裡的飛行員

走過校園裡的圖書館或任一間辦公室，我們都可以看到同一個場景：每個人縮在自己的小天地裡，認真地敲鍵盤或使用微小的觸控螢幕。波士頓一家律師事務所的資深合夥人描述其辦公室的場景：年輕的律師把全套科技用品擺在桌上（包括筆電、平板和多支手機），接著戴上耳機。「那種超大型的耳罩式耳機，像飛行員戴的那種，他們把辦公桌變成了駕駛艙。」這些年輕律師進入駕駛艙模式後，整個辦公室也靜得出奇，靜到不容打破似的。

這位資深合夥人知道，那些年輕人是打著提高效率的名義，進入那種駕駛艙模式。但他也說，如果這樣做反而導致他們不和同事互動，後果比他們利用那些時間來「處理所有電郵」還要糟糕。他擔心那種模式將導致年輕律師自絕於公司內部正在進行的非正式交談，他想確保招募的新成員融入整個團隊，他深信公司的成功最終有賴成員間面對面的協商合作。

商業上，有時電子化交流是唯一的選擇。但是在那間律師事務所裡，很多人是**積極迴避面對面的交談**。那些年輕員工甚至直截了當地表示，他們不想參與「即時」的電話交談。那位資深合夥人說，這種逃避對話的技巧「正逐漸流行」，迅速蔓延每個世代。事實上，我最早聽到一位年紀較大的律師說，他不喜歡打擾同事，因為「他們忙著處理電郵」，但接著他又更正：「其實是我的問題，我現在不想和人交談，透過手機跟同事互動比較容易。」他自己也變成「飛行員」了，不是只有年輕人喜歡窩在駕駛艙的隔離環境裡。

我們不僅在職場上利用科技隔離自己，在家裡也是如此。我訪問過一些家庭，他們說他們喜歡透過簡訊、電郵或即時通訊「把問題攤開來談」，而不是面對面交談，有人把這種做法稱為「簡訊吵架」。他們說線上交談可以「維持和平」，不會發生失控的衝突，再怎麼火大也不會演出全武行。一位母親表示，當家人不怕有人失控爆衝時，他們更有可能表達出真實感受。

一位三十幾歲的女性列出透過網路和伴侶吵架的優點：「我們可以用比較冷靜的方式表達想法，這樣比較不會在一氣之下，脫口說出事後後悔莫及的話。」接著，她又追加了另一個優點：簡訊吵架可以保留證據。「如果我們透過簡訊吵架，吵過什麼都會留下紀錄。」

這些例子都是使用科技來「減少」人際接觸，淡化人際互動的性質和程度。我們迴避面對面的交談，但是和他人持續聯繫並保持距離的感覺卻令我們感到放心。這又是「金髮女孩效應」的另一個例子，**也是不再對話、彼此連結脆弱不堪的現象**。

在家裡、學校、職場上，我們隨處可見大家逃避對話。但是在這些逃避對話的時刻裡，依然存在著重啟對話的機會，比如晚餐就是一例。

餐桌禮儀2.0

年輕人告訴我，用餐時，朋友能把注意力全放在你身上，那當然很好。但是在現今的世界裡，那已經變成一種不切實際的期待了。不僅社會的常態不是如此，「你也不想對手機上的訊息置之不理」。對那些在簡訊中成長的人來說，「持續一心多用」[32]才是新的常態，但很多人也發現他們為這種習慣付出了代價。

我採訪的大學生告訴我，他們持續當著朋友的面傳簡訊，但也很珍惜朋友放下手機的時刻。對他們來說，身邊的朋友收到簡訊卻放著不看，刻意把手機轉為靜音模式時，那是很特別的時刻。一位大二的女生說：「某人放著簡訊不看，專注在你身上時，那很特別。」一位大四的男生說：「一個人為了收到簡訊而道歉，並把手機轉為靜音模式，那表示他正專心聽你說話。」

一位大三的學生坦言，她很想要求朋友在用餐時收起手機，但是做不到，因為那樣要求太過分了。「你很難要求別人把注意力全放在你身上。」她進一步闡述：「想想看，假如我說：『見到你實在太高興了，你不介意把手機收起來吧，這樣我們可以盡興地邊吃邊聊。』對方應該會覺得：『這女人太奇怪了。』」她說，現在要求別人用餐時心無旁騖，根本「不合時宜」。

採用「三人法則」才是與時俱進的做法，亦即大家一起用餐時，你想低頭查看手機以前，應該先確定有足夠的人數參與交談。年輕人也知道，把注意力全放在對方的身上很重要，但他們不願那樣做。他們對待朋友的方式，就是從小父母對待他們的方式——親子相處時，父母總是在滑手機。

有些年輕人承認自己很容易分心，他們也想辦法避免這種情況。例如，他們想出一種遊戲，叫「手機塔」（cell phone tower），通常在餐廳裡進行。由於每個人用餐時都想滑手機，但是不滑手機可以讓交談更加熱絡，於是他們規定每個人都把手機交出來，堆在桌子的中央。手機響起時，第一個去碰手機的人，必須為那次聚餐買單。

為什麼還需要靠遊戲來逼你把注意力放在朋友身上呢？一位大三的學生表示，「理智上」，她知道她若在晚餐時間傳簡訊給朋友，對方等餐後才回簡訊是合情合理的。但是若換成別人在用餐時傳簡訊給**她**，她不馬上回應就無法放鬆。她說：「我告訴自己：『吃飯時別看簡訊！』但你偏偏就是禁不起誘惑，非看不可，那是一種詭異的小壓力。」

聽她說用餐時馬上回覆簡訊是一種「詭異的小壓力」，讓我不禁想起我和某位學生的對話。那個學生修了我為大學生開的課程，內容跟回憶錄有關。課後她來找我談時，坦言她雖然很想認真聽課，但上課時間動不動就看手機。她覺得很內疚——畢竟，其他同學都在課堂上分享親身經歷——所以她想跟我談談她沉迷於簡訊的事。她說，她覺得自己非看手機訊息不可，為什麼呢？她唯一想到的答案是，她需要知道誰在找她、誰對她感興趣。她的結論是：「我們抗拒不了科技的誘惑。」手機就像一股誘人的暗潮，「手機塔」的作用是幫大家游離那股暗潮。

這些例子顯示，連從小使用電子裝置的「數位世代」也難以輕鬆面對這個世界。如今的對話以疏離的方式渴求連結，充滿了矛盾。

事實上，如今的大學生談到他們如何溝通時，他們提出的立場似乎充滿了矛盾。例如，一群大三學生接受訪談時，其中一人說：「我傳的簡訊都和生活實務有關，就只是一種便利的工具罷了。」但是他後來又坦言，大家聚餐時，他跟不上大家聊天的多數話題，因為他覺得他必須隨時注意手機。還有一個學生針對未來的溝通方式，提出一種自我安慰的評論，他說：「也許未來會出現新發明。」言下之意是，那種「新發明」可能不像現在的手機那麼令人分心。有兩位女生表示，她們不希望未來仍持續使用現在的東西，但也想不出還有什麼替代方案。一位男生說，也許根本就沒有問題，因為人類和手機正「一起進化」成新的物種。但是，當他開玩笑說，傳訊息「總是比交談更令人放心」，所以他才會「對簡訊上癮」時，他又沒那麼樂觀了，於是他無奈地表示：「這不是我的錯，我的第一支手機是我媽買的。」

廣告商很了解顧客，我在舊金山地鐵站，看到一個外送餐飲公司的廣告。那家公司的送餐服務涵蓋了灣區的許多餐廳，他們的廣告標語是：「盡享美食，無需交談！」

傳送「抱歉」

在這種氛圍下，我們更喜歡傳訊息道歉。犯錯時，當面坐下來說句抱歉本來就很難，現在我們有了更輕鬆的替代方法。例如，發一張含道歉文字的圖片，或是傳訊息或電郵。我們不必當面道歉，只要輸入「抱歉」，然後按下傳送鈕就好了。相較之下，面對面道歉時，你會看到你傷了對方，對方也會看到你為此感到難過，這樣的親身體悟才有可能觸發對方的原諒。

你光是輸入「抱歉」，然後**按下傳送鈕**，並不會有這種效果。你只不過是在一時懊悔下傳輸感受罷了，而不是自省。你還沒把內在的矛盾處理好，就把它排出了，讓它隨著訊息的發送而消逝。相對地，當面道歉是培養同理心的機會。如果你真心悔悟，你會設身處地為對方著想。如果你是接受道歉的人，你也要替對方著想，從而包容對方。在數位時代，你可以迴避這一切，也因此，當我們逃避當面道歉時，很多東西也變得岌岌可危。當我們不讓孩子面對這種學習同理心的場景時（當面道歉就是一例），這也難怪他們難以理解自己的話語對他人的影響。

「同理心落差」是從小開始出現的，而且會持續一輩子。一位經濟系的研究生指出，朋友傳訊息來道歉時，她總覺得少了點什麼，她稱之為「偽休戰」（artificial truce）。

> 傳送「抱歉」簡訊時，一方面意味著「我不想再計較了，我們就別吵了。」但是在此同時，那也意味著：「你沉澱情緒時，我不會在你身邊，等你氣消了，再告訴我吧。」我和男友吵架時，最後若是以「抱歉」之類的簡訊作結，那絕對還沒吵完，未來哪天又會死灰復燃，問題根本沒解決。

這種「抱歉」簡訊等於白白浪費了一次可以好好把握的機會。家長可以堅持要求孩子當面道歉。一位母親說，十三歲的兒子整天掛在網上，以前他習慣以發電郵或簡訊的方式，臨時告知他無法參加家庭活動。後來這位母親改變了家規，現在兒子想告知他不克參與家庭聚會時（例如到外祖父母家用餐），他必須親自打電話告知。

親自打電話可以讓他知道，他擅自改變計畫會影響到他人。這位母親說：「他會在電話上聽到我媽正在烤雞，烤雞已經送入烤箱。他會聽到外公買了糖漿，準備自製冰淇淋聖代。」總之，他會聽到外公、外婆都滿心期待他來用餐，他要是不來，他們會很想他。這位母親也說，自從定下這條新規矩後，兒子已經很少臨時取消家庭活動了。

在職場上，當面道歉的威力也一樣強大。很多管理者告訴我，他們現在的一大任務是教員工如何當面道歉。一位執行長說，他有時會覺得很受不了，直接對員工（甚至是老員工）大喊：「去跟他道歉，而且要當面講。你錯了，你應該當面說聲對不起！」另一位執行長說，在職場上無法當面道歉，「就好像會開車，卻不會倒車一樣」，那跟不會開車沒什麼兩樣。在他看來，很多員工都需要好好上駕訓班。

「我絕不會當面說，那太難以啟齒了。」

當我們不再對話、彼此連結顯得脆弱時，同時也虧待了自己。我擔心，久而久之，我們將不再關心彼此，或者更糟的是，忘了對話和連結是完全不同的兩回事。大二學生葛瑞琴就難以區分兩者的差異。她來我的辦公室告訴我，她難以專注在課程作業上，因為最近她忙著處理室友的問題。近來她一直跟室友的前男友眉來眼去，本來她毫無惡意，但後來情況急轉直下。現在室友的前男友利用她來刺激她的室友。我們交談時，葛瑞琴顯得心煩意亂，成績也一落千丈。我問她要不要去輔導中心談談，她說不要，她需要跟室友好好解決這個問題。葛瑞琴說，室友需要聽她道歉並「和盤托出」。她又補充：「把這些事情解決，我就可以恢復注意力了。」

我問葛瑞琴，她現在放心回宿舍嗎？因為她的宿舍離我的辦公室約十分鐘的腳程，那時快接近晚餐時間了，她的室友可能在宿舍裡。葛瑞琴一臉困惑地看著我，彷彿不明白我為什麼那樣問。她說：「我會再傳訊息跟她說，絕不會當面談，那太難以啟齒了。」

我去上史蒂芬．柯貝爾的節目時，他模仿自大的右翼政治脫口秀主持人，問了我一個意味深長的問題：「把這些簡短的推文、這些網路交流的隻字片語彙總起來，難道不算是真正豐富的對談嗎？」我一聽嚇了一跳，回答他：「當然不算。」即便將網路上那些隻字片語彙總起來，也無法變成豐富的對談。

以隻字片語相連，只能蒐集零散的資訊，用來表達「我正在想你」，或甚至是「我愛你」，但是那種零碎的互動很難發揮道歉的效果。當我們需要站在對方的立場思考問題時，零散的隻字片語無法發揮功效。在那種情境中，我們需要傾聽對方，即時回應。這樣的互動會顯現出我們的性情和性格，讓我們真情流露，進而培養信任。

面對面的對話是慢慢展開的，那可以培養我們的耐心，我們也會注意到對方的語氣及細微之處。當我們使用數位產品溝通時，則養成不同的習慣。我們提高線上交流的頻率和速度時，通常希望立即獲得對方的答覆。為此，我們改問比較簡單的問題，淡化溝通的內容，連處理最重要的事情時也是如此。我們也逐漸習慣了這種不斷受到干擾的生活。

什麼干擾？「那是家常便飯。」

六月某個宜人的夜晚，我訪問了一群年輕人，共二十五人，年齡介於十八到二十四歲之間，他們是來波士頓參加暑期研習營的學生。在那兩小時的訪談中，他們告訴我，如果我真的想知道他們是如何溝通的，應該加入他們的群聊。他們是透過手機上的WhatsApp聊天，問我要不要加入，我接受了他們的邀請，於是我們繼續進行訪談。現在我們同處一室，也一起在線上群聊，但一切感覺都變了。每個人隨時都在神遊「他方」。當大家都連上WhatsApp時，每個人都在當面對話及手機聊天之間迅速切換。手機上至少有一半的聊天內容是圖檔（包括漫畫、照片、影片），其中有很多內容是在評論房間裡的交談。這些學生覺得，這些圖檔就像文字及說話一樣，讓他們彼此相連。

在那個房間裡，我們的話題開始聊到「上大學後，和家人及高中好友分離有多難過」。

但討論很難深入，因為他們必須同時兼顧線上聊天及收發圖檔。

不過，我看得出來這些學生玩得很開心。他們喜歡在對談、訊息、圖檔之間來回切換，他們喜歡不斷地接收訊息，喜歡這種隨時可以神遊到**其他**地方的感覺。他們說他們最怕無聊，只要覺得房間裡的討論沒什麼意思，他們就轉到網路聊天；只要覺得圖檔沒什麼吸引力，他們就去找新的圖檔。不過，分享網路上找來的圖檔，是一種很特殊的參與方式。你不是從個人經驗中找素材，而是從外面找素材。你表達了個人意見，但可以和別人維持一定的距離。

這一切討論進行時，我突然想起以前我曾對三歲的女兒說：「用你的方式表達。」一起初我還不太了解為什麼我會聯想到那句話，我可以理解學生分享圖檔的關聯性（以及機靈！），但是在我看來，這些年輕人也是在群體交談開始變難時，改用圖檔來逃避。只要事情開始複雜化，發個圖檔應付一下，比絞盡腦汁回應來得容易。此外，我也想到親子教養的老生常談，這次我是想起祖母的聲音：「跟我講話時，要看著我。」我們教孩子，應對進退時要把注意力放在對方身上，因為我們希望藉由外在的表現去影響他們的內在感受，亦即感受到彼此的關係，產生感同身受的感覺。我們要求孩子「使用自己的語言表達」或「講話時看著我們」，不是為了教他們順從，而是希望他們的話語帶有感情，眼神交流是讓人產生共鳴的最好方式[33]。

邀我加入 WhatsApp 群聊的學生說，我和他們一起用那個 App 聊天時，最能夠理解他們。

但我一加入WhatsApp群聊後，他們大多時候都低著頭，盯著手機。

那天晚上的討論混合著面對面的交談、網路群聊，以及五花八門的圖檔。學生在討論中一再提到，上網聊天是很棒的功能，因為「風險很低」。他們說上網聊天時，發訊息前還可以編輯。如果發重要訊息給潛在雇主或暗戀對象，他們還可以請朋友先過目一下訊息，幫他們確定那則訊息是否「恰當」，這些都是上網交流的好處。相對地，面對面的對話可能會出現意外的發展，我們不見得會三思才開口，有時話說出口了，才驚覺不恰當，那種體驗是需要多學習才能適應的。哲學家海因里希．馮．克萊斯特（Heinrich von Kleist）說，這叫「思路在談話間漸趨完整」[34]，就像法國諺語所說：「胃口愈吃愈大」，他也覺得：「觀念愈講愈明」。他認為，最好的概念剛冒出來時，可能顯得莫名其妙。大膽熱絡地交談，才會擦出新的火花。值得注意的是，克萊斯特對傳播消息或是社群媒體上的那種發文都不感興趣，「大膽交談」的熱絡來自於你和對方面對面的密切交流。

那個晚上用WhatsApp群聊時，學生心裡根本不覺得大膽交談可能是令人振奮的體驗。事實上，有些學生說，發送圖檔的好處在於，風險比發送編輯過的簡訊還低。圖檔跟簡訊一樣可以編輯，圖檔可以裁切，還可以用濾鏡美化。他還說，圖檔微調得愈多，可以讓意義顯得愈模糊，讓大家「自由詮釋」。他覺得那是好事，因為你沒有表明立場，就不會受到傷害。然而，沒表明立場也表示你沒驗證過你的想法是否成立，或是沒表達過感受。表明及捍衛個人立場是學習直率表達的方式，這技巧在愛情和政治上都有助益[35]。

那天晚上在波士頓，我們一邊現場討論，一邊上網群聊，結果兩邊的溝通都一再受到干擾：網聊打斷談話，談話也打斷網聊。我問他們，他們對於交談不斷受到干擾有什麼感受，他們似乎覺得我的問題很怪。他們根本不覺得WhatsApp的亂入是干擾。一位年輕人對於這種亂哄哄的交談做出以下評論：「那是家常便飯。」

在這種新的交流文化中[36]，**他們不覺得打岔是干擾，而是另一種連結**。十幾、二十歲的年輕人半開玩笑地告訴我，他們和朋友一起用餐時，最常聽到的一句話是：「等等，你們剛剛說什麼……」每個人總是心不在焉，他們都忙著找圖檔或傳訊息。

大家說他們對手機「上癮」時，那不僅是指他們想獲得手機提供的內容，也是指他們不想失去使用手機迴避某些事的功能。我最常聽到的說法是，滑手機是避免無聊或焦慮的簡單方法。但是感到無聊或焦慮，可能也顯示你正在學習新的東西，那個東西充滿了活力及顛覆性，而你可能正朝著新的方向發展。無聊和焦慮是在暗示你，你應該更注意當下，而不是抽離。

我們並非活在毫無對話的寂靜世界裡，而是時而加入對話、時而退出。我們對需要持續專注的對話沒什麼耐心。當對話難以持續或大家陷入沉默時，我們允許自己把心思轉往其他地方，以迴避生活中的挑戰和無聊片段。

生活的無聊片段

一個大四女生帶一個男生回她的宿舍，他們一起躺在床上。那個男生去洗手間時，她馬上拿出手機，連上Tinder。Tinder是一種交友App，她可以查附近有沒有男性願意相會，或是做更多的事情。她說：「我也不知道我為什麼要那樣做，其實我滿喜歡那個男生……我想跟他交往，但我就是忍不住上Tinder。那時臉書上又沒什麼動靜，我也沒收到新電郵。」她躺在床上，等著那個男生從洗手間回來。此時此刻，她正遇到生活中的無聊片段。

我跟未滿三十歲的人講這個故事時，大家通常只會聳聳肩，覺得那沒什麼，很正常。無聊本來就是沒必要存在的時刻，你隨時都想知道誰正在找你，或是你可以找誰。不過，這種想要持續接收訊息、希望消除生活中「無聊片段」的感覺，如今也感染了年紀更大的族群。

一位三十四歲的年輕爸爸告訴我，他幫兩歲女兒洗澡時，覺得很無聊，也為此感到內疚。幾天前的夜晚，他不像以前對待其他的子女那樣，耐心地陪小女兒說話與唱歌，而是用手機查看電郵，而且那已經不是第一次了。「我知道我不該那樣，但我還是做了。」他說：「那個洗澡時間應該是我和女兒一起放鬆的時刻，但我就是做不到。我不時查看手機，覺得幫她洗澡的放鬆時間好無聊。」

我們把鏡頭轉到另一個截然不同的場景：參議會針對敘利亞的問題，舉行了一場聽證會。在那場聽證會上，參議員約翰・馬侃（John McCain）感到焦躁不安，於是他掏出

iPhone，玩起手機上的撲克牌遊戲，以抒解不安的情緒。後來媒體披露他在議場玩遊戲的照片時，他在推特上發文自嘲：「大醜聞！在三個多小時的參議院聽證會上玩手機遊戲，被逮得正著！最糟的是，我遊戲還輸了！[37]」

無聊時，掏出手機玩遊戲、殺時間，已經是見怪不怪的常態。但是，當參議員大言不慚地表示，在敘利亞危機的聽證會上分心玩手機很正常時，我們很難期待一般人在任何場合中也聚精會神，尤其是在課堂或會議上。這點實在令人遺憾，因為研究顯示，手機的螢幕一亮，看見螢幕的人，績效都會降低[38]。不僅手機的主人受到影響，坐他附近的人只要瞥見手機螢幕，也會受到影響。

此外，我們也應該重新思考那些「無聊片段」的價值。在職場、愛情、友誼中，人際關係的培養，需要你去聆聽那些對你來說可能很無聊，但對方覺得很有趣的事情。對話中的「片刻停歇」，可能是某個重要內容的前奏。交談進入有一搭沒一搭的狀態時，其實你無法知道什麼時候討論又會熱絡起來，只有繼續聊下去才會知道。我們需要時間思考，思考久了，就會想到新的話題。

一般來說，無聊的感覺往往和「創意」及「創新」有直接關聯[39]。我說過，無聊就像焦慮一樣，都意味著新的學習。只要對無聊持續抱持著好奇心，我們可以藉此機會退一步，開啟新的連結。又或者，就像克萊斯特所說，無聊讓我們有機會主動去接觸願意聆聽的對象，大膽提出想法，從而和聆聽者建立連結。

但如今我們遠離那種沉思和連結，利用數位裝置一心多用，讓我們當下的自我感覺良好。我們的大腦想要的是新資訊[40]——新鮮的、刺激的、與社交有關的。在科技讓我們能隨時神遊各地之前，我們是以面對面的對話來滿足大腦對刺激的需求。但現在透過電子裝置，我們的大腦不太需要運作，就可以接收到源源不絕的資訊，幫我們消愁解悶。

所以，我們遠離了步調較慢的對話，因為那種面對面的對話需要等待、傾聽、反覆思索。於是，那種沒有預設議程、邊聊邊有意外收穫的對話，對我們來說變得愈來愈難了。我們沒有停止交談，只是常在無意間迴避了那些需要全神貫注的對話。你和他人在一起時，每看一次手機，就可以獲得瞬間的刺激，給神經細胞一記化學反應，但你也錯過了朋友、老師、家長、情人或同事剛剛說的話、傳達的訊息和感受。

科技有助於抒解情緒嗎？

克利福德．納斯（Clifford Nass）是史丹佛大學的認知心理學家及傳播學教授。此外，他住在大一學生的宿舍裡，擔任舍監、輔導員及學業導師。納斯說，有一次他為了和一位大一新生拉近距離，提到他自己高中時代經歷的情緒起伏。沒想到那位學生竟然說，她和朋友已經沒有那種煩惱了。納斯聽了很訝異，心想：難道現在的青少年已經沒有煩惱了嗎？那位大一學生確實是那樣說的，她也提出了理由：社群媒體的介入幫他們解憂，她的結論是：「科技有助於抒解情緒。」

這位大一學生的話促使納斯開始探索，十幾歲少女的線上生活和情感生活之間的關係[41]。這個女孩的直覺觀點是對的嗎？簡單回答的話，答案是否定的。科技並未幫忙抒解情緒，社群媒體其實讓情感生活變得更加棘手。

納斯比較兩組少女的情緒發展，一組人自認為他們「經常連線上網」，另一組的上網時間較少。經常上網的那組少女不善於辨識他人的感受，甚至連自己的感受也不太了解。她們覺得同儕不太接納她們，和朋友互動的感覺也不像另一組那麼正面。她們的同理心及自省能力下降，都和經常上網有關。

這個結果一點也不令人意外。如果你經常心不在焉、一心多用，你很容易忽略別人傳達訊息時的情緒及言外之意。而且，你也不會注意到自己的感受[42]。

對納斯來說，社群媒體的情感基調可能是另一個麻煩的來源。學生上網時，吸引他們的是一個充滿好消息的世界。納斯提醒我們，臉書上沒有按「爛」的機制。如果你分享的內容沒得到你希望獲得的按「讚」數，你會感到失望，你會開始訓練自己貼出迎合大家的內容。

所以，在社群媒體上，每個人都學會分享正面的訊息。但納斯指出，大腦處理負面情緒時，需要用到較多的部位，所以如果你經常上網回應那些正面情緒，就不太有機會練習處理比較複雜的情緒，於是你的反應速度逐漸減緩。常上社群媒體的人可能會出現以下現象：無法迅速回應他人或自己的感受。當你對他人的訊息反應遲緩時，對方可能會覺得你「無動於衷，漠不關心」。而你對自己的感受反應遲緩時，也會失去重要的自省能力[43]。

納斯擔心，在充滿「按讚」的線上生活中，年輕人可能學到錯誤的人生啟示：第一，以為負面情緒是魯蛇才有的情緒，而不是生活中需要處理及因應的正常反應；第二，與他人相處時，覺得心有旁騖或受到干擾而分心是很自然的事。

這些情況聽起來很糟，但幸好，一切都還有救：對話可以解決這些問題。納斯說，處理情緒的大腦部位就像肌肉一樣，用進廢退，我們可以利用面對面的對話來強化這些部位。納斯指出：「大量的面對面溝通，可以促成健全的情感互動及社交成就感（像是覺得「同世代的人了解我」、「我覺得朋友願意接納我」）。」納斯因此總結：「科技無法提供情感教育[44]」唯有當面與人互動才有這種效果。

科技無法提供情感教育

重啟對話得從重拾注意力開始著手。如今美國成年人平均每六分半鐘就看一次手機[45]。這種訓練從很早就開始了：現在的嬰兒搖椅和兒童便盆也設計了凹槽[46]，以便放置電子產品。美國有四分之一的青少年，在起床五分鐘內就打開電子用品[47]。多數青少年一天會發上百條訊息[48]，八〇％的青少年帶著手機上床睡覺[49]，四四％的青少年從不關機[50]，連去教堂做禮拜或運動時也持續開機。

這一切意味著，一般的美國家庭在晚餐時間同時因應著六、七股資訊流[51]，周邊有筆電、平板、手機、桌機，背景還有電視，有時可能還有兩台。大學生使用媒體時，可能一次同時開四種介面[52]。例如，上臉書時，也開著網飛（Netflix）、音樂部落格，以及課堂指定的閱讀內容。對話到哪裡去了？我們希望在面對面交談的同時，可以同樣關注其他事物。也就是說，我們希望可以時而加入對話、時而退出對話，就像有線電視新聞底下的跑馬燈那樣。

我們居住的世界充滿了意想不到的後續效應。我們以為無時無刻連線上網比較有效率，結果卻在自欺欺人。一心多用降低了我們做事的績效[53]，卻給我們事事兼顧又做得不錯的錯覺。無論一心多用讓我們的自我感覺有多好，那都降低了我們的生產力[54]。再加上前面說過，科技無法提供情感教育。經常一心多用，和憂鬱、社交焦慮、難以解讀情緒都有關係[55]。

幸好，我們有很強的復原力。孩子因從小接觸電子產品而出現自尊和同理心低落的問題時，對話似乎可以扭轉這種問題[56]。所以，別再一邊推著女兒的嬰兒車、一邊處理電郵了，而是好好與她交談；別再把平板電腦插在你兒子的嬰兒搖椅上了，而是讀書給他聽、和他聊那本書；和朋友聊天進入有一搭沒一搭的狀況時，不要以收發訊息來排解無聊，而是花心思去吸引對方繼續聊下去。

不過，對話療法並非易事。一方面，渴望立即滿足、步調迅速、意外驚喜是人之常情。也就是說，我們先天就渴望神經科學家所謂的「追尋動力」（seeking drive）[57]，亦即瀏覽推特時的那種體驗。另一方面，長期一心多用的人，也是在訓練大腦渴望那種多工處理的狀態。經常一心多用的人並未因此熟能生巧，他們只是變得更想要一心多用罷了，那表示那種需要全神貫注的對話也變得愈來愈難。

一位在新創公司任職的二十四歲女生告訴我，她現在已經無法一次只關注一件事或一個人了。這就是現代人不再對話的問題所在，因為她已經失去了對話所需的技巧。「只做一件事時，我沒辦法做好，我會一直摳指甲、坐立不安，我真的無法只做一件事。」起初，多工運作讓她覺得自己好像神力女超人，現在她覺得她需要協助以解決這個問題。

一位大三學生提到，她在交談上也有類似的問題。面對面交談時，無法同時做別的事情，但她已經習慣一心多用了：「面對面交談時，一次只能看著一個人。但我已經習慣在臉書上同時和很多人傳訊息，一次只和一個人對話的感覺太慢了。」大學畢業後，她暫時脫離臉書，從筆電和手機上刪除臉書的應用程式。她脫離臉書才幾週，就覺得那段時間她「冷靜多了」，她說：「我對別人比較不會那麼沒耐性。而且，那也是我第一次知道我能夠泰然獨處。」

我們可以說我們「對多工運作上癮」，但是那樣看待問題並不是最好的方式。手機是媒體生態的一部分，我們必須想辦法善用手機來改善生活。我比較喜歡從科技的用途（亦即科技可以促成什麼，通常很誘人又簡單），以及人性的脆弱這兩方面來思考。如果你對科技上癮，就應該想辦法戒掉癮頭；如果你很脆弱，可以努力變得更堅強。

從科技的用途和人性的脆弱來思考，可以幫我們針對人類的脆弱性來做設計[58]。我訪問過一位發明家，他說一般人使用智慧型手機後，會逐漸出現一種敏感的新行為。「他們想確定自己不會錯過任何東西，所以隨時隨地都在使用手機。」他提出一個有趣的建議：「如果我們設計一種智慧型手機的介面，方便我們只做單一任務（例如傳訊息給一位朋友或家人），而且不鼓勵我們一直掛在網路上，而是鼓勵我們離線，那會是什麼情況呢？那種介面會減少手機的使用，讓人對於長時間使用手機，三思而後行。[59]」重點不是要讓人無法連線或難以連線，而是在真正需要時才使用手機，不是動不動就看幾眼。他說：「所以我們想打造的，不是讓人沉迷的手機，而是讓人處理正事的手機，讓我們逐漸擺脫手機的羈絆，因為那對我們來說才是最好的。」

我們可以把科技設計成有「意圖」時才使用。在家中，我們可以規劃出絕對不用電子產品的神聖空間，例如起居室、飯廳、廚房、車內等等。在職場上，我們也可以做同樣的規畫，例如在某些開會場所及授課地點禁用電子產品。我們可以規劃未來，讓工具和社會環境的設計幫我們變得更好。身為數位媒體的消費者，我們的目標應該是和那些希望我們使用其產品的產業合作，而且那些產業也應該致力提升我們的健康和幸福感[60]。

「他們當場傻眼，根本不想再次交談」

對話（conversation）是一種動態的活動，這個字彙的字源有「注意彼此，相互依靠」的意思[61]，也有「**關係活躍度**」的意思，意指一個人「在世界或社會上為人處事的方式；行為、生活模式或生命歷程」。對話不僅是和對方輪流說話而已，你還需要聆聽對方，解讀對方的肢體語言、聲音、聲調和沉默。你展現出關切和經驗，也預期對方以同樣的方式抒發己見。

當我們對交談感到焦慮時，也是對上述的一切活動感到焦慮。一位十六歲的男孩告訴母親，他剛剛收到好友傳簡訊來說父親過世了，他回傳簡訊以表示哀悼。他的母親對於這樣的反應，幾乎無法理解，她問：「怎麼不打電話說呢？」她覺得兒子應該安慰一下對方，但男孩說：「我不該打擾他，他現在太難過了，無法講電話。」男孩覺得，即使當下對方很需要關心，對話也是一種打擾。

我請一位讀大三的二十一歲女孩每天來我家幫我把文件歸類建檔，她來打工好幾個月了，我告訴她這個故事。她說，如果她得知我家發生什麼變故，她也不會打電話給我。她說，她知道打電話更能**安慰**我，對我來說也更有意義，但她和那位十六歲男孩的想法一樣，她說：「只要一涉及聲音，感覺就像是一種打擾。」

一位高三學生說，他打算報名參加訓練班，「逼自己」打電話。我問他為什麼，他說：「那也許可以教我怎麼跟人交談，而不是老是陷入尷尬的沉默中。我覺得長遠來看，講電話的技能對我是有益的。」

這真是沉痛的自白。這個年輕人坦言，他每天花很多時間傳訊息、回訊息，卻沒學會怎麼傾聽和回應。他說，得知有人過世的消息時，他也會發電郵表示哀悼。如今，大學裡還開設對話課，課程教導大家約會時怎麼把注意力放在對方身上、如何表達不同的政治意見等等。現今的學生覺得和人上床滾床單稀鬆平常，但是對話卻難如登天。他們可能知道彼此的性偏好，卻不知道對方的母親已經過世或是妹妹有自閉症，甚至不知道對方是否有兄弟姊妹[62]。

雇主逐漸意識到新生代這方面的能力特別薄弱，有些企業在招募人才時，會特別找有交談能力的人選。某大藥廠的副總裁跟我分享她招募新人的方式：「很簡單，我就跟他們聊天。」

> 多數的應徵者只打算面試一次。面試結束時，我告訴通過初試的人選，他們接下來的任務是整理我們剛剛的談話，為下次的面試準備有趣的話題……最好是明後天再來一趟。他們一聽都嚇呆了，當場傻眼，像被車燈照到的小鹿一樣。他們根本不想再談一次了，只希望透過電郵收到後續的結果。

三把椅子

梭羅說他為湖邊小屋準備了三把椅子，所以後面幾章，我想利用梭羅的模式來探索各種對話。我們從**一把椅子的對話**開始看起，一把椅子方便獨處。獨處不見得是指孤單，那是一種刻意的沉潛，自我意識的集中。懂得獨處的人，與人相處時更加真實，因為你更有自知之明，也更能理解對方的立場，不會對他人有不切實際的想像。獨處可以讓對話更豐富，但我們目前的生活方式破壞了我們獨處的能力。

前面提過，如今大家覺得落單是一種需要排解的問題，並試圖以科技解決。但數位連線其實比較像一種症狀，而不是療法。它只凸顯出根本的問題——獨自一人覺得很自在——但沒有解決問題。無時無刻的連線不僅是一種症狀，也改變了大家看待自己的方式。它塑造出一種新的存在方法，我稱之為：「我分享，故我在」。我們分享自己的想法和感受，只是為了刷存在感。

為了感受更多、為了獲得更多的存在感，我們上網尋求連結。但是在急於尋求連結時，我們也逃避獨處。久而久之，獨處和自我沉潛的能力也跟著退化了。一個人獨處時若是缺乏自我認知，通常會轉向他人以肯定自我。過程中，也無法完全體會對方的真實感受，只是零散地從對方的身上汲取所需，彷彿把對方當成支撐脆弱自我的備用零件[63]。

如果你不練習獨自思考，就很難自信地在大家面前提出有威信的觀點。如此一來，合作關係也會受損，創新難以出現，因為創新需要獨處的能力，但不斷連線上網只會削弱這種能力。

喜愛獨處和自省，才有助於社交能力的培養。很多人以為梭羅是隱士，其實他不是。他的朋友還開玩笑說，梭羅從森林小屋裡，就可以聽到愛默生家開飯的鈴聲。梭羅的**兩把椅子對話**是指和朋友、家人或愛人促膝談心。

如今的家長抱怨孩子用餐時忙著滑手機、不和他們說話，其實孩子對父母也有同樣的怨言。對此，家長則反駁孩子沒「資格」發那種牢騷。用餐時，孩子把注意力轉向手機，親子之間陷入奇怪的僵局，雙方都不開心。

臉書曾推出一個電視廣告：某個和樂融融的大家庭齊聚一堂用餐，彷彿重現了畫家諾曼．洛克威爾（Norman Rockwell）筆下的光景。在家庭聚餐的正面聯想下，迷思與科技融為一體。我們知道小孩子和家人共餐的次數[64]，最能夠用來預測孩子未來的成就。臉書廣告中的家庭聚餐，看起來像每個人都喜愛的那種聚餐。

正當觀眾沉浸在無限美好的情境時，敘事被打斷了。那桌有個年長的女士（這裡姑且稱她為「無聊姨媽」吧）開始描述她去市場買雞的無聊過程。不出所料，同桌的少女馬上掏出手機連上臉書。畫面立刻切換成她臉書上的動態消息，包括一個朋友正在打鼓、另一個朋友正在跳芭蕾，還有一些朋友正在打雪仗。這個女孩的心思已經遠離聚餐，神遊他方去了。

我們曾經教導孩子，吃飯時不必理會電話鈴響。電話推銷干擾我們吃飯時，我們也覺得很煩。如今，臉書反而建議，干擾自己的用餐時光其實挺好的[65]。

接著是**三把椅子的對話**，亦即社交場合的交談。這方面，我是從職場的例子開始談起。我觀察我自己的職場環境，亦即教育界；也觀察商業界和企業界。我發現教育界和商業界之間、教室和辦公室之間，有著驚人的共通點。我發現對話是學習文化的核心，對話也有利於企業的獲利[66]。

而這兩個領域的對話文化都面臨了類似的威脅。無論是在教室或辦公室，一心多用的文化都擾亂了對話，不間斷的干擾也威脅到大家的績效。就像現在的朋友聚餐感覺不像聚餐一樣，課堂和工作會議也變了模樣。這些變調的聚會都有一個共通點：我們可以自由地使用電子裝置，讓心思神遊他方。

此外，最近教育界和職場上的對話也面臨新的挑戰，大家開始利用科技進行遠距教學或遠距辦公。教育界希望網路課程可以讓遠距學習變得更有「效率」並衡量成效[67]，不過，這種線上實驗衍生出一個意外的結果：凸顯出師生面對面對話的價值。老師站在教室前面「實況」講課時，學生有機會看到教師的思考模式，以及其中精彩或無聊的點點滴滴。老師就是在示範思考的過程，包括一開始不太順、後見之明等情況。職場也出現了類似的發展：很多公司原本鼓勵員工從家裡遠距辦公，後來紛紛要求員工回辦公室上班，好讓員工更合作無間、更有生產力。

當然，對很多公司來說，遠距辦公仍是省錢的方法。我訪問了霍華德・陳（Howard Chen），他為一家跨國企業打造了社群媒體網站。他認為他的公司有必要使用先進的社群媒體，他們決定關掉其他的分公司，取而代之的是一套新系統，名叫「旅館化辦公室」（hoteling）。員工需要辦公室的資源時，只要把電腦帶到一棟辦公大樓裡，管理系統會自動分配給他們一個房間。他們抵達那個房間後，只要把電腦連上系統，螢幕上就會出現一支虛擬電話，那就是他當天使用的公司電話，接著就開始「上班」了。

所以，霍華德去上班時，旁邊沒有鄰座的同事，也沒有團隊合作的氣氛，但是那反而讓他對自己設計的新型社群網路更加興奮。他的夢想是，工作環境消除了熟悉的物件和人物以後，可以恢復活力。我訪問他的那天，我們在一個新的旅館化辦公室裡。他雖然不熟悉那個實體環境，但大肆讚揚那個社群媒體的「社交性」。他只要敲幾下鍵盤，就可以叫出一個國際資料庫，裡面包括所有員工的資料及興趣。他希望那個資料庫可以作為大家線上交流及建立新關係的基礎。他說：「如果你是足球迷，你可以跟公司裡的其他足球迷聊天，那不是很酷嗎？」不過，他也隨口提到，最近讓他覺得很難過的情況：

上週我坐在這裡，剛做完一件事。我環顧四周，覺得整個房間靜得出奇，連針掉在地上都聽得見。當時我心想，這也太誇張了吧，實在很可怕。於是我拿出iPhone，錄了一分鐘鴉雀無聲的辦公室，回家拿給我妻子聽。上班聽起來就像那樣，或者，不應該聽起來像那樣。

我們費盡心思建立網路上的連結，對那種關係充滿信心。但我們必須留心，以免最後只覺得使用電子裝置很孤單。

這點非常重要，因為逃避對話不僅影響我們個人，也改變了我們的社群生活。這裡我會探討在數位新時代中，三個有關政治和社會政策的問題。

首先，網際網路的出現，讓我們和世界上的任何人都可以分享個人觀點，但那也助長了門戶之見，導致我們不和意見相左的人交流。研究顯示，大家不喜歡貼出別人不認同的資訊，每個人都想討人喜歡。所以，科技可能助長派系之爭，使我們活在資訊泡沫中，把異議隔離在外。

第二，政治蔓延到網路上以後，大家開始以鍵盤談論政治行動。他們覺得，只要按「讚」或是加入網路社群，就能促成社會改變。以前比較辛苦的做法，是慢慢推廣政治理念（包括研究、分析、傾聽、試圖說服意見不同者等等），那種做法可能日益消失。網路是一個不錯的起點，是聚集人氣的地方，但政治需要靠對話及逐漸培養的關係才能延續下去。前面提過，科技給人「不需要友誼，也有人陪伴」的錯覺。現在我擔心，科技也給我們「不需要行動，就有進步」的錯覺。

第三，數位溝通使監控變得更加容易。企業提供我們上網溝通的工具（透過簡訊、電郵、聊天室等等），但也把我們的線上活動當成資料，並宣稱他們擁有那些資料，可以任意使用。他們的目的往往是為了對我們推銷商品。現在我們知道，政府也保留了我們溝通的資訊。私人溝通和日常監控之間的界限已模糊難分。把私人溝通重新包裝成商品販售，也變成稀鬆平常的做法。所以，除了問：「沒有隱私的親密關係是什麼樣子？」以外，我也提出另一個問題：「沒有隱私的民主是什麼狀況？」

第四把椅子

接著，我想到「第四把椅子」。前面提過，梭羅說，當聊的話題變得廣泛，他會帶著訪客走向大自然。這個圖像讓我聯想到「第四把椅子」，也是最達觀的椅子。如今，生活的運作往往涉及哲理，這促使我們面對「如何運用科技來創造第二天性（亦即人工天性）」的問題。長久以來我們一直認為，重要的對話是指我們與他人的對話。但近年來，由於電腦程式不僅發展出智慧，還有社交力，深深吸引了我們，所以這個觀念也受到挑戰。有人提議，我們應該和有「社交」能力的機器展開更親密的對談，這種新機器有可能改變人性的本質，所以我開始探索這種可能。對我來說，**四把椅子的對談**是梭羅意想不到的境界：我們不僅想使用機器來聊天，還想和機器聊天。

首先，我們看到Siri這位隨時等著回應我們的數位夥伴，但那僅只是開始。我撰寫本書時，媒體上充滿了第一個「家用機器人」上市的報導。這種機器人可以透過神奇的情感模擬，與人寒暄應對[68]。它彷彿理解你說的話，是隨時恭候你差遣的「最佳良伴」。難道我們已經忘了什麼是對話、什麼是友誼了嗎？和機器對話算是一種陪伴，還是自暴自棄？

我們的用語失去了意義。「智慧」（intelligence）的原始意涵超越了人工智慧的功能，那個字曾經包括感受力、敏感度、認知、洞察力、理性、精明和機靈等意思，但如今我們也欣然表示機器有機器智慧。「情感的」（affective）這個字也是如此，它的原始意涵遠遠超越機器所能提供的功能，但如今我們也習慣把那些可以表露情感或辨識人類情感的機器，稱為「情感運算」的典範[69]。這些新意涵變成了新常態，使我們忘了這些字詞的其他意思。我們必須努力挽回失去的語言、失去的意涵，或許最終還需要挽回失去的經驗。

我參加過一場會議，那場會議把機器人稱為「關懷機器」（caring machine）。我提出抗議時，大會告訴我，他們之所以用那個字眼，不是因為機器人懂得關懷（care），而是因為機器人可以照顧（take care of）我們。關懷是一種行為、一種功能，而不是情感[70]。與會者似乎對我的抗議感到不解：為什麼我那麼在乎語意？我到底怎麼了？

字義本來就會隨著時間和局勢而改變。「智慧」和「情感的」等詞彙都因為顧及機器的新功用，而改變了字義。但現在難道連「關懷」、「朋友」、「伴侶」、「對話」的字義也變了嗎？

這些字彙攸關很多意思，其中有很多意思尚未消失。我們在遺忘這些字詞的用法以前，或是以為機器可以做這些事以前，需要記住這些字義及上述的對話。

我們把自己逼入了困境，岌岌可危的不只是詞彙而已。

我說我們來到「機器人時代」，不是因為我們製作出可以陪伴我們的機器人，而是因為我們願意當機器人的伴侶。我發現大家日益相信，不久的將來，人生只要有機器相伴就夠了。有人告訴我，只要機器可以提供一種真心理解他們的「感覺」，有那種理解就足矣、夠貼心了。

這種感覺實在很諷刺。我們逃避面對面交談的同時，卻去找人工智慧開啟對話。

更廣義來說，在四把椅子的對談中，我們想像自己處於一種新的世界，裡面的機器會彼此交談，讓我們的生活變得更輕鬆。在這種「無阻力」的世界裡，我們不必說話，機器就知道我們想要什麼，有時甚至比我們更早預知，那我們會變成什麼樣子呢？機器知道我們線上生活的一切細節，因此它也知道我們在音樂、藝術、政治、穿著、書籍、飲食等方面的品味，知道我們喜歡什麼人、去哪裡旅行。

在那個世界裡，早上你出門買拿鐵時，智慧型手機會先通知你最愛的咖啡店家；等你抵達那家店時，符合你喜好的拿鐵已經準備好了。秉持著「無阻力」的精神，手機也會指引你改變行走路線，以免你遇到前女友，它讓你在路上只會遇到想見的人。但是，誰說毫無衝突的生活是好事呢？誰說忘記往昔的錯誤和痛苦、避開麻煩人物的生活就比較好呢？難道是那些認為生活不該有無聊時刻的人說的嗎？如果科技讓我們覺得我們可以完全掌控溝通，生活中的突發狀況都將變成問題。科技可以幫我們解決「問題」，然而，這並不表示那原本就是一種問題[71]。

未來之路

我從宏大的問題及微小的細節著眼，開始探索數位時代大家逃避對話的現象。我逐一探討獨處、愛情、友誼、家庭生活中的對話，最後談到我們想與機器人對話的渴望。我揭露了各級學校、大學、企業裡的對話狀況，研究孩子在成長過程中的交談，以及大人在戀愛、學習和工作上的交談。在每個例子中，我都會指出大家常想要以「上網連結」來取代「對話」的想法，以及為什麼上網連結如此誘人，我也主張重啟往日那種豐富的對話。

重啟對話並非易事，因為我們骨子裡就抗拒對話，有時我們甚至希望重要的對話就此消失。我參加過一些會議，與會者要不是開啟筆電，就是手機一直處於開機狀態。但他們也坦言，持續性的干擾有礙團隊合作。我問他們，既然如此，為什麼還持續帶電子裝置來開會呢？他們說：「以防萬一遇到緊急狀況。」我進一步追問後，他們才坦言，其實不是為了什麼緊急情況，只是感到無聊罷了，或是覺得可以利用開會時間，順便處理電郵。此外，還有一些其他的原因，例如有些人的好勝心很強，覺得自己在會議上比不過其他的同仁，難以發揮，所以乾脆拿出手機，假裝處理一些比會議更「緊急」的事。有時，利用手機處理「急事」，其實是為了抽離彼此之間的較量，等改天或下次開會時再來一較高下。

還有人告訴我，有時他們會積極迴避即興的交談。每個世代都渴望能「編修」自己的生活，但年輕世代覺得那是他們與生俱來的權利。一個大四學生說，他有問題時，不會去找教授當面請教，只透過電郵和老師溝通。他說，當面請教可能弄巧成拙，犯下「錯誤」。打從九年級開始，他就認真準備申請常春藤盟校，他和父母都很努力把一切事情「做對」。例如，他參加校隊，但上場時間不夠多時，父親會去找教練談；他申請大學的考試成績不夠高時，爸媽會幫他請家教。他對科學毫無興趣，但高中的升學輔導老師認為，暑假上神經生物學的先修班，有助於改善申請大學的資格。現在他已經在常春藤盟校就讀三年了，希望大學畢業後能進入法學院深造。他仍努力把一切事情「做對」，他說：「面對面交談可能口誤失言。」

他認為，不當面請教教授是合情合理的策略。他也告訴我，我們的文化向來對犯錯抱持一種「絕不寬容」的心態。政治人物只要犯過錯，那個錯誤就會在政壇上跟著他一輩子，而且他們的錯誤通常是口誤失言。他說：「我覺得我們這一代的人都想先把話寫出來，我自己確實是這樣想的，因為這樣一來，我可以先檢查一遍，確定萬無一失，我不想說錯話。」

如今研究對話時，常聽到類似這樣的說法，這促使我們重新檢視這個社會預期大家都把事情「做對」的文化。此外，這也促使我們重新檢視，當我們灌輸孩子「凡事追求完美」的價值觀時，那又造就了什麼？有關對話的研究顯示，我們應該盡快找回對即興對話的興趣，找回對異議觀點的興趣，放慢腳步，逐一聆聽他們的說法。

這並非易事，但我對當前的狀況依然感到樂觀。美國有一些經常上網的人也發現，他們的對話受到阻礙，正努力想辦法重啟對話。企業也設計了一些方法，利用面對面的會議來促進團隊合作。他們要求員工下班後休息，不要收發電郵；或是要求員工週一到週五晚上「不用智慧型手機」[72]。一位執行長安排了上班前一起吃早餐的聚會，而且聚會上「不准用手機或談公事」；還有一些管理者是一早開「站立會議」，並要求大家不准帶科技產品來開會。在這個過度連線的時代，有很多專為企業人士開設的情緒自助課程，我在禁用科技產品的課程中，看到很多高階管理者的身影[73]。

連那些在矽谷社群媒體任職的父母也告訴我，他們刻意讓孩子去讀不採用科技授課的學校，希望孩子在情緒和智慧上能有更好的發展。很多人得知賈伯斯不鼓勵兒女使用iPad或iPhone時，都很驚訝。他的傳記裡寫道，賈伯斯一家人把焦點放在對話上：「每晚，賈伯斯都和家人一起圍坐在飯廳的長桌邊共進晚餐，談論書籍、歷史和多種話題。沒有人拿出iPad或筆電。[74]」科技業的大老不見得生活在他們為其他人打造的生活中。他們度假時，選擇去「不許使用電子產品」（包括手機、平板或筆電）的度假勝地。由此可見，美國有一種奇怪的新數位鴻溝。在使用媒體方面，不僅有資訊的多寡之分，還有人因為掌握的資訊太多，而知道何時該適可而止。

有些人感覺到自己在逃避對話，但他們也希望科技能幫他們恢復對話。有時我會在演講中強調大人和孩童交談的重要。演講完後，觀眾席裡有一些老師會來找我，說他們完全認同我的觀點（「現在的孩子已經喪失交談的能力了」），但接著又說，他們正使用iPad的傳訊功能來提高學生的社交能力。社交App也許可以提高孩子在那個App上的社交力，但孩子也失去了從容面對彼此的能力，唯有面對面的交流才能培養出同理心。事實上，以後也會出現訓練「同理心」的科技。一位研究人員發現，過去二十年間，大學生的同理心減少了四〇%，所以他開始開發一種智慧型手機的App，以鼓勵大家培養同理心[75]。

顯然，她不想接受研究發現的結果（同理心下降），覺得有必要採取行動。但青少年的同理心下降，是否真的意味著他們需要一種同理心App呢？還是我們應該花更多的時間與青少年交談？

有時候，發明新科技似乎比重啟對話來得容易。

每種新科技的出現，都是在檢驗它是否符合人類的需求。從科技的誕生開始，我們不斷地改善科技，使它更符合需求。人類努力了好幾個世代，才讓食品貼上營養標籤、為道路設定速限、讓安全帶和安全氣囊變成車子裡的必要配備。如今的食品和交通科技之所以更安全，是因為有上述的機制存在。相較之下，在溝通科技方面，一切才剛起步而已。

每次交流時，我們都需要使用合適的工具，有時面對面交談並不是最恰當的。不過，面對面接觸無疑是最好的起點，因為你可以獲得最多的資訊，並據此判斷接下來需要什麼溝通工具。但我發現，大家一旦有即時通訊、聊天室、電郵等工具以後，就會持續使用那些工具，即使他們覺得那些工具不太合適，也不想更換。為什麼呢？因為那些工具很方便，讓我們覺得一切都在自己的掌控中。然而，當我們勇敢面對自己的脆弱，放掉一些掌控力時，我們的人際關係、創意、生產力將會因此蓬勃發展[76]。

我們正站在一個十字路口：太多人說他們沒時間面對面溝通，卻不分晝夜地上網尋求連結。一感到無聊時，我們就習慣掏出手機搜尋東西，有時甚至隨便搜尋**任何東西**。我們的下一步，應該是在感到無聊時，改成搜尋我們的內心深處。為此，我們必須將內在自我視為可探索的資源，從培養獨處的能力開始做起。

第二部　一把椅子

3 獨處

4 自省

CHAPTER

3

獨處

我分享，故我在

你需要培養只做自己的能力，而不是總在做點別的什麼事。手機從我們身上剝奪了這種能力，使我們無法單純地坐著，單純地做自己。[77]

——演員及脫口秀藝人路易CK（LOUIS C.K.）

二〇一三年，路易CK在深夜秀裡向觀眾說明獨處對每個人的必要性，尤其是孩童。一開始，他告訴主持人康納・歐布萊恩（Conan O'Brien），他如何跟兩個女兒解釋為什麼她們不能擁有手機。在闡述觀點之前，他先表明，關於孩子，他向來想得比較長遠：「我不是在養育幼童，而是在栽培未來的成年人。」他覺得手機「有害，尤其對小孩子來說更是如此」。

現代的孩子交談時不看著對方，也沒有同理心。而且小孩子很賊，他們會試探你的底線。他們看到一個小孩時，可能脫口直呼：「肥仔！」接著，當他們看到那個小孩哭喪著臉時，心裡會暗自警惕：「哦，這樣傷人不太好。」……但是當他們傳訊息直呼對方：「肥仔！」時，他們只覺得：「嗯，好好玩，我喜歡。」」……

你需要培養只做自己的能力，而不是總在做點別的什麼事。手機從我們身上剝奪了這種能力，使我們無法單純地坐著，單純地做自己……因為在生活中，一切事物的底下都是同一個東西，是虛無的，永恆的虛無。那是一種「萬物皆空，人皆孤獨」的體悟。那個東西一直藏在深處，有時當一切雲開霧散，你一不留神，又剛好在開車時，你可能感覺到：「哦，孤單的感覺又浮現了。」」於是，你頓時悲從中來，覺得人生實在太悲苦了……這是很多人一邊開車一邊傳簡訊的原因。幾乎所有的人都曾在開車時傳訊息，他們就這樣用自己的車子殘殺彼此。但大家似乎很願意拿自己和他人的生命冒險，只因為他們連片刻的獨處都不想承受……有一次我獨自開車，突然傳來布魯斯・史普林斯汀（Bruce Springsteen）的歌……我聽著那首歌，頓時有種學生時代的憂鬱感，讓我感到非常悲傷，於是我心想：「好吧，我太難過了。」覺得非得掏出手機、發訊息公告周知不可……總之，我突然覺得很悲傷，準備掏出手機來宣洩情緒，接著我又想到：「別那樣做，難過就難過吧。直接去面對悲傷，讓悲傷像一台卡車那樣迎面撞來。」

於是，我把車子停在路邊，放聲大哭。我哭得很兇，那感覺太痛快了……悲傷充滿了詩意……能體驗悲傷時刻是幸運的。之後，我開始快樂了起來，因為當你讓身體去感受悲傷的情緒後，身體會湧出大量的抗體來因應那種悲傷的情緒。但由於我們打從一開始就不想體驗悲傷，我們拿手機出來當擋箭牌。因此，你從未體驗過徹底的快樂或徹底的悲傷，你只對那些幫你排解悲傷的產品感到些許滿足，然後……你就告別人世了。

這就是我不想買手機給孩子的原因[78]。

獨處的好處

獨處不見得缺乏活動力。當你做的事情讓你回歸自我時，那就是獨處的感覺。作家蘇珊・坎恩（Susan Cain）以令人信服的觀點主張：獨處對內向者來說非常重要[79]，而且在我們之中，內向者的比例不少。路易ＣＫ則以充滿詩意的方式支持更廣義的論點。獨處對每個人都很重要，即使是最外向的人也需要獨處。獨處時，你更熟悉自己，更加怡然自得。培養獨處的能力是童年的一大任務，每個人的童年都是如此。

有了獨處的能力，才能夠主動接觸他人，把他人視為獨立的個體。別人只需要做自己就好，不必符合你的預期。這表示你能夠傾聽他們、聆聽他人的心聲，所以獨處能力可說是培養同理心的必備要件。獨處代表著對話開始進入良性循環，只要你習慣獨處，你也可以設身處地為他人著想。

路易CK在有關獨處的獨白中，提出一個擔憂。那擔憂潛藏在有關孩子和科技的諸多討論中。萬一孩子太沉迷於手機，再也無法獨處及發揮同理心，那該怎麼辦？路易CK指出，少了同理心以後，就不可能明白欺負他人所造成的影響，因為我們不會想到對方和我一樣有血有肉，也會受傷。

長久以來，發展心理學一直主張獨處的重要，現在神經科學也如此主張。唯有獨自爬梳想法，而非因應外界刺激時，我們才會用到大腦中專門用來打造可靠記憶的基礎架構——「預設模式網絡」（default mode network）[80]。所以，少了獨處，我們就無法構建可靠的自我意識。然而，在數位世界中成長的孩子，隨時隨地都在回應外界的刺激。他們上網時，思維不是在漫遊，而是遭到綁架，是破碎零散的。

如今我們可能誤以為上網就是一種獨處。然而，上網並非獨處。事實上，我們獨處的能力正受到緊盯螢幕的習慣所威脅，也受到不斷分享的文化所威脅[81]。在社群媒體中成長的人常說，他們覺得自己的存在很不真實。事實上，他們有時甚至**感受**不到自我，只有在貼文、傳訊息時，才感受到自己的存在。有時他們說，他們需要分享某個想法或感覺，才能思考和感受它。這就是「我分享，故我在」的感覺，換句話說就是：「我需要發簡訊，才有存在感。」

這種觀感可能導致我們為了迎合他人而打造出虛假的自我[82]。套用梭羅的說法是，我們活得太「濃稠」了（thickly）[83]，忙於回應周遭的世界，而沒有先學習了解自我。

近年來，心理學家發現獨處時的遐思有助於創意發想[84]。當我們放任大腦神遊時，大腦也獲得了解放。大腦在不需回應任何指令下，生產力最強。對有些人來說，這種說法似乎有悖文化常理。美國文化向來推崇社交[85]，我們一直**想要**相信，進行「腦力激盪」和「集體思考」是我們創造力最強的時候，結果發現事實不然。獨自思考時更有可能冒出新的想法[86]。獨處時，我們學會信賴自己的想像力。

孩子在成長過程中若享有獨立思考的時間，就會產生踏實感，想像力讓他們覺得生活很愜意自在。孩子若是時時刻刻都需要回應外界的事物，就無法培養出那種感覺。這也難怪，現在的年輕人獨處時，若是少了電子產品在身邊，就顯得焦慮不安。他們可能會說自己很無聊。打從很小開始，結構化的遊戲和數位文化中的閃亮物件就是他們的消遣娛樂。

閃亮物件

我們展開了一項超大型的實驗，把孩子當成了參試者。

無論是哺乳的母親，還是推著嬰兒車的父親，他們幾乎都手機不離身。新的研究顯示，手機使用比例的增加，和遊樂園裡意外事故率的增加有關[87]，因為遊樂園裡的家長和保母都把注意力放在手機上了。

在任何文化中，小孩都想要獲得大人喜愛的東西。所以，孩子告訴我們，他們想要手機和平板電腦。只要父母負擔得起，很少家長會拒絕孩子的要求。家長甚至套用籃球用語，把利用智慧型手機安撫車子後座的幼童稱為「回傳」（passback）。

在安靜時刻，孩子原本可以轉向內心探索，但是在電子裝置的吸引下，他們遠離了面對他人及話語的世界，因為我們讓螢幕取代了大人該做的事，例如朗讀給他們聽、陪他們玩遊戲等等。跟祖父母下跳棋是交談的好機會；跟電腦下跳棋則是在學習謀略，或許還讓你贏。螢幕提供了各種體驗，舉凡教育、情感、藝術、情色等方面，但不鼓勵獨處，也無法讓人學習面對面交談的豐富內涵。

一位十四歲的女孩如此總結她上臉書約一小時的感受：「即使只是看到別人對我貼出來的東西按讚，我還是覺得有種成就感。」她成就了什麼？上臉書讓可預期的結果（貼出一張討喜的圖片，就會有人按讚）感覺像是一種成就。在網路上，我們逐漸習慣這種近乎確定的結果。相較之下，充滿起伏的獨處時間無法保證提供這種結果。當然，與人相處的時間也無法保證這種結果。

孩子有對話經驗以後，他們會知道「熟能生巧」永遠不會發生在對話上，而對話是否「完美」並非重點所在。「完美」可能是模擬情境（像是電玩遊戲）的目標，但當你習慣模擬情境的指導時，你可能會害怕失去控制，即便控制並非重點所在。

公園裡，一名八歲男孩倚著大樹，出神地看著手中那個閃亮物件——小型的平板電腦，那是他最近收到的禮物。他正在玩尋寶遊戲，這遊戲可以串連世界各地的玩家。小男孩一臉專注，咬著嘴唇，不斷地移動手指。在公園裡其他小孩的眼中，那個男孩彷彿身上掛著「請勿干擾」的告示。他那專注的神情等於是在告訴大家，他沒空跟大家一起玩飛盤或比賽爬攀單槓。今天，他不會接受那些玩樂邀請，也不會主動找大家玩。今天，他沒機會學到詢問其他的小孩問題，並聆聽他們的回答。公園裡的多數大人也是緊盯著螢幕不放。這個八歲男孩在電腦遊戲中與全球玩家相連，但是在公園裡，他完全獨自一人。

走進大自然或閱讀時可以讓思緒自由地馳騁，玩線上遊戲則不然，它會使人專注在眼前的任務上。他愈來愈熟悉虛擬尋寶遊戲的規則，但沒時間倒吊在單槓上，看著冬日的天空，思索空中的種種圖案。

螢幕上的活動通常令孩童感到振奮，相反地，黏土、手指彩繪、積木則讓他們安靜下來。這些物質的實體性——黏土的黏密厚實、積木的硬實穩固——提供了真實的阻力（相較於虛擬遊戲中的「無阻力世界」），讓孩子停下來思考，發揮想像力，打造自己的世界。

精神分析學家艾利克．艾瑞克森（Erik Erikson）是青少年發展方面的專家。他寫道，給予孩童時間和安靜的環境[88]，有利孩童的蓬勃發展。如今，每個孩童的童年中充斥著閃亮的物件，占據了他們的時間，也破壞了寧靜。

當然，很多電腦的運用是為了鼓勵孩子發揮創意，例如，孩子不只用電腦玩遊戲，也學習寫程式，自己設計遊戲[89]。但是，當我們習慣孩子緊盯著螢幕時，那就成了新的常態，我們不再注意細節，不再注意孩子的螢幕上究竟有什麼東西。我們該做的，是不要再把孩子和螢幕視為天生速配的搭檔了。如此一來，我們才能暫停下來，注意螢幕上是什麼東西。接著，才能探討我們希望孩子的童年有什麼進展。

與人獨處

獨處的能力該如何培養呢？答案是給予關注；交談時尊重彼此。

孩童是在他人的關注下，培養出獨處能力的。試想，你帶著小男孩到大自然中漫步，你們都默不出聲，四周也靜悄悄的。孩子在身邊的人從旁引介下[90]，逐漸明白獨自置身於大自然是什麼感覺。漸漸地，他也學會獨自漫步。再來一個例子，想像一位母親給兩歲女兒洗澡，讓女兒開心地玩著玩具，編造故事，學習獨自思考。在此同時，孩子也知道母親始終都在旁邊。漸漸地，以後獨自洗澡時，孩子也會放心地發揮想像力。因為有所依靠，而得以培養獨處。

所以，我們一開始是練習「與人獨處」（alone with）的能力。熟練那個技巧後，我們的心中永遠裝著那些對我們很重要的人。漢娜．鄂蘭（Hannah Arendt）說，懂得獨處的人，隨時都有伴，他並不孤單，永遠都有「自己相伴」。對鄂蘭而言，「嚴格來說，所有的思考都是在獨處時進行的，都是我和自己的對話，但這種自言自語不會讓我脫離周遭的世界，因為和我對話的自己代表著周遭的人[91]」。

保羅．田立克（Paul Tillich）說得好：「語言創造出『孤單』一詞，以表達獨自一人的痛苦；卻又創造出『獨處』一詞，以表達獨自一人的怡然自得。[92]」孤單是痛苦[93]、情緒性的，甚至連身體都難以承受，那是源自於幼年「欠缺親密接觸」，因為那個時候最需要親密感。獨處則是獨自一人時感到愜意自得、積極向上的能力，那是源自於幼年時期培養的人際關係。但是，如果我們不曾體驗過獨處（現代人往往沒有獨處的機會），一開始我們就會誤以為孤單和獨處是同一回事，那反映出我們經驗的貧乏。如果我們沒有機會了解獨處的美好，我們只會知道孤單帶來的惶恐不安。

最近，我搭火車從波士頓到紐約時，趁著搭車時間用筆電工作，沿途穿越了康乃狄克州的雪景。要不是中途走到餐車去喝咖啡，從工作中抬起頭來，我也不會知道窗外有這般風景。我走向餐車時，注意到車上的每個成年人都緊盯著螢幕。我們不讓自己體驗獨處的美好，因為我們認為每分每秒都應該好好把握。我們不想利用獨處的時間思考或放空，只想以數位連線來填滿它。

不僅如此，我們也讓孩子以同樣的方式生活。在那一列前往紐約的火車上，孩子也有自己的電子裝置（平板或手機）。前面說過，孩童抱怨無聊時，大人常用數位「回傳」來安撫他們。這樣做並未教導孩子，無聊可能正是想像力發威的時候。

當然，賦予「獨處」過於詩意化的形象也不太恰當，需要加以修正。獨處可能有助於培養同理心和創意，但獨處的感覺不見得都很美好。對詩人里爾克（Rainer Maria Rilke）來說：「獨處是開放的、耐心的、敏感的、珍貴的[94]。」然而，里爾克也坦言，獨處並非易事。路易CK應該很懂他的意思。里爾克說：「獨處時，不要因為內心有股想要擺脫獨自一人的衝動，而誤以為你討厭獨處。[95]」事實上，研究顯示，短期內青少年可能會覺得獨處是令人難受的休息時間；但長遠來看，獨處則有益健康[96]。少了獨處，在不分晝夜持續連線下，我們可能會經歷許多「豐富時刻」，但日子過得愈來愈貧乏。

每次我請青少年談談一個人獨自思考的感覺時，他們大多告訴我，他們不會主動去做那種事。只要一落單，無論身在何處，他們都會馬上掏出手機。他們大多帶著手機上床睡覺，半夜醒來也會看一下手機訊息。他們出門時一定會帶手機，他們也說，父母沒教他們重視獨處的時間。如果我們覺得獨處很重要，就應該灌輸孩子這個觀念，他們不可能自己領悟到獨處的美好。我們不僅要告訴孩子這點，還要身體力行、以身作則，讓孩子看到我們對獨處的重視[97]。

離線焦慮

關於獨處的好處，創作大師為我們作了見證[98]。莫札特曾說：「我一個人獨處，孑然一身、神采奕奕的時候——例如坐馬車旅行、飽食後外出散步，或夜半無法入眠時——思緒最為澎湃豐沛。」卡夫卡曾說：「你無需離開房間，坐在桌邊聆聽就好。你甚至不必聆聽，只要等待，學習靜默下來，寂然不動，獨處就好。世界自然而然會向你敞開，等著你揭開面紗。」作家湯瑪斯．曼（Thomas Mann）曾說：「獨處孕育出我們內在的原始自我，孕育出陌生又危險的美好事物，孕育出詩篇。」畢卡索曾說：「少了美好的獨處時光，就不可能有認真的創作。」

社會學具體的研究結果，佐證了這些如詩如幻的大師語錄。蘇珊．坎恩曾撰文探討隱私對創作的重要性，她在文中引用了名為「程式戰爭遊戲」（The Coding War Games）的研究。那個研究是比較九十二家公司共六百多位程式設計師的工作狀況。在同一家公司裡，程式設計師的績效都差不多；但不同的公司裡，績效有明顯的落差。高績效公司的程式設計師有一個共通點：他們有較多的隱私。績效優異的程式設計師「幾乎都是在提供員工最多的隱私、個人空間、周邊環境掌控力的公司裡任職，不受干擾[99]」。

隱私有助於創意發揮，這一點也不足為奇。當我們把注意力抽離周遭的人事物時，可以更專注在個人思緒上，心理學家把這個流程稱為後設認知（meta-cognition）。每個人都有這種潛能，重要的是去培養它。但問題是，隨時隨地連線的生活，使我們逐漸喪失了這種能力。

一位在《財富》評選全球五百大企業任職的副總裁告訴我，最近他必須做一份重要的簡報，所以他要求祕書幫他「擋住」一切干擾三個小時。

我暫時關閉電子信箱，請祕書收走我的手機，也請她幫我擋住所有的電話，除非家人有急事找我時才接聽。她完全遵照我的意思做了，但是與外界隔離三個小時實在太痛苦了，我幾乎無法專注在簡報上，焦慮極了。我知道這聽起來很誇張，但我確實感到惶恐不安，感覺好像沒有人在乎我，沒有人愛我。

那正是離線焦慮的寫照。現在既然可以隨時上網連結，大家已經不知道獨處時要做什麼了，即使那是他們自己要求的獨處時間也不例外。他們無法專心，說他們覺得很無聊，於是無聊成了打開手機玩遊戲、傳訊息或上臉書的藉口。但最主要是焦慮感促使他們重拾手機，他們想要有歸屬感。我們發出訊息時，其實是在傳達一件事：我們是有人關注的。

談了那麼多良性循環後，我想談一下惡性循環。知道我們無聊時還有「別處」可去，那會減少我們探索內心世界的機會，愈來愈渴望手機提供的刺激。為了找回獨處的美好，我們必須學習體驗無聊的時刻，把它視為探索內在的理由，至少有些時候應該堅持不去「別處」排解無聊。

同理心的初始之地

前面提過紐約州北部的霍布魯克中學。那所學校不大，六年級到八年級的男女學生加起來，僅一百五十人左右。這幾年來，教職員一直覺得這些學生不太對勁。今年他們來找我，希望我以顧問的身分來研究問題所在。他們主要擔心的是：學生對彼此欠缺同理心。老師因此推斷，學生缺乏同理心和他們難以獨處有關。在老師看來，如果學生無法為自己騰出時間，他們怎麼可能會花時間在別人身上呢？

教職員說，他們正試著幫學生放慢生活步調，希望每個學生都擁有「喘息的空檔」。現在，學生連靜靜地坐著、全神貫注，都很難做到，幾乎沒什麼耐性。以前總是有一些學生抗議作業太多，但現在連有上進心的學生，看到閱讀清單上有一本以上的厚書，也會提出抗議。

我們的大腦先天就是為了對話而設計的，但我們也可以訓練大腦進行深度閱讀，亦即專注於敘事複雜、人物眾多的故事情節上。那正好也是霍布魯克的學生表明他們不想做的閱讀。世世代代的英文老師都告訴學生，閱讀這種小說「對他們有益」。那聽起來很像老師會說的話，只是沒有人真的相信。但如今我們知道，文學小說確實可以大幅強化同理心（同理心的衡量，是看一個人從他人的表情推斷情緒的能力[100]）。英文老師確實所言不虛，我們閱讀複雜的小說時，會先和小說裡的人物產生共鳴，接著那種效果會普遍延伸到我們的生活中。

珍・奧斯汀（Jane Austen）的小說之所以歷久彌新，是因為讀者對書中主角的傲慢與偏見感同身受，入戲很深。讀者為書中人物和場景所衍生的種種糾葛而大表不滿，也為伊莉莎白和達西在歷經種種波折後終成眷屬而感到歡喜。文學小說藉由人物的刻畫及情感的描述來訓練讀者的想像力，這點顯然和對話很像。對話就像文學小說，需要想像力和一定的投入，也需要安靜的時間。

然而，現在的學生似乎沒有安靜的時間。霍布魯克中學的某位英文老師談到他教的七年級學生：「他們不希望我出太花時間的作業，他們不想做那麼久。[101]」一位老師舉了一個簡單的例子，來說明學生這種老是心不在焉的狀態：「我的學生會說：『我的筆記不知道擺哪裡去了，我找了十分鐘都找不到。』然後他們就只會看著我，彷彿要我自己看著辦似的。」

我在霍布魯克中學聆聽老師的說法時，突然想到之前訪問企業人士，曾聽他們提過最近去企業求職的大學畢業生有一些「特殊的需求」。一位有三十五年業界經驗的廣告公司高管提到新進員工的敏感性。她對那些新員工的描述，彷彿勾勒出霍布魯克學生未來的職場形象：

> 這些年輕人不習慣獨自完成專案。以前的員工，現在大概是四十到六十歲的人了，以前你指派專案給他們，他們會覺得獨立完成專案是他們的分內工作。但現在的年輕人無法獨處，他們需要持續不斷地聯繫、支持和幫助。他們想知道自己做得不錯，獲得肯定。你讓他們獨自去完成任務，他們會不知所

措。他們隨時隨地都和他人保持線上聯繫，但我聽他們的上司說，他們也比以前的員工更需要支持，他們需要不同的管理方式。

一家廣告公司的藝術總監談到公司從名校招募的新進員工：「他們都很有才華，但他們是在臉書『按讚』的世界裡成長的，早已習慣獲得很多的鼓勵。所以，你不確定究竟該滿足他們那種需求，還是該教他們如何獨處，學習自我肯定。」

設法度過無聊

關於霍布魯克教師的擔憂，其他學校的老師也深有同感。緬因州某所高中的各科老師都擔心，學生缺少休息時間。他們說高中生需要時間以學習自主思考，但家長似乎不這樣想。老師認為：「家長不希望孩子有休息時間，總是希望他們多上一點鋼琴課、多練習足球……我們學校的孩子在家長的接送下，參加一個又一個的活動，連晚餐都只能在車上吃……如果家長覺得孩子有閒暇時間，他們會對我們及孩子說：『你不夠認真，這樣怎麼出人頭地呢？』」有些家長認為閒暇時間就是無聊時段，根本是在浪費時間。

但童年的無聊是一種驅動力，可以激發想像，累積內在的情感資源。兒童精神分析學家唐諾．溫尼考特（Donald W. Winnicott）認為，孩童感受無聊的能力是心理健康的重要指標。那個能力顯示，父母靜待一旁時，孩童能否盡興地獨自玩樂。設法度過無聊是兒童發展的一大成就[102]。

高中老師說，他們的學生大多無法做到這點。即使只是短時間的獨處，學生也會感到焦慮不安。白天的空檔，學生總是預期有大人在場主持活動。如果沒有大人在場，他們就會轉向手機排遣時間——上網查看訊息或玩手機遊戲，反正就是不讓自己靜下來。一位高中數學老師一語道破了學生為此付出的代價：「思考事情需要時間，看清自己需要時間，結交朋友需要時間，把事情做好也需要時間……偏偏這些孩子就是沒有時間。」

我們回頭來看霍布魯克中學。一位美術老師談到最近她嘗試讓一班十二歲的學生放慢步調。她要求學生花五分鐘畫一個東西，想畫什麼都可以。她說：「有好幾個學生告訴我，那是他們專注在一件事情上最長的時間，而且中間毫無干擾。」接著她又說：「他們畫不好時，覺得很沮喪，來尋求協助，所以我過去幫忙了，但我一離開他們，他們又對畫畫失去興趣，有些人開始玩起手機。」

一位戲劇老師說，最近她讓學生彩排校內的舞台劇時，也遇到類似的問題：「我告訴他們，表演的重點不在於說出台詞，演員其實是在進行『深入傾聽』，也就是回應其他的演員。」但學生無法靜靜坐著相互聆聽，最後老師對他們下了最後通牒：你們做不到相互傾聽的話，就乾脆退出表演。結果，最後通牒奏效了：一群學生真的退出劇團了。

霍布魯克中學的老師擔心，校方的規定也導致學生的問題日益惡化。在霍布魯克裡，校方發給每個學生一台iPad，讓學生用iPad來閱讀教科書、寫作業、追蹤學校的課程表。也就是說，學校要求學生用那個令他們分心的裝置來學習。

一位十五歲的學生說，他一打開iPad，「就迷失了。我只是打開iPad來看球隊的練球時間，可是我一打開，整個人就栽進去了，開始上臉書」。對他來說，「印出來的實體課表」比較方便。一位十四歲的女孩說，所有課程的指定讀物都必須上網閱讀實在太累了，「我用iPad寫作業時，也會跟朋友傳訊息，玩遊戲，很難專心在功課上。我不知道學校為什麼要淘汰實體課本」。

目前，霍布魯克中學的老師並不打算停用iPad。他們說，校方致力提升教學平台的「效率」，讓「所有的教學內容都可以上網取得」。但學生一有空就會上網，很難阻止他們。學生上網後，就很難不沉迷其中，開始發簡訊、玩遊戲、四處網購、上臉書。

臉書地帶

科技如何牢牢地吸住我們，讓我們動不動就把注意力轉向它，而不是轉往內心呢？它讓我們一直停留在「機器地帶」。人類學家娜塔莎．道．舒爾（Natasha Dow Schull）思考賭徒對吃角子老虎機的沉迷時，寫到「機器地帶」是一種讓人分不清人機分野的狀態。舒爾訪問的一位賭徒表示：「我幾乎已經被催眠成一台吃角子老虎機了。[103]」對沉迷於機器地帶的賭徒來說，金錢不是重點，輸贏也不重要，重要的是一直使用那台機器，停留在那個機器地帶。科技評論家艾力克斯．麥追葛（Alexis Madrigal）認為，「臉書地帶」[104]是舒爾所謂「賭徒麻木狀態」的輕量版。你上社群媒體時，捨不得離開，但也不確定你真的有意留下來。

大三生瑪姬對這種狀態的描述如下：「我用手機查看臉書、推特、電郵時，老是覺得我忘了看什麼，所以就一直在那三個平台間來回切換，因為我一直覺得我好像漏了什麼。」那個查看的流程吸引她不斷地檢查。另一位大三生裘蒂說，手機上的臉書是她的「護身符」，可以避免她感到無聊。但她描述使用手機的習慣時，聽起來好像是在訓練自己對手機以外的事物感到無聊似的：

如果你是因為無聊而打開手機上的App來看東西，你可以按著圓形的按鍵，把所有的App都瀏覽一遍。即使沒發生什麼事情，也可能會收到一封電郵。有時，你只是坐著和人聊天或是在課堂上，你覺得無聊，就拿出手機，即使你知道根本沒發生什麼事。習慣了這種注意力的切換後，你只要單純坐著或是專注於某件事，反而會覺得很怪。

誠如裘蒂所言，當你處於臉書地帶時，你不會「只是單純坐著」或「專注於某件事」。那正是問題所在：因為「單純坐著」或「專注某事」都是獨處的構成要件。

比較「臉書地帶」與心理學家米哈利．奇克森特米海伊（Mihaly Csikszentmihalyi）所謂的「心流」（flow），有助於了解那個概念。在心流中，你執行的任務沒有簡單到你可以放空大腦，也沒有困難到你無法領會。例如，滑雪對你來說還是有一些難度，但你的滑雪技術已經足以讓你和山野融為一體，這時你會體驗到心流。奇克森特米海伊認為，心流狀態下的體驗，一定會讓人學到新的東西，產生更強烈的自我意識[105]。相反地，舒爾所謂的賭徒體驗則無法讓人成長，只是陷入其中，一再重複，所以麥追葛把機器地帶稱為「暗黑心流」。

至於我們上臉書的感覺，那是介於心流和暗黑心流之間的哪個地方？瑪姬和裘蒂都說，在手機上的App之間不斷地切換，使她們不再做以前習慣的事情，例如散步、塗鴉、閱讀等等。她們覺得以前那些習慣很重要，但現在已經不再騰出時間做那些事了。她們離不開手機，也不確定自己是否想要離開手機。從她們的個案可以清楚看到，電子產品已經成功達到「讓用戶隨時隨地連結」的目標了。

Google執行董事長施密特某次造訪波士頓時，發生了一件趣事，那件事正好是最佳例證。施密特到波士頓宣傳剛出版的著作，他走進會場時，先問觀眾：「等一下會一邊聽演講、一邊用手機的人，請舉手。」他看到很多人都舉手了，接著說：「很好！那正合我們的意。[106]」App的設計本來就是希望你一直使用它。你把愈多的休息時間拿來滑手機，探索內心的時間愈少。

把滑手機當成獨處

大學生都清楚知道，他們所謂的獨處就是上網。一位大三學生告訴我，她不會發呆做白日夢，而是會想辦法「抒壓」，亦即「漫無目的地在網路上閒逛」，你可以把它想成「白日夢2.0」，但不是真的做白日夢。事實上，她說上網是避免她做白日夢的「安全機制」。上網閒逛可以避免她陷入胡思亂想的「危險」。另一位學生也抱持類似的看法，她說手機是預防無聊的「保險」。這些女學生就像前面那個《財富》評選全球五百大企業的副總裁一樣，她們知道獨自一人時，若是少了手機，就會感到莫名心慌。

我問二十歲的卡曼，她是否曾經單純坐下來思考，什麼都不做。她回答：「我絕對不會那樣做。」她一有空就上臉書，她不想在沒有臉書下回想過去。「在不看圖片或訊息下回想過去，那太費神了。」

她不想下那種功夫。她解釋：「問題在於，你回想過去時，如果沒有打開臉書，你得意識到：『好，現在我要開始回想了……』你必須做好獨自坐下來的準備。」對她來說，那不太可能發生。卡曼現在覺得，獨處是指一個人獨自使用筆電上網，和人接觸。她把獨處想成一種「群眾管理」（crowd management）。

二十歲的安雅描述某晚她陪大學室友去醫院看病的經歷。急診室的分診護士判斷，室友的胃痛不算緊急狀況，所以她們等了五個多小時才看到醫生。候診期間，她們都拿出手機來打發時間。安雅的手機快沒電時，她頓時慌了起來。

我的手機出現電量不足的紅色警訊，我心想：「完了，手機快沒電了。」就是那種焦慮的感覺。手機快沒電時，我真的很焦慮。後來，它真的沒電了。不是我在誇張，我跑遍了整家醫院，到處詢問醫院的員工、護士、任何人。只要能抓到人，我就問他有沒有iPhone充電器。最後，我終於問到一位警衛，他帶我到他們的休息室，讓我為手機充電。為了充電，我甚至可以做到那樣，無所不用其極，連侵犯他人的隱私都不在意。

連好友在場時，都可能出現這種離線焦慮。安雅解釋，她和室友都不想靜靜地坐在那裡思考，他們覺得聊天太費神了。「我們只想靜下來滑手機，找點事做。」

靈光乍現時刻與內在世界的價值

大家喜歡把創意的出現想成靈光乍現，好像腦中的燈泡突然亮了起來。但那些「靈光乍現」的點子，通常是長時間醞釀出來的。

法國數學家兼哲學家亨利．龐加萊（Henri Poincare）描述他的經驗時，提到那些看似

「靈光乍現」的點子，其實是慢慢浮現的。他表示：「頓時豁然開朗，只是彰顯出之前長時間無意識下的耕耘成果。」那些耕耘往往是獨自完成的。

一個人思考難題時，最初往往徒勞無功。在休息一段或短或長的時間後，接著又重新坐下來思索。前半個小時就像之前一樣一無所獲，但突然間，腦中靈光乍現，關鍵的點子就這樣冒出來了[107]。

早期的電腦學家曾經夢想，由機器迅速處理例行作業，這樣一來，人類就可以投入緩慢的創意發想。一九四五年，發明家兼工程師凡納爾．布希（Vannevar Bush）夢想發明一種裝置，名叫「滿覓思」（Memex，大家常把它視為網際網路的先驅），可以迅速處理邏輯流程[108]，讓人類有更多的時間投入緩慢的創意發想。諷刺的是，當我們愈來愈接近布希所想像的世界時，似乎出現了相反地結果。機器以極快的速度提供我們大量的資訊，我們努力想要處理那些訊息，卻趕不上機器的速度。我們依然很努力，也因此我們忙於傳訊溝通，但沒時間思考。中小學教師和大學教授也以同樣的詞彙來描述他們的學生：匆忙倉促、缺乏耐心、對過程毫無興趣、無法獨自思索。彷彿我們一直等著靈光乍現，卻不想花時間或不想獨自投入「長時間無意識的耕耘」。

心理學家強納森．史古勒（Jonathan Schooler）證實，「思緒神遊」是激發創意的墊腳石。他表示：「大腦先天是浮動不止的，隨時等待著周遭冒出最有趣的事物。[109]」如果孩童在成長過程中學到，環境中最有趣的事都發生在手機裡，我們必須教導他們：給自己的內心世界一個機會。事實上，如今靜下來時，每個人都必須壓抑那種動不動就想把注意力轉向電子產品的衝動，不分老少都是如此。

那些電子產品之所以吸引我們，是因為我們對每個搜尋結果、每則新訊息、每封簡訊的反應，都好像在野外遇到威脅一樣緊急[110]。這種社交新資訊所產生的刺激，吸引我們朝著某種眼前的目標邁進。相反地，白日夢則把我們拉向更長遠的目標，幫我們為穩定的自我奠定基礎並想出新方案[111]。想要指導孩子創新，就要說服他們放慢速度，讓大腦思緒盡情地遨遊，花時間獨處。

重啟對話要從找回獨處的能力開始著手。當我們為了逃避沉思而掏出手機時，應該自問：「為什麼？」也許我們那樣做，不是因為真的需要用手機，只是想擺脫別的事罷了。你想擺脫焦慮嗎？還是想逃避需要下很多苦功的好點子？或是想閃躲需要花時間爬梳的問題？

在「我分享，故我在」的世界裡，我們沒給自己練習獨處的機會。對此，我們可以改變我們的態度，從培養孩子獨處開始著手。我們可以為孩子騰出遠離電子裝置的時間，也可以給孩子更多的獨處時間。前面提過，有些老師抱怨，家長把休息時間視為孩子的敵人，那是確實存在的問題。孩子若沒體驗過「無聊」，並在感到無聊時轉向內心，而非面對螢幕，他們永遠也無法培養出獨處的能力。

孩子上床睡覺時，不該帶著手機或平板電腦上床。前面提過，精神分析學家艾瑞克森主張，孩子需要「安靜」的環境才能找到自我[112]。社會評論家威廉．德雷西維茲（William Deresiewicz）認為，上網時，我們剝奪了自己獨立思考的情境。他說，領導力「意味著把自己凝聚於一點，而不是四散到網路和社群媒體的資訊中」[113]。你不必為了獲得獨立思考的效益，而大費周章地搬到林間小屋。即使是短暫的獨處，也可以讓人聽見自己的思緒，敞開自省的空間。

CHAPTER

4

自省

我推文，故我在

只要有手機在身邊，我就不可能只是坐下來思考……遇到空檔時，我從來不會靜下來思考。手機是我的安全機制，讓我不必跟陌生人交談，也不會胡思亂想。我知道這很糟糕……但我已經習慣以發訊息的方式排遣時間了。

——大三學生凡妮莎

獨處的好處之一，是提升自省能力。所謂自省，是指與自己對話，以期望更深入地洞悉自我，了解自己想成為什麼樣的人。專業上，我的志業是什麼？私人生活方面，我的人生目的和意義是什麼？我能原諒自己和他人的過失嗎？透過自省，我們更了解自我，也強化了人際互動的能力。

哲學、宗教、心靈、心理等傳統學問都鼓吹這種重要的對話。在西方，從二十世紀初開始，精神分析學就提出了這個主張。精神分析的核心是一種治療技巧，但它把自己包裝成一種思考自我的感知力，超越了精神分析師與患者的專業界限。精神分析運動變成了一種精神分析文化，其核心假設在小說、電影、媒體的宣傳下逐漸廣為人知。

所以，無論你是否接受過精神分析師的治療、是否讀過佛洛伊德的作品，你反思自己的過去和現在以及你是否可能改變時，多多少少都熟悉這些概念。這種自省的傳統，強調歷史、語言的意義，以及無意識的力量。它告訴我們，我們的生活中充滿了那些對我們最重要的人[114]，無論好壞，他們都活在我們的心中。我們學會辨識他們加諸於我們的影響，不管是給予我們力量或是使我們變得脆弱。如果父母強勢，你的防禦心態可能很強；如果父母沉默寡言，即使周遭都是關愛你的人，你可能還是會覺得很孤單。

精神分析這門學問告訴我們，人類習慣透過特定的稜鏡來觀看世界，那個稜鏡是指人生中最重要的那些人對我們的看法。精神分析也教我們，自省可以幫我們穿過內心的刺耳雜訊，到一個感覺更像真實「自我」的地方。在那裡，我們可以看到過往的歷史如何塑造出現今的自我，但也和過去的自我保持一定的距離。

了解我們的心理投射力，可以幫我們看清周遭的事物，而不是利用現在去解決過去未解的矛盾。所以，精神分析這門學問把自省視為通往現實的道路。眼看嫉妒和危險來臨時，你不會因為害怕而加以掩飾。當有人對你展現關愛時，你一眼就看得出來。

這種自省的回報是需要時間醞釀的。當然，如今我們不會為自己騰出那麼多時間。而且，自省是需要紀律的。每次自省，都需要有停下來思考棘手問題的能力。面對錯綜複雜的人際關係，你得在心裡問自己：「如果我感到害怕，那是因為真的有危險，還是心魔所致？」、「如果我大膽無畏，那是因為我準備充分，還是因為我無所顧忌？」、「如果我想結束一段感情，那是因為我受到委屈，還是因為我畏懼承諾？」

演算自我

精神分析的傳統要求我們培養獨處的能力，以及有紀律的自省能力。生活中有很多事情讓我們感到沮喪。有時我們會想要用更簡單的方式來了解自己。如果服用特效藥、唸正確的咒語、或是調整行為就能解決麻煩，那是最好不過了。

現在，大家還希望科技的介入可以幫我們把自省變得更有效率。目前這類科技還不少，例如：透過程式設計，讓電腦充當治療師；利用裝置追蹤生理型態，以了解你的心理；利用程式分析日記用語，以判斷你的精神狀態。這些科技都是以你個人行為中可衡量的資料為基礎（亦即「輸出」），所以系統認定最後的分析結果就是「真實的你」，也就是你的量化自我（quantified self）或演算自我（algorithmic self）[115]。

那些能夠喚起記憶的新物件有強大的力量，千萬不要低估它們的影響。目前我們才剛開始利用這種自我報告（self-report）的技術以及量化資訊來思考自我。只要善加利用這些工具，就可以促進反思，讓我們更接近自己。不過這些東西無法單獨完成任務，App可以給你數據，但故事仍需要人來講述。科技可以提供機制，但意義還是要靠人自己去找出來。

驚人的是，有些常用的App（例如臉書）似乎是為了鼓勵我們講述故事而設計的。畢竟，臉書的基本設定，就是為了讓人記錄及展現生活中的活動。當然，我們已經知道事情不是那麼單純。社群媒體也可能抑制我們的內在對話，把我們的關注焦點從反思轉向自我展示。

從日記到動態消息

梅麗莎的家庭生活很不平靜，她是高三生，多年來父母一直吵著離婚，三餐最後都是以吵架收場。過去，梅麗莎從現代舞、攝影、手寫日記中找到心靈寄託。寫日記對她來說尤其重要，她說有時她會重讀以前的日記，從逐篇的筆跡變化看出自己的心境轉折。

> 每晚我都會在筆記本裡寫日記，我很喜歡寫字。回顧以前的日記很有意思，可以看出我是不是在生氣。有時字跡看起來充滿了怒氣，那表示我當時很憤怒，把怒火也寫進日記裡了。有時候，某些事情令我煩躁，我也會翻閱以前的日記，看我以前寫了什麼，有什麼感受，當時是怎麼處理的。

如今，梅麗莎只偶爾寫寫日記，經常跳過不寫，她把心思轉向社群媒體。我訪問她時，臉書正逐漸變成她日常生活的情感中心。她申請大學時，收到四家「第一志願」的拒絕信，目前離家到紐約州北部的一所小型鄉間學院就讀。她說，自從她在臉書上發現一個完全符合她的情況的社團後，她就愈來愈投入臉書了。那個社團名稱是：「**第一志願拒絕了我**」。梅麗莎在那裡和其他人交流申請大學的失落，裡面有人去了「第四志願」的學校就讀，依然過得好好的，畢業後也發展出不錯的職業生涯。梅麗莎說，現在她幾乎把所有的空檔都花在臉書上。她也悠悠地說：「我也不希望我花那麼多時間在臉書上，但現在確實是如此。」

為什麼那麼矛盾呢？梅麗莎需要社交支持。申請大學的結果不如預期，家庭生活又無法提供慰藉。臉書上那種彷彿為你量身打造的社團，可以讓你在那裡分享親身經歷。但梅麗莎也說，即使有那些優點，她在臉書上依然「難以找到平衡」，因為她一上臉書，就整個人栽進去了，難以抽身。更糟的是，梅麗莎也發現「她幾乎無法再去做她覺得該做的事，例如獨自安靜坐著、手寫日記、跟弟弟交談、打電話給好友」。她覺得自己深陷在臉書中無法自拔：貼了許多美食文、瀏覽其他人的檔案資料、「偷偷追蹤」班上同學的動態。「我沉迷於瀏覽他人貼出的訊息或個人檔案，或是忙著跟他們在網路上交談。而且每次聊的事情都毫無意義，根本是在浪費時間。我討厭浪費時間，卻在臉書上迷失自我。例如，有時我看時鐘是七點十四分，等我回神過來，以為只過了一分鐘，但實際上已經晚上八點半了。」臉書的設計目的不是為了阻礙自省，卻經常造成那種效果。

梅麗莎認為，她之所以沉迷臉書，部分原因在於怕遭到冷落遺忘。中學期間，她覺得自己受到排擠，「那種恐懼悄悄地爬上了心頭，所以為了維持消息靈通而隨時掛在線上，那等於在說：『有任何事情發生時，我都不想錯過。』」所以她動不動就查看臉書，「我**必須**隨時上去看一下……我最大的恐懼之一就是遭到冷落或錯過什麼。」臉書可以安撫那種恐懼。

雖然梅麗莎以臉書替代日記（「臉書寫起來比較容易」），但是她在臉書上的書寫不像日記那麼誠實。寫日記時，她覺得她是為自己書寫；但是在臉書上，她卻切換成「展演」模式。她分享想法時，也會思考那些想法可能會產生什麼作用。梅麗莎說，寫日記時，有時會幻想哪天可能會有人找到或讀到她的日記，那發生在很遙遠的未來，不會影響她當下寫些什麼；但是，寫在臉書上的東西可以讓她**當下**變得更討人喜歡。

所以，梅麗莎在臉書上為自己寫了一份討喜的個人檔案，那個檔案反映出她**想**成為什麼樣的人，也就是理想的自我。她在臉書上說的話是為了吸引大家，分享的日常生活也是嚴選過的，不會寫家裡的爭吵。以前她會把家裡的紛爭寫進日記裡，現在她上臉書只想分享好消息。

我發現，一般人以理想自我作為自省對象時，可能會對自己產生奇怪的羨慕或嫉妒感。當然，知道自己的理想抱負是有益的。當你思考自己想變成什麼樣子時，理想自我是很實用的資訊。但是在臉書上，你可能忙著扮演那個自我，假裝你已經是那個樣子了。

我們在臉書上展演的自我，和我們利用遊戲化身來進行自省是截然不同的。長久以來，我一直在研究數位物件如何影響我們對自己的看法，其中有好幾年是在研究角色扮演遊戲的心理。我們為線上遊戲創造的化身（在多數遊戲中，我們會選擇遊戲化身的身體、臉蛋、個人特質），不是為了促進自省，但可以那樣使用。玩家設定遊戲化身時，可以賦予化身一些特質，讓虛擬化身展現出他們想探索的特色，這表示遊戲世界可能變成一個測試身分的地方[116]。例如，一位三十五歲的軟體工程師因難以展現自信而感到失望。他覺得堅定自信的男人給人一種霸道的感覺，但堅定自信的女人則散發出「類似凱瑟琳·赫本（Katharine Hepburn）」的魅力，所以他決定在線上遊戲中扮演堅定自信的女子，實驗一下那樣做有什麼效果。在線上扮演堅毅女子幾年後，他在現實生活中也自然而然變得更有自信了。

我意外發現，為了這種目的而以遊戲化身來測試身分，比用臉書的個人檔案更直截了當。使用遊戲化身時，你一開始就明確知道你是在「扮演」一個角色，那個角色不是你，那只是遊戲。但是在臉書上，你明顯代表自己，講述自己的生活。那也是大家跟你結為臉書朋友的原因，他們想知道**你**在做什麼、想什麼。

理智上，你知道真實自我和臉書上的自我是不同的，但兩者的分野模糊，難以明確區分。那就像不斷地撒小謊一樣，久而久之，你自己也忘了真相，因為謊言與事實如此地接近。

如今，運用網路進行自省也衍生出一個非常切實的問題：那究竟有多真實？我們都知道臉書不是私密空間，也不是上鎖的日記，而是一種新事物：那是一種公共領域，但我們可能覺得那是世界上最私密的空間。

世上僅有的兩個人

自省使我們展露出脆弱，這也是為什麼傳統上自省常包含一些保護隱私[117]（例如把日記上鎖或藏起來）和保密關係（例如患者和治療師的關係，或信眾和牧師的關係）的方法。相反地，社群媒體則鼓勵我們採用另一套規則：分享時反思，反思時分享。而且，提供這類平台的公司可以看到及保留平台上的一切資訊。所謂隱私，其籠統定義是不被觀看的自由。在社群媒體上，連這種隱私也消失了。代價是什麼呢？

一九九〇年代中期，那時網際網路才出現不久，我訪問二十七歲的歷史研究生艾倫，請他談談對網景（Netscape）的看法（網景是當時最早出現的網路瀏覽器之一）。他說：「我搜尋我感興趣的東西，也從搜尋的過程中得知自己對什麼感興趣。」早期做那些搜尋時，艾倫覺得搜尋不會留下任何痕跡。他談到他可以自由地「搜尋去圖書館借閱可能很尷尬的東西，因為可能會被人看到」。這種探索若不在私密的空間裡進行，我們會覺得隱私不保。但我們現在知道，網路也**不是**私密的空間。然而，現在大家描述的上網行為，還是跟以前艾倫告訴我的一樣，**彷彿**他們上網的活動都是私密的，無人知曉。

我們來看四十七歲的電視製片人大衛。他和艾倫的認知一樣，他也覺得他在搜尋網路時，發現了自己的興趣所在。但二〇一三年我訪問大衛時（亦即我訪問艾倫的二十年後），大衛熱切地闡述上網的「巨大好處」：「戴上耳機，進入我的iPhone世界，就像禪修一樣，那是我的隱身之所。」大衛說，在App之間來回切換就是他的自省時光：「你在音樂、新聞、娛樂、社交圈裡不斷地切換，掌控一切、擁有一切，那可說是我的地盤。」這裡，自省的定義變狹隘了：它意味著掌控你的連線。前面我們已經看過這種情況——把獨處定義為「群眾管理」的時間。

大衛跟艾倫一樣，他說他喜歡回顧自己的上網紀錄。大衛有電郵、推特、臉書和簡訊，他把那些使用紀錄稱為「足跡」，他也透過那些足跡來了解自己。對他來說，在網路上閒逛「很像放聲思考*（think aloud）」。但是和艾倫不同的是，這種上網探索興趣的方式開始令他感到焦慮。他知道，他在線上「放聲思考」時，其他人都聽得見。

對大衛來說，上網給人一種身分認同。但他知道，上網也把他變成一種可買賣的資料產品，以及政府可能監控的目標。所以，大衛回顧自己的「足跡」時，他處於某種自我審查的自省情境中，若不自我審查，他會覺得自己很傻、很天真，甚至犯了錯。但這種錯誤已經太稀鬆平常了，所以他選擇遺忘。

網路生活的現實和我們的體驗之間有落差，那種落差阻礙了我們討論網路隱私問題。以電子郵件為例，大家都「知道」電子郵件不是私密的，但很多人依然以收發電郵的方式來進行私密通訊（至少有時是如此）。這幾十年來，我一直追問大家為什麼這麼做，大家的答

*　譯註：把無法由外在觀察的內在認知思考過程口述出來，並錄製口述時的聲音或影像。

案始終如一：盯著螢幕時，你會有一種與世隔離的感覺。你獨自一人面對著對方，彷彿這世上只剩你們兩人，那種與世隔離感往往使你無法把真實的東西封鎖起來。你的電郵還是會被看到、儲存起來，往後還可能再次被看見。螢幕上看似短暫的存在，遮掩了一個事實：凡寫過，必留下痕跡，無法抹滅。更廣義地說，網路體驗破壞了網路現實。所以，大衛繼續上網閒逛，回顧自己的網路足跡，把他上網做的事視為一種冥想，直到後來他才發現，上網其實是一種公開揭露，連他都無法原諒自己那樣做。

人感到矛盾時，通常不會聽自己的意見行事。例如，有些聰明人提議：「在網路上，只發表你不介意貼在公司布告欄上的話。」但這些聰明人上臉書和Instagram時，依然把前述規則拋諸腦後。

這種矛盾限制了數位空間變成自省空間的可能性。時間一久，當你更清楚誰會看到你在網路上發布的內容時，你可能會想要少說一點。但你每次嘗試新的App時，都會投入更多的自我。而且程式系統未來的發展是你無法掌控的，甚至還會跟你對話，並根據你說過及展示過的內容，告訴你你是什麼樣的人。

有個喚起記憶的新東西還不賴

臉書為了慶祝創立十週年，運用演算法創造出一種「精彩集錦回顧」，把用戶加入臉書以來的「重大時刻」拼湊成一段影片。那個演算法是根據哪則貼文和照片獲得最多的「讚」和留言來判斷重要性。在這個例子中，多數人覺得這種演算法促成的自省式回顧很有趣，毫無惡意或不妥。一篇有關「精彩集錦回顧」的報導指出，根據臉書的演算法，去年他的「精彩時刻」之一是他發文問：「誰想看美式足球？」[118]

不過，臉書這種數位策展有更嚴肅的一面：它讓一些人思考究竟什麼才是真正重要的。「精彩集錦回顧」成為一種敘事框架，用戶並不介意臉書幫他們先做好第一版草稿，並給他們修訂的機會。一位有三個孩子的父親還把「精彩集錦回顧」列印出來，趁早上和家人用餐時，拿出來閒聊。他告訴我，他很高興能把它印出來：「我不可能自己做出那麼漂亮的剪貼簿！這實在太棒了！」

「精彩集錦回顧」這個功能推出不久，我收到四十幾歲的席德來信，他罹患漸凍症（ALS），又名路格裡克氏症（Lou Gehrig's disease）。他在信中提起他看到二〇一三年的「精彩集錦回顧」時，心情五味雜陳，因為他就是那年被診斷出罹患漸凍症的。

我呆坐在那兒，不知過了多久。去年此時，我正好預約看骨科，以解決雙手出現的怪現象。也許我早該有預感發生了什麼事，但我沒有。幾個月後，我的家庭生活起了變化。我被診斷出罹患漸凍症，這種病無法醫治、沒有療法，只能聽天由命。二〇一三年初，我還對此一無所知。

席德點下按鍵，看了臉書幫他做的二〇一三年「精彩集錦回顧」。果然，那組集錦並未抓出那一年對他的真正意義。那也是沒辦法的事：時間軸「必須正經八百地看待一些事，裡頭有一張我兒子滿周歲的照片，後面緊接著是我診斷出罹患漸凍症的消息，中間僅隔著一小段配樂。[119]」

席德在那封信的一開始就提到，任何自動化的系統都無法明白漸凍人的人生，不知道確診那件事究竟對之前和之後的人生造成怎樣的改變。但信末席德又改變了念頭，他說，也許臉書的精彩集錦回顧「確實為我歸納出二〇一三年的意義了」。那一年充滿了類似電影的快速剪接，快到令人難以忍受，一下子就從切生日蛋糕的日常動態，迅速切換到就診及「死亡宣判」。臉書確實抓到了這個令人措手不及的精髓，「但是落差太大了，令人不忍卒睹……我知道集錦影片切換到下個鏡頭時，人生突然天翻地覆，這叫我如何看得下去」。

席德的經驗顯示，運用演算法來思考自我是很複雜的事。想要了解對席德真正重要的事，你需要懂得想像罹患絕症的生活是什麼樣子。一般人也許明白，對比太強烈時，令人難以承受。不過，機器彙整的影像確實促使席德以新的方式思考過去那一年。面對死亡是一種超現實的對比，就像「為生日派對買氣球」相對於「不存在於人世的必然」那樣的落差。臉書影片的快速剪接促使席德想到這點。臉書的演算法當然不是為了產生這種效果而寫的[120]，但結果卻促使一個人這樣想了。

我讀著席德的信，心想：有個喚起記憶的新東西還不賴，重點在於我們怎麼運用它。但

生活中的東西確實限制了我們講述故事的方式。在臉書和推特上，我們想講別人喜歡、想追蹤的事。常有人告訴我：「推特是我的生活實錄，臉書是我的日記。」但梅麗莎的例子清楚顯示，公開的日記就像出版品一樣，使我們很容易試圖取悅讀者。當我們運用追蹤身體狀況的裝置來幫我們了解自我時，也受到另一種限制：我們會想要自圓其說，想辦法看數字編故事。

穿戴技術的運用就是一個常見的例子，我們運用穿戴式裝置來蒐集我們的心率、呼吸、排汗、體溫、運動、睡眠習慣等資料。這些資料可以直接顯示在手機上，我們可以參考那些數據來改善身體機能。行走的步數可以鼓勵我們養成更好的運動習慣。另一種追蹤式App是運用生理訊號來洞悉我們的心理狀態。

這種想要把追蹤裝置穿戴在身上的渴望，很像我們那個世代幾乎人人都想要有一枚「心情戒指」（mood ring，能隨心情改變顏色）的衝動。差別在於，那個戒指雖然有趣，但沒什麼威信或憑據可言。現代的穿戴式追蹤裝置則有強大的權威性，我們對個人身心的看法和裝置衡量出來的數據息息相關。

有些追蹤型App是使用感應器來**為你**解讀身體狀況，有些則**要求你**告知心情、專注度
121 或是你和伴侶的爭吵頻率。久而久之，就會出現微妙的變化。就某些意義來說，「你」變成了本週行走的步數（相對於上週行走的步數）；「你」變成了這兩個月來降低的靜止心率（resting heart rate）。你對自我的看法，逐漸變成各種可衡量要素的總和。邏輯上，自我追蹤

不是一種機械式的自我看法，也不是把自我價值貶低為一個數字，但那會讓人習慣把自己想成一個由可衡量的單位和成就所組成的個體，因此你自然而然會問：「我的分數是多少？」

一九八〇年代，我撰文寫下：從精神分析到電腦文化的發展，是一種從意義邁向機制的轉變，由深刻轉成淺薄。當時，大家逐漸以電腦運算（computation）來比喻大腦運作，所以我們不再把自己視為人類語言和歷史構成的個體，而是可用機器程式碼模擬的模型。

如今「量化自我」或「演算自我」當然是那個宏大故事的一部分，但也增添了新的內容。量化自我不是以電腦作為人的模型，而是直接要求我們把自己當成運算物件，必須輸出愈來愈多可知的狀態。精神分析自我（psychoanalytic self）是回顧歷史，因為歷史會留下語言痕跡；演算自我則是查看時間序列上可追蹤的資料點。

數字和敘事

數字充滿了魅力，一般人喜歡以資料解析和分數來界定自己，這不是什麼新鮮事。我們從以前就對占星術、性格測驗、雜誌上的小測試著迷。富蘭克林在自傳裡提到，他自己設計了一套自我追蹤計畫，每天檢核十三項個人美德。而現代人不過是多了App，方便我們追蹤那些東西及更多的數據罷了。我們的生活（身心各方面）有愈來愈多的面向可以用數據呈現，並用演算法加以分析。而且過程中，這類應用程式常要求我們把自己和演算法視為黑盒子。

例如，二十一歲的崔西使用線上日記程式《七五〇字》（*750 Words*），但這個應用程式只提供數據，沒闡述那些數字的意義，她覺得很失望。每天崔西用那個程式寫七百五十字，那個程式會分析她寫的內容，例如比較她每天寫的內容與之前的內容，也比較她和其他用戶寫的內容。接著，程式會評斷其文字的成熟度、情色度、暴力度，以及寫了多少髒話（崔西覺得程式是在評斷她這個人，而不是她寫的文字），然後解讀她心裡掛念著什麼。我訪問崔西時，她覺得那個程式令她困惑，因為上週某天，程式告訴她，她的日記顯示她滿腦子想著「死亡」。

崔西是個反差很大的研究對象。她既是體育健將，也是哲學系的學生，大學畢業後想去戲劇學校繼續深造。她購買Fitbit之後，開始熟悉這類資料回饋裝置（feedback device）。Fitbit是一種流行商品，可提供用戶每日行走步數、卡路里消耗量、睡眠品質等數據。自從用了Fitbit後，她開始對能夠提供其他資料回饋的裝置感到好奇。我訪問她時，她已經使用《七五〇字》半年了。

《七五〇字》說她滿腦子想著死亡那天，她的日記描述她和朋友的對話使她覺得自己遭到誤解了。崔西說，把那件事寫下來的感覺很好，但是看到程式的解讀結果後，她覺得很沮喪。她不懂的是，她覺得自己遭到朋友誤解，跟死亡有什麼關係？她想了解那個演算法究竟是怎麼算的[122]。

我很驚訝，我的日記顯示我比其他人更關注死亡。其實，我不在意系統比較我的日記內容和其他所有用戶的內容。我覺得比較難以接受的是和自己的比較，那很難不去在意。所以系統顯示的結果促使我開始思考，那個「死亡」分析實在太奇怪了，我很想知道系統為什麼會那樣想。

最令崔西失望的是，程式促使她開始思考後，卻沒有提供其他的機制以接收她的想法或抗議。崔西說：「這個程式不是我的治療師，我們之間沒有那種關係。我無法問它為什麼會有那種感覺，也不覺得我滿腦子都想著死亡。」即使《七五〇字》可以告訴她，哪些字詞「促使」程式做出那樣的分析[123]，她也不確定那種解釋會有幫助。崔西想要的不是解釋，而是對話。

科技評論家耶夫根尼．莫洛佐夫（Evgeny Morozov）認為，崔西獲得的那種資料有局限性，因為敘事被簡化成數字了，現在那個數字似乎成了定局。莫洛佐夫擔心，你從黑盒子取得數據後，很容易就停下來[124]，不再繼續追問，因為你已經感到滿意（或很不滿）。

但是，當我們對這類裝置提供的資料愈來愈講究後，我們知道第一次衝動未必是最後一次衝動，我們可以用那些數據勾勒出敘事。事實上，我們在崔西身上就看到她有衝動想要這樣做（「我很想知道系統為什麼會那樣想」）。我訪問了一些自認為很愛「量化自我運動」（quantified self movement）的人，他們都把感應器和程式提供的資料帶來受訪了，並試圖用那些數據來勾勒敘事。

例如，最近一位三十幾歲的離婚婦女就抱持這種想法，她在部落格上發布了一篇自省文，標題是「量化分手」。在離婚後的日子裡，她追蹤自己發了幾則簡訊、打了幾通電話（以及打給誰）、聽了什麼歌曲（按快樂或悲傷分類）、去了哪些地方、買了哪些沒必要的東西及浪費了多少錢。她也追蹤睡眠和清醒的時數、何時運動及運動多久、何時外出用餐和看電影、何時在大庭廣眾下落淚，以及何時上社群媒體發文。

那篇內容實在太吸引人了，但我讀她的文章時，覺得那些內容好像某種原始資料，可以用來寫成另一篇故事，描述那些購物、淚水、歌曲意味著什麼。那段經歷是否讓她回想起令她感到孤單的其他日子，或痛失其他人事物的狀況？

所以哪種方法有助於走出失婚的陰影？從她的故事可以看出哪些是潛在的阻礙嗎？她需要什麼樣的支持？在部落格上，這種內容少之又少。但我們確實知道，她試過線上交友，認識了喜歡的人。「剛認識的那四週，他們彼此傳了一千一百四十六則簡訊，平均每天四十點九則」，但後來就不了了之了。我們可以從這些資料推論出什麼嗎？她自己又得出什麼結論呢？「量化分手」還是需要敘事。

有些熱衷於量化自我的人遇到家人過世時，也會追蹤悲痛期間的活動數據，他們說他們不想遺漏悼念過程的任何細節。那種想要記下一切的衝動確實令人佩服，也很感人，但我也不禁納悶，那麼認真地追蹤悲傷，會不會因為太忙於記錄而感受不到悲傷呢？談論我們的情緒衝動並賦予它一個數字，會讓我們持續感受到那個情緒嗎？還是讓我們分心？因為一旦把情緒分門別類以後，我們就好像對那個情緒做了「有建設性」的處理，不需要再去多想了。

追蹤哀慟的心情究竟是幫我們哀傷，還是反而讓我們抽離了哀傷？如果我們覺得有必要用數字來開始與結束我們的故事，我們是不是反而局限了講述的故事？

人類學家娜塔莎・道・舒爾訪問了許多量化自我運動的愛好者，她正針對那些訪談進行民族誌研究。在那些訪談中，那些熱愛「自我追蹤」的人紛紛站出來講述他們的故事。舒爾寫道：「量化自我運動的一大活動是『展示和講述』（Show and Tell）。讓每個自我追蹤的人都有機會上台，講述他們追蹤數據的故事，以及從中學到了什麼等等。」舒爾很喜歡這類活動，她問：「數字不正是講故事的要素嗎？[125]」

但我覺得答案沒那麼簡單。數字確實是講故事的要素，但數字**不僅**是要素而已。我們得到一個數字後，即使我們得自己負責勾勒出整個故事，那個數字通常帶有特殊的重要性。數字往往局限了故事的建構，因為講出來的故事必須符合那個數字。量化的資料史可為故事的建構提供素材，但是在這裡，語言暴露了我們的意圖，我們把追蹤程式的「輸出數據」說成「結果」，但它們並不是結果。它們只是第一步，但我們往往就停在那裡，不再想第二步了。

因為當我們覺得程式顯示的數據毫無意義時，也拿它沒輒，無處可問。所以當《七五〇字》顯示出令崔西困惑的「結果」時（她覺得她沒有老是想著死亡），那個程式也沒有提供進一步的指引和對談者。崔西只覺得莫名其妙，光看數字完全不知道怎麼進一步了解她的文字和死亡有什麼關係。

我和英特爾（Intel）的心理學家瑪格麗特．莫里斯（Margaret E. Morris）討論到追蹤和自省[126]。過去十多年來，莫里斯一直在研究那些幫人記錄及觀察情緒和身體健康的應用程式。她回想這些年來的研究時，覺得她設計的回饋裝置「最適合作為起點，而非終點，因為作為起點時，效用最強」，而且「每種裝置都能開啟對話」。關於這類裝置對健康和家庭動態的影響，**其實源自於對話**。

莫里斯說，有時對話是由某位家庭成員或朋友啟動的，她舉了一個案例：他們要求一位長期罹病而足不出戶的女士利用手機App通報心情。這個名叫「心情地圖」（Mood Map）的App每天都會要求她在螢幕上輸入心情好幾次。她感到憂鬱時，那個App會建議一些認知行為療法的技巧，幫她以更正面的方式看待事物。在這個案例中，啟動對話的是那位女士的兒子，他也使用那個App。那個App讓他有機會詢問母親為什麼感到孤單，若是沒有那個App，他也無從得知母親的心情。莫里斯表示：「這些科技之所以有影響力，是因為它們在過程中啟動了對話。[127]」

聽命於演算法

三十三歲的商學院學生琳達比崔西更熱衷於《七五〇字》，因為那個程式對她來說彷彿是一種治療。她剛開始使用那個程式，是因為壓力愈來愈大，需要因應課業壓力、適應新城市的生活，而且現在的財務狀況不像以前上班時那麼寬裕。琳達努力讓生活步上正軌時，她想知道自己的狀況如何，《七五〇字》的演算法正好可以告訴她目前有多熱情、快樂、不滿、焦慮或難過。但是使用那個程式幾週後，琳達覺得很不滿意：「誰想對那個程式掏心掏肺後，卻得知自己是個內向的自大狂？誰想聽程式說你比多數的用戶悲傷？不僅如此，它還會告訴你，你比上週更不快樂？」

不過，琳達也發現這個程式有個優點。她說，連續兩週接收程式的「建設性批評」後，她已經被程式「訓練」得不錯了，**現在她只輸入她覺得程式想聽的內容**。她努力在七五〇字的日記中展現出積極開朗，多談別人，少談自己。琳達說，程式因此判斷她不像以前那麼自大了。

我參與一個討論小組時，聽到琳達談論她和《七五〇字》的關係。小組中有人問，琳達那種方式是否讓她變成更好的人。她的方式確實是在作弊，但也許系統也是基於善意而哄騙她。這算治療嗎？每天刻意寫一篇很正面的日記不好嗎？有人說：「我相信『裝久成真』的概念。」研究顯示，你刻意微笑時，微笑會刺激體內那些與快樂有關的化學物質釋放出來[128]。琳達認為，她刻意多談別人，可能會**變得**不是那麼只顧自己。所以，至少對琳達來說，一開始可能只是練習自省，到最後卻真的變成了行為治療。

崔西和琳達遇到同樣的難題：萬一你的真實感受和程式顯示的結果不符時，那該怎麼辦？大學生卡拉遇到的問題則不一樣，她使用一種 iPhone App，名叫「快樂追蹤器」（Happiness Tracker）。你能從追蹤程式的「輸出資料」中了解多少自己的感受呢？在幾週內，那個 App 除了要求卡拉輸入快樂程度以外，也問她在哪裡、做什麼、跟誰在一起等等。最後程式的運算結果顯示：她愈來愈不快樂，而且看不出來那個變化和任何因素有明顯的相關。

卡拉得知結果時，覺得她和男友之間不像以前那麼快樂了。那個程式並未把男友和變得不快樂連結在一起，但卡拉開始懷疑男友會不會是令她不快樂的原因。她也不確定自己的感受，最後她和男友分手了，那多多少少是受到程式的影響。她說，從程式收到的訊息就像「引爆點」，好像外在有某個事物「印證」她走錯了似的。

在「追蹤快樂」時，資料解讀可能漏了很多訊息，一切端看你怎麼解釋 App 的數據而定。如果卡拉把她的「不快樂」解讀結果拿去找心理治療師，治療師可能會問她，是否跟男友談過他們之間的棘手議題（那不見得是想迴避的事情，而是令她不舒服的事情，因為處理起來很痛苦）。或許她覺得和男友在一起很放心，所以才讓那種緊張的對話發生，那可能是好事，而非壞事。或許「不快樂」的解讀結果是一種徵兆，那象徵著：即使男友讓卡拉產生的感受被程式記錄成壓力，但男友大致上來說仍是一股正面的力量。「不快樂」的感受有好幾種，不見得每一種都一樣，有些不滿可能會讓我們產生新的了解。

結果，卡拉的「快樂追蹤器」並未促成上述那種自省。事實上，她把程式顯示的數據視為「分數不及格」，那導致她想要獲得更好的數據，因此採取了行動。由於沒有人和她討論那個數字背後的意義，也沒有方法幫她檢視目前的感受與過往經歷的關聯，她盲目地聽信程式，照著程式提供的數據行事。

洞察與實務：精神分析文化

身為心理學家，我受過談話技巧的訓練，那是精神分析的對話技巧，那種技巧會建議不開心的卡拉採取不同的觀點。如今，一些非古典的療法也採用許多古典精神分析的理念，這種療法通常稱為「精神動力治療」（psychodynamic）。在這裡，我稱它們為「對話療法」（talk therapy），因為這就是我說的那種有療效的對話。相較於標榜「自我量化」功能的科技，對話療法是以解讀技巧來了解你的生活經歷。這裡我舉兩種技巧為例，來說明對話療法所鼓勵的對話類型。

第一種技巧是不講究字面意義，耐心地聆聽話語，等著那些話語把你帶往任何地方。治療師營造一種對話空間，讓你在毫無自我審查下，想到什麼就說出來[129]。相較之下，演算法則有特定的規格。對話療法是鼓勵你暢所欲言，天馬行空。

第二種技巧是特別注意過往關係的遺跡如何留存至今。為此，對話療法會營造出一種空間，治療師在裡面不是擔任對談的夥伴，而是維持比較中立的立場。如此一來，當我們把過去的情感投射在治療師身上時，就很容易看得出來。這種情感可能很多元，有的正面、有的負面（例如關於遭到拋棄、愛、依賴或怒氣等等）。我們的情感投射就是所謂的移情（transference）：**我們對治療師表露的情感，不是因為他們做了什麼，而是因為我們是怎樣的人，那是我們帶到諮詢室的過往遺跡。**

能夠找出這些情感並加以討論，就能得到很大的收穫。因為這些情感投射也最有可能被帶進其他的關係中，那時會更難以辨識、更難理出頭緒。

在對話療法的安心氣氛下，你發現你在不自覺中對自己撒了小謊，而且那個謊言有很大的效果。你學會停下來自省並修正。你會發現，有時你責怪治療師忽略了你，但你其實是在責怪以前那個忽略你的人。同樣地，你也發現，有時你責怪某位摯友有某些特質，但那些特質其實是你對自己最不滿的地方。如果你覺得丈夫揮金如土，你應該先自問，你是否擔心自己過於揮霍。

這種有療效的對話持續地進行，久而久之，一種特殊的自省模式就出現了。你把注意力放在這上面，但任憑心思神遊。你專注在細節上，發現平凡事物中的隱藏面向。對話療法讓整個步調減緩下來，讓那些隱藏的面向能夠慢慢地展現出來。漸漸地，心理諮商室裡的技巧使日常對話的意義變得更加明晰。

我講這些的目的，不是要教大家了解精神分析的入門知識，我只是想說：精神動力治療的感受性——它對意義的專注、對耐心及培養療效關係的執著，認為「關注看似無關，實則相關」的概念終將獲得回報的信念——可以為我們的數位文化貢獻很多。尤其，當我們面對那些想要利用演算法來掌握我們狀況的科技時，精神分析傳統可以建議我們如何運用那些科技的方法。

電腦程式告訴卡拉她不快樂時，她把原因歸咎於她和男友不合。一旦掌握了這種「證據」，她覺得她無法坐視不管，精神分析傳統把卡拉這種反應稱為「付諸行動」或「行動化」（act up）。由於卡拉的內心感到矛盾，她覺得唯有改變才能抒解這種矛盾感。於是她採取了行動，但那個行動和程式的數據沒有確切的關聯，然而行動使她暫時覺得自己掌控了一切。對話療法鼓勵我們，當我們迫不及待想要「解決」問題時，先進行自省，而且即刻進行！精神分析傳統認為，尚未了解自我就貿然行動，通常無助於改善狀況。前面提過，如果卡拉拿她的問題去找治療師，治療師可能會問她，是不是因為男友讓她感到安心，所以她才會放心地在男友面前展現不開心的感受。細節不容忽視，那種感覺雖然令人不安，卻是值得的。

如果你選擇「付諸行動」，不僅促成了改變，可能還會掀起危機。你製造的所有新雜訊，可能會掩蓋你原本試圖了解的感受。儘管付諸行動有這種缺點，但那通常是大家最先嘗試的因應方式。對話療法的核心，在於聆聽對話中的自己，從而了解自己的想法。當你陷入自己一手掀起的危機時，就做不到這點了。俗話說：「停下來思考」（stop and think），對話療法則把這句話進一步擴充為：「停下來聆聽自己的思考」（stop and listen to yourself thinking）。

對話療法的對話沒有任何預設的規矩。那些對話之所以有療效，不是因為治療師傳達了資訊，而是因為他們在對話中培養了關係。精神分析師亞當・菲利浦斯（Adam Phillips）稱精神分析是「兩人的獨處」[130]。每次治療完滿結束時，患者將治療師的聲音「銘記於心」，他學會當自己的對話夥伴，學會在反應乍現時先考慮再三，學會自問：「現在究竟是誰在說話？這些感覺是從哪裡來的？在我指責大家忽視我之前，我是不是也忽視了大家？」

在對話療法的積極傾聽模式中，你不僅學會關注言語，也關注音樂、靜默，以及別人說話時**聽起來感覺如何**。同時，你也學會用這種注意力來傾聽自己。你學會避免自我審查，認真地看待自己。你學會辨識自己的行為有什麼型態，學會尊重歷史。你知道你若不隨時保持警覺，歷史很容易重演。

精神分析強化了對話的文化，因為它顯示我們可以從對話中受惠良多。它告訴我們，對話展開的方式因人而異，那和你的過往以及交談對象的過往有關。對話有一個特點很重要，我前面提過，精神分析不只是一種療法而已，它也貢獻了一套彰顯核心價值的詞彙：耐心、意義、敘事中心。

這些詞彙有人批評，有些事情也有待商榷，但它確實是一種有效的方法，即使在這個講究科技的時代裡依然適用。當快樂追蹤程式顯現出令你不解的數據時，你會知道怎麼去質問那個結果。你會知道答案不在於程式顯示的數據，而在於它幫你開啟的對話，以及你是否準備好啟動對話了。我們的量化自我行動留下了資料線索，那些線索是故事的起頭，而非結果，也不是結論。

我幻想未來大家看到追蹤程式輸出的數據時，有一位電腦科學家可以為我們解釋演算法是怎麼運作的，還有一位治療師可以幫我們把數據放入生活的脈絡中解讀。不過，比較實際的做法是，我們自己發展出一種雙重的感受性：精神分析和科技文化之間必要的協力合作。

第三部　兩把椅子

5 家庭

6 友誼

7 愛情

CHAPTER 5

家庭「爸爸，別再搜尋了！我想跟你說話！」

我們家要是有人意見不合，就上Gchat溝通，這樣子平順多了，面對面吵有什麼用呢？

——大三學生柯林

好友邀我去緬因州跟他們全家一起用餐。我從波士頓驅車前往，見到幾位老友，我們聊了政治、工作、孩子和當地的八卦。席間，我注意到十幾歲的女孩艾莉克莎低著頭看手機。我們也聊了幾句，她很有禮貌，但當手機螢幕亮起來時，她就不好意思地笑看了我一眼，我馬上知道我們的聊天結束了。她收到閱後即焚的Snapchat訊息，打開幾秒後就會消失。她很想打開來看，所以我很識相地結束對話，讓她去看手機。接下來的幾小時，艾莉克莎大概又放下手機四、五次，和其他的賓客聊天。我注意到周圍一些年紀更小的孩子，他們也都在看手機。

我的朋友史丹約莫五十五歲，他也注意到艾莉克莎的狀況了，於是我們聊了起來。我們回想起童年的家庭聚會，有時家長會把小孩集中在一桌，我們只好卯足勁地拉長耳朵，偷聽大人聊天的內容。我們的父母和其他的大人聊天時，似乎是以不同的語言表達。他們會聊到鄰居的八卦，講得口沫橫飛，有時還會聊到一些你根本沒聽過的親戚。史丹說：「我還記得，小時候當我有話題跟大人聊時，我有多興奮。如果他們真的對我說的話有興趣，我會心想：『我也懂得交談了！』」我發現，很多人跟我們一樣懷舊，但懷舊不見得會改變我們的行為。就像很多人都說透過簡訊分手不對，但依然照做不誤一樣；那些大人雖然懷念以前大家一起用餐聊天的時光，但他們也坦言，如今在家庭聚會上，他們也是忙著滑手機、傳簡訊。

所以，孩子從小就抱怨，他們必須跟智慧型手機爭搶父母的注意力。用餐時，一位五歲小女孩看到母親的手機震動第三次了，她撒嬌地說：「媽咪，你答應過我的！你五分鐘前才看過手機。」一位八歲小男孩看到母親用餐時掏出手機，他站了起來，走過去拉母親的衣袖，央求：「不要！不要現在！不要現在看！」那個母親沒理會孩子的央求，直說：「我需要打一通簡短的電話，很快就好了！」小男孩臭著一張臉回到座位上。

我覺得雀兒喜的例子是很典型的狀況，十五歲的雀兒喜去參加一個不准帶電子用品的夏令營，週末是親子聚餐的時間，她說她的父親竟然掏出手機來搜尋東西，她對此感到非常失望。

那晚我和我爸去吃飯，我們本來在聊天，聊到我們一起看過的電影，我突然忘了導演是誰，我爸一聽，馬上掏出手機上網搜尋。我說：「爸，別再搜尋了！我想跟你說話！我根本不在乎導演是誰，我只想跟你說話。」

雀兒喜希望父親把注意力都放在她身上，父親對手機的沉迷令她很失望。但雀兒喜也說，她沒參加夏令營時，對待朋友的方式就像父親對她那樣，她也會在聊天時，突然停下來查東西、發簡訊或上Instagram。這就是我們面臨的複雜狀況，我們的言行常常自相矛盾。

家庭2.0：家庭對話的作用

如今的家庭生活乍看之下和以前差不多，我們保留了很多形式，例如晚餐、校外旅遊、家庭聚會等等。

再看一眼，我們的家庭生活似乎豐富了許多：我們可以和家人分享很多東西，舉凡影片、相片、遊戲，甚至整個世界。而且，我們和家人之間也有很多新的「共處」方式，某種意義上來說，我們幾乎和家人形影不離。我還記得女兒一歲時，我第一次和她分開。那晚我獨自待在華盛頓特區的一家旅館內，打電話回麻州西部的家跟她說話。我先生把話筒放在女兒的耳邊，我假裝她聽得懂電話另一頭是我。我們兩邊都掛電話以後，我哭了，因為我覺得她應該什麼都聽不懂。現在，我和女兒用Skype和FaceTime聯繫。我們分隔兩地時，我可以透過那些軟體看著她玩耍好幾個小時。

不過，仔細看現代的家庭，我們會發現，科技在家庭生活中扮演的角色，比以前還要複雜。就像生活有多重面向一樣，我們想跟家人在一起，又想同時神遊他方。在用餐時刻或在公園遊玩時，父母和孩子都低著頭滑手機和平板。過去面對面的交談都搬上了網路，很多家庭告訴我，吵架的時候，他們喜歡透過簡訊、電郵、Gchat等方式溝通，因為那可以幫他們更精確地表達

在家庭生活中，逃避對話為家長的身教增添了危機。家裡之所以需要對話，是因為對話有它的效用，可以教導孩子了解自己，也了解如何與人相處。與人對話相當於站在他人的立場思考、發揮同理心，透過交流去理解對方的手勢、幽默和諷刺。就像語言一樣，學習這些微妙之處是我們與生俱來的能力，但能力的發展則取決於後天的成長環境[131]。當然，求學和遊樂時的對話也很重要，但家庭畢竟是孩子第一個接觸的環境，而且待的時間最久，面對的情感關係也最強烈。在對話中，大人若是展現出仔細聆聽的態度，那也是在教小孩聆聽的效用。小孩能從家庭對話中學到，獲得傾聽和了解是一件令人放心又愉快的事。

小孩最早學到別人與自己不同、而且是值得理解的個體，就是在家庭對話中發生的。小孩藉此學習站在他人的立場思考，那個他人通常是指兄弟姊妹。孩子對某個同學感到不滿

時，你可以建議他：試著去了解對方的觀點也許會有幫助。

孩子最有可能透過家庭對話學到：注意對方的話語及說話的方式，是了解對方感受的關鍵。孩子會知道這很重要。因此在家裡開展的對話是培養孩子同理心的重要關鍵。孩子生氣時，大人若問他：「你現在有什麼感覺？」，那可以讓孩子知道生氣和沮喪都是人之常情，是人性的一部分。難過的情緒不需要隱藏或否認，重點是你怎麼因應那些情緒。

家庭對話讓孩子學到，心事或意見都可以說出來，無論再怎麼激動，都不需要意氣用事。在這方面，家庭對話可以避免孩子霸凌別人。當孩子可以站在他人的立場思考，考慮到自己的行為可能產生的影響時，就不會想霸凌別人了。

家庭對話的隱密性可以教導孩子，生活中的某些部分會受到保護，留在某個封閉的圈子裡，不會外洩出去。這種說法雖然有點虛構的成分，但是讓孩子知道家庭生活受到保密，可以產生很大的效果。那表示家庭關係有值得信賴的保障，孩子不必自我審查，可以在家裡暢所欲言。在「我分享，故我在」的展演世界裡，家庭對話成了大家可以真正做自己的地方。家庭對話也教導孩子，有些事情需要時間釐清，而且這段時間可能很長。但他們可以找到時間，因為家人願意投入足夠的時間。不過，餐桌上只要出現手機，就會破壞這一切。手機一旦在場，你跟其他人一樣，都是在跟其他的東西爭搶注意力。

家庭對話這個特殊的圈子是很脆弱的。二十一歲的蘿柏塔抱怨，母親開始在臉書上發布家人用餐的照片。對蘿柏塔來說，那感覺好像某個東西遭到破壞了。現在，她再也不覺得家裡是個私密的地方。「我和家人一起同樂時，根本無法放鬆，也不能穿休閒褲，因為我媽可能把照片貼上臉書。」蘿柏塔半開玩笑地說。令她不滿的，不只是失去穿休閒褲放鬆的機會而已。她想要擁有「做自己」的時間，不想時時刻刻擔心外人對她的印象。

當你有一個受到保護的空間時，就能暢所欲言。但如今我常聽到父母和孩子說，他們希望對彼此說出「恰當的話」。理想上，你在家裡不需要老是擔心說錯話，你可以感受到家人永遠站在你這邊，值得信賴，很有安全感。為了讓孩子有這種感受，大人必須把心思放在孩子身上，收起手機，正眼看著孩子，經常傾聽他們說話。

沒錯，要經常這樣做。當孩子了解到他們明天、後天、大後天、未來都可以隨時回到這個地方時，家庭對話的作用就算大功告成了。數位媒體鼓勵我們編輯言論，直到我們覺得「恰當」為止，那可能導致我們忽略一件重要的事：為了讓關係日益深厚，不見得需要講什麼特別的話，關鍵在於我們對那個關係夠投入，願意和對方面對面交談。在家庭對話中，孩子會學到：最重要的不是分享的資訊，而是人際關係的持久維繫。

但是手機不離身時，你很難維繫這種關係。

心不在焉：分神研究

二〇一〇年，小兒科醫師珍妮・拉德斯基（Jenny Radesky）注意到，愈來愈多的家長和保母一邊帶小孩、一邊使用智慧型手機。她說：「無論是餐廳、大眾交通工具或遊樂場上，手機隨處可見。」拉德斯基知道，這些時候把注意力放在小孩身上特別重要，「那是培養關係的關鍵」。

那是我們聆聽孩子、以話語和肢體語言回應他們、幫他們解決周遭挑戰或化解激動情緒、幫他們了解自己和經歷的時間……孩子就是透過這種方式學習調節情緒、解讀社交訊號、展開對話的——這些技巧若是拖到十歲或十五歲才學，會更加困難[132]。

拉德斯基認為，大人忙著滑手機時，那些重要的早期對話也遭到破壞了。那破壞有多大呢？大人多常在照顧小孩時滑手機呢？拉德斯基研究了五十五位帶小孩去速食店用餐的大人，結果發現：每個大人對手機的關注，都比對孩子的關注還多[133]。有的大人會偶爾跟孩子互動一下，但多數的大人完全沉浸在手機中。這種情況下，小孩變得被動又疏離，或是開始調皮搗蛋，藉此引起大人的注意，但徒勞無功。

在那種時刻，我們看到家庭生活中出現了新的沉默。孩子逐漸發現，不管他們做什麼，都無法讓大人把注意力移開科技產品，轉到他們身上。孩子不僅被剝奪了對話的機會，也得不到大人的正眼關注。孩子在速食店裡難以獲得大人的關注時，他們的內心也會受到影響。

從嬰兒時期開始，小孩和熱情又投入的大人進行目光交流和互動，為情緒穩定和社交能力奠定了基礎。嬰兒若欠缺目光交流[134]，面對「面無表情」的父母，他們會變得不安、內斂，最後會變得憂鬱。如今神經科學家推測，家長一邊照顧孩子一邊滑手機時，「有效地模擬了面無表情的最佳範例」，所以傷害也隨之而來[135]。這也難怪缺乏對話、目光交流、表情互動的孩子，後來會變得怕生，反應遲鈍。

有些家長懷疑，手機會不會是導致孩子罹患亞斯伯格症的元兇？其實沒必要爭論這種顯而易見的問題。你不看著孩子、不跟他們對話，這也難怪他們長大以後在人際互動上出問題，變得孤僻內斂、不敢說話。

「後天失調」假說

在蕾斯莉的家中，大家常低著頭滑手機，吃飯時都沒人說話。十五歲的蕾斯莉說，她的母親設下「吃飯不准看手機」的規矩，卻自己違反規定。所以每次母親一掏出手機，就會引發「連鎖反應」，餐桌上的家庭對話就這樣消失了。

> 我媽總是以手機處理電郵，她永遠都在看手機，吃飯時總是把手機放在旁邊……手機只要稍微響一聲或閃一下，她就會馬上查看。她總是有理由。我們出去吃飯時，她會假裝把手機收起來，其實是放在大腿上。她會偷瞄手

機，但還是很明顯。我、老爸，還有妹妹都會請她放下手機。要是換成我吃飯時用手機，她會處罰我、把我禁足，但她自己卻可以使用手機……吃飯的時候，我媽自顧自地使用手機，於是，我爸坐在那裡，我妹坐在那裡，沒有人說半句話。

那是一種連鎖反應。只要一個人開始使用手機，停止說話，全家人都會陷入沉默。

蕾斯莉的生活失去了很多機會。在家時，她無法學到對話的好處：她不知道自我感受的價值、不知道怎麼把內心的感受說出來、也不知道如何理解及尊重他人的感受。她告訴我，「現在」她覺得「最重要」的地方是社群媒體。但社群媒體的設計是用來教你其他事情的，社群媒體並不鼓勵真實，而是鼓勵展演；社群媒體不會教你展現脆弱的好處，它只建議你展現出最好的一面；你無法學會傾聽，只學到如何有效地宣傳自己。蕾斯莉在社群媒體上無法增進「解讀」他人的能力，她只是變得更善於迎合他人罷了。

最近，我看見一個令人鼓舞的跡象：年輕人開始對此感到不滿。蕾斯莉上面提到的不滿並非特例，現在連很小的孩子都說，他們不喜歡看到父母把那麼多的注意力放在手機上。有些孩子甚至明確表示，以後他們要以截然不同的方式教養孩子。

所謂截然不同，那究竟是什麼方式呢？對蕾斯莉來說，那是指家人用餐時，沒有人使用手機，而不是只設下規矩來管小孩，大人不受規範。她希望家人共餐時可以聊天，但有些從小就在靜默餐桌邊成長的孩子也擔心，他們以後不知道怎麼面對那種家庭生活。還記得前面提過，有個年輕人告訴我：「有朝一日，改天，我會想要學習怎麼交談，但肯定不是現在。」他刻意補上「肯定不是現在」，是因為當下他還是比較喜歡發簡訊，不願交談。少了編輯訊息的機會，他不確定自己能夠表達自我，他知道他需要練習對話。

練習確實是關鍵，神經科學家主張大腦有「用進廢退」的特質。尼可拉斯．卡爾率先提出「淺薄」（the shallows）的概念，幫大家思考大腦如何適應線上生活。他說：「從神經學來看，我們變成了我們想像中的自己。[136]」大腦的某些部位放著不用，就無法發展，甚至連結性會愈來愈弱。同理，如果小孩沒有機會和父母交談，也不會刺激到大腦的某些部位，大腦的迴路就無法獲得良好的發育。我把這個現象稱為「後天失調」假說，這個名詞聽起來有點輕率，但我確實擔心，小孩在缺乏對話的環境中成長，發育也落後了一步。

有些人把「小孩與對話的關係」和「小孩與閱讀的關係」相提並論。老師們抱怨，現在中學以上的學生光是閱讀需要長時間集中注意力的書籍，就已經比不上十年前的學生了。認知神經學家瑪莉安．沃夫研究這種無法「深度閱讀」的現象。那些閱讀嚴肅文學作品成長的成年人，可以逼自己集中注意力在長篇文字上，重新啟動深度閱讀的神經迴路。他們現在可能因為上網時間多於看書時間，而導致那些神經迴路暫時失效。但小孩子需要先讓那些神經迴路發育起來。沃夫建議，讓孩子開始閱讀的第一步、也是最關鍵的一步，是讀給他們聽，也陪他們一起讀[137]。

對話也是如此。想讓孩子恢復對話，並從對話中學會同理心，第一步、也是最關鍵的一步，是大人要和他們對話。如今，最不怕指出「科技阻礙了對話」這個真相的，竟然也是孩子。

錯失的良機

當然，擔心科技阻礙家庭對話，不是什麼新鮮事。電視剛出現時，也曾引發類似的擔憂。我們可以想一下電視如何證明「科技只要運用在重要的脈絡中，就能發揮效益」的例子。一九五〇年代，我年紀還小，我和家人一起看了《慈母淚》（*I Remember Mama*）和《戈德堡一家》（*The Molly Goldberg Hour*）。廣告時間是討論劇情的寶貴時刻，我們常聊到我們家會改用什麼方法來解決劇中的問題。最近，我為這本書撰寫「獨處」那一章時，我和女兒一口氣看了《無間警探》（*True Detective*）好幾集，我們每看十分鐘就停下來討論劇情的細節。我寫「友誼」那章時，我們一起看了《冰與火之歌：權力遊戲》（*Game of Thrones*），我們聊的內容大多是在吐槽劇情[138]，我們覺得電視上演的東西根本不可能發生，那齣劇未免也死太多人了！

科技帶來了便利性。電視可以多人共賞，也可以一人獨賞。電視可能疏離家人，但如果你善用「多人共賞」的社交特質，電視也可以讓家人聚在一起。

我採訪十五歲的艾莉。她家在廚房裡裝了一台新的平面電視，卻沒有讓廚房變成家人齊聚的地方。用餐時，艾莉默默地邊看電視、邊吃東西，她的父母則沉浸在手機中。艾莉很希望父母把注意力放在她身上。當她需要意見、遇到異性問題、學校麻煩或交友煩惱時，她只能匿名登入Instagram，在那裡她有兩千名追蹤者。

艾莉說，目前她有個「交友煩惱」，需要聽取意見，所以最近她上Instagram發了一張照片並提出一個問題，結果從世界各地收到了數百則回應。艾莉說，她用Instagram的時候「很小心」，她知道怎麼保護自己。有人問可不可以傳私訊給她時，她一律拒絕了。從艾莉對Instagram的熟練運用來看，我們看到網路世界的一個優點：青少年現在有個地方可以發問，並針對現實生活中難以啟齒的問題展開交流。另一個經典例子是，生活在保守鄉間小鎮的同性戀或跨性別青少年，可以上網找到更大的社群。以前與世隔絕的孤立狀況，如今已不復見。如果你的價值觀或抱負異於家庭或在地社群，你可以輕易上網找到志同道合的人。

但單就這個交友煩惱來說，艾莉比較想跟父母交談。她之所以轉向Instagram，完全是因為父母老在滑手機。

諷刺的是，當艾莉和家人相隔兩地，或是母親到外地出差時，他們反而可以利用手機和電腦上的程式拉近距離，用餐時可以用Skype，家人透過社群媒體讓彼此知道生活中遇到的重要大事及締造的里程碑；但住在一起時，艾莉的家人反而讓電子產品把他們分隔開來。

十五歲的希拉蕊跟艾莉一樣，她也說遇到個人問題時，她比較想請教母親，而不是上網徵詢意見，但「我媽忙著發簡訊，根本沒空理我」。她跟艾莉一樣，也不曉得如何獲得母親的關注。不過，在Instagram或臉書上，總是有人傾聽她的想法。

希拉蕊描述她的母親如何阻斷對話：「我和我媽說話時，如果她也在寫電郵，她會說：『等一下』。或者，她會跟我說話，講到一半就停下來，先把電郵寫完才繼續說。之後，又這樣斷斷續續地進行。」希拉蕊說，這種斷斷續續的對話破壞了彼此的信任：「你知道對方不了解你、不注意你，那很容易讓人失去信任……對方一直把心思放在手機上，不太注意對話時，我總覺得我不太能信任她。」

精神分析學家艾瑞克森認為，基本的信任是一切發育的基石。對嬰兒來說，信任是一種原始的形式：「我餓了，需要人餵」[139]。等年紀再大一點，信任是以其他方式培養出來的。除了需要溫飽以外，還需要獲得聆聽。希拉蕊說，她從未當面質疑過母親使用手機的方式。相反地，十五歲的奧斯汀說，他們家有禁用智慧型手機的規定，他常抗議父母違反規定：「我媽老是說：『別老玩手機，你已經上癮了。』」但隔一會兒，她自己也在滑手機。奧斯汀說：「每次用餐或其他情況下，我開始講話時，她聽著聽著就掏出手機……然後你問她問題，她總以最簡短的字眼回答，短短一個『好』就把你打發了。有時她根本不知道我說了什麼，彷彿頭上罩著塑膠泡泡似的。她完全沉浸在手機中，根本沒注意到周遭的人。」

所以，奧斯汀會質疑母親，「我對她說：『為什麼你老在用手機？』」他的母親常回應，她是用手機處理工作上的事。但奧斯汀說，他看母親的手機時，比較常看到她在傳簡訊或玩遊戲。奧斯汀停頓了一下，又繼續說：「如果你一直沉浸在手機裡，你會錯過很多生活上的事。」他沒說出口的是，他的母親「錯過」了他的成長，他感到很孤單。

夢想不同的生活

我們無法得知，那些沉浸在手機中而忽略孩子的家長，若是擺脫手機，是否會比較關注孩子。我們只知道手機充滿誘惑，身邊只要出現手機，我們就很容易忽視我們關愛的人。有鑑於此，和孩子共餐時並不適合帶著手機，我們應該正視這個人性弱點，移開誘惑。

這裡還有另一個問題。家長日益沉浸於科技產品時，我們與社群的關係也變得日益淺薄。十五歲的塔德以懷舊的心情想像，父母那一代是在較大的社群裡長大，但現在他看不到那種世界了。他不是就讀住家附近的學校，他住在城鎮中比較破舊的地區，父母不希望他在街頭巷尾逗留，甚至不希望他和住家附近的朋友玩耍。塔德放學後搭校車返家，父母希望他下車後直接回家。他說他「沒有自己的世界」，藉此表達他對家庭的依賴，其實他真正的意思是：他對鄰居一無所知。再加上他的父母又沉浸在手機裡，所以他覺得他只剩社群媒體可以依賴。塔德想像手機尚未出現的年代：

以前，大家以鄰為友，而不是和十里外的人為友。如今，大家反而跟鄰居不太熟悉，朋友都不住在附近。現代人比以前更常到外地出差旅行，結識各地的人。但以前，你基本上只認識你熟悉的人事物、你的城鎮、你的親友。現在，只要你沒有手機，你就落單了……以前大家都認識左鄰右舍，現在你只擁有手機。

我在造訪禁用電子產品的夏令營時，訪問到塔德[140]。跟他同房的十個男孩提到一種惡性循環：家長買手機給孩子；家長自己沉浸在手機中，孩子得不到家長的關注；於是孩子也遁入手機中逃避現實；接著，家長看到孩子老在使用手機，他們以為自己可以名正言順地隨時滑手機了。

每個人都覺得其他人只顧著滑手機，心不在焉。破解這種惡性循環的最好方法，是要求父母以身作則，做好身教。孩子想獲得父母的關注，但如果父母老是在傳簡訊或收發電郵，這種惡性循環是不可能打破的。

當然，家長心不在焉不是什麼新鮮事。但是，孩子跟著父母一起滑手機或用電腦，畢竟和親子一起看書、看電視或看報不一樣。傳簡訊和郵件是把人帶往一個出神的世界，那是孩子提到的差異所在（一位十幾歲的男孩說：「我爸看報時，我可以打斷他。以前我們常一起看週日報紙的體育版。如果我想講什麼，直接講出來就好了。但他使用筆電時就不同了，他一打開筆電，就好像消失了似的。」）

另一位十五歲的男孩無奈地說：「我放學回家時，我媽通常在用電腦工作……有時我跟她說話，她依然緊盯著螢幕不放。」他的朋友說，他的媽媽也是如此，常沒時間理他。有一次他們全家去度假，當地的網路連線很差，把他的母親搞得非常焦慮，差點就提早結束假期。「她說：『我真恨不得假期趕快結束，因為我覺得我錯過了該做的一切。』」母親的反應使他做出以下結論：「顯然，網路幫我們創造了很多工作，但網路也絕對是生活的阻礙。」

十五歲的米奇住在賓州的鄉下。他覺得手機已經完全霸占了父母的注意力。他的母親規定他們用餐時不能用手機，但她自己總是帶著手機上餐桌。他提到一個想法，那也是我愈來愈常聽到孩子說的：他要記取父母的錯誤。**他說：「父母自以為他們是用某套方式教我，但實際上卻採用另一種方式。我以後教養孩子時，要落實父母自以為的那套方式。」**

我們知道米奇的家長是怎麼教養他的：用餐時忙著滑手機，毫無對話。但他的父母自以為的教養方式又是什麼樣子呢？那比較接近他們自己成長的方式，較為單純，沒什麼科技產品。米奇覺得，他的父母抱持著那種理想是對的，他說：「我覺得那是好現象，那表示即使他們克制不了科技的誘惑，他們也知道科技並未帶來好結果。」

關於對話為什麼會消失，米奇自有一套理論：大家愈來愈欠缺練習的機會。

我覺得我媽已經忘記如何對話了。為什麼手機明明阻止我們做有意義的交談，依然有那麼多人繼續使用手機呢？我覺得那是因為有些人已經忘了該如何好好交談，因為他們習慣使用手機太久了，現在除了傳簡訊以外，不知道還能做什麼。大家開始覺得面對面交談很不自在，他們太久沒那樣做了。我是真的覺得，他們只是不知道該做什麼罷了。

我採訪的這些年輕人正陷入自我矛盾之中。他們一方面說網路是「生活的阻礙」，希望自己及未來成家立業後提供家人不同於現在的生活；但現在他們的生活方式卻和父母如出一轍，也是手機不離身，帶著手機睡覺。有些人需要情感支持時，選擇上網求助，而不是找父母懇談。他們說那樣做比較容易。此外，他們也不確定父母願意在他們身上投注那麼多時間，協助他們解決問題。有些人也懷疑父母可能沒有資源幫助他們，他們覺得上網透過陌生人的協助或自己搜尋，比較容易找到合適的資訊。

年輕人是在搜尋世界裡成長的，資訊是搜尋的終點。他們從小就學到，資訊是讓事情變得更好（其實是讓一切變得更好）的關鍵。家庭對話則傳遞另一種訊息，與父母對話不僅得到資訊而已，還能感受到對親子關係的投入。家長也許無法馬上為孩子提供「解答」，但可能會說：「無論如何，我都永遠愛你。」，以及「我一直都在，你可以隨時來找我談，把煩惱說出來。」即使父母離異、孩子與其中一位家長分隔兩地時，無論處於什麼情況，孩子依然想聽到這樣的訊息。

放任不理

就像艾莉說的，在Instagram上發布一張照片，順便問個問題，就可以輕易獲得數百個回應。她說這樣做讓她感覺很好，比較不那麼孤單。但儘管追蹤者的正面回應令人愉悅，艾莉知道她在Instagram和臉書上得到的按讚數，都和情感無關。那比較像是一種評分系統，顯示大家認為她的問題是否有趣。在網路上，連提問的方式都是一種展演。

前面提過，我們的言行舉止多多少少都帶有展演的成分，但是那裡頭還是有一些重要的差異。與母親對話時聲淚俱下、或發布一篇悲傷的部落格文章，都算是一種展演，但要求與提供的東西不一樣。理想上，與母親的對話可以幫助你學到同理心的運作，也是觀察她如何關心與傾聽你的機會。你會發現，她把注意力放在你身上時，聲調和肢體語言都會變得跟你一樣。你會看到，她說「我不太明白」時會傾身向前，顯示她努力想要站在你的立場思考。孩子從觀察別人如何設身處地為他著想時，培養出同理心。

父母為什麼會冷落孩子，沉浸在手機裡呢？他們告訴我，他們只是剛好看到網路上的東西，就突然分神了，那些東西往往和工作有關。只要分神去處理，就會一件接著一件，一直掛在網路上。有時候，還有其他的因素在作怪：家長想要「逃避」家庭生活的壓力。

前面提過十八歲梅麗莎的例子。她是高三生，父母幾乎快離婚了，兩人經常吵架，晚餐時往往吵得不可開交。梅麗莎的父親老是愛做一些挑釁的小動作，例如他明明知道妻子不喜歡胡椒，仍刻意在義大利麵醬中加很多胡椒。每次兩人大吵，梅麗莎的母親總是暴跳如雷，梅麗莎也跟著尖叫抗議，這種亂象幾乎天天上演。

梅麗莎說，每次發生這種事時，她都很想和母親好好地交談，但是在每個人都大吼大叫的混亂場面下，手機反而成了休兵的契機。她的母親轉身離開，躲起來用手機聯繫朋友以尋求支持。梅麗莎的反應也一樣，她也掏出手機上臉書，到自己的圈子裡尋求慰藉。

梅麗莎的母親很難把注意力轉向悲傷的女兒，並提供女兒需要的沉靜交談。手機不是導致家庭中出現這種新沉默的原因，但手機讓我們更容易迴避這種棘手的對話。從孩子成長發育的角度來看，這些棘手的對話都是必要的。

梅麗莎在父母不理會下，得不到需要的幫助。有人能夠體會你的感受時，你會覺得他正在聆聽你，覺得他用心想要幫你度過難關。梅麗莎的母親理當對女兒展現這樣的承諾，並告訴她：「現在的情況很糟，我很抱歉讓你吃這個苦，你可以告訴我你的感受，現在我不見得能幫上忙，但我們一起面對，我正努力讓我們擺脫這一切。」但她的母親沒有那樣做，而是選擇一頭鑽進手機的世界裡。

有些家長告訴我，他們之所以手機不離身，是因為孩子似乎活在社群網絡的世界裡，他們對那個世界一無所知，所以感到害怕（至少某種程度上是如此）。家長說，他們擔心「遭到嘲笑」，所以才努力「跟上進度」，他們不想給人落後潮流的感覺。「手機讓我覺得跟上了時代。」一位年紀四十出頭的母親這麼說。

家長不該為了跟上時代而沉迷手機，因為這世上本來就沒有絕對的潮流。如果家長擔心自己跟不上孩子的科技專長，那會導致他們忘記自己有一生的經驗可以分享——**那些經驗正是孩子所欠缺的**。

你家十五歲的女兒可能懂得安裝家用網路系統（包括印表機、有線電視、智慧型電視），但她不敢講電話，因為她不知道該講什麼。她也不知道在學校遭到霸凌時該如何處理，害怕和老師面對面談話，她需要你的協助。

我們也看到，有時家長聊到一半，會突然上網搜尋資訊，因為他們覺得那樣做可以讓家庭對話的內容更豐富。在家長眼裡，那樣做不是冷落孩子，而是把更多的資料帶進對話中，但孩子幾乎都不是那樣看的。

還記得前面提過的一個案例嗎？一位十五歲的少女說，她和父親聚會時，突然想不起某個資訊，她的父親立刻上網搜尋，她連忙阻止老爸。她說：「爸，別再搜尋了！我想跟你說話！」她覺得她和父親能夠面對面交談就夠了，不想在那個時候接受抽考或教導，或是和整個網路世界爭搶父親的注意力。一位大三的學生說，他的父親習慣在用餐時拿出手機，以便讓交談的內容更加精確，他覺得那樣做是對交談做出懲罰性的暫停。他說：「那就好像按下重新啟動鈕，使一切歸零一樣，對話根本無法展開。」

大三生海莉說，她的父母「一向很重視對話，覺得吃飯時全家應該坐下來交流」，但是「自從爸媽買了 iPhone 後，這種情況就消失了」，現在「他們都對手機上癮而不自覺」。

海莉上次回家才不過兩天，他們吃飯時就為了去年感恩節的餐桌布置而吵了起來。她的爸媽都掏出手機，把去年的照片找出來作證。

海莉要求父母用餐時收起手機，他們根本聽不進去。「他們覺得那又沒什麼不好，只是迅速看一下手機、查一下天氣、迅速發一下電郵罷了。」海莉說，即使父母用餐時沒拿手機，他們的大腦依然惦念著手機。整個用餐過程中，父母都只想趕緊吃完，以便「雙雙起身，去拿手機」。

幾週前，他們一家三口和海莉的外公一起用餐，她的父母又拿出手機了。海莉說，他們拿出手機時，外公感到困惑不解，她則覺得不受重視。他們四人以前一起用餐聊天時，海莉覺得那種場合很特別，三代同堂的感覺很親密，但現在手機破壞了那種親密關係。「感覺好像某個東西停住了……我們必須從頭開始。」但他們再也無法繼續下去，因為氣氛已經變了。

海莉和父母談起她的擔憂時，他們說她是五十步笑百步，她自己也常使用手機，根本沒有資格當「科技糾察隊」。但海莉覺得她確實有資格，因為她只是想和父母對話，這立場應該就足夠了。

現在海莉和父母對話的技巧是，把事情留到她覺得父母願意聆聽時才說。「有時需要等到隔天，或是等到下次我和我媽見面的時候。」孩子到了青春期已經明白，家長不見得一直掛念著他們，或者他們不是家長心中唯一在意的焦點。如果你能讓孩子知道，必要時他們隨時都可以獲得父母的關注，那可以使孩子感到放心。但目前看來，海莉已經失去那份信任了。

不對稱的關係

親子關係是不對稱的。孩子想要獲得父母的關注，但不見得想給父母同樣的關注，那是人之常情。事實上，那些孩子嘴巴上說想和心不在焉的父母對話，等父母真的想跟他們對話時，他們又故意把父母拒於門外。現年二十七歲的研究生艾蜜莉，回顧了青少年時期的「不對稱關係」：

> 我十幾歲時，看到父母老是使用手機，我很生氣。但我媽想要抱我或親近我時，我又刻意迴避她，低頭看我的手機……我只是想故意氣她。我需要跟她拉開距離，讓她知道我不需要她。

不過，艾蜜莉也坦言，她很喜歡父母用餐時不帶手機的對話，他們往往聊得很起勁，用餐後還會繼續聊下去。「有時我們會邀請鄰居或親戚來家裡用餐，吃完飯後，他們會繼續聊下去。他們會一起移到客廳喝咖啡、吃甜點。我和妹妹也會跟著過去聆聽，偶爾插上幾句。

雖然我不願承認，但我真的很喜歡那種感覺。」

我訪問青少年時，有些青少年也坦承，他們其實很喜歡家規（例如用餐不准帶手機）促成的對話。每次聽青少年那樣說時，我就會想起艾蜜莉的例子。

十五歲的瑪妮說，她家有「用餐不准帶手機」的規定，但她會偷偷把手機藏在大腿下面，偶爾偷瞄一下。不過，她還是樂見家裡有那條家規。

她希望有那條家規，又想偷偷違規。這讓我想到學生曾告訴我，上課時他們希望能夠偶爾瞄一下手機，但是當教授（例如我）堅持課堂討論上不准使用手機時，他們也樂見其成。一位學生說：「那表示教授真的在乎我們。」

就像艾蜜莉說的，孩子一到青春期，就想跟父母保持距離。感謝父母設下你想偷偷違反的規定，似乎是成長過程的常態。如今青少年沉迷於手機的同時，也感謝父母堅持要求他們有時收起手機，就是一個明顯的例子。

十四歲的朵琳說，母親規定家裡的事一律當面討論，對此她雖然百般不願意，但也心存感謝。她說，有時家裡出現問題時，「我媽會跟和我們一起玩《大富翁》和《妙探尋兇》（*Clue*）。」遊戲過程中，自然而然會產生親子對話。「此外，她也規定，任何電子產品都不准拿進臥室。我們家有一個架子，專門用來收納電子產品和充電器，所以每天晚上所有的手機和平板都會放回那裡。」朵琳不喜歡把手機放在那裡，因為她不想錯過任何訊息，但她也欣賞母親的規定，因為那樣做為家人騰出了對話時間。晚上在毫無手機干擾下，她可以好好地入眠。

知道更多，不見得做得更好

矛盾的是，科技雖然提供許多新方法讓我們相互聯繫，卻也讓我們更難找到彼此。

三十七歲的強恩希望和七歲的女兒席夢拉近父女關係。強恩在洛杉磯擔任管理顧問，最近剛離婚，他很期待和女兒相處的時間，但他也覺得壓力很大。他和女兒相處的時間很零碎，而且和以前住在一起時完全不同。在時間有限的情況下，他認為帶女兒去博物館、美國女孩娃娃專賣店（American Girl store）或動物園很合理，「只和她無所事事地待在一起」反而很難。以前他和席夢的母親住在一起時，那時和席夢對話比較容易，現在一切都變得不太自然，所以強恩聽到國小二年級的席夢要跟全班去遠足時，他很高興有機會和女兒一起搭遊覽車出遊。他很期待以「自然」的方式共度親子時光。

我訪問強恩時，那次遠足的經驗他仍記憶猶新，他描述他們在遊覽車上的情況：

> 我很自然地把手機帶在身上。因為少了手機，我就無法工作、查看電郵或是發簡訊給我的女友。我也無法寫信給席夢的保母、無法幫女兒拍照，什麼事都無法做。基本上，手機就是你，是你身體的延伸，沒帶手機就好像「四個

小時沒有雙手」一樣。

所以，那天我拍了八百張照片，途中每拍一張就發一張，我把每張照片都發出去了。我不斷地寫東西、傳簡訊，大家也回應那些照片：「哦，真好看，這是哪裡？」我不斷地寫，寫個不停，但後來我突然意識到席夢已經坐在我旁邊一個小時了，我還沒跟她說過半句話。

我心想：「我必須收起手機。」的確，幫席夢拍照是那次遠足的重點，我也發簡訊告訴大家我參加女兒的遠足，但當時在遊覽車上，席夢突然對我說：「把手機收起來好嗎？」

強恩很想跟女兒在一起，但是與女兒的對話也令他焦慮。手機不在手上，他就覺得很不自在。他告訴我，最近他帶席夢去博物館時，手機沒電了，他頓時覺得自己好像失去了內心世界。「那感覺好像我連一個人都不是了。」而且跟七歲的孩子對話要有耐心和技巧。相較於靜下來思考他該和女兒聊些什麼，強恩覺得幫女兒拍照並發布上網比較容易展現父愛。

我說過，重啟對話的第一步，是騰出不受電子產品干擾的時間和地點，讓對話有機會發生。對家庭來說，那個地點可能是廚房、飯廳、汽車內（以強恩的故事為例，則是遊覽車）。有些人抱持著不同的看法，他們認為把重點放在如何激發有趣的對話比較合理。如果電子產品有助於對話，就不該排斥它。

每次我聽到有人提出那種看法時，都會請他舉例，講個故事來證明。一位母親有兩個十幾歲的孩子，她說全家討論《冰與火之歌：權力遊戲》的劇情時，喜歡從平板電腦抓出特別令人難忘的可怕片段。另一個母親有三個二十幾歲的孩子，她提到某次大型的節慶晚餐上，他們一家人聊到政治。當時她主張政治人物也可以啟動重要的全民討論，為了證明這點，她掏出手機，放了幾分鐘歐巴馬在第一任期內的某次演講，內容和種族有關。「拿出手機，秀出影片，可以讓對話更豐富。」

如果你把這種思維套用在強恩的例子上，當強恩不太敢和女兒交談時，他可以從手機裡挑出一張遠足的合照，從聊照片開始打開話匣子。或者，他可以用手機播放他們一起看過的某部電影片段，開始聊電影裡的角色。

但強恩沒有這樣做。他在這個他覺得很重要的相處時刻（因為他和女兒相處的時間不多，這次遠足是難得的好機會），掏出了手機。偏偏他使用手機的方式不僅對女兒沒有助益，也對他身為父親的感受毫無幫助。

我們想像把手機掏出來可以促進對話（就像那位在家庭聚餐時播放政治演講的母親一樣），沒錯，**有時確實可以**。但更常見的情況是，手機一旦出現，我們會很想順便查一下電郵，或是剛好看到有簡訊進來，想儘速回覆一下。手機在手邊時，就好像接到持續留在手機世界裡的邀請一樣。手機讓我們誤以為它「**要求不多，但提供很多**」。我在研究家庭時，最常得到的一個啟示是：我們必須認清自己。我們都很脆弱。手機對我們有強大的牽引力，使我們機不離身、難以割捨，但家人更需要我們。

強恩從未想過，參加女兒的遠足時不帶手機。一想到手機不在身邊，就讓他覺得渾身不對勁，彷彿成為身體有殘缺、「沒有雙手」的人。強恩必須想辦法把沒帶手機的自己也視為完整的人，如此一來才能以完整的自己和女兒對話。席夢也需要學習，即使沒有手機，她也可以成長為完整的人。但目前看來，她的父親還無法教她這點。

強恩的故事顯示，我們在收發簡訊、圖片、電郵，以及接打電話時，會使面對面的關係「暫停」，而且強恩是在不加思索下做這一切。他說，車子開了一個多小時後，他才意識到他沒跟女兒說半句話。

路易CK談到他不想買手機給女兒的原因時，提到去感受生活中深刻悲傷的重要。他說，當他感覺悲傷湧上心頭時，當下的第一個反應不是讓自己去感受，而是「掏出手機，發訊息公告周知」，然後等待回覆[141]。除了用手機阻止悲傷來襲，我們也會用手機阻止其他情緒。強恩因為感到不自在，發了大量訊息給親友和女友，因此破壞了和女兒相處的恬靜時光。

強恩這種瘋狂分享的舉動，只是一種普遍現象的例子。我們逐漸習慣把生活看成可暫停的東西，以便記錄下來，從記錄的東西裡截出特定的脈絡，或是把它串接到另一個脈絡上。在這些活動中，我們不再把干擾視為破壞，而把它當成連結，甚至還會主動去尋找那種干擾，找不到時就自己創造干擾。這些干擾讓我們迴避傷神的感受及尷尬的時刻，變成了一種便利。久而久之，我們把大腦訓練成渴望那些干擾。當然，這一切都使我們更難以靜下來對話。

我訪問強恩時，他清楚表示，他本來打算利用遠足的機會陪伴女兒，但手機阻礙了他。他也承認，即使在家裡，手機也阻礙了他和女兒的對話，他說：「我想和任何人談話時，就會放卡通給她看。我通常不願承認這點，但現在我不得不承認了……我覺得我沒對女兒很糟，但確實不太好。」

強恩描述他播放卡通給女兒看時，女兒抗議的方式：就像遊覽車上的反應一樣，席夢一開始隱忍不說，但後來就提出抗議了。「她會叫你把手機收起來……你自己聽了也很難過，你心想：『天啊！我花太多時間在手機上了。』你會覺得孩子可能吃了不少苦，有苦說不出。」

事實上，對很多家長來說，知道孩子不開心還不足以讓他們放下手機。這是在逃避親職，不過這也是可以解決的。

首先，家長需要了解，欠缺親子對話可能危及什麼。例如，信任和自尊的培養，以及習得同理心、友誼、親密感的能力等等。

第二，家長不該再以簡單的比喻來描述自己對手機的依賴，例如半開玩笑地說自己「有點上癮」，或者「我對手機有點上癮，但也無可奈何」。事實上，我們都很容易受到手機提供的情感滿足所誘惑——只要接收手機不斷發送的刺激，就能從神經細胞的化學反應獲得回饋。

一旦意識到科技的便利性和魅力，我們就能看清楚自己面對科技時的弱點。如果我們只覺得自己「對手機上癮」，那就不再是個人弱點。而我們其實是對著一種完美執行的設計，做出可預測的反應。認清這件事，我們就能幫自己做出新的選擇及必要的改變。

在家裡，使用科技的方式，可以像日常膳食一樣，自己擔負起選擇的責任。即使廣告和行銷無所不在、糖類的生化效果如此強烈，我們知道攝取適量的健康食物對家人最有利。我們也逐漸對食物的生產者施壓，使他們把產品變得更健康。現在，手機App的設計是為了讓我們一直使用手機。設計師從我們投入的關注力中獲利，而不是用科技幫我們打造想要的生活。

衝突轉移陣地

在柯林的家中，三個孩子選擇的路和父母的預期截然不同。父母把他們送到新英格蘭的預備學校就讀，希望他們選擇傳統的職業，但目前讀大三的柯林正朝著音樂家的生涯發展，他的哥哥在科羅拉多州的韋爾（Vail）教滑雪。爸媽希望全家人可以定期出遊，但只有在紐約網路公司當程式設計師的姊姊覺得，她有辦法騰出時間參加這種家庭旅遊。柯林告訴我，家人之間發生衝突時，通常是因為他們達不到父母的預期，「我們會上Gchat溝通歧見」。他說，他喜歡這種方式，因為「這樣平順多了」，他覺得這種運作方式可以給他更多的時間釐清思緒。不過，他也停下來問：這會不會失去什麼呢？（與其說是在問我，不如說他是在問自己）後來他自己回應：「面對面吵有什麼用呢？」

他自己也答不出來。他們家解決衝突的方式，是靠上網讓大家冷靜下來。柯林認為，現在他們全家做起事來比較有「成效」，但家庭的產出是什麼？難道家庭成功與否，是看它能不能培養出自在面對「強烈」情緒的孩子嗎？

瑪果是兩個孩子的母親，年紀坐四望五。她習慣以傳訊息的方式處理棘手的家庭對話。她就像柯林的家庭那樣，覺得上網溝通比其他選項更好。在某次她和高三的兒子托比面對面交談失敗後，她開始改用簡訊對談。對此，托比感到很難過。他告訴父母，他想和他們面對面交談，但他希望他在陳述自己的立場時，不會被打斷。他有話要說，他希望父母能夠「聽完」，而且是當面聽完。他想當面傳達的訊息是：雖然他達不到父母的期望，但他在學校已經盡力了，希望父母能夠理解。

托比和父母的對話在飯廳裡進行，但托比的父親破壞了規則。他沒有靜默聆聽，反而插話評論，托比因此氣得衝回臥室。一回到臥室，他卯起來發了大量的簡訊給父母，以宣洩怒火。托比的父親不想回應那些訊息，但瑪果開始回覆了。托比看到母親傳來的簡訊後，馬上回訊告知：他不會看她寫來的任何簡訊。瑪果不死心，仍持續傳簡訊。「我把同樣的訊息一再複製貼上發給他，直到我兒子開始讀那些訊息為止。」

以前發生這種事時，可能需要好一段時間，當事人才會冷靜下來，而且還需要開所謂的「家庭會議」，才能把問題解決。大家聚在一起、把話講清楚、聽完彼此的心聲，或是趁吃飯時討論這些問題。即使氣氛很緊繃，但因為每晚都有晚餐，大家知道即使今天解決不完，還有明天可以解決。不過，在瑪果這個例子中，她刻意避免「面對面」的討論，把衝突轉移到網路上解決，這就是「家庭會議2.0」。瑪果喜歡這種解決方式，所以後來他們全家決定維持這種模式。

瑪果把家人透過簡訊解決問題的方式稱為「對話」。在她看來，這種交流可以避免他們說出後悔莫及的話。她覺得，他們全家的關係因此變得更好了。在首次交流中，托比終於可以告訴父母，他覺得自己花再多的心力在課業上都沒有人諒解，只因為他的成績不好。瑪果也很高興她有機會表達心聲了：她覺得托比並未充分利用家人提供的協助。

瑪果覺得，要讓家庭對話發揮效果，關鍵在於事前準備和編輯。她說，她和托比的互動變得比較順利，是因為她在發簡訊以前會先整理思緒。少了編寫簡訊的「時間延後效果」，就無法找到打動對方的貼切字眼。她覺得用字遣詞是否貼切很重要。此外，恰當的情感語調，傳達關心但保持冷靜，也是她覺得面對面交談時難以持續維持的。

當然，瑪果也可以事先仔細推敲她想跟兒子說什麼，然後再面對面溝通，但她不想用那種方法。她說，當初第一次爭執時，若是選擇面對面溝通，她可能無法克制當下的情緒，也不會耐著性子反覆講同樣的話，「那樣做感覺很怪」。可是換到螢幕上，一再複製貼上同樣的訊息就不那麼奇怪了。瑪果很確定，當時的狀況確實需要那樣處理。

現在，瑪果是「以簡訊代替對話」的愛用者，她覺得沒必要讓情緒波動阻礙家人化解重要的歧見。事實上，自從那次和托比爭吵後，她和丈夫也開始以線上交流的方式解決夫妻之間的分歧。托比因高中成績不太好，上不了知名大學，他決定去念申請得到的學校。瑪果為此生丈夫的氣，因為她覺得他無法心平氣和地接受兒子申請大學的結果，破壞了全家人完全接受彼此的機會。

這種分歧並非微不足道的小事，雖然導火線是孩子申請大學失利，但最後則和家庭彼此支持的意義有關。不過，瑪果和先生選擇完全以簡訊來處理這些歧見。瑪果說，這樣做避免了吵架中很多「不理性的胡言亂語」。這就像她和兒子之間的簡訊溝通一樣，她強調用這種方式有更多的時間可以整理思緒。她認為在這種可掌控的數位爭執中，比較不會造成「持久性的傷害」。

瑪果認為，科技讓家庭紛爭呈現出該有的樣子：更加條理分明、平心靜氣、深思熟慮。多年來，治療師一直建議家庭成員要冷靜下來、放慢步調，目的是希望他們面對面溝通時，更用心地聆聽彼此。不過瑪果認為，用簡訊溝通也符合那種精神。這樣做雖然沒有面對面接觸，但家人依然可以傾聽彼此的想法，還有時間思考彼此的觀點。

當然，這種工具為家庭溝通提供了新的管道。但是你對孩子、夥伴或伴侶說：「我是為了和你交談才選擇不露面」，那句話其實意味著很多有害的事。例如，那表示在即時應對下，你很難設身處地為對方思考，平靜地聆聽對方的想法和感受。但是，控制自己的情感以聆聽對方的心聲，正是發揮同理心的必要條件。如果家長在這方面無法以身作則，而選擇以簡訊和電郵溝通，孩子也不可能學會這點，甚至覺得那樣做沒什麼價值。

告訴家人：「等我平靜下來，我會再找他談。」一直是處理棘手人際關係的好方法，長久以來屢試不爽。「以簡訊吵架」之所以不同，是因為它把某個時刻變成了某種方法。那可能會讓對方覺得你是一個很衝動、反應劇烈的人，連即時處理自己的感受都做不到。又或者，你覺得對方做不到。即使你根本沒有那個意思，但對方看你不願面對面溝通，可能會那樣解讀。

另外還有一點：以簡訊吵架的重點在於，你想**發出**「貼切」的訊息，所以你也預期**收到**「貼切」的訊息。那表示，你覺得雙方交流應該得體，用字遣詞應該貼切。然而，家人之間的關係本來就錯綜複雜，如果我們用科技把家人的關係打理得有條不紊，那不見得是最好的安排。

柯林和瑪果都很滿意這種以科技作為媒介的對話，但也有一些人覺得，情感方面的事只能靠面對面的溝通。例如，海莉趁大學放假期間回家住，「家規」要求她夜晚外宿時，必須先打電話或發簡訊跟父母報備。海莉說，她有時會忘了報備，父母的反應可想而知：她會收到母親驚慌的簡訊。以下是海莉的描述：「有的簡訊說她差點報警了，整晚沒睡，叫我以後別再那樣嚇她了……我看到那些簡訊時心想：『糟糕！我忘了。』」但海莉也說，她不太在意母親的簡訊，她已經習慣了。

一週前，海莉又整晚沒回家，家人也沒接到通知。她的手機出了問題（「其實我有發簡訊跟爸媽報備，但系統沒把簡訊發出去。」），這次她的母親沒發給她任何簡訊。隔天早上，母親下樓跟她面對面對談。海莉說，她看得出來母親整晚沒睡，哭了一夜。「那是她第一次當面對我發脾氣。」

多年來，母親驚慌失措的簡訊對海莉來說已成家常便飯，每次放假回家時都會發生，所以她一直沒把它當一回事。直到衝突面對面爆發了，她才意識到這一切的真實。她說：「以簡訊處理事情很直截了當，很簡單……但不像我媽當面對我發飆那樣，刺激我去思考。」

> 我看著我媽的臉，她幾乎快哭了，那種情緒是簡訊所無法傳達的，她可能放聲大哭過……如果她發簡訊對我發飆，我不可能看到那一切。所以就激發真正的反省來說，情感和臉部表情可以傳達出某種深意……那給我的感受不是來自她的話語。

我們回頭看柯林提出的問題：「家人面對面吵有什麼用呢？」海莉的故事提供了一個答案。以簡訊傳達爭執可以使事情降溫，但是在她的例子中，簡訊把事情淡化到她幾乎忘了母親的存在。

一九九〇年代初期，我開始探索大家對線上生活的情感投入，那時我建議心理治療師看診時，可以從患者的線上生活開始聊起，藉此啟動對話。我們在網路上建置的個人檔案、網路化身、個人網站都代表著我們，那些東西讓我們有機會重新思考自己的身分。利用治療時間來討論線上生活，可以啟動關於自我的新對話[142]。多年來，當我提出這個概念時，總是遇到很大的阻力，但現在遇到的阻力小很多了。如今心理治療師比較認同線上生活有喚起記憶的功能，是幫我們思考自我的工具，也是數位時代的夢想空間。

事實上，如今治療師通常不需要問患者在網路上做什麼，患者就會主動提起。一位家庭治療師告訴我：「現在患者想告訴我他的生活狀況時，直接拿出手機唸給我聽，例如某位患者是唸孩子、妻子、老闆傳給他的簡訊。這很常見，他們希望我幫他們分析那些簡訊『究竟是什麼意思』。」現在，治療師除了鼓勵患者分享線上生活以外，他們也覺得有必要請患者收起手機，以便專心投入治療。

我們知道患者為什麼會想讓治療師看他們的手機：因為上面記錄了讓我們最焦慮、欣喜或困惑的交流資訊。

標點符號的問題

我也遇過一些困惑難解的家庭狀況。我女兒約十六歲時，某天突然問我是不是在生她的氣。

後來我才知道，那是因為我發簡訊時，沒有使用標點符號，或是用得不夠。我覺得我的簡訊很務實，也充滿關愛，但在她的眼裡，沒放驚嘆號、沒多放幾個問號或表情符號的簡訊很唐突。

寫簡訊時，標點符號很重要。文字中的每個句點、逗點、驚嘆號都是有意涵的，而且不同族群還有不同的使用慣例[143]。那跟你接觸外國文化時，需要學習不同的肢體語言慣例沒什麼兩樣。如果你不知道規範，做了錯誤的假設，有意義的聯繫可能會因此中斷。在編寫及傳送簡訊方面，不熟悉規範可能會產生代溝及隔閡。

為什麼女兒看到我的簡訊時，會覺得我在生她的氣呢？她解釋：「媽，你的簡訊老是寫『很好』，然後就沒了。我知道根本就沒有很好，這到底是怎麼回事？你實際上在想什麼？」我之所以寫「很好」，是因為我真的那樣想，但她不相信。如果當時她就在我身邊，我會直接跟她說「很好」。但是「很好」一寫成簡訊就顯得冷漠，至少還要加很多驚嘆號才算是真的「很好」。

於是，我改進的第一步是在簡訊中加入親暱的話語，後來我才知道那樣做很怪，幾乎沒什麼用處。例如，我的簡訊寫道：「甜心，今晚我可以跟你聊一下嗎？」），女兒說那讀起來「好像家裡有人過世了」。我從研究中得知，改成「可以call你嗎？？？何時方便？？？」是比較好的簡訊寫法。我也在iPhone上增添了表情符號，例如小貓、愛心、小房子、燈泡之類的數百種小圖。我用那些表情符號時，自己都覺得可笑，但我還是用了。我問女兒那樣做有沒有比較好，她說她知道我很努力想要改進了。

如果我們母女之間的簡訊互動有什麼進步的話，那不是因為我的簡訊功力增強了，而是因為她知道我其實不懂簡訊的規矩，所以她比較不會拿她那一套「標準化的簡訊規範」來仔細推敲我的簡訊意涵。在那之後，我的簡訊比較少嚇到她了。

有一次，我因為不懂女兒的簡訊規則而感到懊惱。那時我去醫院做了連串的檢查，後續結果都不確定，所以又安排了一次重要的診斷檢測。我為了要不要在檢查前先讓女兒知道這件事，天人交戰了許久，如果檢查出來沒事，那又何必事先讓她擔心呢？但是我和幾位朋友聊過以後，他們讓我相信，萬一檢查出來有問題，女兒事後才得知我遇到嚴重的問題卻瞞著她，她會很難過，畢竟她已經不是小孩子，而是二十一歲的成人了。她要是知道我刻意不說，可能會不高興。

這時除了發簡訊以外，沒有其他更可靠的方法可以聯絡到我女兒了，所以我發簡訊給她：「親愛的，有空打個電話給我。」幾秒內，她就回簡訊：「怎麼了？」我寫道：「沒什麼，我只是想和你約個時間聚聚。」她又追問：「關於什麼事？」我回：「親愛的，我想見面後再聊。」她又追問：「關於什麼事？怎麼了？」這時我們終於通了電話。「蕾貝卡，為什麼你那麼擔心呢？我只是想約你喝杯咖啡。」當時我女兒在麻州的劍橋市就讀大學，我住在波士頓，我們常一起喝咖啡。

她知道她為什麼擔心。「因為你的簡訊啊，沒什麼標點符號。你發簡訊的方式太怪了，讀起來就覺得一定有事。」這時已經沒有轉圜的餘地了，我本來想當面跟她說的事，這下子得直接在電話上說了。我告訴她檢查的事情，我說我覺得她應該知道。她在電話上把我本來想留到見面後才說的話都問完了。後來，我逐漸了解該怎麼寫簡訊，才**有可能**把我女兒約出來喝咖啡。我的簡訊必須寫得很若無其事，用另一句話或標點符號來顯示沒發生什麼大事。以上面的例子來說，我應該要寫：「嘿……我明天剛好會路過廣場:)去那附近開個會！！！！！要不要一起吃個早餐？？？亨麗艾塔餐廳如何？別吃宿舍的早餐？？？」

從這裡可以看到一個真相。隨便掰個藉口，使用「正確」的標點符號，或許可以幫我把女兒約出來。我因為不懂簡訊的規矩，只能馬上說出實話，雖然這件事最後的發展沒什麼問題，但我並不想在電話上談那件事。不同世代之間，需要學習的事真的很多。

朋友定位程式

瑪果覺得她有權知道兒子托比的去處，所以當讀高三的兒子不願透露他和朋友去哪裡時，瑪果很不高興。她決定不再問兒子了，與其當面對孩子說教，她轉而投靠科技。

她要求托比在手機上安裝「找朋友」（Find My Friends）這個程式。只要打開，托比的位置就會出現在瑪果的 iPhone 地圖上，顯示為一個圓點。

於是，這個程式變成瑪果用來因應兒子不願透露行蹤的方式。現在他們全家都使用這個程式。在瑪果的家裡，有一個新協議。只要手機開機，家人都知道你在哪裡，就不需要報備行蹤了。

這個新協議讓人更容易迴避一些對話。例如，這樣就可以避免海莉的母親哭喪著臉來質問她，並要求她以後在未事先報備下，絕對不准在外面過夜。瑪果可以用這個程式查看全家人的行蹤，但這種迴避親子對話的功能算是一種進步嗎？在本例中，瑪果可藉此避免追問托比，但是面對面的對話可以培養判斷力，讓孩子知道家人關心他的行蹤，也可以讓我們知道對彼此的責任。

有些對話即使不太愉悅、令人尷尬，仍然可以發揮很多的效用。面對面問托比的行蹤，可以教他如何設定界限、捍衛自己的權利，又不至於傷了母親的心；也可以教他了解在法律上，瑪果有責任保護未成年的兒子。面對面的對話可以讓他們明白「保持距離」的意義：托比可能想要捍衛自己的權利、保有個人隱私，那沒什麼不好。即使他無法得到他想要的結果，至少可以讓父母知道他想要更多的隱私。或許父母可以透過其他方法，給予兒子想要的隱私。

瑪果在沒有對話的狀態下，得到了她想要的結果，但她也放棄了很多東西。使用這種定位程式讓這家人感到平靜、心安，現在他們再也不需要為了責任和信任問題而展開棘手的對話，以後顯然也沒什麼機會了。他們寧可放棄對話，選擇讓程式監視[144]。

未來的對話

我們沒有理由美化以前的家庭對話，那些傳統的對話可能很拘謹、不太自然；可能由父母掌控話語權、大放厥詞，或是要求孩子報告當天學校的狀況。

但你不需要美化過去，也可以好好地重視現在。數位文化提供我們對話的新選項，也提供沉默的新選項。

我們很容易受到新科技的影響，而這影響可能是我們始料未及的。

新的社交規則讓我們幾乎可以隨時查看手機，但我們也發現，從某種人性角度來看，這些規則感覺不太對勁。一位女士告訴我，她住院好一段時間，先生幾乎一直陪在身邊，因為醫院裡有無線網路，可以讓他在床邊工作。但她也說，住院那段漫長的時間裡，她和先生幾乎沒什麼交談，因為他一直低著頭看筆電或智慧型手機。

另一位女士提到她母親過世後的守喪經歷。在猶太教的守喪期間，逝者的直系親屬必須待在家裡接待客人，通常客人會帶食物來。守喪期間，她關閉了家裡的無線網路，但她無法掌控手機的行動網路。客人來了以後，坐下來和她聊了一下，就各自躲到她家的角落，拿出手機來發簡訊或寫電郵。她知道，也許因為客人可以「迅速查看電郵」，才願意在她家待得比較久，但是看到他們那樣做，她還是很難過。

這兩位女性問我，以她們的情況來說（住院和服喪），抱持怎樣的態度才是「正確」

的？她們都希望獲得關注，當她們發現自己竟然需要爭取他人的關注時，都感到很訝異，也很受傷，甚至忿恨不滿，身處這些感受之中令她們不安。

這兩位女性都期待某種對話，沒想到面對的卻是沉默。但她們兩人也覺得自己沒有立場要求對話，因為現在隨身攜帶手機是常態。我們幾乎已經忘了手機是身外之物，它幾乎已經和我們融為一體。這兩位女性問我對態度的看法時，彷彿那只是禮儀問題。她們都很想知道：「怎麼看待這種情況才正確？」但她們的故事不僅攸關禮儀而已，那也攸關科技進入我們最親密的圈子後，對親密關係造成的挑戰。她們想知道的「正確態度」不只和行為有關，也和**感覺**有關。

我們都很脆弱，即使面對科技的感覺沒有比較好，但還是比面對面的交談來得簡單。了解並謹記這脆弱可以幫我們為家人做出更審慎的選擇。

無論家庭選擇在家裡開關禁用電子產品的「神聖空間」，還是決定培養家人每天對話的習慣，孩子都會意識到父母對「對話」的重視，他們也會覺得那是父母對家庭及自己的重視。我覺得孩子能否流暢地表達自我、能否主動地結識朋友，關鍵就在這裡。

CHAPTER

6

友誼
同理心發展受限

我和朋友在一起的時候，要不是毫無對話，就是在聊手機上發生的事情。

——十五歲的男孩

發簡訊既簡單，又可以即時得到滿足。我可以輕易和十五個人聯繫、廣發訊息並獲得正面回應的感覺實在太棒了。我比較喜歡那種感覺，而不是經常和大家交談。

——二十一歲的女性

二十六歲的崔佛是典型的低頭族[145]，擅長一邊聊天、一邊滑手機，手機幾乎不離身。我告訴他，我正在寫一本關於對話的書，他的反應近乎嗤之以鼻：「什麼對話？早在二〇〇九年，對話就死了！」

二〇〇九年，他還是大四歷史系的學生。

那年我們開始上臉書分享事情，不再面對面交談。我們花了很多心思寫個人檔案，聊我們在網路上發布的東西，友誼的焦點變成你在網路上找到什麼，以及如何和朋友分享那些資訊。現在則換成使用Instagrm或Snapchat，大家對個人檔案沒那麼在意了，但概念還是一樣，反正就是別聊了，貼出來分享。

崔佛說，他讀大學時，社群媒體改變了他「面對面交流的世界」。他想起大學畢業晚會的情況：

大家幾乎不太說話，點餐後，就帶著各自的伴侶坐下來，低頭滑手機。大家甚至連交談的意願都沒有，反正回家上網就會看到晚會的照片，到時候再留言評論照片就好了。最後也沒有人互道再見，我們各自回家後，又在臉書上重逢了。

崔佛也說：「連課堂上的交談方式也變了。」課堂上比較少你來我往的意見交流，討論不像交談，比較像在臉書上「發文」。

你會想辦法在課堂上提出過人之見……那種事先準備好的東西……發表完後就好整以暇地等待回應，你不需要真的參與討論。以前那種想到什麼就說什麼的對話模式已經消失了……而且不只課堂上如此，你和朋友互動時也是如此。現在你只會講你事先盤算好的內容，講完後就等待回應。

這種參與模式可以抒解學業上的焦慮。崔佛說，他的朋友也是用這種方式來抒解社交焦慮。「事先整理好思緒，友誼中的社交焦慮自然就消失了。」這番話讓我想起史丹佛的大一新生對納斯說的：「科技有助於抒解情緒。」

科技世代的演進：二〇〇八年到二〇一四年

崔佛那番「對話已死」的說法，雖有誇大之嫌，但有一點確實所言不虛：如今青少年日常選擇的交流方式中，簡訊的使用多於其他形式的溝通，包括面對面的溝通[146]。線上交流的形式，隨著新的應用程式興起與流行而不斷地改變。

自從崔佛開始用臉書以來，年輕人上網關注的重點已經從費心打造臉書的個人檔案，變成閱後即焚的Snapchat。他們似乎不再喜歡用個人檔案來局限自己，比較喜歡以日常作為及分享的內容來定義自己。Snapchat、Instagram，以及分享極短影片的Vine成了時下最流行的社群媒體平台。

二〇一四年初，我在兩次對話中發現了科技的迅速變遷。一次是我和一位大四學生談到蘋果的視訊通話軟體FaceTime，她對那個軟體嗤之以鼻：「**我們**不用那種東西了，使用FaceTime還要**伸長手臂**把手機舉在面前，根本沒辦法做別的事。」但一週後，一群剛上高中的學生喜孜孜地告訴我FaceTime的優點：他們放學後用FaceTime和朋友聊天，同時使用iPad或iPhone上的其他應用程式。他們很喜歡FaceTime，因為聊天時可以一心多用，他們完全沒提到手臂會痠。

國中生用Snapchat的錄影功能記錄各自的說詞，然後彼此傳來傳去，有點像「非同步」的FaceTime。最近Snapchat又推出一種新功能。以前，用戶發送的圖片在接收者打開後的預設時間內就會自動消失；現在，用戶也可以發送閱後即焚的文字訊息了[147]。轉瞬即逝的對話再次流行，只不過這次多了發送前先編輯的機會。

個人檔案曾是社群媒體的典型概念，如今似乎人人都嫌它麻煩。崔佛說個人檔案實在太「累贅」了，他認為在Instagram上發照片比較「輕鬆省事」。但他也指出，應用程式無論新舊，有一點始終不變：「約出去喝一杯似乎太麻煩了」。他補充：「找人面對面坐下來，只為了知道發生什麼事，那感覺實在太費勁了，需要犧牲很多事。」一群愛用FaceTime的十三歲青少年告訴我，他們用FaceTime和住在附近的朋友聊天。為什麼不見面聊呢？他們解釋：上網聊意味著「你可以隨時離開」，「你可以同時在社群媒體上做別的事」。友誼不需要持續的關注，這是早在二〇〇九年大家就學到的事。

二〇〇九年，以及之前的那幾年，我採訪了美國東北部的一些高中生，他們告訴我：友誼讓你永遠有所選擇。如果你有事想說，可以等你和朋友都上網時才說。年輕人一開始逐步採用這種方式，但後來科技提供他們新的選項後，他們很快就習慣了新的模式。先是有摺疊式手機，後來出現Sidekick滑蓋式全鍵盤手機、即時通訊。接著，顛覆網路的東西出現了：MySpace、臉書，以及讓發訊更加順暢、近乎神奇的智慧型手機。

我和那群二〇〇八到二〇一〇年就讀高中的學生一直保持聯繫。他們逐漸成長的同時，某些情況始終維持不變。例如，他們很想和朋友聚一聚，但聚在一起時，重點又不是交談，只是為了和彼此湊在一起的親近感。當他們聚在一起時，除了面對面交談以外，仍會同時上網，對話分散在四處進行。

二〇一四年讀大四的布莉說，她和朋友在一起時，「有時我也會暫時上網傳訊跟他談，只為了傳達一個觀點……我一直不知道怎麼當面溝通才能達到最好的效果。」她的同學詹姆斯也是如此：「即使我和朋友在一起，我還是會上網提出觀點……在網路上發言比較自在。線上互動讓交流得以實現……維持通訊管道通暢，感覺輕鬆自在多了。」

面對面交談時，不時穿插著簡訊傳輸，那算是開啟對話、還是干擾對話呢？詹姆斯認為那樣做可以讓交談更「輕鬆自在」。布莉認為她需要那個額外的管道，因為她欠缺「面對面交談」的技巧。

每次我回顧智慧型手機的早年發展，以及它如何取代對話時，就會想到布莉。我想起二○○八年，我參加一名十五歲女孩的生日派對，派對上的交談不太熱絡，客人三五成群，有不少人低頭滑手機。有些客人獨自站著，沉浸在自己的手機中，發著簡訊。有些客人忙著自拍，或是和朋友合照。還有一些人聚在餐點的旁邊，為那些食物拍照。十五歲是個難以和異性交流的年紀，所以他們也樂於用手機取代對話。

在智慧型手機出現以前，生日派對之類的場合不免會出現大家沒話聊的情況，有時聊得結結巴巴，偶爾和異性隨口寒暄幾句，那些互動可能令人尷尬。但是遇到那種狀況時，也表示我們邁出了重要的一步。從成長發育的角度來看，那表示十五歲的孩子在人際互動上，有了更接近十六歲的自信，低頭滑手機無法幫我們打好那種基礎。

二○○八年艾美是高三生，她的社交偏好有助於解釋生日派對上大家靜默不語、只顧著上臉書的原因。艾美在學校或聚會時，幾乎不跟男生說半句話，但她會匆匆趕回家上網跟他們聊天。艾美說，上網可以「喘口氣」、放輕鬆，送出訊息以前還可以先盤算要說什麼。面對面的交談不僅無法控制，內容也單調，聊著聊著就沒話聊了。艾美覺得上網聊天有趣多了。

> 如果你喜歡某人，覺得他很帥，上網聊天可能比面對面的交談更有效果。面

對面時，有些話你說不出口。你喜歡對方，但不知道對方喜不喜歡你。在線上，你可以說：「嗨！」對方會回你：「嗨！」接著就可以充分展開對話。面對面時，有太多的原因讓你不想與對方交談，因為你會胡思亂想：「他可能覺得我很醜」。

因為有這些焦慮，每次艾美和男生面對面交談時，她總是長話短說，接著再盡快上網找他聊天。

我們上網聊天時，無所不聊。但是我和男生講電話或面對面交談時，只覺得：「啊，太尷尬了！」……假設你們見面聊好了，除非你想到有什麼問題可以問，例如：「今天在學校過得如何？」，否則你根本不知道要說什麼。假設對方回你：「很好」或「還可以」……你依然不知道要繼續聊什麼。

接觸這種文化久了，艾美到了高三已經很習慣這種焦慮。事實上，以手機為中心的社交習慣，已經把多數的友誼搬上網路交流，不只是搞曖昧的人愛用這種方式而已。臉書交友和網路群聊是打造線上社交圈的第一步，那個圈子感覺就像是你的私人社群，有一群隨時隨地都能聯繫的朋友。

友人如家人

二〇〇八年，我和高三生羅娜聊天。那時她剛開了臉書的帳號，她提到臉書帳號對她的意義：「朋友愈來愈像家人，你想以最放鬆的方式跟他們交談。」後來我才發現，羅娜所謂的「放鬆」，其實有特殊的意思：她可以隨時聯繫朋友，也可以馬上獲得回覆。孩子覺得他們身為朋友，有責任隨時待命，於是新的習慣就此萌芽，進而根深柢固。誠如羅娜所言，二〇〇八年，高中生寫作業的典型狀況是：「打開筆電，手機放一旁，每五分鐘就瞄一眼手機，看有沒有人傳給我什麼。」她很清楚遊戲規則：「如果有人透過臉書傳訊息給我，我必須……我覺得我有必要查看一下，趁對方還在線上時，馬上回覆。」

相較之下，電話反而不需要回覆。羅娜說，如果她打電話給好友，好友會以簡訊回覆，她覺得那反應很正常，因為電話「逼你當下馬上反應」，簡訊讓你更有餘裕把話說對、把事情做對。萬一「你做錯了什麼，可以馬上修正」。我請羅娜再說明一次，因為我想確定我確實理解了她的意思。我問她，如果你想消除誤會，講電話不是更直接嗎？畢竟對方就在電話的另一頭？

羅娜說：「不見得。」講電話是即時的，她覺得即時應對是很尷尬的情境。簡訊溝通之所以令人放鬆，是因為可以迅速回應，又可以編輯內容。電話是「直接把你和對方放在一起，看看你有什麼感受」，那無法讓人安心。

這就是臉書和簡訊的用處，你透過臉書和簡訊分享自我。但你能夠編輯內容時，你只分享最好的一面，因為你想分享朋友願意接納的東西。年輕人也期待朋友隨時等著接收他們發出的訊息，他們需要朋友那樣做，因為分享是你刷存在感的方式。

羅娜習慣了這種線上的社交生活後，開始害怕與人面對面接觸，因為那是「直接面對他人」，無法編輯內容。羅娜說，面對面交談時，「你可能會不小心冒犯對方……你怕做出讓自己顯得很愚蠢的事」。

這樣一想，崔佛說他大四時「對話已死」似乎也沒那麼誇張了。二〇〇八年到二〇一〇年，我訪問了不少高中生和大學生，他們都清楚表示，那種未事先排練過的「即時」對話，讓人覺得很沒安全感，實在「沒有必要」。而且，那種面對面交談也構成技術上的困難。你和朋友在一起時，你也想使用手機，以便**傳簡訊給他們及其他的朋友**。這種一心多用的狀態，實在沒什麼餘裕做「即時」交談。

在這種限制下，你不得不請朋友停止交談，如此一來，你才能認真寫簡訊給他們。這麼說或許極端，但實際上已很常見，所以有些漫畫描繪朋友或戀人面對面坐著，互傳簡訊，以設定聚會或約會時間。

手機與自我：簡訊發展史

二〇〇八年春季，康乃狄克州一所男校的八名高三生聚在一起討論手機。幾個月前，他們收到的年節賀禮大多是智慧型手機。從此以後，他們之間的簡訊交流突然炸了開來，變得一發不可收拾。

奧利佛率先發言，他說現在收發簡訊已經「正式變成」友誼的「基本配備」。事實上，要是沒有跟大家一起收發簡訊，大家會覺得他可能哪裡不對勁。他告訴我，他和朋友之間的交談大多是從簡訊開始的，接著才面對面繼續聊。他為此想了一個比喻：「如果對方是你的好朋友，簡訊就像你即將和他討論的內容概要。」不過，他又立刻自我糾正：這樣說也不對，因為大多時候面對面交談根本不會發生，你們一直是以簡訊交流，所以所謂的「概要」其實就是對話本身。奧利佛說，他對此已經很習慣了，覺得沒什麼不好。

奧利佛的朋友賈斯柏認為，他們都踏上了一個沒有回頭路的未來旅程。但他還是希望朋友知道，他覺得這有個缺點：即使他和那些好友**待在一起**，他仍會同時和他方的朋友透過簡訊聊天。

為什麼？因為「那些不在場的朋友突然浮現在腦海時」，賈斯柏可以悄悄地跟他們通訊。而且，「你和朋友待在一起時，其他的朋友可能傳簡訊給你……他們的簡訊讀起來可能會讓你覺得，他們的問題比身邊這些朋友的問題更緊急」。

賈斯柏那樣講其實是不想得罪人，他的意思是說，一旦他開始使用手機，那些身邊的好朋友都處於一個「所有朋友」的交友圈裡。一旦他開始回應「所有的朋友」，身邊的朋友反而失去了優先權。他刻意把他的論點和更大的問題連在一起，以免說出來太傷人：你使用手機時，可能不只你眼前的人失去了優先權，是不是你眼前的整個世界都變得不再重要了呢？你所處的地方也不再重要了？因為手機會一直提醒你，你可以同時神遊到很多地方。賈斯柏說：

> 你可以做的事很多……只要動動指尖，你就可以跟很多人聯繫。你可以瀏覽通訊錄，裡面可能有一、兩百人是你可以打電話、發簡訊、聯繫的對象。你可以自己去找朋友聚聚，或是接受朋友的邀請，不必靠別人尋找派對活動。你只要發一圈簡訊，就能找到樂子……找樂子只需要按五次按鍵。

賈斯柏說，手機賦予他這些力量，讓他覺得自己很獨立。但是他那段「找樂子只需要按五次按鍵」的描述，似乎預言了六年後大三生凱蒂遇到的狀況：她覺得手機提供的選擇太多了，不知該從何選起，令人焦慮。

二〇一四年春季，凱蒂對政治、義大利文藝復興、波士頓馬拉松賽的訓練產生興趣。她去參加派對時，發現很多人都忙著發簡訊。她告訴我：不管在什麼派對上，她的朋友都在跟**其他**派對上的朋友傳簡訊，以確認「我們要不要繼續待在這個派對上」，凱蒂說：「也許我們可以找到更好的派對，也許隔幾條街的地方，那裡的派對比較有趣，可以碰到更好的人。」凱蒂描述的現象，是智慧型手機和社群媒體在我們的友誼中注入了「害怕錯過的恐懼」（Fear Of Missing Out）[148]——如今這種感覺已人盡皆知，多數人直接以FOMO這個縮寫來代稱。狹義上來說，FOMO是指社群媒體的存在使我們知道太多別人的生活而感到焦慮，你因為知道許多朋友都過得很好，令人羨慕，而自我懷疑。這個詞流行起來以後，它逐漸代表一種普遍的焦慮：面對那麼多種選擇，究竟該做什麼、去哪裡好呢？

社會學家大衛．雷斯曼提過一種「他人導向」的人生（other-directed life）[149]，也就是說，你以朋友和鄰居看待你的方式，以及你是否也有他們擁有的東西，來衡量自己的價值。相對於「他人導向」，則是「內在導向」（inner-directed）的觀點，也就是說，你以個人的標準來衡量自己的選擇。如今，社群媒體讓我們追蹤朋友的家庭、工作、情人、孩子、配偶、離婚、度假等資訊，所以我們很容易每天都拿自己跟別人比較。從中學開始，我就發現雷斯曼所謂「他人導向」的證據。

凱蒂和她的朋友就過著這種生活。無論她們身在何處，她們都在想：現在還**可以**去哪裡。凱蒂說，有那麼多選擇，反而更難抉擇了，因為「你擔心做錯選擇」。而且，無論你怎麼看，每個選擇都好像不是最佳選擇。她們不管選了什麼，結果似乎都不如預期。抱持這種心態時，不管參加什麼派對，她們一到場就忙著四處打聽，想確定那裡就是正確的選擇：

我們不和身邊的人交談，忙著用手機查看其他派對的狀況，問別人其他的派對有什麼，判斷我們該不該趕過去。結果，因為你一直在使用手機打聽消息，反而沒時間跟身邊的朋友交談。

我問凱蒂，她們忙著用手機打聽消息時，她和朋友之間是否覺得更親近、覺得她們是一夥的呢？「哦，那當然，我們是一起行動、一起參加派對的一群。但是，最後除了討論哪個派對最好以外，我們什麼也沒聊到。所以我們之間幾乎沒什麼交流，都把心思放在手機上，讓手機告訴我們別的派對怎樣，幾乎不太交談。」

手機使用的今昔之比

簡訊才剛流行、按五次按鈕呼朋引伴還很新鮮的時候，賈斯柏覺得他是獨立的，可以自己做選擇。但六年後，凱蒂聽起來好像疲於因應一切。到了二〇一四年，「害怕錯過了什麼」已經升級變成「害怕錯過一切」。

二〇〇八年，賈斯柏還沒有變成那樣。當時他覺得網路提供的選擇讓他有一種獨立感，他為此感到興奮，但他也提醒朋友注意無限選擇的缺點：他們愈來愈不關注當下所處的環境以及身邊的人。「大家忘了，現在共聚一堂可能是最好的狀況，可能是你能享有的最佳選擇。」

賈斯柏這麼一說，那群男孩突然陷入了沉默。大家坐著不發一語好一段時間，之後奧利佛才打破沉默說：「如果你一直在尋找更好的東西，後來就這樣死了，那怎麼辦？你就這樣一直尋尋覓覓，直到生命結束，你從未說過：『也許我找到了』。」他一說完，那群男孩又再次陷入沉默。

男孩們坦承，他們確實老是把心思放在手機上，所以難以專注。於是，他們開始討論如何把注意力放在彼此身上。他們討論的結果是，應該立個規矩：**他們聚在一起時，好朋友應該相互監督，避免朋友相聚時還在滑手機**。

不過當他們談到一起出去的實際狀況時，很快就發現，即使是二〇〇八年，這種「朋友之間的使命任務」已經有如痴人說夢。他們覺得朋友之間應該相互監督，但是沒有人能做到。不滑手機實在太難了，他們決定指派其中一名男孩（艾登）擔任「監督員」。他們告訴艾登，他們希望他來監督他們，只要有人掏出手機，就當場糾正。他們不想當害群之馬，跟朋友一起去海灘玩耍還一直滑手機，那樣太糟糕了。

但是偏偏他們都有衝動想那樣做，坦言自己很需要艾登的監督，因為大家湊在一起時，每個人都想滑手機。

賈斯柏提起一件大家似乎都遺忘的事。他剛擁有手機時，他不想讓手機變成生活的核心。但六個月後，他發現自己整天都在收發簡訊，直到睡前才停止。於是，他把手機放在抽屜裡，登出臉書，如此堅持了七週。他說，後來他是在「朋友的逼迫下回到線上」。「他們聯絡不到我時，覺得很煩、很討厭，他們需要時時保持聯繫。」

賈斯柏講這個故事時，那群男孩又沉默了。他們都沒反駁賈斯柏的說法，因為他們確實逼他重返臉書。賈斯柏本來很生氣，但他現在覺得充斥著手機和社群媒體的生活就是這樣：「這就是我們的世界，一旦你習慣了，你就不願看到有人剝奪它。」

早年我訪問那些高中生時（二〇〇八到二〇一〇年間），他們大多樂觀地表示，他們收發簡訊及使用社群媒體時很節制。但當訪談進行到一半時，他們又會提起某事，才發現情況不像他們想的那麼簡單。那件事通常會是他們一群人出去時，每個人都在滑手機跟別的朋友聯繫的故事。

如今那群男孩已經大學畢業了，他們都注意到手機對友誼造成的改變[150]。**這些年輕人知道，如果你想擁有正常的友誼，你必須正確地使用手機，但那很可能不包括用手機打電話。**

電話恐懼症

我第一次發現新世代很排斥講電話，是二〇〇八年到二〇〇九年的時候。賈斯柏那群男孩會想盡辦法避免打電話，例如大學的球隊教練可能打電話給他們，通知他們去入學面試。那是很重要的電話，但他們會請家長代接，然後他們再以電郵跟教練聯繫。這些年輕人一找到打電話的替代方案後，就會想辦法避開電話，改用電郵聯繫。如今這種電話恐懼症已經很普遍了。前面提過，羅娜說她討厭電話，因為電話「逼你當下馬上反應」。電話是「即時」的對談，年輕人告訴我：「現在沒必要那樣做了」。然而，現實生活的步調也是「即時」展開的。

二〇〇八年以來，年輕人對打電話的態度沒有太大的改變。二〇一四年，一位高三生如此總結他對講電話的感受：「發電郵容易多了，因為你可以深思熟慮，先寫下來……打電話或面對面交談的變數太多了。」他逃避打電話時，不僅獲得「編輯自我」的能力，還可以在想回覆時，才回電郵和簡訊。這種想回才回的自由，讓他覺得世界隨時等著他。而且，打電話時，很難一心多用。他即將去常春藤盟校就讀，但他很擔心以後可能需要「經常即興對話」。

我追蹤新世代對打電話產生的焦慮很久了，從他們上大學一直追蹤到他們踏入社會就業。二〇一四年，一些大三、大四的女學生討論到電話的麻煩。一位女學生說，講電話「絕對是最糟的……我會馬上結巴。打電話時，我眼前一定要有小抄」。第二位女同學說，講電話的壓力太大了，因為講電話需要「理由……所以我必須先想好要說什麼，以免聽起來很尷尬」。第三位女同學說，她也需要先準備小抄：「在電話中，一切進展得太快了，我根本無法想像對方的表情，我跟不上對話的速度。在電話中，你必須聆聽，即時做出回應……你必須聆聽對方聲音裡的情緒。」那實在太累人了，所以她們的態度是，打電話能免則免。

一名二十六歲的女性剛到一家專業的雜誌社上班，主管要求她研究一群媒體顧問雇用人選。主管清楚表示，那些顧問人選的個人特質是最後挑選的關鍵。結果那名女性完全根據網路上的資料來分析那些人，主管堅持她必須重做分析，而且這次必須打電話跟那些人談過。事後，我聽那位主管聊起那位年輕下屬：「她覺得打電話很困難，所以一開始根本連想都沒想過。」

在另一個為醫療保健業提供諮詢的大型非營利組織裡，公司要求資深員工特別注意，如果聽到新進員工聲稱他們和客戶「談過了」，一定要進一步確認。他們打電話和客戶**講過**了嗎？那些剛從大學和研究所畢業的新員工常以「談」這個字眼來表示電郵往來。除非你明確要求，否則很少新鮮人會真的打電話。

永不無聊：手機上的事成為閒聊主題

如今的年輕人雖然不愛講電話，卻一直在聊手機上的事。十五歲的戴文如此描述他們的午餐交談：「我和朋友在一起時，要不是毫無對話，就是在聊手機上發生的事。」隨著手機上的內容愈來愈多，手機逐漸變成每個世代的話題來源。

三十二歲的莫琳最近剛拿到社工碩士學位。她描述，每個月和朋友聚餐時，大家都手機不離手。聚餐的過程中，莫琳會使用手機發簡訊給不在場的朋友，但即使她不需要用手機做這些聯繫，她也很難想像沒有手機時怎麼社交互動。「現在我談的事，感覺都是出自手機。我發現，如果沒有手機告訴我現在發生什麼事，我會覺得無話可聊。」

二十四歲的藍道是房地產經紀人，他描述他和朋友如何排遣休閒時間。他強調，大家一定要實地聚在一起，但他們聚在酒吧或餐館後，「總是有人掏出手機，讓大家看某個東西」。我問藍道，他們聊到一個段落，暫時沒話題時，會發生什麼狀況。他一臉迷惘地看著我，彷彿沒聽懂我的意思。隨後他解釋，他以為他剛剛已經告訴我了，他們的對話從來不會出現冷場。因為每次聊到一個段落，總是會有人拿出手機，讓大家看某個東西，或是使用手機來處理事情。但我還是聽得很迷糊，所以我又問了一次。我說：「我是指你們聊到沒話聊了，會出現什麼狀況？」藍道說：「哦，如果沒什麼好聊，我會上YouTube看一些我喜歡的東西……或是幫大家拍一張合照，然後貼上網。」

莫琳和藍道都談到和朋友共聚一堂的重要，但和朋友相聚時，又沒有把注意力完全放在朋友身上。他們都說，他們很難忍受朋友相聚時的「無聊片段」。除了分享資訊以外，也很難聊到別的東西。而且，他們也覺得有壓力，需要找資訊出來分享。

關於交談，其實有另一種看法。我們可以不要把交談看成資訊分享，而是把它看成營造一個有待探索的空間。你有興趣聆聽別人談一下他是怎麼處理事情的，例如他的意見和看法。在這種對話中——我稱之為「全人對話」（whole person conversation）——如果聊到一個段落，大家都默不出聲，你會繼續深入探索，而不是把注意力轉往其他地方，或是傳簡訊給朋友。你會試著用不同的方式解讀朋友，也許你會注意他的表情或肢體語言，或是乾脆讓現場沉默片刻。我們之所以說對話「無聊」（這種抱怨很常見），也許是因為我們對靜默時刻感到不知所措，又或者是因為我們難以「解讀」對方的表情和聲音、肢體語言的變化，以及語調的轉變。

藍道也說，他和朋友聊到沒話題時，他覺得「很難專心」，所以他才會開始拍照並把照片貼上網。他這樣做時，注意力就從朋友身上移開了。不過，拍照其實是他努力建立連結的另一種方式，他是在做他熟悉的事情。對話雖然停了，但照片顯示「我們在一起」。藍道遇到沒話題可聊，或是不確定朋友想傳達什麼時，就讓照片出來說話，這是藍道設法因應對話冷場的方法。他把朋友的照片貼上網時，已經準備好上臉書進行他拿手的那種交流了。

把照片貼上網，通常需要從幾張類似的照片中挑一張，剪裁一下或選擇喜歡的濾鏡（例如把照片轉為懷舊色調，或是調成類似五〇年代的布朗尼相機所拍出來的效果）。我們做這些選擇時，可能有機會以不同的方式關注朋友，例如注意到對方表情和姿勢的變化，察覺到不一樣的地方。這算是一種在可控距離內的交流嗎？

一九七九年，蘇珊．桑塔格（Susan Sontag）寫道：「如今，一切事物的存在，都是為了在一張照片中終結。[151]」難道現在一切事物的存在，都是為了在網路上終結嗎？有一點似乎很明顯：和朋友相聚時，如果有照片可以分享，會讓人覺得比較自在。

於是，我們對「自在」的理解有了改變。對藍道來說，自在不再只是朋友給你的感覺，而是手機給你的感覺，例如，手機會告訴你，哪些「自在」的地方可以找到朋友。

現在這些地方包括臉書、簡訊、Instagram、Snapchat、Vine。未來可能流行起來的東西包括：把資訊直接傳遞到對方視野內的眼鏡[152]、把加密資訊從你的手環發送到另一個配對的手環。這一切都有一個共通點：它們都是「友誼科技」，讓你不再那麼容易感到孤單。

安心毯

喬艾爾是某州立大學的大四生，她形容手機是她的「安心毯」。好友不在身邊，別人又不跟你說話時，你很容易感到被孤立。「你不能對同儕抱太多的期望，更不可能期待他們跟你交談。」手機總是可以幫你裝忙。

> 所以在任何情況下，我們永遠不會真正落單。你去參加派對時，發簡訊告訴朋友，你正在派對上，但一個人也不認識。你問朋友現在在哪兒，但你在派對裡不見得感到無助，因為你從現場抽離，沉浸在手機裡。其實不是沒有人想跟你交談，而是你自己選擇滑手機，不跟別人交談。

大三生凡妮莎也分享了一段類似的經歷，以說明手機幾乎不會讓她感到無助。考試時提早到場，或是派對上發現自己不認識任何人時，她會直接掏出手機，而不是找旁邊的人說話。我問凡妮莎是不是個性比較害羞，但她不覺得。她認為她之所以會有上述的反應，只是因為在她的朋友圈裡，她們都覺得主動和陌生人交談很怪。況且，那也很傷神。有手機的話，她可以輕易和自己的社交圈保持聯繫。

在上述例子中，我們看到一種新的沉默。在學校裡，你不和同學交流，因為你假裝在手機上處理更重要的事。你中斷交談，以便「刷新」手機、傳簡訊給遠方的朋友，或拍張照。參加派對時，你窩在角落，以便傳簡訊給不在場的朋友。

為什麼大家會接受這種新的沉默？為什麼大家會覺得這種沉默有吸引力？前面我們提過大三生海莉，她的父母習慣在吃飯時滑手機，她覺得很難過。對於為什麼我們寧可中斷對話去滑手機，海莉覺得她大概知道部分的答案：她稱之為「七分鐘法則」。

海莉認為，在現實交談中，我們通常會等七分鐘，看會不會出現有趣的話題。七分鐘後，若發現交談無趣，我們會掏出手機。**如果你想做真正的交談，你必須願意等候七分鐘。**她說，那七分鐘不見得很有趣，「你也許會感到無聊」。

你知道「七分鐘法則」嗎？就是交談陷入冷場的時候。那感覺很難受又尷尬，你心裡開始懷疑：「哦，糟糕，我該告辭了嗎？我是不是該離開了？聊完了嗎？」你又不知道該怎麼結束交談。就像交談必須下工夫一樣，在聊得投機以前，你也必須忍受很多難受的狀況。在現實交談中，你們坐在一起，可能感覺很好，但你難免會覺得：「好……那接下來呢？」這實在是一門藝術。

海莉描述自己的做法時，坦言她通常撐不了七分鐘。她會乾脆跳過交談，直接發簡訊。為什麼？「因為那感覺與外界隔絕，遺世獨立。對話的感覺難以捉摸，令人畏懼。」那也是很多人的心聲。我們不願投入七分鐘，不願讓對話出現。我們依賴手機取得想要的東西，覺得那樣做就夠好了。

身邊的朋友與手機上的朋友

二〇〇八年你和朋友在一起時，若是分神滑手機，還要給個正當的理由。奧利佛、賈斯柏和他們的夥伴甚至還要求一位朋友「監督」他們，以防他們養成動不動就滑手機的惡習。到了二〇一四年，這種「監督員」已不復見。你陪在朋友身邊時，即使他滑手機傳簡訊給別人，那也是一種友誼的常態。

大學生中，有些特立獨行者（但為數不多）跟朋友在一起時，會竭盡所能不滑手機。有些人說他們不喜歡分神去處理別的事，但他們也覺得分神滑手機已是「現今常態」。有人說這是一種「自然演化」，我們會愈來愈擅長一心多用的對話，愈來愈習慣隨時銜接起上次中斷的話題。有些人認為，社會期待這種演化。以後我們會覺得同處一室的人和「手機上的人」感覺一樣靠近。關鍵在於，身邊的朋友開始把注意力轉向「手機上的人」時，你也覺得他沒有怠慢輕忽你的意思。目前要做到這樣可能還很難，但或許十年後就沒那麼難了。

二十三歲的卡爾是資訊系的研究生，他覺得從社交角度來看，面對面和網路聯繫的效果是一樣的。當你這樣想時，以後發現身邊的朋友把注意力轉向手機上的人，就不會感到不滿了。回應手機上的人，就像是轉身跟現場的另一位朋友聊天一樣。

卡爾的立場聽起來很務實，但我覺得從情感方面來看不太合理。我還記得（一九九〇年代末期）第一次聽一位研究生說，他和朋友在一起時，看到朋友自顧自地接聽手機，他覺得很受傷。他說，朋友的舉動讓他感覺自己好像一台錄音機，被人按下「暫停鍵」。朋友把注意力從他的身上轉向「手機上的朋友」時，他覺得自己好像是一台機器。如今，我們已經變得渴望手機的干擾（我們喜歡新訊息的刺激），但是從情感上來說，其實並沒有多大的改變。海莉努力安慰心情低落的朋友，但朋友聊到一半時，卻開始傳簡訊給別人，她覺得自己好像是隱形人，像消失的煙霧似的。

底下是海莉分享的故事。她和摯友娜塔莉一起出外用餐，用餐時，娜塔莉收到前男友的簡訊，心情盪到谷底。海莉努力安慰她，但娜塔莉反而比較關注網路上留言的朋友。海莉描述當時的感受：

我不是很擅長安慰人，但我還是很努力安慰她，我認為那是我該做的，因為她以前也曾經那樣安慰我。他們分手不太平順，我使出了渾身解數，用盡了各種方法。但在我努力安慰她的那五分鐘裡，她發了簡訊給五個人，訴說她的情況，並在我跟她説話時，看那些人回覆的訊息。我們一起走在路上，她只專心傳簡訊給她的「安慰圈」。於是，我改變方法，問她那些人回覆她什麼，我想辦法從那個奇怪的切入點間接地安慰她，但那感覺很怪，明明我是唯一在她身邊的人，卻不是安慰她的主角。

那感覺很糟，她寧可傳簡訊給數百公里外的人，而不是跟我説話。

為什麼我們會把注意力從身邊的人轉移到手機上的人？海莉提出一個答案。面對面交談時，我們必須等七分鐘才知道對話的方向。如果你和朋友交談時，分心去回應手機的簡訊是可以被接受的，你就有藉口不投入那七分鐘。一旦你把注意力轉移到手機上，你將得到那些習以為常的東西：簡訊提供給你的肯定感，大量湧入。

海莉描述了娜塔莉的安慰圈，以及她收到的安慰簡訊。你可以把那些線上的安慰看成一般對話的前幾分鐘，亦即你安慰朋友時最先說的那幾句話。你透過那幾句話提供對方慰藉，你說你得知消息時感到難過，你很關心她。今天換成朋友當面安慰你時，你得到的慰藉可能不止於此，很可能你們的對話會觸及更敏感的議題。如果你像娜塔莉那樣，是為了逝去的戀情而難過，你可能會談到分手的細節，例如雙方各自有什麼問題才導致分手、對方可能有什麼感覺等等。

如果你只是瀏覽那些安慰的簡訊，就沒有必要透露分手的細節，只要單方面接受那些安慰就好了。萬一簡訊交流中出現你不想談的話題，你可以輕易避開，結束交流。但是光看那些安慰簡訊時，你錯失了朋友面對面交談可以提供的好處——朋友不只可以當面安慰你，還會對你有更深的了解，你也會因此更了解朋友。

當然，有些對話消失的同時，一些新的對話也出現了。你把注意力從朋友身上轉移到手機時，可能讓朋友覺得遭到冷落；同理，你不去理會手機時，那個朋友也會感受到自己受到重視。所以，手機的存在創造出另一種新型態的特權交談——當雙方都知道他們有簡訊需要處理，卻都選擇先擱著手機不處理時，他們也把對話推升到一個新的層次。海莉講完她和娜塔莉那次失望的經歷後，接著描述這種令人期待的情況：「你知道你們兩人都收到簡訊，但你們都擱著不看，你們的交談因此顯得更加重要。你們讓彼此知道，你真的很在乎這場對話，可以放著簡訊不理……對我來說，能夠忽略簡訊，表示那件事很重要。」

為什麼我們會把注意力從身邊的友人移到手機上呢？大四的亞群提出了另一種觀點。對他來說，手機不僅可以用來安慰朋友，手機本身就是一種新朋友，一種安慰的來源。

理智上，我知道陪伴我的是手機裡的朋友。所以我查看手機時，是在看哪些朋友跟我聯繫。但假如我發現手機上沒有新訊息，我會開始連上其他的東西，例如推特、Instagram、臉書等熟悉的地方。這時，手機本身就是一種安慰，它就是我的朋友。

干擾

我們容許手機以幾種方式打斷我們和朋友的交談。例如，手機在手時，我們只會隨口聊聊，沒那麼投入交談[153]。此外，朋友把注意力轉向手機時，我們也不太向對方透露我們的感受。如今這種行為已經變成一種新常態，但就算成為「常態」，我們依然介懷，無法習以為常[154]。

四十八歲的理查談到他去拜訪以前的大學室友鮑伯時，很懷念以前的相處。每年他都會造訪鮑伯兩次，通常是趁著去華盛頓特區出差時順道拜訪。

我一直很懷念以前沒有手機的日子，我們會一直聊天，從一個話題聊到另一個話題，天南地北無所不聊。有時我們聊比較嚴肅的話題，例如讀過的書、認識的人、我們的婚姻生活等等。現在，他有了手機，時不時就瞄手機一眼。如果我說：「我有很重要的事要告訴你。」我知道他會放下手機。

但理查沒有這麼說，他不想要求朋友。他說：「對他來說，一手握著手機，似乎是再單純不過的事了。」理查已經接受了這種新的見面方式。

不過，不是每個人都勉強接受這種現況。我訪問過一群快三十歲的年輕人，他們是很要好的朋友，大多還在做畢業後的第一份工作。我告訴他們，我正在寫一本有關對話的書，他們因此想起了他們**欠缺**的對話。後來，我聽到他們說，他們花太多時間滑手機時，朋友會加以指正。我很少聽到這種情況，我覺得他們之所以會有這種異於常態的對話，是因為他們彼此很親近。瑪麗亞批評好友羅絲「老是躲在手機裡」，她說羅絲與她男友「是我認識最糟的手機控」，每次和他們在一起，很難好好聊天。

> 你們兩個老是在發簡訊、滑手機，幾乎無時無刻都沉浸在手機裡。有時我真的很受不了你的男友一直盯著手機不放，簡直令人抓狂。有時我和你在一起，也有同樣的感覺，因為你也是簡訊發不停。我心想：「你到底有沒有聽到我在說什麼？我正在跟你講話耶！」

這段談話的強烈失落語氣，讓我明白為什麼朋友之間往往不會要求對方放下手機。因為提起這個話題，彷彿踩進了地雷區。

隨時待命

手機在友誼中植入了一種義務感。年輕人抱怨「身邊的」朋友把注意力轉移到手機上，但是對他們來說，朋友應該「隨時待命」——機不離身、隨時準備好上網聯繫。從中學開始，青少年就把「隨時待命」視為一種義務，他們帶著手機一起睡覺有很多原因——其中一個原因是，萬一出現所謂的「緊急狀況」，朋友可以立刻聯繫到他們。

這種緊迫感不只適用於壞消息，也包括好消息。你總是想知道誰正需要你，手機讓你知道答案。朋友發簡訊來說有急事時，你會馬上放下手邊的事，關注手機上的朋友。

底下這位十五歲的女孩說明，為什麼她擔心忘了帶手機，因為她覺得自己就像是朋友的家人。

> 學期中，我要是忘了把手機帶在身邊，不管去哪裡，我都會覺得很心慌。因為很多朋友心情不好時，會找我尋求安慰。我要是忘了帶手機，我會很擔心：萬一朋友真的很難過，需要找人聊聊，但我沒帶手機，他找不到我，那該怎麼辦？

另一個十五歲的女孩說，她之所以帶著手機睡覺，是因為這樣才能善盡她對朋友的義務。但是話又說回來，如果沒有手機，根本不會有那個需求。她明確表示，她對朋友的義務就是「隨時待命」。事實上，她描述的義務，簡直跟開一家小型的診療所沒什麼兩樣。

> 學期中，我必須讓某位朋友隨時都能找到我。某晚她又吸毒了，我傳簡訊問她：「嘿，你還好嗎？」我從她的回訊看得出來，她顯然已經吸茫了。所以我打電話給她，說服她上床睡覺。隔天早上，我知道我需要帶阿斯匹林、蘇打餅乾、水壺去學校。我現在還是很擔心我錯過那種緊急狀況，擔心有人因此受傷。

一位十四歲的女孩說，她「從來無法完全放鬆」，即使帶著手機睡覺也一樣。她說，任何壞消息都會先出現在她的手機上。

> 我覺得總是有事情煩著我，總是有戲劇性的事讓我倍感壓力，心神不寧。這一切大多是手機造成的。現在大家覺得，萬一發生什麼大事，你會馬上通知最要好的朋友。只因為你能做到。

即使在夜裡，她也擔心錯過朋友圈的大事。萬一錯過那些事，「那就麻煩了」。大體上，她認為她的價值取決於她有多了解朋友的現況，以及她能多快協助朋友。在她的朋友圈裡，他們預期你收到朋友的簡訊後，幾分鐘內就要回覆。

我們再來看經濟系大三生克莉絲汀，她和朋友一起用餐時，會遵循「三人法則」。用餐完後，如果她繼續和那些握著手機的朋友聊天，也只是隨口聊聊。我訪問她的時候是期末考週，但她看起來壓力不大，她修的課大多是經濟研討課，她和教授的關係還不錯。訪問結束後，她會去大一的微積分期末考當監考人員。我們在訪談中聊到上課傳簡訊的情況，她聳聳肩說：「那確實是個問題。」簡訊是一種承諾，你使用簡訊這種工具時，等於是向朋友保證，你隨時都在。她認為，收到好友的簡訊時，應該在「約五分鐘內」回覆。

所以，克莉絲汀上課時常查看手機。若是收到朋友的簡訊，又覺得情況似乎很緊急，「我會藉故去一趟洗手間，以便回簡訊」。我問克莉絲汀，什麼樣的訊息算緊急。後來我得知，在她的世界裡，所謂的緊急，標準還挺低的。「朋友需要我，她們覺得我比較可靠，她們可能遇到男友的問題。她們可能遇到危機，我需要馬上回覆她們。」所以她每週上高階經濟研討課時，總會藉故去洗手間幾次，坐在馬桶上，回朋友的簡訊。

克莉絲汀說：「這是朋友之間該做的事，幫彼此度過危機。」這也是她躲在洗手間裡，錯過課堂內容的原因。

朋友聚在一起時，反而不注意彼此，各自沉浸在手機世界裡；朋友不在一起時，他們隨時關注對方是否遇到緊急事件。怪的是，他們描述父母的行為時，往往也反映出這種現象：

孩子不在家時，家長像直升機一樣追蹤孩子的去向；孩子在家時，他們放任孩子沉浸在手機裡。**這就是我們的矛盾之處：不在一起時，密切關注彼此；在一起時，反而漫不經心。**

這種隨時待命、為「急事」做好準備的友誼，或許是源自於小孩因應父母的方式。小孩覺得父母對他們的關注不夠，事實上，可能連家長都覺得自己對孩子的關注不夠。

中學：同理的感受

我們回到前面提過的霍布魯克中學，就是老師們擔心學生缺乏同理心而找我去諮詢的那所學校。

在某次會議中，我們和二十幾位老師圍著桌子開會，並請每位老師輪流表達他們的憂慮：學生相識，但不相熟。過去幾年，師生之間愈來愈難溝通，學生對彼此也不太感興趣。老師不經意聽到學生之間的對話時，發現「學生討論的是手機上的內容」。老師都很擔心學生是否學到對話的基礎：傾聽及輪流表達。

那場會議進入第一段休息時間時，老師們一邊喝咖啡，一邊聊到他們在會議上還沒坦白說出來的情況：

學生之間沒有眼神交流。他們對肢體語言毫無反應。他們缺乏傾聽的能力，我必須重複說明一個問題好幾遍，他們才回答得出來。我覺得他們對彼此不感興趣，彷彿都罹患了亞斯伯格症，但是不可能啊，我們討論的是一個全校普遍性的問題。

霍布魯克中學並非專門招收情感障礙或認知障礙的學生，那是一所入學競爭十分激烈的私立學校，沒想到那些好學生在心智發育上不如預期。教務長里德以最強烈的措辭表達了她的擔憂：「連九年級生也無法從他人的角度來看事情。」很多學生似乎沒有耐心聆聽別人的說法。三位老師也附和了里德的說法，學生確實缺乏同理心，而對話所教導及需要的技能就是同理心。

他們彼此交談時，只會講一些很片面的話，都很瑣碎簡短，彷彿在唸簡訊似的。他們是在傳達即時的社交需求，並未聆聽彼此。

最慘不忍睹的是，當他們傷害對方的感情時，自己卻一無所知。他們傷害彼此以後，你把他們找來談，想讓他們明白發生了什麼事，但他們無法站在對方的角度思考。

我的學生懂得架設網站，但他們無法和老師溝通。而且，學生也不想跟其他的學生交談，他們不想承受對話的壓力。

霍布魯克中學是一所小型的私校，這裡的老師有時間在學業和情感上指導學生，這也是他們喜歡在這裡教學的原因。但他們現在說，他們無法像以前那樣做好指導學生的工作了。這是他們第一次覺得，他們必須明確地教導學生同理心，甚至還要教他們，交談時該如何輪流發言。一位老師說：「我們不得不把培養ＥＱ也明確地納入課程中。」

對於這些學生的變化，老師覺得背後有一些原因。或許是因為學生從小就習慣打電玩，而不是閱讀書籍，所以沒有培養出想像力；或許是因為電玩使他們放棄到操場上活動，缺乏在操場上和同學互動可以培養的社交技巧；或許學生的作息表排得太滿；或許他們回家後，沒什麼機會對話，父母可能埋首於工作，盯著手機或盯著電腦。老師們的討論多次把原因拉回科技上，一位歷史老師一語道盡了科技的強大力量：「我的學生完全沉浸在手機中，他們不知道上課時如何專心聽課，如何把注意力放在自己或他人身上；不知道說話時要看著對方的眼睛，注意當下的狀況。」

一位霍布魯克教師苦惱地說，至少在她看來，學生之間的友誼已經從情感面轉移到效用面，他們似乎是以別人對自己的效用來衡量友誼，她說這叫「支持型」友誼。她指出，在這種關係中，「朋友幫你一個忙後，你就繼續做下一件事。」這種「支持型」友誼只營造了友誼的幻象，就像沉浸在手機裡，也營造了獨處的幻象。兩者都提供了替代品，讓你以為你擁有友誼或正在獨處，其實你根本沒有那些東西，或許那些替代品還讓你忘記你失去了什麼。

教務長里德來參加研討會時，帶來了一項測試結果。那個測試其實是一個小實驗。里德的工作之一是擔任諮詢師，輔導約二十位學生。她請那群學生列出他們希望朋友具有的三種特質，在她收到的六十個答案中，只有三位同學提到信任、關心、善良或同情心。多數同學提到，他們喜歡能讓他們發笑、開心的朋友。有個同學寫道：「只要和朋友在一起，我就很開心。」里德因此推論，這些學生並不理解或看重「好友」的意思。好友不單只是讓你開心或確保你不孤單的人，也是你在乎的人，是你傾訴心事的對象。你在了解好友的過程中，也更加了解自己。里德指出，這些想法很難從網路上學到。

里德為這個「你希望朋友有什麼特質」的實驗，做出了以下的結論：「我覺得這些孩子認為友誼是單向的，那是他們傳播資訊的地方，而不是傾聽的地方。而且，他們的友誼也缺乏情感面。他們只是要人陪伴，卻不關心對方，好像可以隨時關閉友誼似的。」雖然她沒有明講，但最後一句意味著「就像關閉線上交流一樣」。里德做完那個測試後，擔心學生把其他同學視為App，只把別人當成達成目的的手段。她發現學生很容易對彼此說：「你可以幫我做這個嗎？」接著「一旦這件事做完了，或者他們不滿意，就『切換』至另一位朋友[155]」。

里德擔心，線上「交友」所養成的習慣，也會變成日常面對面交友的習慣。

> 他們傷害彼此時，自己並未察覺，也不覺得懊悔。你試著幫助他們時，你需要一遍又一遍地重複，以角色扮演的方式說明為什麼他們可能傷了別人。即便你這樣用心良苦說明了，他們還是毫無歉意。他們在社交活動、派對、學校

活動上排擠別人，得知別人心裡受傷時，還會覺得很意外。有一次，他們當著一個沒去演唱會的同學面前，聊那場演唱會。那位同學因為沒錢買票而不能去，但他們完全沒顧慮到她，一直說個不停，那位同學聽到眼裡噙滿了淚水。他們尚未培養出設身處地為他人著想的能力，也沒有學會對話時應該正眼看著對方，聆聽對方。

霍布魯克的老師希望看到學生進入中學後，能夠靜下心來投入藝術、科學或寫作等活動。老師們談到，他們之所以擔任教師，是因為喜歡看到孩子發現自己的天賦，並在學校及課餘時間用心開發那個天賦。但是在那場會議中，老師感嘆他們再也得不到那種快樂了。他們的學生無法集中注意力，幾乎不曾靜下心來，連片刻的專注或獨處都難以忍受。那些孩子從六年級開始，就帶著智慧型手機和平板電腦上學，隨時處理著源源不斷湧進的訊息，他們覺得有必要立即回覆。老師都知道這種學生文化，在霍布魯克中學，朋友發來的簡訊需要在幾分鐘內回覆。

當然，孩子分享的東西，都是他們那個世代的專屬象徵，例如有趣的影片、笑話、圖片，或是當天盛傳的東西。一位老師說：「那些都和歸屬感有關。」另一位老師表示：「彷彿他們整天在自己的圈子裡交換信物似的，這種交換在圈子裡持續進行，永不停歇。」

霍布魯克的老師知道，學生在桌子底下發簡訊，藉故去洗手間回簡訊，現在手機也帶進操場了。老師希望上學時，學生能夠暫時抽離收發簡訊的壓力。但愈來愈多的課程以數位形式呈現，所以學生永遠也無法抽離讓他們分心的媒介。

我和另一所中學的老師開會時，也聽到類似的擔憂。學生上網跟同學推心置腹，長時間交談，但隔天到校時，兩人又不是那麼親近。學生似乎覺得，在網路上獲得很多「讚」比面對面交談來得重要；但老師擔心，少了面對面的交談，學生無法培養同理心或傾聽的技巧。

一位中學老師說：「有個女孩告訴我：『我的手機上總是保留十三條未讀的簡訊，這表示有十三個人想聯繫我。』」那位老師覺得這種交流很怪，手機竟然不是拿來溝通，而是讓那個女孩自我感覺良好的工具。老師問那女孩，那些尚未收到回覆的人會有什麼感覺。那女孩露出不解的表情，她說她從來沒想過他們的感受。

我造訪霍布魯克中學兩年後，當初聽到的問題似乎在社會中變得愈來愈嚴重。二〇一五年冬季，我拜訪紐約市拉德威中學（Radway）的校長葛瑞格．亞當斯（Greg Adams）。他告訴我六年級生路易斯的故事，路易斯的父親一年前自殺了，從此他變得很脆弱，十分依賴大他一屆的姊姊溫妮塔。

某天，路易斯的同學安娜很生氣，因為安娜想在學校的食堂裡和溫妮塔說話時，被路易斯打斷了。隔天，拉德威中學突然掀起一陣騷動，因為安娜在臉書上發文：「我希望路易斯跟他老爸的下場一樣。」亞當斯把安娜叫進辦公室，他說他「火冒三丈，努力克制自己，覺得整個人七竅生煙」。他問安娜：「為什麼？為什麼你要那麼做？」安娜有備而來，早就想好回應了：「那只是臉書貼文而已。」亞當斯發現，安娜根本不覺得她做的事是真實的。

於是，亞當斯決定想辦法「讓安娜站在路易斯的角度思考」，他在辦公室裡告訴安娜：「今天我要是沒讓你哭出來的話，我們就一直耗在這裡。除非你為此痛哭一場，不然我們誰都別想離開。」他說，這件事大概花了他十五分鐘。「當然，後來我必須打電話給安娜的媽媽，讓她知道為什麼我把她的女兒弄哭了。」然而，安娜雖然哭了，亞當斯還是不太確定她真的悔悟了。不知怎的，臉書讓她覺得別人都是不會受傷的物件，她也覺得臉書上的殘酷言行都不算數。

我們都看過，有些人現實生活中不曾霸凌過別人，但是在網路上卻肆無忌憚，言論尖酸粗鄙。面對面看到表情及聽到聲音時，我們會記得對方是血肉之軀，我們會注意到應有的禮儀；但是透過螢幕交流時，似乎擺脫了禮教的束縛。研究顯示，社群媒體會降低自制力，同時也能讓人的自信心暫時飆高[156]。這表示，在網路上，我們容易做出明知可能傷害他人的事，卻似乎不在乎那樣做是否傷人。

那就好像訊號受阻似的。亞當斯覺得，你不再覺得別人跟你一樣，也是活生生的個體。於是，學生喪生了同理心，也無法建立對他人的信賴。那種環境促成了霸凌和隨性的殘忍。最近一項研究顯示，有安全感及信任他人的大學生比例下降了，對人際關係缺乏安全感的大學生比例則增加了[157]。亞當斯得知這項研究結果時，一點也不感到意外。

囤積者

前面提到，海莉努力安慰朋友娜塔莉。娜塔莉感到失落時，海莉正好在她的身邊，努力安慰她，娜塔莉卻把注意力轉向「手機上的朋友」。海莉很失望，但她也說，她可以理解娜塔莉為什麼會沉浸在手機裡。當時，海莉的社交生活也是沉浸在簡訊和即時通訊中。她也不喜歡那樣，但那種狀態已是家常便飯，隨時連線上網讓她有一種歸屬感。「發簡訊既簡單，又可以得到即時的滿足。我可以輕易和十五個人聯繫，廣發訊息並獲得正面回應的感覺實在太棒了。我比較喜歡那種感覺，而不是經常和大家交談。」

海莉對那些數字的看法倒是很冷靜。那「十五個人」，以及臉書上的幾百個朋友，其實稱不上朋友，只是「我發簡訊給他們，他們會回我」罷了，這種關係比較像契約關係。不過，她也說：「我在網路上很難拒絕新朋友上門，我很難不去盡量擴大網路上的交友圈。」但她也很清楚，不是所有的「網友」都是朋友。「怪的是，我們把朋友當成資本市場上的物件。你留住那些追隨者，只是因為你想要更多……我確實會在網路上囤積朋友。」海莉利用那些「追蹤者」來維持人氣，她說那樣做滿足了「奇怪的囤積衝動」。

這種囤積行為會給人一種富足或豐盈感嗎？海莉對這種囤積樂趣的描述，幫助我們理解一種處於灰色地帶的生活——在那裡，囤積不算朋友的網友，有一種既滿足又疏離的感覺。

海莉堅稱，她喜歡那種網友帶來的豐盈感，但她也提到她打算返璞歸真的計畫。她說，明年她會去海外當交換學生一個學期，可能會刪除臉書帳號。她擔心，到時候她會想要「向大家展示她的生活，懷念有臉書的日子」。不過，把朋友當成「資本市場的物件」，還有那種「奇怪的囤積衝動」，已經開始讓她覺得不太對勁了。

大四快結束時，海莉終於採取行動，放棄了智慧型手機。她覺得那支用了五年的智慧型手機已經淹沒了友誼。對海莉來說，問題不只是那支手機，「還有手機上記錄的歷史……我傳簡訊給別人時，我知道那些內容都會留在手機上，每段人際關係都有紀錄。無論我走到哪裡，那些紀錄——包括簡訊和郵件——都如影隨行」。

海莉讓我看她現在使用的手機，那是一支復古的折疊機，可以打電話，也可以發簡訊，但記憶體有限，頂多只能存一百則簡訊。當然，那種手機裡沒有App，所以無法上臉書。海莉說，她覺得輕鬆多了，現在的友誼「沒有過往歷史的羈絆，我變得更加包容」。

同理心機器

我們正處於抉擇時刻。有些人覺得放棄個人檔案是一種解脫（對海莉來說，連簡訊紀錄都是負擔），有些人想到未來生活的各個面向都會發展出更精密的檔案，就感到放心[158]。有一群參與Google眼鏡（Google Glass）實驗的人就是這樣想的，Google眼鏡是一副讓你隨時隨地連線上網的眼鏡，內建App。

Google眼鏡準備好展開實體測試時，二十七歲的平面設計師安笛是最早申請加入測試的「探索者」之一。她之所以加入實驗，是因為她想探索更反射性思考的生活。這種眼鏡可以從佩戴者的視角拍攝照片或影片。安笛把Google眼鏡設定成每十分鐘拍一張照片及錄一分鐘影片。每天晚上，她都騰出時間檢閱那些照片並加上註記。目前為止，她覺得這個紀錄做起來令人放心：「我現在不知道生活中有哪些事情很重要，要等到以後才會知道。我不需要仰賴記憶去回想重要的對話，我在這裡留下了一些紀錄，雖然當下我可能不覺得它們很重要。」不過，回到家時，她通常會摘下眼鏡，因為她的先生不認同這種計畫。他認為，她用Google眼鏡錄音時，他們的對話也變調了。而且，萬一他說錯話，他不僅會看到安笛的表情反應，需要道歉安撫對方，安笛還會永遠留有那些紀錄。或許她再也忘不了那些事，而永遠無法原諒他。

聽完先生的擔憂後，安笛的反應有點激動。她說：「我覺得這是不平等造成的，如果他也有一副Google眼鏡，就不會那樣想了。如果只有一個人有紀錄，那似乎不太公平，所以我們需要夫妻都有紀錄。我希望Google眼鏡更普及時，他也有一副。」

關於記憶中哪些東西才算重要，海莉和安笛有截然不同的看法。海莉認為每個人都想關機休息。「我希望大家活在友誼的當下，不要惦念著過往或抱著預期。你應該要能夠以當下為起點來培養友誼。」安笛的看法完全不同，她覺得保留過去的紀錄，讓她在當下活得更充實。

我訪問了幾位Google眼鏡的用戶，他們對Google眼鏡的期待比安笛更進一步。他們希望Google眼鏡（或類似的科技產品）可以透過記錄生活的點滴，逐漸演變成一種同理心機器。如果你能從你的視角記錄生活，你可以讓別人看那些紀錄，從而更了解你。如果他們也記錄生活，你也可以從他們的視角看世界。在此情況下，對話可能是相互了解的輔助。但他們也說，那種情況下，對話往往沒有必要，那也沒什麼不好，畢竟不是每個人都擅長對話。Google眼鏡令人安心，如果你擔心自己無法充分地表達觀點，Google眼鏡可以幫你分享。如果你擔心自己缺乏同理心，你可以期待將來從對方的視角了解事情[159]。

二十六歲的羅納德是一家再生能源新創公司的程式設計師，他戴Google眼鏡半年了。他說：「如果你跟我一樣不善言談，Google眼鏡就很重要。你不需要多善於描述你遇到的事情與感受。你在乎的人可以看Google眼鏡錄下的影片，直接體驗一下。」

前面提過，有些家庭透過簡訊和電郵來表達歧見，排解紛爭。這是另一種排解方法，一種整體輸出經驗的概念。科技幻想的背後，往往隱藏著一種深沉的無奈：人類怎麼做也做不好，科技可以幫我們做得更好。

我並不看好同理心機器變成一種幫我們省時省力的捷徑，或是像一位熱中者說的，變成「同理心的輔助器」。或許對有些人來說，以這種機器作為輔助很合理。但人類面對科技時，向來一開始只把科技視為輔助，後來逐漸變成生活中不可或缺的一環[160]。簡訊一開始的設計，不是為了打斷餐桌上的對話，但這種輔助工具後來直接取代了對話。

問題在於，這種取代並未提供我們必要的東西。小說家喬治・艾略特（George Eliot）描述母親對孩子的凝視是「深情的眼神交會」。研究也證實了長久以來文學和哲學一直告訴我們的事情：同理心的培養需要面對面的交流，需要眼神相接[161]。

精神醫學家丹尼爾・席格（Daniel Siegel）教我們，孩子需要眼神交流，才能促進大腦中與情感有關的部位發育。少了眼神交流，小孩會持續產生疏離感，缺乏同理心。席格以一句話總結眼神交流的瞬間所產生的效果：「這種眼神交流的時刻，在孩子的一生中會重複無數次。這種默契交流的瞬間，把人性中最好的一面——亦即愛的能力——從一個世代傳給下一個世代。[162]」認知神經學家千住淳（Atsushi Senju）研究這種從童年到成年的演進機制。他發現，分析他人的感受和意圖的大腦部位，是由眼神交流啟動的。千住淳也發現，簡訊和電郵裡的表情符號沒有這種效果。他說：「眼神交流後，可以啟動更豐富的溝通模式。眼神接觸擴大了你運算各種訊號的能力，所以你能夠解讀他人的意圖。[163]」

既然如此，我們該如何看待掏出手機、緊盯螢幕的狀態？（當然，如果是戴著Google眼鏡，眼睛通常是忙著看螢幕顯示的東西。）愈來愈多的研究顯示，隨時上網連線的生活有損同理心。我覺得最駭人的是，一項研究發現，過去二十年間，大學生的同理心下滑了四〇%（那是以標準的心理測試衡量的）[164]。研究人員把同理心的下降，歸因於學生面對面接觸彼此的機會愈來愈少。我們在生活中疏離彼此時，也因此付出了代價。

有些人認為，孩子因應當今科技挑戰的方式，就像以前的年輕人因應上一代的新科技一樣。他們正在改變溝通的型態，終究會找到新的平衡點。大人之所以對此感到擔心，那是因為我們無法充分理解年輕人的機靈應變。我確實相信年輕人很機靈應變[165]，但手機、平板、各種穿戴式科技讓我們隨時分神，它們也確實影響了人類發展過程中最親密的時刻。在孩子培養情感連結、獨處能力、同理心的關鍵階段，這些科技產品正好陪在他們身邊。他們因應那些東西的方式看似機靈，其實反而是一種傷害。

前面提過，為了保留我們重視的對話效益，我們在設計產品時，應該考慮到自身的弱點，那至少涉及兩方面。第一是科技層面，如果我們不想黏著手機不放，設計手機時，應該包含以下功能：完成一件事情就「放人」。我們也可以打造支援這種意圖的社交環境。我們想減肥時，不會以為只要心存節食慾望就會瘦下來。找朋友一起吃減肥餐、在廚房裡擺放健康的食物、安排規律的用餐時間，都有助於減肥。當我們營造出有助於對話的環境時，也是往「重啟對話」的目標邁進一步。

古代，蘇格拉底哀嘆大家從演說轉向寫作[166]。打從那個年代開始，就持續有觀察家跳出來警告，新的溝通型態會破壞大家重視的某種思維方式。我覺得手機有一種獨到的特質，使它在這個漫長的歷史進程中脫穎而出，成了最新的破壞力量。我們以手寫取代說話時，知道自己是在做一種選擇：選擇用寫的，而不是用說的。相反地，我們拿著手機時，並不覺得手機傳訊取代了面對面的交談。我們辯稱，我們可以跟身邊的人一邊傳簡訊、一邊聊天，兩者同時進行。我們始終覺得手機只是一種配件，是有益無害的輔助工具。但科技不僅改變了我們的行為，也改變了我們自己，尤其對我們發揮同理心的能力影響最深。

二〇一四年，坎特伯里（Canterbury）的前大主教羅雲．威廉斯（Rowan Williams）在一系列的演講中，談及同理心。他不是從如何待人的角度著眼，而是把焦點放在發揮同理心對個人的發展有何影響[167]。

威廉斯認為，發揮同理心不是始於「我了解你的感受」，而是始於你意識到你**不懂**他人的感受。因為不懂，所以你開始與對方交談：「告訴我你的感受吧。」威廉斯認為，同理心提供了陪伴和承諾，你的主動施予改變了你。當你逐漸意識到你對他人的了解有多少時，你也會開始明白你對自己的了解有多少。威廉斯說，你因此學會「更專注、更有耐心，一種設身處地為他人思考的新技巧」。

當你為別人按讚，或是在Instagram上回覆別人的問題時，那可以是發揮同理心的第一步。在線上交流中，你可能對別人說：「我想聽聽你的想法，我會支持你。」就像娜塔莉收到的安慰簡訊一樣，那些都是起點，一切取決於接下來發生的事。

同理心的感覺

很多人的友誼明明可以花點心思面對面地培養，卻選擇上網「相會」。我們習慣把這種「方便」視為相處的常態。

無論是什麼世代，現在大家都習慣把對話搬上螢幕，從分享生日願望到傳達慰問之意都是如此。我們不再期待朋友出現，可能也不希望他們出現，面對面的感覺涉及太多情感了。

線上關係能帶給我們許多效益。像艾莉那樣與父母疏離又社交封閉的人，可以透過網路接觸外界，尋找可以直接回答她問題的人。但外人的回應可能只針對她提出的問題，而非她本人。同理心不光只是提供他人資訊或幫他人找到互助團體而已，而是讓對方相信你會陪伴他。同理心是指你願意陪伴對方夠久，讓對方相信你想了解他的感受；而不是只告訴他，換做是你，你會怎麼處理他面對的情況。同理心是需要付出時間和情感的。

散文家威廉・德雷西維茲（William Deresiewicz）指出，隨著社群功能的衰退，我們從生活在現實社群中，轉變成努力營造生活在社群裡的感覺。所以現在我們提及社群時，社群已經從「一種關係變成一種感覺了」[168]。我們從**生活在**社群中（**being** in a community），變成只有社群**意識感**（having a **sense** of community）。難道我們也從發揮同理心，變成只有同理心的感覺嗎？從彼此友好，變成只有友誼的感覺？我們需要特別注意，現在人工智慧（ＡＩ）是以「社交伴侶」的形式推廣給我們，業者說ＡＩ是一種新朋友。如果我們覺得從他人身上獲得「友誼的感覺」就夠了，以機器為伴的概念似乎也差不多。但這樣一來，只有人類才懂得相互給予的東西也變得岌岌可危。

未來世代

我撰寫這章時，電腦出了點小問題，所以親自跑了一趟蘋果直營店（Apple Store）。我遇到的問題很小，甚至不需要請教「天才吧」（Genius Bar）的專家，蘋果的業務員就可以幫我解決了。我坐在一位二十六歲的設計系研究生旁邊，他教我如何解決電腦問題。他問我是做什麼的，我告訴他我在寫一本有關對話的書。於是，他談到店裡的客人：「我擔心現在的小孩。有些小孩似乎太冷漠了，他們好像沒有手機就不會交談似的。不過，有些小孩還是讓我看到了希望，他們似乎已經過了那個麻木階段。」

我懂他的意思，我也看到下一代出現反彈的趨勢，拒絕隨波逐流。幾位十四歲的女孩與我分享了她們對簡訊抱持的保留態度，以及她們對友情的看法。麗姿說：「收到簡訊時，不會產生回憶。你能講出來的故事才算回憶。」金潔知道「發簡訊或即時訊息時，比較不會把事情搞砸」，但她也補充，與朋友相處的重要時刻（「那些有趣的時刻」），其實就是出自搞砸或犯錯的時候。她指出：「朋友一起犯錯是最美好的回憶……你說話時可能口誤、鬧笑話，結果變得很好玩，人際關係就是這樣拉近的……不是什麼事情都要追求完美，你本來就會犯錯，而且最好是和朋友一起犯錯，看到他們的表情反應很有趣。」金潔的同學薩布麗娜認為，「完美」的簡訊交流其實不是「正經八百的對話」。

心理學家奇克森特米海伊研究過朋友之間的「真實」對話。他說，有些友誼是靠那些

「給予肯定」的對話培養出來的，他稱之為「強化型友誼」。那種友誼達成「大家都喜歡的事情……相互關注彼此的想法和癖好」[169]，海莉「囤積」的朋友也許屬於這一類（海莉只要先傳簡訊給他們，他們都會回覆她），臉書上的朋友可能也是屬於這一類（她按朋友的貼文讚，朋友也會按她的貼文讚）。奇克森特米海伊認為，這種友誼最適合用來支持需要把別人當成鏡子的人，那種人尚未找到自我。

然而，梭羅認為朋友不該只有這種功能（「我的朋友是……能夠接受我真面目的人。[170]」），奇克森特米海伊也提到更多的可能。有些朋友會質疑彼此的夢想和渴望，鼓勵彼此嘗試新事物。「真正的朋友是偶爾可以一起瘋狂的人，他們不會期待我們總是維持著老樣子，他們和我們有共同的自我實現目標，願意跟我們共患難，分擔複雜的情境所帶來的風險。[171]」

奇克森特米海伊以行動中的友誼（例如傾心交談的朋友），充分說明了怎樣才算是「真正的朋友」，他描述的是那種休戚與共的親密感。

我再次想起那些讓蘋果直營店的員工看到希望的「小孩」。我想，對那些小孩來說，電子產品是理所當然的東西，所以他們不像父母或年紀稍大的孩子那樣迷戀電子產品。

一位十五歲的男孩回憶，他在學校和同學的交談有多麼困難。現在他正在參加夏令營，有六週的時間不准用手機，他覺得沒什麼問題。

我在家裡，或是和朋友一起搭車或坐公車時，想跟人聊天……但他們可能都沉浸在手機裡，所以聊起來有一搭沒一搭的。他們有時搭理我，有時毫無反應，心不在焉，所以交談斷斷續續。但是參加夏令營時，你可以把注意力放在彼此身上……而不是只盯著電子產品。所以，你可以真正關注對方的談話，為對話增添更多的內容。相對於邊聊邊滑手機，這種對話可以分享更多的想法，你也從對話中得到豐富的收穫。

夏令營的室友也附和了他的說法，他們提到最近去野外徒步郊遊的經歷。那是為期三天的徒步之旅，那三天只有彼此相伴，沒有手機。其中一人說，他在家的時候，幾乎都和朋友聊手機上看到的訊息。在那次徒步旅行中，他說：「我發現我們只把注意力放在我們身上、眼前的事物，以及當下。」另一人說，他們行進的過程中，身邊的夥伴不再和手機裡的朋友爭奪注意力了。「在家的時候，其實我沒什麼時間坐下來，只跟某些人交談。那時一定還有其他的事同時在進行，他們總是手裡拿著手機，跟別人聯繫。」對這位少年來說，對話本身似乎是一種新發現，一個廣闊的新空間。他形容：「就像溪流一樣，持續地流著，不會中斷。」

CHAPTER

7

愛情
你在哪？你是誰？等一下，剛剛發生了什麼事？

（被問及對女兒的教養方式，他如此回應）我只問：『聊得如何？』

——歌劇演唱家帕華洛帝（Luciano Pavarotti）

對方在你身邊，而你根本不想查看智慧型手機，那就是真愛。

——艾倫・狄波頓（Alain de Botton）

無論是成年人或青少年，大家都有同樣的看法：你總覺得別人應該要將手機隨時放在身邊，只要發訊息，對方就會看見。只要對方在乎你，他就會回覆你的訊息。但是在愛情中，以沉默因應對方的訊息是常有的事，那是一種「留白」策略，在愛情萌芽之初就出現了。當簡訊變成調情工具，你得開始思考怎麼因應這種沉默策略，就算你只是高中生也一樣。

留白策略

二〇〇八年，十八歲的漢娜告訴我，在線上調情時，「最棘手的事」是你發簡訊給對方，對方可以選擇不回你。也就是說，搞神祕、刻意不回，這些面對面交談時你沒得選的選項，在網路上卻稀鬆平常。她對這招的看法是：「那真的會把人逼瘋……他把你當空氣似的。」

漢娜解釋，對方不回應時，她會有一股強烈的衝動，把事情搞得更糟：上網追蹤對方的線上活動，例如在臉書上，她可以看到對方是不是外出吃飯或去參加派對了。以前，你還可以自我安慰，對方忽視你可能是因為家裡有急事，你可以編出各種離奇的故事。但現在，誠如漢娜的朋友所說：「你必須面對現實——對方覺得你沒那麼重要。」漢娜覺得，這使社群媒體上的冷落「比現實世界的冷落難受五倍」。

留白策略不是指對話已經告一段落，或是聊到話題轉淡，沒話可聊了。漢娜堅稱，那不像「有人屢次告訴你，他很忙，然後你自己很識相地了解那是怎麼回事」。留白策略比較像你跟某人講話時，他直接把頭轉開，彷彿他不懂回話是基本的應對習慣似的。然而，在線上，我們卻允許自己這麼做。

這種事發生在你身上時，你保留尊嚴的唯一方法是，假裝這一切沒發生。漢娜描述了一套應對規則：如果對方在網路上沒回你，你應該假裝沒注意到。「我才不要像有些人還逼問對方：『你為什麼沒回我？』那太遜了，我也不會窮追不捨再發簡訊：『嗨，你還在嗎？如果你不想說話，直接告訴我就好了』。」

我訪問漢娜時，同時訪問了七位高三的學生，有男有女。當漢娜說：「你為什麼沒回我？」時，大家都笑了，因為漢娜把可悲的魯蛇模仿得維妙維肖，她描述的行為是他們絕對不會做的。對方不回你時，你也應該沉默回應。漢娜直率地說：「如果對方想消失，我覺得：『好啊，無所謂』。」事實上，在漢娜的圈子裡，面對這種留白策略時，正確的回應方式是：在社群媒體上裝忙，忙到連那個忽視你的人都注意到你很忙。

在簡訊剛流行起來的那幾年（二〇〇八到二〇一〇年），我訪問了三百多位青少年和年輕人，試圖了解他們的網上生活。我發現那一代的年輕人對於他人的沉默回應，發展出一種新的對應方式：不承認別人那樣做讓你很受傷；你明知你對別人那樣做也很傷人，但你假裝不知道。也就是說，我們包容別人對我們沒有同理心，也包容自己對別人沒有同理心。

這種相處模式屬於一種更廣泛的行為模式。你看到父母沉浸在手機裡，不回應你，久而久之，你也不想再計較了。你跟朋友聊天時，對方有一搭沒一搭地回應你，同時滑手機，久而久之，你也習慣了。你和喜歡的對象搞曖昧時，對方不回你的簡訊，久而久之，你學會不放在心上。

你可能會說，在愛情中，欲擒故縱是常態，留白策略不過是舊瓶新酒罷了。但是在過去，刻意不理會對方是暫時的事，也許只在追求之初發生，或是用來讓追求者死心。而現在，這已經不是一時的策略，它是一種手段。

無阻力

現在就連我們用來尋找愛情的應用程式，也設計成讓我們很容易忽視自己遭到漠視的狀況。在交友軟體Tinder上，拒絕已經不再是拒絕，而是直接「向左滑」，別人刷掉你時，你根本不會發現。Tinder只問：「現在，附近誰有空出來跟你喝一杯咖啡或酒，或是跟你約會？」想要參與的人就加入系統、上傳照片、輸入簡單的個人資料即可。

打開那個App後，你看到某人的照片不錯，就把他的照片往右滑；如果你對他沒興趣，就往左滑。如果我「右滑」你，你也「右滑」我，系統就會通知我們「配對」成功，可以開始聯繫。但是，如果我「右滑」你，你「左滑」我，你就不會再出現在我的可見範圍內了。

這就是大家所謂的「無阻力」，這個流行語代表各種App為我們帶來的生活狀態。假如沒有這種App，我們不可能在毫無顧慮下，拒絕成千上百位可能的交友對象。以前我們很難把潛在的戀愛對象視為貨量充足的商品，如今卻變得很簡單。

研究顯示，在這種社交環境中，人與人之間培養穩定感情的能力下滑了。也就是說，我們變得比較難信任他人，也不容易與人分享生活[172]。諷刺的是，這種尋找戀情的新方法雖然很有效率，但也削弱了同理心與親密感。傳統求愛過程的初步活動（例如強調耐心與尊重的晚餐約會）不見得能促進兩人的親密感，但替親密關係提供了必要的練習機會。而現在交友的初步活動，是以類似遊戲的方式介紹雙方登場，並未提供那樣的機會。

本章主要討論追求過程中的情話交流，那涉及一些新的技巧。你會希望各種互動交流的App都變成戀愛軟體的一部分，例如交友App、簡訊App、視訊App。這些程式使墜入愛河像商務往來一樣簡潔俐落，為親密關係帶來了效率。在這個人人住得離父母遠又和鄰居不熟的世界裡，App讓我們在缺乏老一輩那種人脈牽線的環境中，克服了尋找伴侶的困難。於是，年輕人談到科技與愛情時，往往會先提到：手機讓我們尋找愛情變得更有效率了。然而，這並非現實的全貌。

事實上，科技也使現代的愛情對話變得更加複雜。現在大家傾向「不滿意時，隨時抽身也無妨」，科技使我們認為擇偶選項多到數不清——這種預期對於尋找伴侶雖然有所幫助，但也帶來了不少壓力。App上的對話通常稱不上是對話，因為線上談話的背後，可能還有一群軍師在下指導棋。你希望有一群軍師作為後盾，因為你覺得那是不容犯錯的媒體。回應的時機很重要，連標點符號的使用都不能馬虎！

儘管科技為擇偶提供了許多幫助（例如交友的新方式、表達興趣和熱情的新方法），它也讓我們產生一種虛幻感。對方的文字讓人心生好感時，我們很容易以為自己了解螢幕後面的他。但事實上，你可能被螢幕上的表象給蒙蔽了，很多真相需要面對面接觸後才可能知道。

這種新的溝通方式對戀愛過程的每個階段都有影響，從尋找伴侶、包裝自己，到投入感情時所遇到的新難題等等。在這種環境中，我們面對的問題從「你在哪？」（科技輔助下的相遇）變成「你是誰？」，之後又變成「等一下，剛剛發生了什麼事？我是不是把你嚇跑了？」。

你在哪？遊戲規則的顛覆者

連恩是二十四歲的研究生，住在紐約，透過Tinder尋找戀愛對象。他告訴我：「我無聊時，就會打開Tinder。」連恩長相帥氣，打扮時髦，他談及Tinder時露出淺淺的微笑：「它完全顛覆了遊戲規則。」他最喜歡Tinder的一點是，不必再絞盡腦汁思考俏皮的搭訕語，因為在Tinder上，每次相遇就是為了發展戀情鋪路。他說：「對我來說，把一般的友善對話轉為情話比較尷尬，現在App已經幫你搞定了那個部分。」他覺得那很神奇。

對連恩來說，使用Tinder只是科技幫他提升戀愛機率的開始，簡訊的收發才是核心。他告訴我，週五晚上在曼哈頓，根本不需要有明確的計畫。他只需要傳簡訊給幾位朋友，就知道去哪裡找樂子了。

然後，你可能會有好幾個選項，你知道有哪幾個地方可以去、哪幾家酒吧可

> 以選擇、在哪裡見面……選定一個場子，去了那裡後，你可以發曖昧的簡訊給你感興趣的女生以避免尷尬。
>
> 我會傳一則簡訊去試探對方有沒有興趣，在那之後，你會大概知道是否值得行動，還是乾脆放棄。切記……無論你在哪裡，都可以上Tinder看一下還有哪些人可選……所以你知道你隨時都有很多選擇。

科技鼓勵連恩從「置入性行銷」的角度來看待戀愛交友。他就是產品，他正在做的事就是直銷。你用Photoshop修飾自己的照片，讓其他人根據照片來物色對象。然而，儘管這種配對方式很簡單，連恩至今依然沒有女友，他對於「找到理想對象」這件事也不太樂觀。

首先，連恩提到交友軟體的第一個優點，其實帶來了不少麻煩：感覺有**無限多的選項**。貝瑞．史瓦茲（Barry Schwartz）是讓「選擇的弔詭」[173]這個概念開始流行起來的心理學家。我們以為選擇愈多愈開心，但實際上，當選擇有限時，我們反而對生活比較滿意。一九五〇年代，諾貝爾經濟學獎得主及心理學家賽蒙（Herbert A. Simon）區分出兩種人：一種追求**最優化**，另一種追求**滿足化**（satisfice是他自創的文字，由「滿意」〔satisfy〕和「足夠」〔suffice〕這兩字結合而成）。追求最優化的人就像完美主義者，他們需要確定他們每次的購買或個人決定（包括挑選伴侶）都是他們能力所及的選項中最好的。追求最優化的人為了確定這點，唯一的方法是考慮他能想到的一切選項，但這本身就是相當龐雜的任務，而且隨著選擇的增加，心理壓力也愈大。

另一種人追求滿意化，有一套選擇標準，但不會因為選擇太多而無所適從。他很樂於接受眼前的方案，並充分把握機會，好好地體驗。追求滿意化的人通常比較快樂，因為他們的人生任務比較簡單。你不會一心一意只想找到最好的房子，而是從眼前的選項中挑一個舒適合宜的房子，把它打造成家園。你不會一心只想找到**最好的**伴侶，只要覺得某人很吸引你，就會投入感情。

後來社群媒體出現了，臉書出現了，Tinder出現了。現在的世界讓人幻想無窮無盡的**可知選項**，**鼓勵我們抱持最優化的心態**。在交友方面，追求最優化可能讓人變得很不快樂。理論上，我們當然都想追求最好的，但網路使這種心態顯得愈趨理所當然。誠如一位大四學生所說的：「只要按幾個按鍵，就可以認識新朋友，那很容易讓人不想定下來。」

心理學家大衛．邁爾斯（David Myers）和羅伯．雷恩（Robert Lane）也在各自研究後，得出同樣的結論：如今的美國社會，選擇太豐富了（包括產品、職業生涯、伴侶等等），所以常使人陷入憂鬱或感到孤獨[174]。雷恩指出，以前美國人在社群內做選擇，選項受到家庭、鄰里、職場等既定要素的影響。如今，個人的社群意識來自他們一輩子積極地培養及維繫的人際關係，那是他們花心思打造出來的[175]。

在一個有關選擇的經典研究中，研究人員讓一半的受試者挑選大盤子裡的巧克力，讓另一半的受試者挑選小盤中的巧克力。接著，再請受試者針對巧克力進行滿意度評價。結果發現，那些從小盤子裡挑選的人，比較滿意巧克力的味道[176]。所以，無限選擇的問題在於，我們因為難以抉擇而感到不快樂，覺得無限選項中找不出最棒的選項。

三十二歲的丹尼住在芝加哥，他是房地產投資人，有錢又帥氣。他深信科技反而使他更難定下來，底下是他描述自己難以抉擇的問題。當然，他講的是女人，不是巧克力。

> 我剛和一個女生分手，這裡姑且稱她為「湖濱大道女孩」吧，因為我們以前常在湖畔散步。我和她分手，只是因為我覺得網路上還有更好的選項，而且那些女人也開始用簡訊跟我交流……湖濱大道女孩發現後，把我甩了。我和別人約會，被手機裡的其他女生吸引，我不知道這樣做是不是對的。

丹尼說，其實他本來想和湖濱大道女孩定下來，但當他低頭看手機時，又不太快樂。他說：「我覺得網路上還有更好的選擇。」他談到祖父母靠媒妁之言的婚姻，語氣中似乎有點懷念過去的模式。

> 我實在不想這麼說，但媒妁之言肯定有它的獨到之處。兩家人都知道雙方門當戶對、品味相似，雙方家長也都希望兩個年輕人幸福美滿。而且他們都用心投入，好讓這樁婚姻開花結果，所以他們花時間去了解彼此……全心投入，

並獲得家人的全力支持。萬一出了什麼問題，所有的人都會伸出援手。但現在，你得完全靠自己。只要對方發現你有缺陷，你就出局了，換下一個。

你在哪？身陷機器地帶

丹尼說「下一個」時，手指跟著做了一個動作，彷彿在滑動手機，那正是使用Tinder的滑動手勢。我第一次看到那個動作是在聊天輪盤（Chatroulette）網站上。那個網站讓你透過網路攝影機和全世界的人聊天。丹尼談到他的網戀倦怠時，不是在說聊天輪盤，聊天輪盤的目的也不是為了網路交友。不過，以手指滑動一下或按個鍵的動作，已經變成我們討論愛情的一部分。「換下一個」（nexting）已經變成情感生態中的一環。

丹尼說，他覺得無限選項與交友網站的匿名性結合在一起，令人難以自拔。每天他都在電腦前耗好幾個小時：查看社群網站，看朋友們的感情狀態。例如，看友人甲那裡有沒有可以變成戀人的朋友？接著看友人甲那些朋友的感情狀態。然後，他又登上Tinder，並告訴自己，他想找「認真談感情」的對象。事實上，他想找終身伴侶。但他也坦承，他每天這樣做時，感覺「不太認真」。他說：「即使我跟認識的人聊天，感覺都只像玩玩。」一位二十五歲的女性對於自己永遠無法「收起玩心」也提出類似的看法，她表示：「只要有手機，你就會一直找約會的對象……你可以那樣做，只要手機在你身邊。」

泰瑞是二十六歲的數學系研究生。他說他用App交友時，「感覺像在消化這些人選……如果我開始傳簡訊給她們……那就會變成面試，像求職一樣。有時，我一晚可以看二十個女孩，就只是看看，然後發簡訊給其中五人……這是一個你想獲勝的遊戲。你會想辦法讓人想要跟你聊天，在過程中，你會不斷地精進技巧。」

泰瑞告訴我，這種感覺像「求職面試」的活動很少促成更親密的關係，但他也說，有時他幾乎已經不在意了。有時他只是想打破自己以前的紀錄，吸引更多的女孩跟他聊天罷了。當這種約會遊戲凌駕原本的交友目標時，他便陷入一種迴圈，一種類似「機器地帶」的衝動狀態。在臉書地帶中，你不想離開，但你也不知道你為什麼想留下來。在交友App裡，你不想離開，但你也不確定你是否真的想找約會對象。對泰瑞來說，這個交友App已經變成一種讓女性回應他的遊戲。遊戲的快感來自於一切皆有可能的感覺。

我上次見到連恩是在紐約西村的一家酒吧裡，他手中握著似乎可以提供無限可能的科技——方圓十個街區內可以約出來見面的女性檔案，都在他的手機上閃閃發光。不過，連恩說，科技使他這種「一般男性」幾乎無法引起女性的關注。他說他本來在追一個叫瑞秋的女孩，瑞秋很有魅力，所以她每次參加派對時，常把注意力放在手機上，隨時關注「最好的對象」。

很多男人傳簡訊給她、跟她聯繫，所以我壓力很大，一直想帶她離開派對，讓她不要一直盯著手機。很多時候女性以為男性那樣做只是想跟她們發生性關係，其實不是，我只是在想辦法讓她把注意力從手機上移開。

我訪問女性時，發現連恩的說法確實沒錯。女性坦言，他們和男性約會時，會去洗手間查看手機，看有沒有其他人聯繫她們。她們說一開始會有一點罪惡感，但久而久之，忍不住查看手機（查看其他的選擇）感覺還挺正常的。以三十二歲的紐約金融分析師瑪德琳為例，她和一群朋友出去喝酒，其中有個男士似乎對她有意思。但她也很清楚，「一起喝酒不代表一起過夜」。手機上的簡訊意味著「什麼情況都有可能發生」。她說，在這個世界裡，「如果對我有興趣的男人發簡訊給我，我也想撇下那群一起喝酒的朋友，我就會那樣做。通常我會到洗手間把一切安排好，以免我在桌邊安排計畫時，有人瞄到我在做什麼」。

在這種情境下，吸引對方關注的對話需要儘速進行。

你現在在哪裡？時機問題

「愛情完全是看時機」，是一種老生常談的說法。過去，這句話通常是指有情人相遇需要機緣巧合。他們都準備好定下來了嗎？還是想靠新戀情療癒舊情傷？如今，說到感情中的時機，比較可能是指訊息的微管理。現在來看看某群高三男生對「時機原則」的討論。

戴倫解釋：如果一個女生聯絡你的方式，是在你的臉書塗鴉牆上留言，「隔天再回應幾乎是一般共識」，為什麼？「你不想讓她覺得，你經常查看臉書上的訊息。」太快回覆時，對方會有那樣的解讀。

假設一個女孩在週一晚上九點半留言給你，你應該過一天或兩天再回覆她，因為……你不想讓人覺得你好像一直掛在臉書上。所以，如果她留言：「好久不見，最近還好嗎？」你應該讓她等一下，她可能會想你怎麼了……如果你也喜歡她的話，你會希望她想著你，讓她更期待你的回應。

戴倫接著又說，你發簡訊時，應該把握一個原則：呈現出不在乎的樣子。「如果你收到某人的簡訊，這時你就掌握了發球權，你可以讓對方焦急地等待……至少等半個小時。」朋友也附和了他的說法。盧克說：「你不能太快回覆簡訊，要讓對方覺得你有你自己的生活。」不過，刻意等一段時間才回覆簡訊，不僅是為了在女孩面前塑造形象，也是為了自我感覺良好。尤納斯補充：「你不想讓人覺得你是整天待在家裡的廢宅，好像隨時等候差遣似的。當然，如果換成女孩讓你等待的話，你也很難保持冷靜……如果你是中午發簡訊給她，她沒有回覆，你會焦躁不安。」

儘管如此，這些高中生還是覺得，發簡訊比當面約女孩出來好多了。面對面說話很冒險，發簡訊的風險較低。尤納斯說，發簡訊時，如果你對簡訊交流的結果不滿意，**你可以假**

裝什麼事也沒發生。

假設你想約一個女孩出來，如果你只是發簡訊說：「嘿，今晚你打算做什麼？」那和直接打電話告訴她：「嘿，今晚你打算做什麼？」完全不同。她收到簡訊時可能回應：「哦，還沒想到要做什麼。」或「哦，也許我們晚一點可以一起出去。」這樣一來，你的壓力就小很多……那幾乎就像隨性的問候。如果她說：「我不太想出門。」你也不會覺得自己好像當場吃了閉門羹。

這是媒介呈現出來的一種矛盾現象：線上交流永遠都會留下痕跡，但你想像那些失敗的對話完全沒發生過。

聽完這些小男生說明發簡訊的安全感後，我訪問一位跟他們同齡的女孩，她證實她認識的男孩也喜歡先在網路上交流很久，之後才約出來見面。她說：「他們覺得這樣比較保險，萬一進展得不順利，也不會有遭到拒絕的感受，那感覺就像他們並未體驗當面被拒絕的尷尬。」

她說的「那感覺就像他們並未體驗當面被拒絕的尷尬」，跟尤納斯所說的「你也不會覺得自己好像當場吃了閉門羹」差不多意思。簡訊讓人進行曖昧對話，又不會「遭到拒絕」，萬一遭到拒絕，你也可以假裝那些對話從未發生過。

不過，那群年輕人也表示，在線上調情還是有它自己的問題。和「一般對話」不同，萬一你傳簡訊時不小心出錯，那簡訊「永遠不會消失」。訊息一旦發出，就會留下痕跡，你說過的字字句句都會受到檢視。簡訊其實是讓你懸在「感覺你的話不打緊（對話從未發生過）」和「感覺任何話語都有可能造成永久傷害」之間擺盪。

而且，這種事也無法「熟能生巧」。八位大三學生從十三歲開始傳簡訊，但他們告訴我，直到現在他們還在努力拿捏傳簡訊的時機。他們一開始先談到，他們會小心拿捏收到簡訊和回覆簡訊之間的時間。卡麥倫說，隔二十分鐘再回簡訊剛剛好。萊恩說，恰當時間很難拿捏，因為如果女孩馬上回覆他的簡訊，他有時覺得那是好兆頭，但有時他會覺得：「天哪，這女人有病。」

萊恩說女人太快回簡訊，他可能覺得那女人「有病」時，他的語氣很隨性。不過，那群大三生裡的女孩聽在耳裡，當然知道那不是玩笑話。她們都有那樣的經歷：立即回覆簡訊，讓人感覺好像一直掛在線上，男人馬上就失去了興趣。如果女人收到簡訊是以電話回應，男人馬上就被嚇跑了。伊蓮說：「女人只要一打電話，男人就會覺得：『她瘋了』。」現場沒有人對此提出異議。打電話已經算越界了，至少在交友初期是如此。

三十歲的坎蒂絲也證實了這點。她說墜入愛河使她變得沉默，她遇到一個喜歡的人，但只敢傳簡訊給他，其他的事都不敢做：「我正在跟一個男人約會，我非常喜歡他，甚至可以立刻愛上他，但我不希望讓他看出我有多喜歡他。我們要是打電話聊天的話，我會把事情搞砸。」所以她盡可能避免和他通電話。她說，以前讀大學時和室友同住，比較容易處理這些事。幾個朋友會一起幫她思考簡訊該怎麼寫，協助她發出「恰到好處的訊息」。

你是誰？愛情軍師

如今不分男女都覺得，傳訊息調情時，找人一起出主意是很自然的事，尤其是在情愫剛萌芽的時候。二十歲的多利安描述他編輯簡訊的過程：「首先，我可能花十分鐘寫簡訊，接著我會問朋友：『嘿，你覺得這樣寫好嗎？酷嗎？』然後，他會說：『嗯，很好啊，就這樣寫吧。』」現在無論男女都說，寫調情簡訊時，可以找別人當軍師，因為事關重大。三十歲的葛雷格利一語道破了原因：「一次失誤，你就出局了。」

在面對面的交談中，可以看到對方的表情和肢體語言、聽到對方的語氣；簡訊交流時，缺乏這些豐富的線索，所以標點符號之類的細節也可能影響對方的理解。在缺乏脈絡之下，連微不足道的細節也可能使人倉促誤判。

凡妮莎是那群新罕布夏州的大三生的一份子，她提到自己曾經在某次簡訊交流中，誤解了一個小細節。當時，她和一位西班牙的交換學生傳簡訊。那位西班牙男同學在第一封簡訊中用了一個眨眼的表情符號，凡妮莎看到那個符號，以為對方對她有好感。她說，平常她不介意在線上調情，但是那個眨眼的表情符號感覺有點怪，似乎有點性暗示，令人不太舒服。

在她的朋友圈裡，沒有人那樣做，所以她一直沒有回覆那則簡訊。她說完後，卡麥倫笑了起來，他也遇過類似的情況。

他的故事幾乎和凡妮莎的故事一樣。一位義大利的交換學生第一次傳簡訊給他時，加入一個眨眼的表情符號，卡麥倫以為對方對他有意思，因此終止了那段友誼。凡妮莎和卡麥倫都採用了「一次失誤，你就出局了」的原則。但是，外國人使用眨眼符號也許是別的意思，那怎麼辦？他們兩人都笑得很尷尬。

凡妮莎說，這個故事清楚顯示，儘管她「生活中充滿了簡訊」，她還是很困擾，因為簡訊「不適合調情……因為那牽涉到微妙的賽局理論，你會一直猜測『那是什麼意思？喔，他用了驚嘆號！那又是什麼意思？』」

凡妮莎說，她發簡訊時很依賴表情符號，因為不用表情符號和標點符號來緩和文字語氣的話，純文字讀起來好像在說氣話，而且標點符號必須多用一些，才有緩和語氣的效果。「我總覺得別人讀我的簡訊時，感覺會比聽我說出同樣的文字還要加倍生氣。」所以她會想辦法緩和語氣，「例如，我會連續用兩個驚嘆號，再加上一個笑臉，讓對方知道『我不是在生氣』。」卡麥倫附和她的說法：「你說的沒錯。我收到簡訊時，最大的問題也是，我看不出來對方是不是生氣了。」伊蓮也說，這是簡訊令她最無所適從的地方：「我覺得簡訊最討厭的一點是，我一直很擔心別人生氣，因為簡訊的結尾可能是句點，你一看就心想：『哦，他在生我的氣』。」萊恩一聽也笑了，對他來說，女孩在簡訊中加入一個刪節號時，那是很不祥的徵兆。「加入很多刪節號也是，可怕的刪節號。」

這個世界很容易產生誤解，所以才需要經常徵詢他人的意見。那種提心吊膽的感覺，並不會隨著年齡與經驗的增長而消失，畢竟連三十歲的葛雷格利都說：「一次失誤，你就出局了。」

你是誰？科技難題

如今的情話靠的是科技傳遞，但科技設計的初衷，並未考慮到談情說愛的應用。凡妮莎解釋，過去一年，她和在倫敦讀大學的朱利安交往，他們透過 WhatsApp 聯繫，因為利用 WhatsApp 跨國傳訊比較方便。凡妮莎說，有時即使她根本沒時間回覆簡訊，她也會上 WhatsApp 查一下朱利安有沒有發簡訊給她，光是看到他的簡訊就感到開心，她不想自我剝奪這種樂趣。但 WhatsApp 會顯示用戶是否在線上或曾經上線，所以凡妮莎上線查看朱利安的簡訊卻未立刻回覆時，朱利安會看到她已讀不回而難過，覺得自己遭到冷落了。凡妮莎說：「那引發了很多問題，超大的問題。」

凡妮莎發給其他朋友的簡訊，都是為了安排日常瑣事，例如在哪見面、一起去吃中餐或義大利菜。但朱利安看不到那些訊息，他只看到凡妮莎在線上卻沒有回覆他。凡妮莎可能沒做錯什麼，但她和男友的感情卻因此遭到波及。

卡麥倫覺得凡妮莎遇到的問題不大，畢竟 WhatsApp 的透明性可以讓人「誠實」，但萊恩理解凡妮莎的煩惱，因為那個App的透明性同時也足以造成傷害。如果他看到一個女孩上線回覆其他的簡訊，卻忽略他的簡訊，他也會不太高興。不僅如此，WhatsApp也無法讓你設定傳訊時間，讓簡訊發揮最大的誘惑力。萊恩想等候二十分鐘才回覆女孩簡訊，讓對方在那個空檔想像他正在做什麼。但是，如果她能看到他正在寫簡訊，她就不會吃飛醋了。萊恩認為，WhatsApp的透明性「抹殺了發簡訊的意義，因為它決定了你何時該回簡訊」。

對萊恩來說，談情說愛時，傳簡訊的優點是可以以一種性感的方式搞神祕。但他一想到WhatsApp，就覺得那個程式的設計者似乎不太了解人性。說到這裡，現場那群大學生的討論開始轉向技術面，他們覺得那個顯示上線的功能很糟，哪些手機或App有這種功能？哪些沒有？怎麼關閉這個功能？怎麼避開它？

結果發現，這群聰明的年輕人只要鎖定問題，集思廣益，其實是有辦法迴避那些討厭的功能。他們最終的結論是，想透過簡訊談情說愛，最好的方法是走科技「復古」路線。他們希望有類似「我沒收到你的郵件」或「你打電話來，我剛好不在」的功能，這種謊言向來是談情說愛常用的藉口。這些年輕人希望科技能提供他們這樣的空間[177]。伊蓮認為，她關閉iPhone上的「傳送讀取回條」功能後，終於解決了最麻煩的問題。這樣一來，她至少可以假裝自己還沒讀過簡訊。「如果我想晚一點回覆，我還是可以說：『哦，剛剛手機不在身邊……真是抱歉』。」

你是誰？談情說愛可以更有效率嗎？

萊恩擔心，太多的資訊反而讓簡訊失去了浪漫感。我和九位年近三十歲、住在舊金山的專業人士共進晚餐，他們對簡訊有不同的要求：簡訊能否為談情說愛提高效率？

我們在市區一間會議室裡共進晚餐，用餐完後又聊了兩個小時。地點選在那裡，是為了方便大家下班後來聚餐。用餐及討論期間，多數人都拿著手機，有些人把手機放在桌上。一名女性在晚餐開始時，把手機收在皮包裡，但手機震動時，她把它取出來，並告訴大家，她想把手機放在桌上，能看到手機的狀態，她會比較放鬆。

手機也是我們討論的核心主題。會中，男性紛紛抱怨女友老沉浸在手機裡，女性也抱怨男友一直在滑手機。當然，他們都不是特例。最近一項調查顯示，近半數有交往對象的年輕手機用戶表示，和伴侶在一起時，伴侶常分心滑手機[178]。二十六歲的凱莉是某保險大公司的業務員，男友在金融業工作。她說，即便是親密時刻，螢幕也在不遠處。

> 我男友真的快把我搞瘋了……他有四個電腦螢幕，所以很習慣隨時關注螢幕上的動態……他可以一邊聽我說話，一邊傳簡訊給別人。但因為我無法一心多用，我覺得他沒在聽我說話，所以我常因此生氣，對他說：「你根本沒在聽！」

我問凱莉，那些常伴左右的螢幕對他們的感情有什麼影響。她說，那迫使她與男友相處時，必須格外專心。「我不跟他談廢話，因為我必須好好利用我們相處的時間。如果他真的有花時間聽我說話，我必須確定我都是講一些值得談的事。」

那何時說甜言蜜語呢？難道他們都不說了嗎？凱莉清楚表示，他們的戀愛中沒有太多的時間講甜言蜜語，他們面對面接觸時，沒時間「閒扯」。

凱莉說，有時她和男友會上Gchat「閒聊」。她的男友通常會在螢幕上開一個Gchat視窗，同時以其他的視窗處理正事。但凱莉也說，有時她會直接伸手去遮住他的螢幕，撒嬌說：「好了，不要看了。」凱莉一邊說，一邊示範遮螢幕的動作，這時她的手機突然響了，現場的人都笑了起來。

二十八歲的雷說明，在愛情中，你跟電子產品爭奪伴侶的注意力是什麼樣子：「我想，這是現在的趨勢，很多人覺得，即使伴侶就在身邊，但你感受不到真實的連結，你得到的只有資訊。」

小金是紐澤西州的大三生，她跟凱莉一樣，對於男友總是沉浸在手機裡感到失望。她跟雷有同樣的擔憂，她也覺得她和男友的對話幾乎都是在交換資訊。他們很難交流更多的東西，因為他們的相處常被簡訊打斷，她正逐漸失去耐心。她說：「我跟男友吵架時，他還會停下來回覆簡訊，即使只是短短的兩秒鐘。我忍不住嗆他：『你在幹嘛？我連簡訊都比不上嗎？』我整個抓狂了。」

最近，小金的男友把手機弄壞了。

過去兩週，他沒有手機可用，所以我們的互動好多了，即使只是晚上出去約會，或單純躺在床上什麼都不做。我不需要再跟手機競爭，那感覺簡單多了，整個人放鬆許多。

小金回想起手機故障以前，她和男友的對話：「他自己創業……所以隨時掛在手機上，我們的對話變得很瑣碎，都聊一些無關緊要的事。晚餐時，我會問他：『你傳簡訊給誰？』或『你的 iPhone 怎麼了？』之類的。」小金已經習慣這種瑣碎的對話，所以對她來說，他們之間「較深入」的對話，竟然是聊他們當天過得如何這種簡單的小事。

你是誰？維持秩序

這群舊金山的年輕人永遠覺得時間很趕，他們每週的工時很長，幾乎沒有時間跟男女朋友相處，所以他們談到愛情和簡訊時，自然而然比較重視簡訊的效率。有些人覺得，即時通訊、電郵、簡訊為紛雜忙亂的戀愛關係帶來了秩序與冷靜。

二〇一三年的小說《臺北》（*Taipei*）刻劃了後網路時代的情感，小說裡的戀人利用科技避免現實中的爭吵。他們協議，生氣時以打字輸入的方式溝通。

> 愛琳坐在床腳邊，背對著保羅。保羅躺在床上，筆電放在大腿上，兩人以電郵溝通約五十分鐘了（他們說好，只要其中一人無法心平氣和地說話，就以打字的方式溝通，現在是保羅在氣頭上）[179]。

小說反映著現實生活。有些夫妻告訴我，他們會上網吵架（通常透過Gchat或即時訊息），以便留下紀錄。上網吵架的目的之一，是為了讓爭吵更加「公平」，有些人還會使用「爭吵追蹤」App[180]。這種App的目的，是針對爭吵的型態蒐集更多的資料，以便幫雙方改善關係。

三十出頭的塔莉亞談到，她和男友曾利用線上聊天的功能來化解歧見。「線上吵架有個優點，我可以充分地陳述立場，而且可以確定對方聽到我的心聲。面對面爭吵時，我會氣到記不住我說了什麼……我們以前是那樣吵架，充滿了破壞力。」在線上對話中，她可以整理思緒，留下紀錄。不過，隔一段時間後，她和男友對於上網爭吵多了一些疑慮。他們開始覺得那樣吵有點尷尬，想恢復以前比較「即興」的爭吵模式，但他們已經回不去了。他們知道，他們會懷念線上對話留下的證據。後來他們找到折衷之道：發現兩人愈吵愈烈時，就開始錄影，所以他們現在有個吵架「檔案庫」。

我們向彼此承諾，一旦我們吵得不可開交、充滿破壞性時，就停下來，休息一下，之後再以錄影的方式，繼續面對面的交談。我們保留了以前透過簡訊及網聊工具吵架的優點（留下紀錄），但是採用面對面的方式。

對塔莉亞和男友來說，留下紀錄感覺比較放心，不會有聽錯的狀況。他們使用科技來改善關係，讓關係變得更加有秩序（任何戀愛關係都是紛雜忙亂的）。套用我常聽到的用語，他們的目的是讓愛情裡的對話變得更有效率，更好掌控。

然而，提高效率不見得能夠讓我們更了解彼此、珍惜彼此，因為我們不是以有效率的方式展露內心深處的想法。很多事情需要時間醞釀，需要回溯過往及重複進行。同一件事做兩遍或更多遍時，才會產生更深的了解。

你去哪了？

在一場有關現代愛情的脫口秀中，阿茲．安薩里問現場觀眾，他們是否曾經因為對一段感情「沒興趣了」，而不再發簡訊給對方，有的話請舉手。結果，現場很多觀眾都舉手了。

接著，他又問觀眾，他們是否也希望對方對自己不感興趣時，也以那種方式表達。有這種想法的請舉手，結果現場沒人舉手。可見我們習以為常的許多新常態，也是我們自己不喜歡遇到的做法。

大三生史瓏和伊凡只約會過四次，但每次約會都持續五小時以上。史瓏覺得他們之間有那種難以言喻的「默契」。第四次約會時，伊凡主動展開認真的對話，討論他們各自希望這段感情怎麼走下去。史瓏說：「我說，只要我們都很喜歡彼此的陪伴，我很願意跟他交往。他聽了以後，似乎鬆了一口氣，也很滿意我的回答……但他聲明，他不希望替這段關係『貼標籤』，他那樣講感覺出奇地老套。」

結束那段「不貼標籤」的對話後，史瓏覺得很興奮，她以為她和伊凡開始認真談感情了。但之後，連續好幾天，伊凡都沒有聯繫她，以前他會傳一則或多則簡訊來問候史瓏，但那幾天卻毫無音訊。最後，在週六早上，史瓏剛結束晨跑返家時，她拿起手機看時間，看到一則簡訊的片段。她掃讀了一遍，注意到「很棒的女人」、「祝你一切順利」、「時機不太恰當」等字眼。

我放下手機，彷彿遇到了可怕的事情。接著，我走進廚房，背倚著冰箱，坐在地板上。心臟依然跳得飛快，但不再是因為剛剛的運動。收到那則簡訊令我相當難過，感覺像是接到噩耗，因為他選擇以簡訊告知我這個壞消息，而且那也和我自以為的雙方共識完全相反。

史瓏以簡單的簡訊回覆伊凡，說她接受他的決定（「謝謝告知」、「祝你好運」之類的）。然而，史瓏原本希望感情的結束有正式的完結，沒想到卻這樣戛然而止。

究竟發生了什麼事？史瓏的腦中充滿了疑惑，對於伊凡不願和她對話深感不解，她覺得不受尊重。「如果他真的在乎我，為什麼不能直接找我談，讓我回應他的顧慮呢？」這個疑惑促使她胡思亂想了幾種痛苦的可能：「因為他不想講清楚，他可能根本一點也不在乎我。」

被甩了以後，史瓏忍不住想到，伊凡是不是在那次談到「標籤」的「奇怪對話」中誤解了她的觀點。史瓏擔心，當時她可能讓伊凡覺得，跟她交往一定要做出承諾，其實她很樂意讓感情慢慢地醞釀。「如果我們是好好談過才分手，我不會有那麼多的疑惑。」儘管如此，史瓏還是覺得那則分手簡訊剝奪了她表達心聲的機會，她希望她能確定伊凡沒有誤解她的意思，但最後她的結論是：收到分手簡訊後，不該打電話跟對方說：「我想談談。」

怎麼回事？

我去西雅圖參加一場為期三天的社群媒體大會，其中一位講者是三十六歲的建築師亞當，他說他可以跟我分享網路交流對他戀愛的影響。具體來說，他是想讓我看他和前女友泰莎以前談戀愛所留下來的電子檔案。當時泰莎就讀藝術系，那段戀情雖然動盪，但整體來說是快樂的三年時光。

亞當說他與泰莎交往時，自己達到了最好的狀態。如今，即使那段戀情已經結束三年了，他仍在探索一個問題：「少了那段戀情，我究竟是誰？」戀情結束後，失戀者總是想留住以前那個「更好的自己」，所以亞當其實是在思索一個老問題。

由於亞當與泰莎大部分時間是在網路上談情說愛，這個老問題多了一個新轉折。上網時，亞當可以「編輯」自己。現在他不禁懷疑，他是否也需要編輯自己，才能達到最好的狀態。還有，他留下和泰莎交往的檔案（以前他們每天線上聯繫三十到五十次），是否會影響他回顧過往及展望未來的方式？

我和亞當第一次見面時，他一開始就引述諧星克里斯．洛克（Chris Rock）的一句話。洛克曾說，決定要不要跟一個女人結婚，只需要自問兩個問題：「你喜歡跟她上床嗎？喜歡跟她共進晚餐嗎？」亞當覺得，泰莎遠遠超過那兩項標準，他覺得和泰莎聊天像做愛一樣開心，尤其是傳簡訊和用電郵交流的時候。「和泰莎聊天時，我真的會喜極而泣，覺得她實在太了解我了，讓我深深感受到愛情帶來的鼓勵和挑戰。我覺得她能設身處地為我著想，也懂得以我自嘲的方式來挖苦我，我對她也是那樣。」但洛克也說，剛開始約會時，我們並沒有展現真實的自我，而是派出我們的「代表」──那個最佳的自我。但時間一久，「代表」不可能老是出現，所以我們逐漸露出本性，這時才是決定一段感情是否能夠繼續走下去的時刻。然而，數位時代的危險在於，我們可以一直派出「代表」去接觸對方，所以很難知道感情究竟能不能走下去。

亞當表示：「對泰莎來說，最重要的是讓她覺得獲得共鳴，感受到我的即時支持、分享和共識。」每對伴侶之間都有某種心照不宣的約定，那約定決定了感情如何延續下去。在這段感情中，他倆的共識是由亞當向泰莎展現感同身受的關懷，泰莎則是從反饋中指引亞當，也感念他的付出。

然而，到最後，泰莎指責亞當並未展現出充分的關懷，所以跟他分手。三年後，亞當覺得他們的分手其實是無可避免的，因為泰莎對他抱著不切實際的期望：「如果每次對話都必須滿足深刻的需求，一定會有幾次對話達不到標準。」然而，對泰莎來說，每次對話都是一次考驗。

亞當說，相較於泰莎需要的那種男人，他想變成更「坦白」的人。他安慰自己，他已經盡力了，因為他和泰莎進行線上交流時，可以「先暫停下來，確定無誤」後才發送。「如果泰莎和我活在沒有電郵和簡訊的年代，我覺得我們不會交往。」

老式手機

我與亞當見了幾次面。第一次見面時，他讓我看他剛認識泰莎時所用的手機，那支手機早就淘汰不用了，但他和泰莎最早的線上談話還存在裡面。分手後，亞當不知道如何把那支手機接上電腦，逼得他試了許多方法。「我一開始就像瘋了似地把我們的簡訊謄寫到紙上……我費心抄下我說了什麼以及她說了什麼，我必須在這支爛手機的寄件匣和收件匣之間來回切換。接著，我再把手抄的紀錄輸入電腦，存成一個電子檔。」

亞當仍有上千條簡訊還沒有抄寫下來，所以亞當和我討論時，我們不斷在那支舊手機和電腦存檔之間來回切換。

亞當思考了他發簡訊時大致採用的策略：「我想營造類似推特的效果……我希望簡訊的內容簡潔有力，像小點心、禮物那樣。」亞當說，他認識泰莎以前，寫簡訊就會「字斟句酌」。但後來他開始對泰莎發簡訊後，他何止字斟句酌，而是更深入地精雕細琢，努力塑造出泰莎需要的樣子：「一個更好的自己，更有同理心、更願意分享自我。」亞當說，泰莎以發簡訊的方式，指引他成為那樣的人。

我請他舉例說明。他舉的第一個例子和標點符號有關，這時我對簡訊的研究已經有一段時間了，所以聽到那個例子時並不訝異。在簡訊中，我們看到標點符號的一大作用，是像面對面交流時的語氣和肢體語言那樣，幫忙傳達所有的資訊。我們也看到，如此強調標點符號的解讀，導致我們把很多注意力放在那些看似不起眼的東西上，例如以句號代替刪節號，雙方也都能了解那想傳達的意思。亞當為了說明泰莎如何幫他變成「更好的自己」，他瀏覽了一堆文字，找到一則訊息，他覺得那則訊息裡的驚嘆號用得恰到好處。他開心地說：「你看！像『好啊！』這樣不起眼的回應加了驚嘆號……可見她知道我需要這種肯定。」

在另一則簡訊中，泰莎寫道：「剛停好車，待會兒打給你！」亞當解釋為什麼這則簡訊的標點符號用得恰到好處：「這裡頭帶著一點歡愉，感覺她很高興我們即將見到彼此。」亞當坦言，簡訊的標準可能會改變，重點是你要能跟上潮流：「我的意思是，誰曉得以後會變成怎樣？也許五年後是寫：『剛停好車，等一下打給你。』可能驚嘆號不見了也說不定。」

亞當回想起他收到「剛停好車」簡訊的那天，那是他一生中最快樂的時光，他正在熱戀，與泰莎相處融洽，一切都很順利。接著他解釋，對他來說，一切順利有賴「簡訊編輯」。

編輯過的更好自我

亞當說，他和泰莎剛開始交往時，泰莎有時會問他問題，他的直覺反應往往是提出一個解決方案。例如，泰莎提到她和論文指導教授之間有誤解，亞當聽了以後，給了她一些建議。但亞當說，給泰莎建議永遠是錯的，因為她會覺得你沒在聽她訴苦，只想解決問題。「正確的做法通常是說，你知道她一定很難過，你會永遠支持她。」不過，亞當也坦言，假如泰莎是在面對面交談時提出問題，他往往會忘了最佳因應之道，直接給她建議。他說，他在網路上的表現較好，因為在網路上可以先思考並修正，三思而後言。

亞當從以前的簡訊中尋找編輯讓他成為更好自我的例子。他挑了一則兩人爭吵後，他發給泰莎的簡訊。亞當說，那次爭吵後，他很害怕接下來會發生什麼事。但是在那則簡訊中，他寄了一張照片給泰莎，以緩和二人之間的緊繃氣氛。照片中是他的雙腳，下面寫著：「你看到我穿布希鞋配襪子時，要控制好你的性欲。」亞當說，如果是面對面，焦慮會使他想辦法逼泰莎原諒他，導致事情變得更糟。在網路上，他可以用幽默來表示他對兩人的持久交往充滿信心。所以，簡訊傳遞的不是「真實」的亞當，而是亞當希望展現的形象。

亞當對於現實自我和網路形象之間的落差深感困擾。然而，在我眼前的亞當，其實感覺很深思熟慮又體貼。我們在線上不會變成不同的自我，網路上的身分也是我們的多重面向之一，只不過我們在現實中比較難以展現出那一面罷了。這也是網路世界可為個人成長提供空間的原因[181]，上網的人努力在虛擬世界中塑造想要的特質，並逐漸把那些特質從虛擬世界帶進「螢幕外」的實體生活。亞當正逐漸意識到，現實中的自己有時比他所想的更接近線上的自己。

回顧過往，亞當發現，他與泰莎線上交流的強度與頻率，促使泰莎幻想他們的關係能以「全然的相知相惜」作為目標。那種不切實際的幻想，導致他倆的愛情注定以分手收場。不過，亞當也坦言，他們交往時，他並未戳破泰莎的幻想，而是努力去符合泰莎的想像[182]。他以一句話道盡了為什麼線上交流使他比較容易滿足泰莎的想像：「那個 Gchat 對話方塊，實在太美妙了！」

兩情相悅和兩情相迷之間總是有一條微妙的分界。所謂兩情相迷，是指戀愛雙方的界線逐漸模糊，兩人開始在對方身上「迷失了自己」。乍聽之下，這種愛情似乎令人嚮往，但實際發生時，雙方的溝通也受阻了，因為他們都只想聽到自己愛聽的訊息，以持續維持腦中的幻想。持續的簡訊交流不是導致感情如此發展的原因，但簡訊讓人更容易陷入這種愛情。亞當談到泰莎就像存在於「他的手機裡」、「他的口袋裡」。

最後，亞當覺得簡訊促成了他與泰莎的愛情，也是導致他們分手的原因。簡訊支撐了泰莎不切實際的幻想（「兩人全然的相知相惜」）。儘管亞當努力把自己塑造成想要的形象，但他和泰莎分享了那麼多以後，久而久之，他暴露了真實的自我，但那個真實自我並不是泰莎想要的。

我們覺得數位媒體是一個舒適圈，可以在眾人面前展現「恰恰好」的自己，這就是「金髮女孩效應」。電郵和簡訊讓人覺得一切都在自己的掌握中，但是詳細討論線上交談時，大家通常會提到那些線上交流所造成的誤解與錯誤。所以，那種一切盡在掌控中的感覺，只不過是一種感覺罷了。

理論上，數位媒體可以讓你維持「恰恰好」的距離。但實務上，至少在愛情中，數位媒體很少達到那種效果。兩個人聯繫時間一長，幾乎不太可能維持「恰恰好」的距離。所以，「金髮女孩效應」其實是「金髮女孩謬誤」（Goldilocks fallacy）。當亞當犯下他認定的「錯誤」時，那個錯誤從此就被記錄下來了。他提醒我，在線上，「凡寫過必留下痕跡，每個錯誤都有紀錄，隨時可以翻舊帳，永遠無法遺忘。」

我們真正需要知道的東西

除了對情感距離抱持著「金髮女孩謬誤」以外，我們對線上交流還有另一種誤解，亦即資料謬誤（data fallacy）。所謂資料謬誤，就是我們覺得線上交流提供了大量資料，足以讓我們熟知伴侶的一切了，至少已經足夠讓我們把一切做得「恰恰好」。例如，亞當覺得他擁有那些有關泰莎的資訊，令他感到放心。但實際上，他只收到泰莎的文字，卻無從了解她的肢體語言、臉部表情或言語的抑揚頓挫。所以，他常錯過他真正需要知道的資訊，而那些是面對面交談時會注意到的。

這種錯過資訊的情況，曾發生在兩人分手前的某次Gchat對話中。那段對話惹惱了泰莎，但亞當覺得那是「不錯的對話」。我從亞當的描述可以明顯看出，他其實不明白他寫得愈多，反而使情況變得愈糟。為什麼會那樣呢？儘管他與泰莎在Gchat聊天時，兩人的目標不同，但亞當覺得他們巧妙應答的熱絡令他感到放心，畢竟他們聊了那麼多！頻繁的聯繫掩蓋了他們之間缺乏親密感的事實。

當時的情況是這樣的：泰莎出差不在家，亞當住在她的公寓裡。他們起了爭執，隔天兩人使用Gchat和解。亞當讓我看他們兩人的對話時，他說他看到自己的「話語」和泰莎的話語有部分重疊時，覺得很放心。

尤其，泰莎明顯把他拉近時，他更覺得窩心：

泰莎：我不在家時，你待在我家，穿著我的背心，應該覺得很怪吧。

亞當：上面又沒有你的名字。我在卡普街的服飾店裡幫你買了一份禮物，很時髦喔。

泰莎：自從我胸部長大了「一點」，能讓胸前印著名字的衣服出現性感曲線後，那種衣服就不流行了。禮物！哪家店買的？卡普衣櫥嗎？……

亞當：你是想要強調「一點」這兩個字嗎？

泰莎：是啊。

亞當：我想吻你。

泰莎：我也是。

亞當：那就吻吧。

泰莎：吻了。

亞當：好熱……你不在家時，待在這裡確實很怪，但我很喜歡。這裡充分反映你的氣質和品味。你的藏書讓我驚歎又著迷，看得出你的知性。

亞當解釋，他的最後一句話是想把泰莎的藏書和知性劃上等號，因為泰莎常擔心她「不像那些作家那麼聰明」。但泰莎看到他那樣寫，並不領情：「可惜，知性和藏書不一樣。」亞當安慰她：「但大家都這麼說。我想傳達我對你永遠的愛。」儘管亞當試圖安慰泰莎，但泰莎還是直接打斷了對話，她回覆：「你去忙你的吧。」

在這段對話中，泰莎面對亞當的大量美言，頓時感到不安，所以斷然結束對話，接著又補上一個想法，用來自我安慰。她直接打斷對話並道別後，又提到她要「去外面坐著看一下書，我懷念以前看書兩、三小時的感覺，呃，或至少一次看個半小時。」亞當使她對閱讀產生了焦慮，所以她特地說她要去讀點書，但最後又補上一句作為緩衝。她的工作讓她難以抽空閱讀，只能利用短暫的空檔。

亞當說，這段對話顯現出他和泰莎的「最佳狀態」。他說，他們在那段對話裡「分享」、「相互支持」、「知道彼此的需求」。但亞當沒提到的是，那段對話也顯示，他提到對泰莎有威脅感的話題時，泰莎立刻閃避了。這種事發生時，亞當非但沒有退縮，還加碼說了泰莎可能不相信的話：他把泰莎的豐富藏書和她的知性劃上等號。如果他們兩人是面對面交談，亞當會不會看到泰莎頓時疏離、退縮、轉移視線呢？

戀情的終止與檔案

當「更好的亞當」（電郵和簡訊都編輯得恰到好處）也無法達到泰莎那個相知相惜的標準時，兩人的感情就此劃下了句點。在最後一次通話中，泰莎告訴亞當，她需要的不止這些。

那通電話令亞當失落，甚至後來轉為憤怒。他寫了一封電郵給泰莎，說她的要求根本沒有人能達到。「我告訴她，她得不到想要的東西時，就開始像孩子一樣鬧脾氣。那些話都是千真萬確的……但我沒有打電話告訴她：『嘿，我想跟你談談這些事。』為什麼我無法當面對她說那些話呢？」

亞當開始回答自己剛剛提出的問題。他說，他寫那封充滿怒氣的電郵時，可以想像泰莎收到那封信的模樣，但他刻意不去想她的反應。後來泰莎以簡訊回覆他，說他錯了，還痛罵他一頓。亞當不敢再看那則簡訊，他只說：「她回得很直接，把我罵得狗血淋頭。」他從螢幕上看到那些傷人的文字，卻不願再見到泰莎，或許是不願聽她當面說出那些話。

亞當繼續說明，為什麼他最後會寫那封電郵給泰莎。泰莎跟他分手時，他正陷入自我懷疑的痛苦中。或許泰莎是對的，或許他真的對她不夠相知相惜。「所以我想對她表達情感時，我覺得我用話語表達可能不夠，於是我用一種確定不會出錯的方式來表達情感：寫電郵。」但那封電郵完全沒有達到效果，反而刺激對方講出傷人的話。

新媒體究竟對愛情的溝通產生了什麼影響？它們讓溝通變得更深入，也增添了即時性。但是在線上，有大量的檔案訊息唾手可得，我們因此誤以為我們真的很了解伴侶。在線上，我們更有可能說出傷人的話。數位交流讓我們不受拘束，暢所欲言，但談情說愛時，多點圓滑會更加順遂。亞當說，線上訊息「可以讓你比現實稍微浪漫一些」，但他也補充，線上交流也可以讓你變得「更殘酷一些」。

從戀情剛萌芽開始，戀人就一直讓彼此感到不安。亞當在手機與電腦之間來回切換時，讓我感觸最深的一點是，當他思考自己是誰、想成為怎樣的人時，他選擇查看他留下的檔案，從那些殘留在舊手機裡的熱戀簡訊開始看起。事實上，亞當覺得，從和泰莎交往開始，所有的紀錄都屬於那段戀情的一部分。

我們交往的當下，就知道一切都會留下紀錄，對話的紀錄，我覺得那是很強大的東西。我經常回顧我們以前的對話……那有一種永恆感。我們也喜歡講電話，但有時候……我不禁覺得，我們之所以轉往線上交流，原因之一可能是那個交流媒介可以記住一切……我很珍惜那種永恆性……當她寫下「你很棒」時，她是在說「我有某種需求，你滿足了那個需求」。那樣的書面證據永遠存在我的Gmail裡，可以隨時列印出來，那很重要……

那個訊息檔案肯定了亞當，他看到自己變成他想要的樣子。當然，他也知道，留下那個檔案也有「相反地效果」。亞當說：「她在線上說：『你不夠好』時，讀起來就令人崩潰……那不是她在氣頭上脫口說出的話，而是斟酌過後的文字，那裡頭摻雜了一定程度的思索。」

亞當認為，數位交流幫他談了那段感情，因為他有時間精心雕琢文字，但那也表示泰莎的簡訊和電郵也是雕琢過的。這個道理似乎再簡單不過了，亞當坦言，他以前沒想那麼多，他一直覺得泰莎發的簡訊都是「肺腑之言」，比他的簡訊更自然即興。但現在亞當說：「我的思緒很亂，我一直在想：『真要命……或許我不是那麼重視那些電郵，也許那些文字不像我想的那麼自然真誠。』」亞當不禁懷疑，他是否變成那些戀愛檔案的俘虜，所以他問：「你要如何了解一個人的真面目是什麼模樣？」

第四部　三把椅子

CHAPTER

8

教育
注意力渙散

我需要知道誰在找我，我們的專注力敵不過科技的引力。

——一位MIT大三生說明她上課時查看簡訊的理由

（談到以演員替代教授在網路上授課的可能）據我所知，真正優秀的演員其實教書很有一套。183

——哈佛MIT線上教育平台EDX的執行長安納特·阿加瓦爾（Anant Agarwal）

我在麻省理工學院開了一門研討課，主題是科學、科技與回憶錄。這班有二十個學生，上課的氣氛很親近，我們讀科學家、工程師、設計師的回憶錄（學生最喜歡的作品是奧立佛·薩克斯〔Oliver Sacks〕的《鎢絲舅舅》〔*Uncle Tungsten*〕），然後學生也輪流講述自己的故事。

麻省理工學院的學生背景多元，有些人家境清寒，在課堂上分享的故事特別辛酸。有一個學生和家人從前蘇聯搬來美國，另一個學生出生赤貧之家，以前常睡在車上，無家可歸。然而，儘管成長的過程如此艱辛，這些學生努力地踏進了科學、工程或設計領域。有些是受到老師、父母或朋友的啟發，有些是因為對某個物件深深著迷（例如故障的汽車、舊電腦、老爺鐘）。這些學生似乎都很了解彼此，頗有共鳴，我以為這門課發揮了效用。

但學期過一半時，幾個同學說他們想跟我談談。他們告訴我他們一直偷偷在上課時發簡訊，覺得很愧疚，簡訊內容都是些很私密的事。他們說，其實不管上什麼課，他們都會發簡訊，但在這門課上，發簡訊感覺似乎很不應該。我們討論後，覺得這件事應該在課堂上拿出來討論。

在課堂討論中，更多的學生坦承他們上課時也在發簡訊。有幾個人說，他們得知同學在課堂上發簡訊時，感到難過，因為他們談的是成長歲月的磨難、遭到虐待或遺棄的痛苦。不過，連這些人也說，他們覺得上課查看簡訊是常態，而且從高中時代就很常見了。但為什麼他們要在**這門**課堂上做呢？**畢竟他們在談的是自己的人生**。

在後來的討論中，學生說隨時隨地上網是生活中不可或缺的必要條件。除非他們可以隨時上網神遊他方，否則他們感受不到自己的存在。對某些人來說，三分鐘不查看手機實在太久了，有些人甚至說他們習慣兩分鐘看一次。帶平板電腦來上課的學生說，「查看社群網絡」

很簡單，只要點螢幕上的臉書圖標就行了。他們只是想看有誰正在找他們，為了心安。

我們決定實驗一下，整堂課裡都不准使用電子產品，休息時間才可以查看手機。我發現，那門課出現了些許的變化，大家的交談比較輕鬆、更有凝聚感，學生不急不徐地陳述想法。他們也告訴我，上課的感覺比較放鬆：不受手機誘惑時，更能控制注意力。這聽起來實在很諷刺，因為某種程度上來說，我們覺得手機是賦予我們更多掌控權的工具，但事實卻非如此。

學生之所以感到內疚，是因為在那門課裡，他們覺得平日習慣的分心方式（一邊看手機，一邊聽同學發言）是錯的，因為那對同學（和他們自己）的人生故事不夠尊重，使他們覺得自己逾越了某種道德底線。他們可以想像某天周遭的人都覺得難過時，你依然自顧自地掏出手機的情景。

我們的注意力受到很大的干擾。我們把注意力放在哪裡，不僅反映出我們決定學習什麼，也顯示出我們重視什麼。

一心多用的迷思

如今，注意力渙散是很普遍的現象。在大學的課堂上，注意力渙散造成了特別的問題，畢竟校方投注了那麼多的時間和心力，才把學生、教授、教育資源集中在一起。即使如此，大學課堂仍像其他地方一樣受到干擾，只要我們手上握有電子裝置，就想一心多用。

在一心多用的過程中，我們追求的是一種幻象。我們以為自己同時兼顧了好幾件事，但大腦其實是在不同的事情之間迅速地切換，而且每多加一件事，整體績效就會降低[184]。一心多用讓我們的神經處於興奮狀態，我們以為自己處理得愈來愈好，但實際上卻愈來愈糟。我們發現，一心多用的人不僅難以決定如何安排時間[185]，久而久之，他們還會「忘記」如何解讀他人的情感。例如，我的學生認為上課發簡訊不會干擾他們對課堂討論的理解，但他們錯了，一心多用的迷思本身就是一個神話。

然而，如今一心多用已經是課堂上的常態。二〇一二年，大學生十個人裡就有九個人坦言，他們上課時會發簡訊[186]。

隨著一心多用逐漸變成常態，簡訊的普及運用成為這個文化中最明顯的特質。前面我們看過一群康乃狄克州的高三生，自從二〇〇八年的聖誕假期收到智慧型手機當禮物後，隔年展開下學期時，體驗截然不同：他們在校期間，無論上下課，都不停地發簡訊。後來，由於上學時他們實在花太多的時間在簡訊上了，學校開始實施「上課不准發簡訊」的政策，但學生根本不把規定放在眼裡，有些學生甚至宣稱他們沒聽過那個規定。安德魯說：「多數學生不用看螢幕也能發簡訊，所以你只要看著老師，拇指在桌面下瘋狂地輸入就好了。」

奧利佛是那群高中生中比較用功好學的一位，但他也特別強調，老師不該太在乎學生上課傳簡訊。老師把講義放到網路上，他「已經知道」這堂課在講什麼了，所以他說：「每次上課我都覺得很無聊，想做點別的事，我幾乎一直在發簡訊。」奧利佛也坦言，一旦他開始發簡訊，就不太可能集中注意力了：「你發簡訊或等待別人回覆時，無法關注課堂上的東西……有那麼多的事正在進行，你想透過手機接收那些消息。」

儘管奧利佛有注意力難以集中的問題，但二〇〇八年他就已經料到，那時的狀態會一直持續到未來。他想像從此以後，只要他一感到無聊，就會立即遁入另一層次的線上溝通。所以，對他來說，「無聊是過去才有的事。」他說，每個世代各有一套因應無聊的方法，尤其是應付課堂上的無聊。以前的年代可能是傳紙條、塗鴉或放空，他的世代是發簡訊及上臉書。他認為他的世代很幸運：「我們擁有排遣無聊的美好新功能。」

他的朋友艾登並不同意他的看法。艾登認為，這種「美好新功能」導致他們都失去了專注力。也許奧利佛並不無聊，但他有沒有注意到班上沒有人專心聽課呢？

這個世代很早就接觸智慧型手機，他們上大學後，並未對「無聊」產生更大的耐心。前面提過裘蒂，我在她讀大三時訪問過她。課堂上，只要步調一慢下來，她就馬上掏出手機，把每一種社群媒體的App都巡一遍，只是為了查看有沒有人找她。裘蒂說，她喜歡這種「飛速切換」的感覺，任何課程不管再怎麼有趣，都比不上迅速查看手機的快感，為什麼呢？因為課程「只是一種刺激模式而已」。

所以，學生只要一感到無聊，可能就會從課堂討論抽離，因為有朋友正在找你，又或者，就像那個回憶錄班上的一位學生所說的：「你只是想知道誰需要你。」一旦你啟動「App

巡禮」，就沒完沒了了，你根本不想停下來。

在課堂上，那些分心的學生也影響別人分心。研究顯示，學生在課堂上使用筆電同時做多件事時，周圍的同學學習效果也比較差[187]。一位大四生說：「我在一堂很棒的課上，環顧四周的同學，發現有人上網買鞋，我心想：『開什麼玩笑？』我不禁生氣了起來，但我也氣自己幹嘛多管閒事。不過，我從氣別人轉為氣自己以後，發現自己漏聽了一小段課程，這下子我就真的怒了。」

情緒受擾時，注意力確實很容易受到干擾。不過，即使是情緒不受影響的人，在課堂上看到同學上臉書或查看電郵時，你的腦中也會閃過兩件事：也許這堂課很無聊吧；或許我也應該上網瞧瞧。儘管研究顯示，一心多用不利於學習，目前大家依然以為一心多用是好事。例如，AT&T公司推出一系列廣告[188]，廣告中一個年輕人和一群學童談論他們知道的事（或是小學生知道但大人想要再次證實的事）。其中一件大人和小孩都認同的是：「愈快愈好」，還有一件是他們覺得同時做好幾件事比較有效率，可見這種迷思很難打破。

由於一心多用讓人自我感覺良好，我們也不想打破那個迷思。大家常說一心多用會讓人上癮，我不喜歡在這個脈絡下討論上癮，因為我覺得以這種說法來討論科技的吸引力，會讓人感到無助，感覺好像再怎麼抵抗也沒有用。這樣想其實是錯的，在這種情況下，抵抗並非徒勞無功，反而效果很好。作家、藝術家、科學家、學者常公開表示，他們為了創作而切斷電腦的網路連線。例如，小說家莎娣·史密斯（Zadie Smith）在新書的謝辭中，感謝了

Freedom和SelfControl這兩種軟體幫她暫時關閉蘋果電腦的上網功能[189]。

把電子螢幕和吸毒相提並論並不恰當，還有其他的理由。你有海洛因毒癮時，只需要做一件事：戒掉海洛因，因為那已經危及你的生命；但筆電和智慧型手機是無法淘汰不用的東西，**它們是生活中的既定事實，是創意生活的一部分。我們的目標應該是把它們用於更明確的目的。**

與其把電子產品的使用視為上癮，我們應該面對以下現狀：那些科技令我們難以抵擋，但我們卻未正視這個事實。想往未來前進，得先認清自己容易受到誘惑的本質。接著，根據那些弱點來設計科技和環境。例如，我們知道一心多用充滿誘惑，但是對學習無益，既然如此，我們就應該推廣專注一心（unitasking）：專心做單一任務。

值得欣慰的是，發現自己抵擋不住科技誘惑並想辦法解決問題的人，通常是孩子。事實上，批評一心多用時，我看到孩子發揮了帶頭的作用。例如，學校發給十四歲的雷娜一台iPad，八年級的全部課程內容都在上面，但是iPad也可以用來查電郵、玩她最喜歡的遊戲，包括《糖果傳奇》（*Candy Crush*）。為了有效學習，她把閱讀作業都列印出來了，把iPad擱在一旁。她是從姊姊身上學到這招的，姊姊的全部課程也在iPad上，她也有注意力無法集中的問題。雷娜描述她遇到的狀況：

> 同學都很喜歡iPad，因為他們在課堂上可以用它來迅速查資料，但也很容易

分心。例如，我姊姊也有iPad，她說她和朋友的簡訊功能被鎖住了，但他們可以用學校的電郵溝通。上課時，他們會假裝在搜尋資料，但其實上是在互傳電郵，因為他們覺得很無聊。有時，他們也會把考題截圖下來，傳給還沒考過的朋友。

不過，我姊姊說，即使她和朋友只是想為了考試而讀書，「他們也會把iPad上的資料都列印出來」，因為iPad上有太多讓人分心的東西及App，用它來讀書太難了。

這位學生知道，手上握有這種可以玩遊戲及傳訊息的電子裝置時，上課很難專心，因為那種裝置的設計，就是為了鼓勵你一直用它來做不同的事。雷娜享有一些優勢，所以很快就意識到iPad帶來的不便：她記得以前沒有iPad時，沒有那麼容易分心，所以她能夠比較以前和現在的情況，再加上她有一個姊姊當榜樣。不過，像雷娜那樣有自覺的學生，如今逐漸變成了特例。現在一開始上學就配備iPad的學生，不會知道你可以用那種方法「逼」自己專心，他們需要經驗較為豐富的長輩來指導他們。

教育工作者看到學生為了遠離螢幕而把作業列印出來，應該停下來深思。他們當初基於一片善意，為了提高效率而關閉圖書館、宣稱書本已經過時了，那些做法是否適得其反了呢？

專注一心 vs. 超敏多工

很多教育工作者的因應之道是勉強通融：他們發現學生在課堂上傳簡訊及上網搜尋時，也只能說：「好吧。」畢竟，以前的學生有其他的分神方式，傳簡訊及上網不過是二十一世紀的新方法罷了。但有些教育工作者不想坐視這種數位媒體所造成的分神，他們發現這種注意力渙散會產生新的「感知力」（sensibility），想把握這個機會，以新的方法教學。

所以，文學理論家凱薩琳．海爾斯（Katherine Hayles）主張，注意力渙散是二十一世紀的感知力，懷念以前課堂上的「深度專注力」毫無助益[190]（我對此論點的懷疑是從這裡開始的，因為我想到雷娜和她的姊姊刻意把閱讀作業列印出來，以避免在iPad上分心的例子）。海爾斯說，現在的學生是以一種新的方式思考：超敏多工（hyper attention）。以目前課堂上的現實狀況來看，教育工作者面臨的選擇是：「你要嘛改變學生，使他們適應教育環境；不然就改變環境，讓環境去適應學生。[191]」

換句話說，海爾斯認為，其實教育工作者沒得選，教育必須接受這種「超敏多工」的文化。海爾斯為此舉了一個有建設性的做法為例，她指出南加州大學在教室裡安裝螢幕的實驗。

有一種互動模式是「Google架馭」（Google jockeying）：有人做簡報時，其他的參與者上網搜尋合適的內容，放到螢幕上，像是相關案例、定義、圖片或相反觀點的網站。另一種互動模式是「意見反饋」（backchanneling）：有人做簡報時，其他的參與者可以留言評論簡報的內容[192]。

「Google架馭」無疑符合我們目前討論的情況。學生說課堂開始單調乏味時，他們就想做點別的事。使用「Google架馭」等於是間接地表示：好啊，我們就消除那些單調乏味的時刻。現在連經驗豐富的老師也開始強化簡報內容，以便和學生的電子產品競爭注意力（老師不見得會承認這點）。或者，有些老師就像海爾斯建議的那樣，告訴學生上課時可以上網搜尋相反地觀點、圖片和評論，或是自己提出評論。

然而，學生抱怨課堂對話提供的刺激不夠多時，其實還有一種因應方式：告訴他們，無聊時刻正是發揮想像力、開發新思維的機會。

課堂上出現冷場時，我們不該以更炫的科技手法（例如Google架馭）來吸引學生的關注，而是應該鼓勵學生留在那個沉靜或分心的時刻，說服他們相信那些獨自思索的時刻終將讓他們受惠。我們可以告訴學生，課堂上難免都會出現冷場，他們應該「勇於面對」那些無聊的挑戰。一位化學教授這麼說：「在我的課堂上，同學做白日夢也無妨。萬一他們因此錯過了課堂上的重點，回去看講義就好了。他們天馬行空地想像時，可能正以他們自己的方式，融會貫通課程的內容。」

對那些擅長專注一心、也擅長超敏多工的人來說（海爾斯當然是其一），看到超敏多工的狀態時，很容易讓他們感到興奮，因為那是這個時代的新產物。他們至少還有選擇，可以在那兩種注意力之間切換。但那些在一心多用的環境中成長的孩子，可能就別無選擇了。

一心多用的生活限制了你的選擇，使人無法隨心所欲地集中注意力。最佳狀態是兼具專注一心及超敏多工的能力，亦即具備多種專注力，那才是我們的教育目標。你可以選擇一心多用，也可以選擇集中精力做一件事，而且你也知道何時該選用哪一種能力。

但是，具備多種專注力是很難達到的事。超敏多工令人感覺良好，而且在缺乏練習下，我們可能連專注一心的能力都會失去。

Google的施密特有一次對大學生演講，提到他的憂慮。他告訴學生，以前搭飛機無法連線上網，他習慣看書。現在飛機上有無線網路後，一切都變了。「現在我搭機時，一直掛在網路上，處理電郵、與人互動等等，沒時間看書了，我覺得我們應該為此想想辦法。[193]」施密特說這番話時，正在宣傳他寫的新書。那本書稱頌科技如何「重塑」人類[194]，甚至副標就這麼寫。施密特對於自己把讀書的時間拿來處理電郵和簡訊感到憂心，卻又相信科技促進了我們的進步。

經濟系研究生伊莉莎白對於科技帶來的進步不是那麼肯定，她覺得工作上「自然而然地一心多用」削弱了她的認知能力。

讀研究所以前，伊莉莎白當過顧問，那份工作促使她開始習慣一心多用的生活。「例如，我可以一邊處理客戶的郵件、搜尋產業資料以便加入一場緊急會議要用的簡報、研究晚上和好友去哪家餐廳用餐，同時撰寫當天該做的檔案。這種一心多用的習慣促成了另一種習慣：大略掃描式閱讀。」她重返校園深造時，才意識到多年來一心多用的習慣所造成的影響：超敏多工的人生。她現在就讀研究所，倫理學課上指定的閱讀作業是柏拉圖《理想國》（*Republic*）的片段。

> 我照著習慣，大略讀過那章，結果發現讀完後幾乎沒什麼印象，我又重讀了一遍，甚至還做了筆記。偏偏我上課那天忘了帶筆記本，雖然我記得那章的主旨（節制是好的，奢侈欲望是不好的），但我想不起來文中提到的具體內容。我必須透過手機看那個章節，連上維基百科查一下柏拉圖，才能參與課堂討論。能夠隨時讀取資訊固然很好，但是大腦裡沒有至少留點印象的話，我無法從那些概念舉一反三，或是融會貫通，得出新的觀點。

我訪問伊莉莎白時可以明顯看出，她除了不滿意自己的課堂表現以外，也擔心自己的其他能力受到影響。如果她無法「從那些概念舉一反三，或是融會貫通，得出新的觀點」，她知道她也無法進行某些對話，那可能是最重要的對話。

注意力不是我們為某個領域而特別學習的一種技能。當你訓練大腦以「一心多用」作為基本的運作方式時（亦即善用超敏多工的能力），等你想專心的時候，已經難以集中注意力了。你因此無法坐下來傾聽孩子分享學校生活；你上班時也覺得在會議室裡坐不住，無法聆聽同事的談話，覺得他們講得太慢。就像中學生因缺乏練習而沒有學會對話技巧一樣，大學生也喪失了坐在教室裡聆聽複雜討論的能力。研究顯示，無論線上教育影片有多長，大學生都只看六分鐘，所以現在的線上教學課程都只有六分鐘[195]。但是，如果你習慣一次只接收六分鐘的資訊，你會開始對較長的演講失去耐心。一個大四生如此描述朋友對「簡潔言論」的偏好：「如果可以隨興選擇，他們會以一則推特訊息開啟話題，並以另一則推特訊息結束對話。」

塔夫茲大學（Tufts University）的認知神經學家瑪莉安・沃夫很早就發現學生有注意力渙散的現象。她一直覺得自己沒有這方面的問題，直到某天晚上，她坐下來讀赫曼・赫塞（Hermann Hesse）的《玻璃珠遊戲》（*The Glass Bead Game*），那是她很喜歡的作者，但她卻無法專心讀下去。她頓時慌了起來，心想該不會是上網時間太多，導致她失去專心閱讀的能力。施密特提到自己難以長時間閱讀時，他說：「我們應該為此想想辦法。」沃夫則馬上採取行動，開始研究大略掃描式閱讀、瀏覽、滾動式閱讀對「深度閱讀力」[196]的影響。她認為，習慣線上生活使我們難以召喚深度專注力。這種情況之所以會出現，是因為大腦的可塑性很強，在人的一生中會持續改變，它會根據我們配置注意力的方式「自我改造」[197]。

沃夫、海爾斯、施密特都發現了深度專注力遇到的問題，但他們的因應之道各不相同。

海爾斯主張，我們應該刻意改變教學方法，以順應這種新的感知力；施密特只是聳聳肩說，反正最後科技會把我們導向正途；沃夫把焦點放在大腦的可塑性上，所以產生不同的觀點。因為如果大腦有可塑性，那表示無論是哪個年紀，我們都可以努力培養深度專注力。換句話說，如果我們覺得深度專注力很重要，就應該培養那種能力。實際上，沃夫就是在身體力行下，得到這樣的啟發。她發現她無法專心閱讀赫塞的作品，但依然堅持下去。如此努力兩週後，她又回到沉浸在深度閱讀的樂趣裡了。沃夫的經驗顯示，有一種教學法可以培養專注一心和深度閱讀力。但是，如果我們真的重視這兩種能力，我們必須積極去培養才行。

淺嘗輒止

海爾斯不是唯一熱中「超敏多工」的人。約翰．帕夫雷（John Palfrey）和巫爾斯．加瑟（Urs Gasser）在《數位世代》（*Born Digital*）裡，頌揚一種新型態的學習者[198]。他們到處學習，這裡學一點，那裡學一些：不時上維基百科查點資訊、上「喜劇中心」（Comedy Central）觀賞短片、從推特接收短訊、由Google的搜尋結果擷取答案。總之，這種新型的學習者只讀標題、看圖片，然後就自己看圖說話，腦補一番。他們對知識淺嘗輒止（graze），需要深度理解時，才停下來潛心研究。帕夫雷和加瑟說，老一輩受到的訓練是鎖定幾個值得信賴的資源，並深度閱讀以蒐集資料，但我們沒有理由認為老一輩的學習方法更好。兩種學習方法沒有好壞之分，只是風格不同罷了。

不過，實務上，淺嘗輒止很難發展出事件的敘事框架，以便思考歷史或當前的事件。一位高二老師說：「我的學生有學習上的困難；他們不知年代、不識地理、不懂如何判斷事件的重要性。」

問題不在於上網，而是你在書本中或長文裡比較可能看到完整的敘事，但現在大家寧可看網路上的碎片化資訊。**那位老師所指的是，她的學生沒有足夠資訊以掌握事情的全貌，因而無法提出個人的觀點**。然而，現代的學生仍持續跳過這位老師所說的「基本內容」，覺得上網瀏覽時，自然會吸收到那些資訊。網路成為他們的「資訊義肢」[199]，他們覺得依賴義肢也沒什麼不好。

前面我們提過三十二歲的莫琳，她說沒有手機的話，她會「覺得無話可聊」。莫琳比較她和母親的情況，她的母親熟記了很多詩詞，莫琳對詩則一無所知，不僅如此，她說以前上學時，學校從來沒要求她背過什麼，包括「歷史事件的時間或地點」。她需要知道某件事的資訊時，上網搜尋就好了，這也導致她沒有手機時，覺得很空虛。不過，手機在手時，儘管資訊近在咫尺，但腦中對故事的年代或全貌卻毫無印象。對她來說，美國一八六三年發生的其他事情，只是某個獨立存在的事件，獨自飄在某處，跟她已知的美國南北戰爭毫無關聯。

我訪問現代的高中生和大學生時，看到很多像莫琳那樣的人。那些學生都覺得需要查資料時，手機隨時在身邊很方便，也許日後他們會後悔自己對事件的「脈絡」一無所知。目前，國中和高中的老師只能自己想辦法說服學生，為什麼他們需要記住人物、地點、事件年表等故事元素，以及為什麼他們應該放慢腳步。

「他們想要正確答案，馬上就要！」

我辦了一場焦點團體的座談會，邀請美國東北部獨立高中的二十位教師和行政人員來參加，一起討論教育裡的科技使用狀況。他們擔心學生過於急躁，以下是他們在討論中提出的看法：「他們覺得任何事情都可以迅速完成。」、「他們沒興趣傾聽彼此的說法，遇到問題時，想要正確答案，而且馬上就要！」他們希望直接獲得解答，「不知道解題是需要流程的」。他們認為概念應該像搜尋結果那樣馬上出現，「他們不重視論證逐步發展的過程，但有時發展論證需要迂迴繞路才辦得到。」

老師也認為，學生的「簡報狂熱」對學習毫無助益。許多學生從小學就習慣以PowerPoint簡報取代讀書心得之類的手寫作業。條列式的簡報內容確實有助於構思，但簡報是採用特殊的思維[200]，比較強調速度和簡潔。

那場座談會接近尾聲時，與會者對於下一步該怎麼做得出一些共識：這些教育工作者認為，學校應該讓學生在課堂上有更多的時間陳述想法，傾聽他人的反對意見，並要求學生不斷地精進觀點。學生需要練習提出觀點，並為自己的觀點辯論。換句話說，學生需要花更多的時間，面對面地交談。

即使每個學生都可以隨時上網，但這些教師堅稱，這種隨時取得資訊的方式並不算教育。在你知道你需要什麼知識**以前**，你必須先有紮實的事實和概念基礎。我們是用已知的知識來思考，是運用已知來提出新的問題。聽到那些教育工作者這樣說時，我不禁想到莫琳。她希望有更多的知識來構建「脈絡」，她希望有更多的「知識以便思考」，她覺得母親熟記的詩詞就是那種知識基礎，她的母親擁有更多的思想。

一群醫生討論醫學教育的未來時，也針對網路提供的即時資訊，提出了類似的擔憂。如今，醫生做最初診斷時，愈來愈依賴掌上型資料庫，一位哲學家稱之為「電子記憶」[201]。醫生把症狀輸入系統中，那個電子工具就顯示出可能的診斷結果及建議療法。有一種電子記憶工具名叫UpToDate，八九%的住院醫師把它視為回覆臨床問題的首選工具[202]。但是這種「即時」和「剛好夠用」的資訊能教導年輕的醫生自己構思並得出**自己的**結論嗎？

快速準確的判斷，取決於大腦是否融會貫通了大量的事實[203]。如果你逐漸依賴電子記憶，你可能不會花時間去累積自己的記憶。不僅如此，你到最後可能還會覺得沒必要再花心思去記憶。

塔夫茲大學醫學院的教授傑羅姆．卡西勒（Jerome P. Kassirer）指出，以前的醫生是從閱讀醫學期刊、整理內容，在自己的大腦裡建立一套資料庫[204]。卡西勒認為那種學習沒有明確的目的，但那是特色，而非缺點；是一種資產，而不是問題。卡西勒強調，在醫學領域裡，「我們不見得知道我們需要懂什麼。為某一刻的需要所搜尋的資訊，可能對未來沒有太大的用處。[205]」搜尋是回傳我們想要的答案，那正是搜尋的功用。當我們依賴電子記憶時，我們失去了未過濾的廣泛資訊，創意和靈感都是從那些廣泛的資訊中萌發出來的。尼可拉斯·卡爾對於搜尋與記憶的擔憂更為廣泛，他表示：「文化若要維持活力，生生不息，必須在每一代的大腦中更新。一旦我們把記憶外包出去，文化也隨之凋零。[206]」

謄錄的誘惑：把機器放一邊

哈佛法學院教授卡洛·史泰克（Carol Steiker）非常堅持一種專注一心的形式：她要求學生只能**動手寫**筆記。哈佛法學院跟許多法學院一樣，對於過去十年來所有的教室都可以連線上網感到自豪。所以，多年來史泰克一直允許學生上課時以筆電做筆記。

我訪問了史泰克及其他的法學教授。他們以前都允許學生上課用筆電做筆記，那似乎是很自然的事，學生已經很習慣這種方式。教授也不想扮演「思想警察」的角色，檢查學生上課時有沒有上臉書。他們普遍認為，如果學生無法在法律課上聚精會神地聽講，學生很快就會吃到苦頭，課業落後。

史泰克解釋為什麼她後來改變立場了。她注意到那些用筆電做筆記的學生不僅比較容易分心，他們根本完全失去了寫筆記的能力。她指出：「用筆電做筆記的學生似乎覺得，他一定要把上課講的內容完整記下來，他們其實是在做整堂課的逐字稿。[207]」簡言之，學生好像變成法庭上的速記員。史泰克認為，這樣做本身就有問題，她希望寫筆記是幫同學融會貫通課堂上的內容，提綱挈領。寫筆記是訓練學生用自己的方式整理一個議題，那可以培養傾聽和思考的技巧，對日後的律師生涯很重要。

史泰克也說，那種想要「謄錄」完整內容的衝動，會產生一種奇怪的副作用：**學生不希望自己在課堂上被打斷**。史泰克說：「有時你叫他們起來發言，他們還會覺得很煩，因為你打斷了他們的謄寫。如果寫筆記的目的是為了記住課堂的精髓，你會記得自己的課堂參與，把它變成記憶的一部分。如果你只是想謄寫完整的課堂紀錄，參與課堂的討論會使你擱下謄寫任務。」

史泰克描述當初讓她頓悟到學生使用筆電有礙她授課目的的轉折點：

> 一位大一新生生了重病，請了幾週病假，班上同學因此組成筆記小組，輪流幫她做每堂課的筆記。有一次下課後，負責為那節課做筆記的女孩來找我，她很沮喪，問我能不能把我的教學講義借給她，讓她寄給那個沒來上課的同學。她說，她的電腦沒電了，又沒有帶電源線，所以上課沒辦法做筆記。我不禁問她，那怎麼不用紙筆寫筆記呢？那位同學當場傻眼看著我，顯然她從來

沒想過可以用手寫。她已經失去那種能力了。

這件事至少凸顯出兩個諷刺點。第一，用筆電做筆記的背後，隱藏著一種幻覺：當機器可以讓我們把筆記記得更快時，我們以為筆記也會寫得更好。結果，我們根本不是在做筆記，而是變成打字機。第二，當機器能夠代替我們做筆記時，那並未幫我們達到想要的目的，因為做筆記就是一種學習思考的過程。

所以史泰克現在不准學生在課堂上使用電子產品了。她笑著說，自己是逐漸確立這個立場的。她先告訴學生，上課不准用電腦，結果學生確實收起筆電了，但上課時還是會看手機。她說：「我覺得這真的很妙。」事實上，那些學生的想法就跟律師一樣，只遵守規定的字面意思，不理會規定的用意。「所以，後來我不得不清楚地說，我的意思是所有的電子產品都不准用。他們聽了以後，似乎很訝異，他們已經很習慣低頭看手機了。對他們來說，上課時拿著手機，不是在使用科技產品。」很多報導都提過，現在的電子產品令我們習以為常，方便好用，所以對我們來說幾乎變成無形的配備。通常這會被認為是好事，但是如果我們「看不見」電子產品，就更不可能察覺到它們對我們的影響。我們開始以為，手握電子產品時的思考模式，是再「自然」不過的思維方式。

史泰克說，現在課堂上禁用電子產品後，「我叫他們發言時，他們不再感到厭煩了」。她現在很樂觀，深信要求學生動手做筆記可以讓他們變成更好的傾聽者。「他們沒辦法完全謄寫授課內容，所以必須判斷什麼資訊最重要。」她說這個故事時，我想起十年前一名高二的學生告訴我，為什麼她喜歡帶筆電去上課。「有筆電時，可以記下一切資訊。」當時我沒有深入探究那句話的意思，可見有些代價需要過一段時間才會顯露出來。

磨課師發想

如果你想設計一種完全適合超敏多工者的教育科技，可能會設計出像磨課師（MOOCs）那樣的東西，亦即大規模的公開線上課程[208]，又稱慕課。一般典型的做法是，你（和成千上萬名學生）上線上課程時，先觀看簡短的線上影片，然後做相關內容的測試，考試通過後，就進展到下一個單元。每一門課通常都有指定讀物，分享概念的討論區，以及補充練習。如果你上課時分心，去檢查其他的訊息或發簡訊，沒有人會覺得受到冒犯，反正影片可以重看一遍。如果你一次開好幾個視窗，教授或同學也不會覺得他們不受尊重（像我那門回憶錄課程出現的問題）。一位在哈佛磨課師上開課的老師盛讚：「你可以隨時離開，每隔幾分鐘就休息十分鐘或十五分鐘，我覺得這是線上學習的一大優點。」

事實上，二〇一二年，學生對我坦言，他們上課時無法完全不發簡訊，而《紐約時報》正好把那年稱為「MOOC元年」[209]。磨課師不僅符合我們新的注意力型態，大學院校也因承受龐大的財務壓力，把線上教育視為縮減成本的一種方法。如果你把磨課師的成功視為一種指標，也就多了一種衡量教師生產力的新方法。磨課師也可以啟發教師，因為那是實驗新點子的方式，而且可以接觸到更多的受眾。由於你可以記錄學生上磨課師時的一舉一動，例如每次按鍵、完成練習的時間等等，你可以輕易測試教學法改變的結果[210]。而且，線上教育還可以觸及弱勢族群，無論是偏遠村落、落後社群或養老院，這種教育前景令人振奮。

有些磨課師課程是針對遠距學習設計的。例如，有些磨課師專為外地校區設計，學生自行上完網路課程後，一起到學校討論、做專案、檢討作業。於是，教室不再像以前那樣是「傳授內容」的地方，而是「翻轉」了，也有人稱之為「混合式」教學，因為它結合了線上和離線的元素。那樣做的目的，是希望把教室變成專案導向的學習地點，促成新型態的對話，比以前的學習更生動[211]。我有很多的大學同事希望，這種混合式教室可以終結傳統教學法的「被動」模式。

當我深入研究當今的對話時，我所處的教育界正熱烈地討論這場改革（甚至有人稱之為海嘯[212]），有些人希望這場改革可以完全顛覆教育界的對話本質。教育創新者西摩爾・派普特（Seymour Papert）曾說：「若沒有思考的對象，你不會知道思考是怎麼一回事。[213]」那番見解廣義來說，就是了解「喚起記憶的物件」（evocative object）——亦即那些激發我們想起其他事物的東西——的關鍵。我思考教育中的對話時，經常想起磨課師。磨課師可能促使偏遠地區出現新的學習社群和新的對話，那是以前無法想像的情況。

葛列格里・納吉教授（Gregory Nagy）在哈佛大學的磨課師中，開了「古希臘英雄」這門課[214]。參與者利用網上的討論區，分享他們用各自朗讀荷馬史詩的錄音。他們討論自己的人生和荷馬史詩裡的相似之處。一位來自希臘摩尼（Mani）的學生貼出一段影片，影片中她的祖母正在哀悼一位剛過世的親人，摩尼依然保留傳統的村落文化，那位學生把祖母的哀悼和古希臘英雄式的做法連結在一起。就像老師把影片、讀物、講義放上網路一樣，學生也上傳自己的內容，於是新型態的對話應運而生。事實上，「古希臘英雄」課程的教學人員表示，他們覺得MOOC的C代表著內容（content）、對話（conversation）、社群（community）。

其中一位負責引導線上討論區的教學人員覺得，磨課師雖然不完美，卻讓人覺得失去的社群感又回來了。這一切是她以前想像不到的。現在連她的兒時玩伴也來上這門課了，她因此有機會和這些意想不到的對象，分享她最喜歡的經典作品。她想像，世界各地也有很多學生有類似的經驗，本來不知道可以跟誰分享荷馬史詩，如今可以透過線上課程，找到意想不到的朋友。她說：「這可能是我們都渴望的社群。」事實上，修完「古希臘英雄」磨課師（目前更名為「二十四小時的古希臘英雄課」）的學生，可以加入一個名為「二十五小時」的社群，他們定期舉行虛擬會議，邀請來賓演講，並開了一個部落格，讓大家不斷地討論。

當我們思考新的教育科技可能創造出什麼時，可以以磨課師為例開始思考。磨課師也可以幫我們衡量目前已經存在的東西。儘管它的功能強大，現在卻連最熱情的磨課師支持者也努力在磨課師的設計中，導入更多的面對面交談，配合課程使用者的居住環境。因為他們很快就發現，增加師生之間的面對面交流時，線上學習的效果更好。

諷刺的是，磨課師作為一種教育形式，因為提供了許多衡量指標而備受讚譽。但研究顯示，磨課師和傳統課堂上最無法衡量的元素（課堂出席狀況）結合在一起時，效果最好。即使是最理論性的科目（例如微積分概論），只要課程中加入了面對面的交流[215]，學生的學習效果更好。哥倫比亞大學做過一項研究，比較線上學習和面對面學習。該項研究的負責人最後總結：「在線上課程中，幫學生學好課程的最重要因素是人際互動和支持。[216]」

Coursera是從史丹佛大學發起的線上課程，共同創辦人吳恩達（Andrew Ng）認為，有一種能力是大學課堂能夠提供，但磨課師難以提供的：非認知能力（non-cognitive skills）。在線上，你無法學習「團隊合作、道德、抒解焦慮的能力」。吳恩達說，那些是在課堂上傳授的東西[217]。另一個史丹佛的線上課程「優達學城」（Udacity）發現，學生在面對面課程中的學習效果比線上課程好，所以他們後來把焦點轉移到職涯培訓上。

如今，學生有對話上的困難，合理的做法是吸引他們加入對話。你愈是思考教育科技以及那些科技的花俏功能，就愈覺得對話的力量不僅簡單，而且更為強大。哈佛大學前校長勞倫斯．薩默斯（Lawrence Summers）被問及高等教育所面臨的巨大挑戰時，他回應：「最令人驚訝的是，現在的大學教育和上個世代極為相似。[218]」言下之意是，我們應該改變這個變革緩慢的領域。不過，這或許也顯示，美國的大學教育中，還是有某些對的事情正常運作。

沒人在場，人人都能發聲

磨課師的早期開發者把傳統課堂視為一種問題，而那是可以透過科技解決的。Coursera的共同創辦人達芙妮．科勒（Daphne Koller）覺得，傳統的「實況」課堂是讓學生陷入沉默的地方。為什麼呢？科勒覺得，任何實況進行的環境都是不完美的環境，無法讓每個人的意見都獲得傾聽。科勒說：「在『實況』教室裡，老師發問時，有的學生上網在亞馬遜網站買鞋、有的學生發呆，坐在前排一些自作聰明的同學在其他人還沒有機會思考時，就先搶答了。[219]」相反地，線上課程讓每個學生都有機會發問及獲得意見回饋，沒有人跟你搶著發問或回答問題。對科勒來說，不必「現場出席」創造了一種新的平等。沒人在場，但人人都可以發聲，沒有前排的學生搶你的風頭[220]。

科勒認為，翻轉教室應該是指：學生有更多的時間與教授進行真實的互動。他們到教室上課以前，已經上網學了基本的內容。所以，到達教室後，他們可以做更深入的互動。可惜，現實的狀況不見得如此。麻省理工學院有一門課程大部分在網路上授課，一位學生說那門課的「討論課」是讓學生聚在一起討論作業。幾位助教負責輔導不同的討論小組，教授則是在小組之間移動。她只能在線上影片中聽到教授講課，她其實比較希望聽教授現場授課。教授是國際名人，以魅力過人著稱，她覺得沒有機會聽他現場授課很可惜。

這位學生的反應並不令人意外。如果你問終身學習者，他們對學習的熱情是從哪裡來的，他們通常會提到一位鼓舞人心的老師。最強大的學習動力，源自於師生關係。在磨課師中，教授透過一個小螢幕授課，你和螢幕上的教授可以培養出什麼樣的關係？你會想要成為他那樣的人嗎？

校方看到課堂出席率愈來愈低，因此合理地推論：如果有線上教學，學生可能會比較想上網聽課。但學生受訪時，表達的態度比較複雜：雖然他們會蹺課，但他們其實沒有那麼樂見課堂消失。

例如，加州大學聖塔克魯茲分校的一名學生揮著一面旗子，旗子上寫著「對話」，抗議學校決定以磨課師取代校園內的一些課程。他覺得教學不僅是「傳授資訊」而已；在課堂上，「我們也從彼此身上學習，那是線上課程所欠缺的，線上課程只局限於電腦螢幕和數位化的意見回饋[221]」。

有些學生之所以抗議，是基於比較私人的原因，他們了解自己的本性，但我覺得那些本性不該被視為人性的弱點。他們告訴我，他們希望有人陪伴，擔心他們已經花太多時間獨自掛在網路上了。他們說，他們需要團體組織。一位康乃狄克州的大四生說：「不管是哪一種授課方式，我都得上課。既然要上課，我不想獨自一人聽課，那種感覺很孤單，可能還很悲哀。我寧願和朋友一起上課，畢竟我在讀大學！」一位紐澤西州的大三生說：「要激勵我自己獨自坐著，而且還是坐在電腦前面？無論我有多強的動力，要我騰出一小時那樣做，實在很難。我比較喜歡去教室上課的感覺，你是為了某種活的東西才出席的。」

這位同學談到「為某種活的東西才出席」時，並未否定線上學習或線上測量的價值，他只是說有另一種學習不是那麼容易衡量罷了。你去教室上課時，可能會有意想不到的收穫[222]。

為什麼我們會忘記如此簡單的事情呢？答案還是那句話：**科技使人入迷，讓我們忘了生活**。科技的承諾使我們著迷，因為我們有太多的問題，希望科技可以幫我們解決。以教育來說，當有人宣稱磨課師是一場良性改革，可以解決很多問題時（例如學生注意力渙散、教育「生產力」難以衡量），它的訴求必須凸顯出它的優點。所以，大家一直強調透過線上影片學習是好事。有些時候，有些課程，對有些學生來說，確實是如此，但不能一概而論。

我們想用科技來輕鬆解決高等教育的問題時，勢必會把線上體驗理想化。例如，線上論壇常被美化成隨時有人互動的討論空間，但實際上很多人直接掠過那些討論區，你的留言偶爾才會有人關注，大多時候是無人理會的。麻省理工學院的路易士·布奇阿雷利教授（Louis Bucciarelli）寫道，他以「布奇」這個暱稱，在哈佛神學院開的磨課師課程「使徒保羅的書信」裡參與討論。他說他是很認真的學生，用心地在討論區留言，但是就他所知，他發表的內容只有他自己讀過[223]。

哈佛大學的「古希臘英雄」可說是一門很紅的磨課師課程，有一組很大的專任教學團隊，主講的納吉教授邀集了十五位老師及九十四位以前的學生來協助引導線上討論。但即使有那麼龐大的陣仗，還是很難看到令人滿意的討論交流。那個討論區的內容有時令人興奮，但通常流於混亂，難以追蹤。有時討論內容還涉及隱私，似乎不適合在那種公開的平台上討論。連助教都說，討論區的某些發言實在太私密了，讓人不得不假裝沒看見。

在面對面的課堂上，教師在處理棘手對話方面，有豐富的經驗。例如，學生分享太多時，老師可以適時地打住，或是幫學生處理令人情緒激動、但攸關課程主旨的內容。在線上討論時，教師比較難做到這些。

有些人說，更好的討論版軟體可以改進討論的效果。有些人說，久而久之，我們會學會如何運用這類媒介。我們會發明新規範、新禮儀、新界限。有些人期待將來人工智慧可以引導討論。有些人希望可以即時找人線上閒談。

優達學城與聖荷西州立大學合作出問題時，出現九〇%以上的退課率，優達學城嘗試的改進方式是提供學生對話夥伴：亦即指派真人去了解學生的學習狀況，也可以和學生上網聊天。聖荷西州立大學的教務長形容這些真人是「導師」，但他也指出，那些導師對他們輔導的課程沒有專業知識，他們的任務只是負責鼓勵學生。教務長說，那些導師就像「媽媽」一樣，他們的目的是想以對話的方式留住學生繼續學習，但聊的內容與課程無關。

賭博的人在吃角子老虎機上輸很多錢時，賭場有時會派出「親善大使」去跟他們聊聊，或許還會請他喝點什麼。磨課師的設計者也考慮過，在學生最有可能退出線上課程的時刻（由監督學生注意力的人工智慧程式判斷），以真人對話來增添磨課師的趣味。這個概念就像前述優達學城的「媽媽」一樣，目的是以「真人對話」來鼓勵學生繼續坐下來看完影片。不過，未來修改線上教育課程以加入對話時，可能不只需要「導師」或電腦程式來監督而已，學生需要和那些知道自己在說什麼的人對談。

「為了某種活的東西出席」

前面提到，有一個大三生說，去課堂上課是「為了某種活的東西出席」。那個說法讓我想起早年研究教育創新科技的一次經歷。二十五年前，麻省理工學院推出「雅典娜計畫」。這個教育專案的目的，是以電腦軟體取代傳統的課堂教學。當時，教育改革者也把焦點放在講課上。但一九八〇年代，改革的方向不是改採網路課程，而是以電腦模擬來取代課堂上的示範。當時有人主張，只要學生感覺自己掌握了電腦模擬，自然科學、社會科學、人文學科的世界都會鮮活起來。麻省理工學院的教授必須自己寫程式，他們寫出來的程式讓學生可以用更直接的方式來操控資料，那是以前不可能達到的。

不過，當時也有一些反對聲浪。反對者大多認為，講課和現場示範是神聖不可侵犯的教學領域。那些老師談到，與學生辯論、回答問題、提出一套模式以便主張論點及尊重歧見很重要。他們談到現場示範的神聖性——亦即即時進行科學研究的重要性。他們想讓學生看到現場進行的不完美講課和示範，感受到自己是社群的一份子。他們覺得課堂是學習熱愛自然本質的場所，就像熱愛虛擬世界的虛構場景一樣[224]。他們積極捍衛當面講課和現場示範的權利。如今，習慣模擬教學的新生代教育者正把講課和示範都移上磨課師。

我們與當年那些捍衛講課和不完美實況的教授之間，相隔了二十幾年的歲月。這幾十年來，我們的夢想大多集中在網路帶給我們的革新上。所以磨課師出現時，我們當然很樂於想像這場教育革命完美地實現虛擬世界的各種可能。

然而，那些反對雅典娜計畫入侵課堂的教授，其實也是在捍衛梭羅所謂的「一把椅子的對話」。身為教師，他們覺得他們是在放聲思考，公開揭示知識。他們想在課堂上講課，是因為他們想讓學生知道，課堂上不僅只有知識要學，學習及講述的方法有很多種可能。此外，講完課後的師生問答，使講堂也變成一個充滿友誼、合作、社群意識的地方。他們認為，課堂上的授課，正是一把椅子的交談、兩把椅子的交談、三把椅子的交談彙集在一起的時候。

當面授課是面對面教學中最容易遭到批評的形式，也是最古老的教學形式，最有可能出現被動學生與主動老師，也最容易出現老師被動的批評（也許講義萬年不變）。科勒認為，科技可以修正當面授課的缺點。但是我回想起雅典娜計畫時，我想到當面授課雖然有缺點，但其實也有很多優點。

傳統課堂是學生共聚一堂的地方，無論晴雨，大家都來這裡組成一個小群體。就像任何現場表演一樣，課堂上可能出現各種狀況。現場有觀眾，氣氛熱絡，有助於醞釀靈感。你一週會見到教授幾次。大學教育給人印象最深的地方，在於學習如何像別人那樣思考、欣賞他人的智慧、思索自己也有同樣的知性魅力時是什麼樣子。我們聽他人講話時，會想像自己擁有那些智識的模樣。

學生看到教授站在講台上隨機應變，放聲思考。在最好的情況下，學生可能會說：「總有一天，我也能**做到那樣**。總有一天，我也能**像他那樣**。」所以，前面那個年輕人說：「為了某種活的東西出席」，其實是指去見某個**鮮活的人**，去見老師、在他的面前思考。

有些課是你一輩子也忘不了的。一九七一年的春季，我聽布魯諾・貝特罕（Bruno Bettelheim）在芝加哥大學的一門課上，問了學生一個簡單的問題：「為什麼母親最好哺餵母乳呢？原因是什麼？」當時仍是婦女運動發展的初期。學生的回答都很符合那個年代的氛圍，例如：「哺餵母乳是自然反應」、「母乳中的營養對小孩更好」、「哺餵母乳可促進母子間的親密」。

貝特罕坐在講臺中央的椅子上，看似無動於衷。他聽到每個答案時，幾乎動也不動，只是搖頭否定。課堂中學生提出的答案幾乎大同小異，最後貝特罕淡淡地表示：「因為那感覺很好。」接著，他又加強語氣，大聲重複一遍：「因為那感覺很好。」他解釋，母親哺餵母乳時，她是在做一種愉悅又滿足的事情。寶寶也感覺到他在滿足母親，他因為獲得快樂而提供快樂，因為寶寶也覺得吃奶是很愉悅的事。接著，貝特罕以這個例子為範本，主張各種融洽的關係都是培養出來的。你透過讓自己感到愉悅的事情，帶給他人快樂。

貝特罕提出這番解釋時，全班頓時熱烈地討論了起來。不是每個人都認同他的觀點，但每個人都覺得我們壓抑了自己，避免自己那樣說、那樣想。那個答案很簡單，但是和身體有關。是不是因為涉及身體，我們才不敢講出來？下課後，學生仍聚在教室外面討論。貝特罕塑造出一種討論空間，那是我們前所未見的。

當時有人說，在其他的課堂上，我們只展現部分的自己。我們的發言僅提及書上讀過的內容，但沒有想過納入日常的經驗，我們覺得日常經驗不該帶入學術生活中。貝特罕是一個充滿爭議的人物[225]，有人指控他偽造學歷、剽竊他人的研究成果。但是那天，在那堂課上，他做了一件很特別的事，他讓我們把擁有的一切資源都帶進學術領域中。常識不容貶低，即使顯而易見也不該拋棄。我們應該從人性本質來探索問題的解答，親身參與那門課的經驗讓我們畢生難忘。

親臨現場

即便是今天，學生談到大型的入門課程時，也會談到親臨現場的重要性。一個大三學生說：「我修了一門基礎心理學，修那門課的人很多，感覺很像磨課師，但是跟那麼多人一起上課很特別。你是群體裡的一份子，你可以在那裡結識朋友，談論課程。」當然，你也能和教授面對面交流。

當面授課還有其他的好處，那可以訓練老師把教學內容和討論融合在一起；那也教導學生任何資訊都可以「當場」討論及質疑。優秀的老師一週上好幾堂課時，每次都會在課堂上即興應變一些新的內容。他們也會在上課的前一週、前一天或前一個月，準備新的授課內容。他們講課時會順便提到相關的時事。若是線上課程，你寫好腳本、完成錄影、進行剪輯、傳上網路後，你也可以做上述的修改，但比較困難，通常你會覺得影片已經收錄了你的「最佳表現」。

當MIT網路教育計畫的執行長提到優秀的演員可能很擅長教書時，大家雖然沒有馬上否定他的說法，但那段話迅速在網路上掀起熱議。學生抱怨課程無聊，為什麼不找專業演員來講課呢？也許麥特．戴蒙（Matt Damon）是不錯的選擇？如果你想要以引人注目的方式傳授內容，演員能夠做到那點。演員無法引導話題的討論，但在線上學習方面，對話本來就能被延遲到其他的時間和地點。演員可以在影片裡扮演傳授內容的老師，既然線上課程不是對話的地方，何不找演員來當老師呢[226]？

最近一位大學線上工具小組的成員剛錄完一門磨課師，她坦言她很想把自己線上授課的優雅形象保存下來，用那些影片來取代現場講課。她說，如今現場講課令她「恐懼」，所以每次上課的前一晚，她都會複習一次授課的內容。「孩子問我：『媽，你不是已經看過了嗎？』」她很誠實地承認，焦慮促使她不斷地更新授課內容。

其實學生也對課堂發言感到焦慮。一些線上教育的支持者認為，線上課程的一個優點是，讓生性害羞、不敢參與課堂討論的學生也有機會「發聲」。他們認為，害羞的學生很樂於參與線上論壇，尤其是可以匿名討論的時候。即使是現場授課，教授也可以使用數位工具，得到害羞學生的意見回饋，例如使用課堂表決器。課堂表決器會連接一套軟體，學生可以用它來表達匿名觀點，以「投票」的方式投射在螢幕上。同樣地，為課堂討論設計的「評論」軟體，也可以隱藏學生的真實身分，對害羞的學生來說也是一種福利。

在二〇一三年MIT的麥維卡日（MacVicar Day）上，有人介紹匿名課堂投票的優點。麥維卡日是讓老師反思教學方法的年度聚會[227]，當年的主題是科技與教育。觀眾群裡，有人提出異議，他是MIT電子工程和電算科學的教授丹尼爾・傑克森（Daniel Jackson）。他認為戴面具（他覺得匿名投票有如戴面具）也許可以讓學生暢所欲言，但面對面的溝通有助於提升禮貌和責任感。別人知道你是誰時，你會對自己的言論負責。傑克森認為，教室是學習參與對話的場所，對話是民主的基礎。匿名投票和評論並不能教你堅持主張個人理念，磨課師線上討論區的匿名發言也做不到這點。

傑克森發言時，我想起一些古老的傳統：站在海德公園的演講者之角（speaker's corner），毫無畏懼地暢所欲言；也想起報上那些受言論保護的署名文章。如果課堂上的觀點只能透過匿名的表決器記錄下來，學生去哪裡學習他們有表達意見的權利呢？

傑克森坦言，在課堂上使用表決以取得匿名意見，確實可以提供「有用的資訊」。你可以得知群體的想法，但那樣做是有代價的：

那樣做似乎正好強化了我想讓學生戒除的習慣。我希望學生更投入課堂中，希望他們克服對匿名的依賴。所以，允許他們匿名、獲得更多的意見回饋、縮短學生的注意力時間等等，那些做法長期來說都對文化沒有助益。

在那場辯論中，某些教授擔心學生因為尷尬而不願講話。但是在教室裡，我們應該努力面對尷尬，讓學生有勇氣冒險說出可能出錯或不中聽的話[228]，他們最終會克服尷尬的感覺。匿名發表言論也許比較容易，但是每個人都學習為自己的想法負責時，那樣更好。

傑克森批評，線上內容是在迎合學生注意力短暫的問題，而不是加以質疑。但是那天在MIT的討論會上，沒有人想討論他的批評，也沒有人想討論匿名投票可能強化學生在網路上養成的壞習慣。這些都是棘手的議題，討論這些議題並不會否認科技解決了某些教育問題，但這些議題總讓人以為科技無法解決所有的教育問題，而且還會造成更多新問題。

即時

在一場有關教學倫理的小組討論中，英語教授及文學理論家李．艾德曼（Lee Edelman）表示，身為教授，他面臨的最大挑戰「不是指導學生知性思考，而是讓他們在課堂上與彼此進行深思熟慮的對話」[229]。他和很多教授一樣，發現學生難以面對面交流。

人力資源部的人員告訴我，公司的新進員工難以在商務會議上交談。研究生也這樣說自己，一位歐洲史的研究生說，他很難進行「即時」對話。他剛從第一次學術會議回來，心情沮喪。他對自己發表的論文很滿意（他的系所很滿意那篇論文，付費讓他去參加那場學術會議），但他說：「在問答時間，我有點語無倫次，講得很凌亂、沒什麼組織。我可以寫得條理分明，但對話卻七零八落。」

為什麼我們想把那種不教學生舉手參與討論的學習方式變成教學核心呢？如果要求學生參與討論令他們感到緊張，教育工作者的責任應該是幫他們克服緊張才對。

最好的情況下，大學課堂應該是學生站起來為個人主張辯護的地方。他們從即時發言及聆聽彼此中學習。一位大三生表示：「在課堂上，我從同學發問的錯誤中，也學到了東西。有些學生講話時沒有重點，我們可以學習避免犯同樣的錯誤。你可以觀察別人，學到你不該宣稱：『每本書我都讀過了。』如果你是自己在房間裡上線上課程，你學不到這些東西。」

在大學裡，去教室上課的價值，有點像做田野調查。做田野調查時，可能會遇到無聊的片段，但你會學到即時解讀那些實地遇到的人。你和周圍的人分享你的方法，逐漸明白團隊該如何思考，你也會學到耐心的好處：親眼看到論點發展的過程。幸運的話，你會發現集中注意力確實有回報[230]。

課堂表決器vs.對話

在政治理論家邁可・桑德爾（Michael Sandel）的課堂上，學生必須非常專注。桑德爾的上課方式是對幾百位學生做簡短的說明，接著以互動式對話的方式進行。學生只能大聲發言，毫無匿名。桑德爾只叫舉手的學生發言，但學生一一表達意見後，他會鼓勵大家參與討論。最近他有一門課的主題是：「倫理、生物科技與人性的未來」，他在課堂上提出一個問題：「如果有一種漢堡是以牛的肌肉進行生物工程製造出來的，對牛毫無傷害，而且養殖過程中也沒有使用化石燃料。如果你吃純素，你會吃這種漢堡嗎？」

一位吃純素的學生說：「不會，那依然是動物組織，仍是源自於動物。」桑德爾點頭說：「如果有一種科技是從牛身上脫落的皮膚組織培育肌肉，做成漢堡呢？我們是吃牛的衍生物，藉此解決全球食物短缺的問題，也有助於減少全球暖化。這樣你能接受嗎？」那位吃純素的同學一聽，開始有點遲疑了，但她後來還是堅守立場說：「不，我不會接受，那還是源自於動物。」那位同學感到尷尬，但她還是堅持立場了。過程中，她不得不重新考慮她的立場。

桑德爾提出牛作為例子時，只有吃素的人有理由重新思考立場。接著，桑德爾擴大了問題的範圍。你會吃生物工程製造出來的**人肉**嗎？亦即用人類皮膚樣本製造出來的肉。你覺得值得一試嗎？一位同學覺得值得試試看，那就好像利用指甲屑解決全球饑餓問題一樣，接著全班熱絡地討論這個話題。

試想，如果桑德爾提出問題後（從牛的組織製造食物、從指甲屑製造食物），學生以表決器匿名表達想法，課堂上的交談會有多麼不同。你可以知道學生的想法時，那當然很有趣，但學生無法學習鼓起勇氣表達個人觀點，並為自己的觀點辯護。一位上過桑德爾課程的哈佛大四生說：「你發言時確實會感到尷尬，但你會克服那種感覺，然後習慣聽到自己大聲表達想法。你可能會自我質疑：『我剛剛真的那樣說了嗎？沒想到我竟然有那種想法，但我確實那樣想過，我只是沒想到我會把它說出來』。」

這就是一種對話教學，這種教學很微妙，直接面對無聊和尷尬。（桑德爾允許那種尷尬時刻出現。他鼓勵學生鼓起勇氣發言，但有些人無法完整地表達想法。）如今，大家認為對話教學很重要（畢竟，翻轉教室把內容放上網路的目的，是希望課堂上的討論更生動），但在此同時，課堂上利用科技的壓力依然存在，那些科技導致對話幾乎無法進行。而且有趣的是，這種科技往往標榜，它們的目的是為了幫助學生「參與」課程。

一位MIT的同事做了一場高科技教學工具的示範教學。上課的講義投放在教室前面的螢幕上，學生用推特發表的評論則投放在教室後面的螢幕上。另外，還有專人負責處理學生的評論。教授提出問題後，學生以電子投票的方式回應。相較於桑德爾課堂上的延伸問題與回應，我的同事說，這種教學工具是追求「簡潔至上」。由於在推特發文有一四〇字的上限，她說：「回應必須簡潔，頂多兩句。」

教授最初的計畫，是把授課內容和學生的意見同時打在不同的螢幕上，但學生反對這種方式，學生說兩個螢幕使人難以專心。

在這種環境中，我的同事發現學生的評論令人失望。她說，那不僅是因為評論很短，她也覺得匿名使討論變得索然無味，感覺像把舞者與舞蹈分開似的：「真人有真實的擔憂和興趣……不過，一旦問題變成平淡的資訊流，評論毫無具體身分時，你也對那些東西失去了興趣。你知道問題是誰提出的，才會在乎那個問題。不知打哪來的問題，只算半個問題罷了。」

後來因為技術問題，那節課的最後一次投票沒有進行，但也沒有人提議以舉手的方式表決。我的同事聳聳肩說，她對此一點也不感到訝異：「用了那麼多App和技術後，大家已經忘了還可以直接跟周遭的人討論後再投票，或是舉手投票。那種低科技的方式已經失去地位了。在如今這種氛圍下，那種方式感覺幾乎已經絕跡，不再值得嘗試。」

這種高科技的課程似乎使學生忙到沒有時間上臉書，但是他們想休息時，還是會發簡訊，暫時抽離課堂上的高科技。

不過，在桑德爾的課堂上，學生幾乎都不用電子產品。一位大四生這麼說：目前為止，在哈佛就讀三年半以來，每一門課都可以看到有人發簡訊，就連小型的研討會上，學生也會趁教授轉向黑板的空檔，偷看手機。但是在桑德爾的課裡，他好像沒看過有人使用手機。他認為應該還是有人看手機，但他不想那樣想：「我**覺得**還是有人傳簡訊，但應該比其他的課少，因為那門課很重視討論。」

我們希望科技幫我們達成教育的目的，但我們必須先清楚知道科技的用處，那種情況才會發生。否則的話，我們只是在縱容科技導致師生難以專注在彼此身上罷了。

寫給合作的情書

在最近一門課上，我要求學生合作完成一項期中作業。我想像學生聚在餐廳的長桌邊，一起討論那份作業；想像大家做到深夜，桌上擺著保麗龍杯，裡面的咖啡已經冷卻。但實際上根本沒有深夜討論或長桌討論，他們的討論都發生在Gchat和Google Docs上。Google Docs讓大家可以一起編輯同一份檔案。學生交出作業時，我覺得他們的作業寫得很不錯。

但是，我當初出這個作業時，感興趣的不只是最後的成品。我知道學生圍坐在桌邊討論時，有時會迸出新點子。沒想到，學生卻找了一個軟體，使他們連見面討論都省了。我出了一個任務給他們，他們很有效率地完成那個任務。由此可見，衡量高等教育生產力的方式並不可靠。根據傳統的「生產力」衡量標準，Gchat和Google Docs都達到任務了。但是，在大學裡，你的產出、你「做」的東西之所以重要，不是在於最後的報告，而在於做的過程。

我的學生覺得，大家沒見面討論也沒什麼不好。大二學生傑森說：「過去一年，我主要學習方式是，有人先做好一份Google Docs文檔，裡面有需要定義的術語，每個人都填入自己知道的資訊，大家一起完成那份文檔。大家在線上討論，那就是我們的合作。」這段描述使我不禁重新思考我對長桌、冷咖啡、深夜的過度幻想。在他看來，我幻想的那些東西都是沒必要的。但他描述的那種現實狀況，幾乎沒什麼空間讓他們迸出新點子。

那些透過線上討論及電子工具一起寫報告的學生，有時在同一棟大樓裡上課。但他們選擇不聚在一起，不要圍著桌子討論，寧可上網聊，也不要見面聊。為什麼呢？首先，他們說，這樣一來，每個人的角色都很清楚，誰落後了，一目了然。更重要的是，線上合作時，大家的焦點一致，也許有人會分心去發簡訊或網上購物，但線上討論只談主題，不會離題。

面對面交談時，你會發現有人的注意力飄到手機上。使用Gchat討論時，你看不到同伴分心。當你認為大家合作共事時，有人會想要分神去發簡訊或購物。改用這類可隱藏分神現象的媒體來合作時，大家就不必互相懷疑了。Gchat讓大家覺得，這種裝出來的專注度已經足夠了，每次你看到夥伴時，他都覺得他們在處理問題。所以，傑森說：「我們會盡量利用科技。」

Gchat讓傑森的團隊看起來仍專注在議題上，即使他們早已神遊他方。但這種方式無法為我想要的合作效果營造空間，我希望學生合作時可以獲得「意外的知識收穫」。那可能是發生在某人講完笑話後，或是做白日夢時突發奇想，使合作往新的方向發展。那些意外收穫不見得有效率，但很多巧妙的點子都是那樣產生的，都是從對話交流中擦出火花。我希望學生能有那樣的經歷。

但是我給予學生合作機會時，他們卻選擇採用虛擬的方式。有人告訴我，如今的大學校園裡，任何事物不論有什麼好處，都已經不切實際，因為大家太「忙」了。但我不禁想到，面對面交談才是他們該忙的事。

我採訪大學生時，很多人堅稱，他們**知道**何時該進行面對面交談，**知道**什麼事是無法在Gchat上解決的。但是根據我的經驗，其實你不會知道何時會發生重要的對話。你必須經歷過許多感覺很沒效率或無聊的對話後，才會遇到那種改變你想法的對話。

經濟學家丹尼爾．康納曼（Daniel Kahneman）榮獲諾貝爾經濟學獎時，瑞典學院一如既往，要求他寫一份正式的個人簡介，其中有一段是向已逝的合作夥伴阿莫斯．特沃斯基（Amos Tversky）致敬。康納曼解釋，他獲獎的研究源於他以前和特沃斯基共事時所衍生的想法。最後，他那份個人簡歷讀起來，有如一封寫給對話的情書[231]。

我們每天共度好幾個小時，都在交談。特沃斯基的長子歐倫十五個月大時，有人告訴他，爸爸在工作，他自己說：「爸爸在跟丹尼爾說話。」當然，我們不只在一起工作，我們談天說地，無所不談、心有靈犀。我們可以、也經常幫對方把話講完，說完對方想說的笑話，但我們還是可以持續為對方帶來驚喜。

在這裡，我們看到對話不僅是智識的引擎，也讓同事跨越了只有愛情才能跨越的鴻溝。對話促進了知識的交流。每次我跟別人解釋目前研究的專案時，他們往往說：「你選擇研究對話，那實在太正確了。就溝通來說，對話的範圍最廣，也是交流資訊的最佳方式。」康納曼和特沃斯基的經驗告訴我們，他們講的可能沒錯，但是對話絕對不止於此。對話是一種親密接觸，你不僅獲得更多資訊，也獲得各種不同的資訊。線上對話忽略了對話的本質。

康納曼的諾貝爾獎感言中，還有另一個引人注目的地方：他描述他和特沃斯基共事的步調。一九七四年，他們一起寫了一篇文章，投稿《科學》雜誌，那篇文章後來成為行為經濟學的奠基之作[232]。他們花了一年的時間才寫好，每天工作四到六個小時。康納曼寫道：「順利的時候，我們一天可以寫一、兩句話。」所以那些因為對話可以加快事物的進展而支持對話的人（「別發電郵給我，直接來跟我說比較快！」），其實只看到面對面交談的部分力量。對康納曼和特沃斯基來說，對話不是為了加快事情的進展，而是為了讓討論更加深入。

大學階段正適合花時間教學生了解開放式對話的長期價值，但在現今的環境下，我們很難主張對話對學習的價值，因為我們難以用生產力的指標來衡量它，尤其是短期內的價值。

威廉士學院的院長亞當．福克（Adam Falk）試過了。他曾經主張，大學教育最重要的是學習「寫出有力的文字、提出有說服力的論點、以創意方法解決問題」，以及「獨立應變與學習」。他和同事一起研究如何促進這些技能的發展，結果發現那些技能的培養和師生相處的時間有關——不是虛擬的接觸[233]，而是面對面的接觸。既然福克的研究結果都這麼說了，聽到老師抱怨教師輔導時間（office hours）都沒有學生出現時，實在令人難過[234]。

教師輔導時間

那年麥維卡日談完教育科技後，隔年的主題轉向導師制。這次會場沒有爆滿，只坐了一半的人，畢竟師生關係不像介紹新的教育工具那麼酷炫。在討論導師制的時候，老師提到，教師輔導時間完全看不到學生的身影；在那些刻意讓師生相聚的活動中，也沒有幾個學生參加。一年前大家還在熱烈討論可能解決一切問題的App，但是這種沒有清楚解答的問題就比較棘手，導師制就是其一。學生之所以躲避老師，主要是因為他們對面對面的意見交流感到焦慮[235]。

茲維是紐約市的大三生，他解釋了為什麼他比較喜歡寫電郵，而不是親自去找教授。他覺得對話令他很不自在，他也覺得教師輔導時間不是練習對話的場合。以下是茲維躲避教授的方式：「我比較擅長寫電郵給教授，而不是當面請益。我覺得我無法好好地呈現自己，面對面進行嚴肅的對話時很不自然，所以我比較喜歡寫電郵溝通。」他說寫郵件時可以編輯內容，沒人知道他編輯了什麼。

我問茲維，他什麼時候可能學會自然地面對嚴肅的對話呢，他坦言：「這個問題問得好。」他覺得他需要盡快學習這個技巧，而且不僅和教授交談，「也和我希望共事的人交談」。他認為，他可能會在大四時嘗試和教授對話。但是一想到和教授坐在一起的狀況，他又不禁陷入絕望：「感覺已經太晚了。我也不知道，你什麼時候長大呢？這是個問題。」

當學生告訴我，他們想寫電郵給我，而不是親自來找我時，他們會說：因為只有在電郵裡，他們才能把想法解釋清楚，所以我透過電郵，最能幫他們解決問題。他們把師生見面視為交易似的，自以為線上交易的品質較好。關於教師輔導時間可能得到的收穫，茲維也是以交易用語來描述。他說他有一些想法，教授有一些資訊可以幫他精進那些想法。然而，親自拜訪教授的收穫，其實遠不止於想法的精進，雖然精進想法確實是不錯的目的。你親自去找教授時，你是在接觸一位努力想要了解你的人，你們之間會形成一種知性的友誼，你也許會感受到一位成年人及校方的支持。

學生害怕交談時，他們會覺得教師輔導時間只是在傳遞資訊，透過電郵也能達到同樣的目的。在缺乏和教授面對面交談的經驗下，學生永遠不會知道對話的功用不僅僅是在傳遞資訊而已。

茲維坦言，他之所以躲避教授，是因為他覺得自己還沒有長大，還不足以跟教授交談。其實教授也許可以幫他解決這個問題，但不是因為他們會傳遞資訊給他。研究顯示，教師輔導之所以有特別的影響力，甚至改變學生的人生，是因為有一位長者對學生感興趣（套用學生的說法是：「他懂我」）[236]，那是需要對話才能達到的。

CHAPTER

9

工作
這算開會嗎？

事務所裡的年輕同事，那些剛進來的初階律師，好像坐在駕駛艙裡的飛行員。他們配備了多種科技產品：一台筆電、兩支iPhone、一台iPad。接著，他們戴上耳機，那種超大型的耳罩式耳機，像飛行員戴的那種，他們把辦公桌變成了駕駛艙，接著就進入與世隔絕的狀態。你不會想要打擾駕駛艙裡的飛行員。你也不會想要打擾沉浸在個人世界裡的律師。以前不是這樣的……以前的初階律師可以隨時被打擾……不過，是以正當的方式打擾。你可以跟他們交談，他們進來是為了接受辛苦的淬練，是為了受到指導。現在，感覺你讓他們單獨窩在駕駛艙裡，他們才能盡情地發揮潛力。

——波士頓某家律師事務所的資深合夥人

奧黛莉．李絲特（Audrey Lister）是AJM律師事務所（Alan Johnson Miller and

Associates）[237]的合夥人，她在這家芝加哥的大型律師事務所裡做了二十多年了。法學院畢業後，她就加入這間事務所了。李絲特談起剛進ＡＪＭ的日子，那時她和同事山姆．伯傑（Sam Berger）都剛入行。他們兩個常互敲對方辦公室的門，探訪彼此。李絲特說，這種親近的夥伴關係使「職場感覺像家庭一樣」。不過，與伯傑相會不完全是為了社交。「我們見面時也談公事，激發靈感，為客戶構思好點子。」她說，「我們一起發現了法律的微妙之處」。

如今這種隨性開會的方式已不常見了。李絲特說：「年輕的律師覺得，坐在電腦前可以完成更多的工作。」若要碰面開會，大家還要先發簡訊或電郵安排時間。但李絲特覺得這種事先安排好的會議，無法發揮以前她與伯傑那種即興碰面的效果。她認為，一旦排了議程，就不太可能發揮創意，因此她說：「我們需要真正開放式的對話。」

日常的一天

李絲特回憶，她剛加入ＡＪＭ時，每天都有很多無關議程的對話。除了和伯傑聊天以外，她和其他同事也會利用午餐及夜晚在公司的餐廳裡長談。年輕律師一起做案子時，會相約吃飯。李絲特記得以前他們的對話內容很廣泛，現在她發現年輕律師雖然都工作到很晚，但他們比較喜歡獨自待在辦公隔間裡，各自面對螢幕，李絲特甚至不確定他們是不是在工作。「他們可能只是在追一些時事八卦，或是處理個人電郵。」如今說到休息抒壓，我們通常不會想到和同事一起放鬆，而是想掌握一下網路帶來的訊息。

李絲特說，這種新的辦公室氛圍（非正式會議愈來愈少、一起用餐的時間減少、個人獨自面對螢幕的時間變多）影響了公司的群體意識。談到以前和她一起入行的那些律師，李絲特說：「我們會互相幫忙，也相互競爭，但我們都很投入公司群體。這種情況如今已經看不到了，以前我們沒看過合夥人被其他的事務所挖角，現在卻很常見。」

李絲特直覺認為，大量的對話時間對公司的業務有正面的影響，她的猜測確實沒錯。研究顯示，交際能力與員工生產力確實明顯相關[238]。但現在的AJM事務所裡，螢幕阻礙了大家的社交和禮儀。現在開會時把手機和平板放在桌上已是常態，連最資深的律師也是如此。李絲特說，最近公司請她做一次簡報，談公司內部的溝通。「結果當天的聽眾都是一邊聽演講，一邊傳簡訊及處理電郵。」她覺得很諷刺，畢竟當天講的主題是如何改善溝通，但現場幾乎沒有人用心聆聽。她說：「我不禁納悶，那我又何必浪費心力講那些呢？」

李絲特總是想辦法鼓勵公司的年輕人多做面對面的溝通，例如，她打重要的電話給客戶時，會讓那些年輕律師來她的辦公室旁聽。她希望他們多聽聽她是如何談判的，學習如何對話。李絲特說，她常把客戶的電話設成靜音，以便向那些年輕律師解釋她的策略。對那些年輕律師來說，旁聽那些談判電話就像聽大師授課，也是和李絲特及其他的年輕律師培養密切關係的機會。但愈來愈多的年輕律師告訴她，他們比較想在自己的辦公隔間聽那些電話。李絲特知道箇中原因：他們獨自一人聽電話內容時，可以一邊聽電話，一邊繼續處理螢幕上的事情。這樣雖然會錯過面對面交流的機會，但可以一心多用。

李絲特現在邀請年輕律師遭拒時，已經不再感到訝異了。她知道年輕律師覺得，以電腦同時處理好幾件事，可以把他們的價值提升到最高，但那也表示他們為對話騰出來的時間更少了。

在AJM事務所裡，避免面對面交談的趨勢已經蔓延到不同世代的工作者。很多合夥人不再招待客戶去用餐或是看球賽；假期期間，律師也不再請客戶吃飯，以慶祝一年來的順利合作。那本來是對話的大好機會，但現在的律師習慣拖到假期逼近時，才匆匆送客戶昂貴的禮物。年輕律師雖然能用的招待金額較少，但他們也開始減少招待客戶的活動。李絲特說，當然，客戶本身也愈來愈不喜歡交際應酬了，「現在每個人都寧可發電郵，而不是打電話或共進午餐，連客戶也是如此」。

有段時間，AJM事務所的合夥人對於這些線上活動究竟是法律業務的未來方向，還是不良習慣，意見不一。最後，由於事務所對「面對面交流與獲利之間的關係」實在太好奇了，便做了深入的研究。研究發現，花較多時間和客戶見面的律師，為事務所帶進最多的業績。所以，現在他們把律師的社交活動也列入績效評估。李絲特說：「他們現在想獨自窩在電腦螢幕前而閃避客戶餐會時，通常會三思而後行。」

李絲特的事務所不是唯一發現面對面交流有強大力量的公司。MIT媒體實驗室的研究生班．瓦伯（Ben Waber）還設計了相關技術來研究合作的效用。瓦伯與MIT媒體實驗室的艾力克斯．潘特藍教授（Alex Pentland）一起開發了一種工具，名叫「社交測量裝置」（Sociometric Badge）。那個裝置讓研究人員追蹤員工在辦公室裡的移動，以及對話的多種衡量指標，例如交談對象、交談時間、交談議題、交談速度、交談語調、打斷對方話語的頻率等等。這種裝置可以分析對話的密切程度，例如肢體語言、興趣度和興奮度、對彼此的影響程度等等。

瓦伯量化了以前無法量化的東西，結果令人吃驚。在總結大量的研究後，他發現面對面交談使效率提升，還可以抒壓[239]。電話客服中心的人員一起聊天休息後，工作效率更高；軟體團隊的成員交談愈多，程式的問題愈少。對那些覺得電郵和對話效果相當的人來說，瓦伯的研究結果帶來了壞消息：線上交流無法產生一樣的「對話效應」[240]，關鍵在於面對面。

瓦伯強調，大家也許難以相信，對話竟然對那些講究效率的工作那麼重要：「我們以為坐在電腦前，狂寫電郵、安排時間表，才能提高效率，但事實不然。」真正讓你提高效率的是：「與人互動，也就是說，你分享你的新點子，也從別人那裡得知新點子……即使你每天只讓五個人的工作效率提高一點，那些對話也是值得的。[241]」

我得知瓦伯的研究後，去拜訪他。他說，大家不見得把他的研究結果視為好消息看待。有些公司為了削減成本，裁撤實體的營運設施，讓員工在家裡上班，瓦伯的研究結果使這些公司不知如何是好。有些人覺得獨自坐在電腦前面工作效率最好，或覺得那樣最能掌控自己的時間及資訊超載狀態，瓦伯的研究結果也使這些人無所適從。這些人的印象中，只有在這種時刻，他們才是「真正在工作」，所以迴避面對面的交談變得理所當然。因為習慣躲避面對面的交談，他們不知道對話能產生什麼效果。而領導高層可以打破這種惡性循環。幸好，那些主張職場應有對話文化的人，如今有研究可以支持他們的理念。

職場需要對話，但重啟職場的對話困難重重。首先，大家都喜歡開那種不像會議的會議，因為在那種會議上，我們可以一邊開會、一邊滑手機。為了解決這個問題，一些講究的公司設計了有助於面對面交談的實體環境和社交環境。不過，如果職場文化本身就不了解對話的獨特價值，即使設計充滿巧思，也是枉然。

不像會議的會議：糖果屋經驗

ReadyLearn是一家大型的國際顧問公司，公司裡面對面的開會愈來愈少見了。過去十年間，為了精簡營運，公司盡可能縮減了辦公空間，讓員工在家上班[242]。

卡洛琳．坦南（Caroline Tennant）是這家顧問公司的副總裁，她每週有三天進辦公室上班，其他兩天在家裡透過Skype開會。無論是在家上班或是進辦公室，每天她都會開八到十場的會議。在家上班時，偶爾她必須在凌晨四點起床，透過Skype跟國際團隊開會。她指出，這種會議對男性來說總是比較有利，因為她覺得面對螢幕以前，還是得先上妝。科技使她現在整天都可以安排國際會議，但這種緊湊的步調使她沒有時間好好地思考。她也說：

「科技提高了我的工作效率，但我知道我的思考品質大不如前。」這番說法清楚點出了問題所在，她說的是：科技使她**覺得**自己更有效率，但思考品質下滑了。

每天八到十場會議幾乎占了坦南一整天的上班時間。所以，為了因應工作所需，每天她都要挑兩、三場會議，一心多用地做點別的事。問題是，挑選什麼會議好呢？最明顯的選擇是電話會議。坦南說，在那種會議上，她偶爾會發言，但心思放在電郵上。其實不只她那樣做，在這家顧問公司裡，大家都認為開電話會議時，可以順便處理電郵或使用即時訊息。漸漸地，大家覺得面對面開會也可以這樣一心多用，尤其是那種讓大家了解專案進度的會議。坦南說，在那種進度會議上，專案組員共聚一堂，相互寒暄，接著就開始各忙各的電郵了。在這家顧問公司裡，很多會議其實都不算是真的在開會。

坦南描述她在進度會議上的行為，聽起來根本是大學生「三人法則」的職場版，亦即一群人交流時，確保隨時都有少數幾人以輪流的方式參與對話。坦南說：「會議的主持人知道，他是在對一群處理電郵的人說話……我則做好份內該做的事，隨時注意周遭的狀況，以確保主持人有說話的對象。」換句話說，她會先確定有人抬著頭看主持人，她才會低頭去處理電郵。

ReadyLearn的情況並不罕見。在《財富》評選五百大企業中，有八五%的企業是全球最大電話會議軟體供應商的客戶。這家軟體供應商研究了大家開會時在做什麼，結果發現：六五%在做別的事情，六三%在處理電郵，五五%在吃東西或烹煮東西，四七%在上洗手間，六％同時進行另一場電話會議[243]。

三十六歲的達瑞斯・萊勒（Darius Lehrer）是ReadyLearn的經理，他一語道盡了會議的禮儀：「你進入會議室，倒一杯咖啡、打開筆電工作，聽到有人叫你的名字時就發言，然後繼續使用筆電。好的會議主持人會在叫你的前五分鐘，先對你使個眼色，讓你有時間結束電郵，準備發言。」

AJM律師事務所的李絲特很納悶，既然同事開會時都在處理電郵，她又何必對他們做簡報呢？在ReadyLearn顧問公司裡，萊勒也有同樣的疑惑：「那種情況讓會議主持者很洩氣。如果你是做簡報的人，你根本沒有做精彩簡報的動機，你會不禁自問：『我講這些究竟是為了什麼？根本沒有人在聽。』大家發言只是為了『留個紀錄』罷了。」當大家是為了留個紀錄才發言時，通常不會注意聽他們之前或之後的發言，開會只是在展演傳統會議的形式罷了。

四十四歲的納爾遜・拉比諾（Nelson Rabinow）也是ReadyLearn的經理，他描述了他如何因應會議上與會者心不在焉的情況。「開會時，我知道大家都只是偶爾聽一下會議的內容，不只我如此。所以輪到我發言時，我會總結一下我聽到的一點資訊，我也鼓勵其他人這麼做。」換句話說，拉比諾其實是在建議一群心不在焉的開會者，善用集體智慧來合作一個專案。如果每個與會者都總結一下自己聽到的內容，也許「會議標記」會自然浮現，成為大家共同的記憶。就像《糖果屋》童話那樣，把麵包屑撒在路上，以便有跡可尋。

拉比諾說，會議標記可以是「摘要標語」，也可以是照片或替代想法的圖像。連串的圖像會形成一種模因軌跡（meme track），有助於傳遞會議上的重點。有時模因軌跡不僅可以發揮麵包屑的功能，也是大家預期參與對話的方式。

我採訪了矽谷的軟體公司哈特科技（HeartTech）。參與焦點團體訪談的員工抱怨，公司會議的議程排得太滿，會議中根本沒有機會發言。我和這家公司的領導高層討論了這個問題，他們指出，會議上除了**大聲發言**以外，同時進行的虛擬網路交流幾乎都有模因軌跡。模因軌跡讓無法參與現實對話的人也能跟上，同時感受到自己的參與。此外，那也讓他們有機會評論會議議程及其他與會者的意見，甚至是高層的意見。他們可以用幽默的方式互動，例如以有趣的照片和動畫來表達。

模因軌跡的出現，一開始是為了彌補有些人無法參與對話的遺憾，但某些人後來表示，模因軌跡對他們來說跟對話一樣重要，或許比對話還要重要：「它可能比面對面的交談更有表達力」、「那對不太敢發言的人來說有助益」、「那種方式可以一針見血，直指重點……把模因和傳統對話拿來相比時，我不希望兩者只能二選一。」

在哈特科技及其他公司裡，關於模因的討論都出現一種類似的模式。一開始大家覺得那是一種科技應用，例如使用模因來創造一個輔助的交流平台，作為一種替代品，聊勝於無。在這種情況下，它被用來解決會議時間短，不是每個人都有機會發言的問題。但後來這種權宜之計又多了一種新定位，以哈特科技為例，他們說不敢參與對話交流的員工有機會透過這種方式參與。接著，大家又提到那句老話：一張圖更勝千言萬語。模因軌跡與這句話特別有關，「它可能比面對面的交談更有表達力」，這種「聊勝於無」也許還更好。

我想起那群邀請我加入WhatsApp群聊，以便「親眼目睹」他們在想什麼的波士頓學生，他們對模因也非常熱中。他們就像哈特科技的管理高層一樣，聲稱他們分享的圖片和說話一樣重要，但這群年輕人也坦言，他們不習慣電話交談或面對面聊天。所以，模因究竟真的有助於溝通，還是幫我們完成我們做不了的事？

任何組織裡，都有某些想法是只能用言語表達的，某些衝突是只能用言語解析和化解的，我們必須想辦法讓學生和員工參與這種對話。模因軌跡無論內容再怎麼豐富或多有顛覆性，效果還是有限。

出席：誰在場？

紐約某個文化基金會的會長告訴我，最近一次開理事會時，某位理事一直用iPad瀏覽圖片。坐在他旁邊的另一位理事也深受吸引，看著他上網買新車。

我們都曾在開會時一心多用或神遊他方，使我們心思神遊的地方往往充滿壓力。一心多用的生活讓我們持續處於一種類似警戒的狀態[244]。在那種情況下，我們只能注意到一些最基本的論點[245]。一心多用促使我們追求簡單扼要，即使當下可能需要更多的資訊，我們還是追求簡潔至上。此外，一心多用的傷害也有感染力。我們都看過，一個人一邊開會、一邊使用筆電處理事務時，周遭的人也會被影響，不是只有用筆電的人分心而已[246]。

不過，我們依然把那種會議稱為開會。海馬劇院（Seahorse）是美國中大西洋地區的小型劇院，我與該劇院的負責人及製作人員見面，七個人圍著桌子開會。會議一開始，負責人克蕾爾．梅辛（Claire Messing）發現她的手機在震動。她不好意思地說：「我可能需要先處理一下，才能繼續開會。」當天我們開會的目的，是要討論科技對劇院工作的影響。我們花了幾個月才終於喬定開會的時間，如今好不容易碰面了，結果每個人都盯著梅辛的手機。

在海馬劇院裡，帶手機和筆電去開員工會議是一般慣例。梅辛鼓勵大家這樣做，因為她希望科技可以讓員工「一起盡量善用時間」。所以，開員工會議時，有人可能上網審核預算，有人可能在瀏覽那些寄來應徵燈光設計的履歷表。梅辛的想法是，萬一網路上剛好出現什麼重要大事，正好可以一起討論，因為大家都在場。

但是這個策略並未奏效。一旦打開筆電，大家就會想查看電郵，回應急訊。教育單位的主管表示，攜帶電子產品開會使她幾乎無法不「偷偷摸摸」。她所謂的「偷偷摸摸」，是指趁著別人發言時，偷偷看電郵。「所以開會時，我經常心不在焉，總是偷偷做點別的事。」這種會議充分顯現出分心的缺點，卻給人一種合作的幻覺。

梅辛描述這種會議的諷刺感：「我們做劇場這一行，專門創作現場的表演，但我們卻沒有善用大家相處的時間，好好地對話。」她本來以為有科技介入的會議，可以使工作效率加倍，但實際上每個人都在神遊他方。

梅辛還有另一個以科技提升工作效率的點子：員工開會前，先透過Dropbox讀取會議的相關內容，預先準備。梅辛會把劇本、甄選演員的簡歷、財報都上傳到Dropbox讓大家讀取。一開始，員工也覺得這是好主意，但不久大家都把檔案擱在Dropbox裡不讀了。大家覺得，Dropbox促使他們產生一種奇妙的想法：東西只要放上Dropbox，就表示看過了。宣傳部的主管說：「Dropbox讓大家覺得，會議上的一些任務已經完成了。」但實際上根本還沒做。宣傳部的主管說，她自己在參加會議以前，也很想把Dropbox裡的檔案看完，但最後總是累到擱著沒讀。後來連開會聽到有人提議腦力激盪時，都令她感到厭煩，她說：「我無法進行腦力激盪……我累到無法腦力激盪。」

另一場不像會議的會議

ReadyLearn顧問公司的經理愛麗絲．拉坦（Alice Rattan）正在指導員工「專注一心」的商業價值。如今她看到旗下的年輕顧問想在開會時一心多用，已經不再訝異了。他們從小這樣成長，必須刻意去學習，才懂得更好的方法。但是，她發現和客戶討論生意時，連客戶都想一心多用，這種情況令她相當訝異，而且客戶也期望她同時做好幾件事。拉坦說，客戶期待事情馬上處理完畢，但她需要時間徹底思考。她必須讓客戶明白，他們的問題都值得專心處理，她想好好為他們打理事情[247]。

拉坦看到一種脫節的現象。她招募的新員工都是從名校畢業的年輕顧問，他們的學業及課外活動的表現都相當出色，但卻難以因應最簡單的職場會議和對話，她不禁納悶：「他們設計出社交App，卻不善社交。」他們在職場上也難以設身處地為他人著想，似乎無法理解同事或客戶的觀點。現今的職場上，員工需要的第一項訓練通常是對話。但公司大多沒把對話能力列為首要的商務重點，因為我們往往以為員工知道如何傾聽與回應。

有一次和客戶開會時，一位年輕顧問竟然在旁邊用臉書，拉坦事後費心地跟她解釋，為什麼那樣做不對。那個年輕顧問覺得，她已經完成她該做的簡報了。她向拉坦解釋，在大學裡，發表完意見後，她「總是」上網。拉坦失望地說：「我當時回應：『好吧，但在專業職場上，你不能那樣做。』」就這個例子來說，拉坦覺得光是改變那位顧問的行為還不夠，還需要改變她的期望、她的對話方式。那位顧問覺得，大家聚在一起時，每個人只要完成本份，就可以去處理別的事了。但拉坦覺得，一心多用讓這位年輕顧問養成了難以合作的工作惡習。

幾年來，拉坦總是私下個別輔導這些年輕的同事，但後來她覺得她再也受不了這種情況了。她開始為所有的人制定新的規則，第一條規則就是所有會議上禁用手機。她說：「會議室的門口有個專門放手機的地方。」每小時的會議中，有兩次各十分鐘的休息時間，「讓大家查看手機」。拉坦回想起第一次實施新規則時的開會狀況：「那次會議太有效率了，我們完成了很多事情。從此以後，開會禁用手機成了常規。如果你不願遵守，就不能參加會議。」

拉坦的同事聽完前面的描述後，想到她以前使用第一支黑莓機的日子。黑莓機收到訊號時，手機會亮起紅燈，那時不管她在哪裡或做什麼，都無法放任紅燈閃爍不理。她說，為了讓自己專注在工作上：「我不得不用便條紙貼住那個紅燈。」

拉坦也很同情那些年輕的同事，她知道他們做份內的工作時，也同時上網處理其他的事，因為他們以前讀大學和研究所時就是那樣，他們不知道還有其他的工作方式。但她明顯看到那種工作方式的影響，他們做出來的東西常前後不一。拉坦說，她從他們交出來的報告，可以看出一心多用的痕跡。

> 你會看到很好的想法，接著看到胡言亂語，然後又看到很好的想法……一開始都寫得很好，因為他們很專心，接著他們開始受到干擾，收到電郵、電話、簡訊等等，然後就會出現不合邏輯的說法。我從他們交出來的成品中，看得出被打擾的痕跡。所以我會告訴他們：「我覺得整篇的方向不錯，但是有點虎頭蛇尾。」他們只回我：「哦，因為我分神了。」

拉坦努力指導團隊學習一次只做一件事。當她和團隊的成員開電話會議時，她告訴他們，她的注意力全在他們身上，沒有一邊處理電郵或滑手機。拉坦直接把話講明了：「開電話會議時，我會說：『我現在沒有使用電腦。』我告訴他們，我的手機或電腦的音量都調低了，所以我聽不到其他訊息進來的聲音……我也關掉網路了。」起初，那些年輕顧問聽她這麼說都嚇一跳，但後來他們都明白拉坦的意思了。

拉坦以前也有分心的問題。幾年前，四十歲的時候，她發現無時無刻連線的生活使她無法專心。她很不開心，工作效率低落，她決定採取行動。上班時，她關掉 Wi-Fi，選在空蕩蕩的辦公室裡工作。她把上班時間分成上網時間及離網時段，這樣做幫助她一次只處理一件事，不再受到電郵和網路的誘惑。

她向其他人建議以下的策略：先坦承自己有容易分心的缺點，接著針對這個缺點去設計新的行為。

體認自己的弱點，是職場上的「最佳實務」。科技提供了一些預設功能，例如連線的電腦可以讓你持續接收資訊的刺激。針對缺點做設計，是指刻意迴避那些令人分神的東西。例如，開會前另闢一個專門放置手機和筆電的地方；寫重要文件時，自訂「一次只做一件事」的規則。這樣做可以幫你想出為自己及他人著想的工作流程。你可能需要對年輕的同事曉以大義，灌輸他們一些看似顯而易見的道理，例如跟客戶開會時不該上臉書，但他們可能真的不明白為什麼不行。

自從《大西洋月刊》（*The Atlantic*）為一心多用的問題製作了一段影片，並建議以「週四不開分頁」248（Tabless Thursday）的方法因應後，「專心只做一件事」的概念開始流行了起來。所謂「週四不開分頁」，是指一週裡有一天，你只專注做一件事，瀏覽器上不要一次開好幾個分頁。這確實是一種花招，但它的基本概念日益流行起來了。

「一起呼吸同樣的空氣很重要」

維克多．崔普（Victor Tripp）是某大金融公司的科技長，他想找紐約團隊一起開個會，那個團隊共有十五人，最後只有三人出席。他也很難說服成員和客戶面對面開會，他們就像AJM律師事務所的律師及海馬劇院的員工一樣，寧可使用電郵聯繫。崔普說：「一般來說，太依賴電郵時，就會出狀況。」他的屬下可能來找他抱怨一位客戶，「我必須告訴他：『去找客戶談談，花點時間見面，修補關係。』我不講的話，他們不會自己想到。」崔普告訴我，每次他必須建議下屬親自去見客戶時，「那個員工通常想靠電郵解決問題，我必須告訴他：『當面去找客戶談。』」

崔普解釋，年輕的同事從小就覺得電子通訊是通用的語言，所以他們挑選溝通工具時，會考慮即時訊息、簡訊、Skype、電郵、視訊會議、模因等東西。選擇很多，每種選擇各有不同的「氛圍」。但他們不會考慮面對面的交流，那不在他們的選項中，需要有人建議他們才會想到，那算是前輩指導後進的一部分，崔普覺得指導屬下是他的責任。

對崔普而言，大家坐下來分享經驗是其他的交流都比不上的，那是了解同事和客戶想法的最佳方法，他表示：「大家可以自在地交談時，小分歧不會變成大問題。」

舞臺總監利安娜·哈瑞特（Liana Hareet）有三十幾年的劇場經驗，她在另一種會議中也有類似的經歷。對哈瑞特來說，促成戲劇製作的每場面對面會議，都跟劇場的現場演出一樣重要。「你會有意想不到的發現，感受到彼此間的默契。」她說：「我喜歡設計會議……我們一起坐在房間裡，然後討論：『在《冬天的故事》（*Winter's Tale*）結尾，怎麼讓赫麥恩妮（Hermione）的雕像復活過來？我們一起來討論，我的想法是這樣，我們來腦力激盪一下。』

不過，哈瑞特解釋，在地區性的小劇場裡，這種面對面的設計會議愈來愈少了。電子通訊讓設計和技術人員（包括服裝、道具、燈光）可以同時投入多齣戲劇的製作，所以導演和每位設計總監單獨見面，然後再以電郵告知最後的決定已是慣例。哈瑞特為會議的消失感到遺憾，再怎麼用心的電郵往來，也比不上面對面的交談：

> 我把想法傳給你，你回傳評論，這種方式和我們一起坐下來討論是完全不同的。這樣就失去了交流時迸出更好點子的機會……我們都低估了從彼此的呼吸和肢體語言所學到、解讀、領略的東西，也低估了彼此親自到現場的價值……科技把很多的東西都過濾掉了……一起呼吸同樣的空氣很重要。

哈瑞特說，即使她讓演員共聚一堂，一起呼吸著同樣的空氣，她也必須努力讓他們專注在彼此身上。她解釋，幾年前，演員來排練時，他們會期望看到其他演員的表演，這有助於所有演員為那齣戲培養出共同的語言。如今，她需要花心思去推動，才能促成這種對群體的關注。

> 環顧四周，你會發現演員並未把注意力放在彩排上。上場前，他們坐在一旁查看簡訊和電郵……如果還未輪到他們排練的段落，他們會說「無聊」，然後就掏出手機……他們覺得跟自己沒有直接關聯的事物，就跟自己不相關，但戲劇是一種有機的總合。

令人驚訝的是，一群上訴法院的法官也提出類似的評論。他們說，在傳統的法庭審判中，是由三位法官一起聽取辯詞並做出判決，這個過程涉及多次會議和電話。他們說，現在案子進入正式上訴以前，他們大多依賴電郵聯繫。這些法官很懷念以前那種工作步調，以及和同仁見面討論時所激發的新想法。法官也擔心新生代的律師可能無法充分了解親臨現場的價值，現在出庭的律師愈來愈不習慣親自表達論點。在法官看來，年輕律師的電郵寫得頭頭是道，但口頭論證的實務經驗不足，所以有時經不起現場的質疑。

法官、科技總監、劇場負責人都在講同樣的問題。面對面的交流才會迸出新的點子，電郵往來無論再怎麼有效率，都流於事務性的處理。電郵中提出問題及給出答案，大多只是在交換資訊。在戲劇、法律、商業領域中，失去面對面的交流，意味著複雜度和深度的消失。年輕世代可能習慣了這種淺薄的交流，但哈瑞特認為經歷過這場轉變的人會懷念以前身為「有機總合一部分的感覺，他們也會懷念聲音和肢體所傳達的訊息」[249]。

指導年輕人對話時，需要鎖定兩個問題。他們會直接問你：「既然分散注意力可以獲得更大的『價值』，為什麼還要面對面的交流，只專注做一件事？」答案是：其實一心多用並無法帶來更大的價值。你**感覺**自己得到更多，但實際上完成的很少。他們也會直接問你：「既然切斷所有的聯繫會感到焦慮，為什麼還要把焦點放在你身邊那一小群人的身上？」答案是：你和同事交談得愈多，生產力愈高。

不過，這些問題和反對意見的背後，還有一些難以用研究結果來回答的問題。職場透過螢幕傳達對每個人的要求，那些要求可能令人難以招架。螢幕提供一種方法，讓人可以整理那些要求，以看似能夠承受的步調因應。隨時關注螢幕，讓人覺得自己好像握有一些掌控權。大家之所以不願抽離螢幕、開始對話，通常是因為害怕失去那種掌控感。

駕駛艙所見：尋求控制權

三十五歲的瑞雯．哈孫（Raven Hassoun）在金融業工作。她盡量避免和同事對話，主要是以簡訊、即時訊息、電郵和大家聯繫，她那樣做是為了「保持頭腦清醒」。她說她的工作有如「壓力鍋」，緊黏著螢幕讓她覺得生活還在她掌控之中。「太多人想要占用我的時間，希望我幫他們做事。使用電郵讓我可以知道所有的要求，同時可以保持距離，覺得自己還握有一點掌控權。透過電腦處理這一切時，我可以站起來，看往別處，或是放點音樂。」瑞雯也說，她也可以用她覺得放心的方式來聯繫朋友，因為時間有限。我稱這種情況為「金髮女孩效應」——我們希望彼此的關係不要太近，也不要太遠，而是剛剛好。如果瑞雯想看一下臉書、發簡訊或電郵，她可以和他人保持聯繫，又不必擔心別人占用太多的時間。她說這種快速的「社交查看」，讓職場要求感覺還可以承受。此外，把社交生活搬上網路，也感覺比較方便掌控。

相對於社交力，瑞雯更渴望的是掌控感。她寧可寫電郵表達歉意，也不想當面道歉。在職場和私人生活中，遇到棘手對話時，她會想盡辦法以電郵處理，以迴避對話。棘手的對話即使是有必要的，她也覺得自己沒有時間回應，而且情緒也會受到影響。她覺得面對面的情緒壓力太大了，她沒有必要去承受。

瑞雯這種自保策略，使她累積了許多電郵無法解決的職場問題，也令她感到孤單。事實上，那種孤單感已經非常嚴重。她說，有時經理來找她談話時，她甚至會想像經理給她一個和善的擁抱，或是拍她的肩膀，讓她放心。瑞雯知道，她迴避了對話，所以才會幻想擁抱。但她覺得那些幻想不是在暗示她應該多跟同事相處，她總覺得：「我沒有那個時間。」

「見個面，好好談」

史丹・哈蒙德（Stan Hammond）是一家顧問公司的執行長，該公司負責協助促成複雜的金融交易。他說，他了解瑞雯那種人，以及他們希望生活中多一些「餘裕」的需求——我在研究的過程中，持續聽到大家以「餘裕」這個詞來表示讓自己靜一靜的「休息時間」。不過，哈蒙德也深信，抽不出時間來對話的人，不知道該如何對話，最終那對業務發展來說是不利的。他說，很多人覺得獨自面對電腦最自在，就像波士頓律師說的，窩在自己的「駕駛艙」裡，所以他的工作變得愈來愈難做。哈蒙德說：「這些員工老是在處理電郵，所以最後我不得不去他們的辦公室，強迫他們面對面交流，但他們一點都不領情。」他指的是像瑞雯那樣的人，他們想躲在電郵的後面，但有些事是電郵解決不了的。有時交易太大或出了紕漏，需要對話才會有進展。

哈蒙德表示，你有明確的目的時，電郵是必要的商務工具。但是你因為電郵方便而凡事依賴電郵時，問題就出現了。根據他的經驗，以電郵進行協商，容易產生連串的誤解。

他描述最近開董事會議時，討論了一筆很重要的生意。在會議上，他的客戶（某位知名演員）發了一封郵件給他，字裡行間感覺怒不可遏。所以開完會後，他馬上打電話給客戶，以便約個時間出來化解歧見。哈蒙德打電話給那位客戶時，他們兩人還在同一棟大樓裡。但客戶沒接電話，只回了另一封郵件給他，叫他去看第一封郵件。於是，後來衍生出連串的誤解。

哈蒙德說這種情況很常見，大家想用電郵取代對話。最近他和一位同事發生歧見，哈蒙德一直想要當面跟她釐清狀況，但對方不斷傳電郵給他。哈蒙德說：「後來我終於見到她時，我只說：『抱歉！我們化解誤會吧，五分鐘就好，講完就沒事了，沒有任何壓力。五分鐘，一下下就解決了』。」但他費了好一番心力才見到對方，實在太辛苦了。對方的行徑對他們共同的商業利益毫無助益。

哈蒙德覺得這涉及了世代差異，「四十五歲或五十歲以上的人，比較習慣面對面的交流」。四十五歲以下的人「比較喜歡以電郵來取代面對面的溝通」，以及用電郵道歉。哈蒙德認為，當面道歉是一種基本的商務技能。他覺得，沒有這種能力就好像「開車不知道如何倒車，那些無法開口道歉的人肯定是這樣的。但電郵又助長了這種風氣，在電郵上，你永遠無法學會說『對不起』。」。

哈蒙德說，看到很多人覺得對話很難，他一點也不訝異。他有兩個兒子年紀還小，共進晚餐時，他必須扒開他們手中的電子產品，但之後他們「就只是靜靜地坐在桌邊，不發一語」，他對此感到失望。他說：「大家愈是沉浸在電子產品裡，就愈沒有機會練習在職場勝出的技巧。現在電子產品設計得愈來愈好，但使用者並未學到必要的技能。」哈蒙德覺得對話是必要的技能。

某大服飾公司的執行長也有同感。他告訴我，他的員工以寫電郵的方式吵架，等到誤會多到無法解決時，才來找他來評評理。「每天幾乎都有員工來我的辦公室，抱怨他與同事的電郵往來。有時他們抱怨的對象，也來找我抱怨。對此，我的回應總是一樣，我說：『你們見個面，好好談。』」

然而，有時說的比做的容易。就像前面提到坦南必須每天透過Skype開會一樣，這也涉及了其他因素。在多數的公司裡，員工分布在世界各地。

員工散布各地

在ReadyLearn顧問公司裡，大家在分布全球的國際團隊中工作。為了削減成本，出差和培訓經費愈來愈難取得。所以在ReadyLearn裡，有些管理者從未和屬下面對面談過。有些顧問也告訴我，他們只跟上司講過電話及開過電話會議。在這種環境下，大家只好即興應變。

例如，一個全球團隊慶祝新年的方式，是寄給每個成員一頂帽子、一瓶香檳，和一個哨子。大家把東西都穿戴好以後，一起開電話會議，舉杯慶祝。收到禮物，接著還開線上派對，雖然這說不上是常態，但挺吸引人的，也充滿驚喜。但如果這種方式變成了常態，那究竟意味著什麼？

有人跟我分享這種網路派對的例子，因為他覺得這個例子很有趣，是培養團隊感情的創意方式。但那個人講到一半，突然意識到這個例子不是那麼有趣，甚至顯得悲哀。講到最後，他也不知道該怎麼收尾了。於是我問：「派對成功嗎？」他一臉猶豫。這種派對已經盡可能發揮效果了，畢竟每個人都盡力參與了。

公司決定採用這種分散式經營時，他們說服員工接受這是一種「進步」的模式，或是公司成功營運必須採用的方式。但是每天實際體驗這種模式時，很容易讓人失去信心。

崔普以前的科技團隊都在紐約，跟他在一起，但後來公司的長遠計畫是盡可能減少曼哈頓的辦公空間，也不雇用美國人，以減少薪資成本，所以現在他的團隊成員分散在世界各地。他很懷念以前和同仁一起在紐約工作的日子，那時他和團隊成員都在同一個樓層上班。他說：「我們隨時溝通，我只要站起來，就可以看到團隊裡的每個人，直接對他們喊話。」現在換成國際團隊後，他們只能約時間打電話以及開電話會議。

最近，崔普的團隊必須處理一個國際系統失常的問題，公司的全球網路必須關閉後再重新啟動。崔普認為，如果「他的團隊都在紐約」，他可以迅速處理系統失常的問題，但是「現在所有人分散在世界各地，解決問題的時間也拉長很多」。崔普覺得，現在這個四散各地的團隊帶給公司的價值，不如以前那個集中在紐約的團隊。他認為回歸舊模式對公司的淨利更有幫助，但他也補充：「即使對公司做出這樣的提案，也會搞得雞犬不寧，天下大亂。沒有人想做研究以證實解散紐約團隊是一個糟糕的決定。當初公司決定解散紐約團隊時，所有人都說：『太荒謬了，為什麼要這樣做呢？』但後來還是做了。[250]」

崔普展望未來十年時，他想像身邊的同事愈來愈少。而且，那些剩下的同事「也不在辦公室工作，而是在家工作」。他說：「如果他們想進『辦公室』，公司會指派一個房間給他們……例如飯店裡的房間。」團隊同聚一堂討論的概念，已經是過去式了。

我知道有一家公司是這樣運作的。你上了電梯後，把密碼輸入iPad，它會告訴你：「這就是你上班的地方，你的團隊通常坐在這裡。這裡有三張空桌，你可以去坐那裡。」然後你就去那裡上班了。你進去以後，坐下來，開始工作。有些人說：「我覺得自己好像商品，跟這家公司沒什麼關聯。」我覺得那好像去圖書館，因為那裡又不能擺家人的照片，感覺裡面沒有東西是屬於我的。

我和崔普討論經常在家上班、偶爾到「旅館」上班的缺點時，雅虎執行長梅麗莎．梅爾（Marissa Mayer）推出的新政策正好是熱門的新聞話題。她要求員工回辦公室上班，大幅減少遠距辦公的人數。梅爾說，她想讓大家一起在辦公室工作，以提高生產力和創意[251]。崔普說：「我覺得那是很棒的消息，我喜歡那個新聞。」但他也覺得，同樣的情況不會發生在他身上。雅虎召喚員工「回歸工作崗位」，但他認為未來的職場不會有辦公桌。

使員工「回歸工作崗位」

二〇〇四年，高科技顧問公司拉德諾（Radnor Partners）的新任執行長也對遠距辦公的局限感到失望。這家大公司從一九九〇年代開始推行遠距辦公的文化。跟很多公司所想的一樣，遠距辦公是削減成本的方法，而且大家普遍認為那樣做可以提升員工的滿意度，但現在執行長決定把分散各地的員工都召回來一起上班。

拉德諾做出這個決定時，剛好經濟開始陷入低迷，一般公司不會在這個時間點投資實體的基礎架構，但新任的執行長一反常態，斥資打造了更宜人的辦公空間，把員工召回來上班。

剛開始，員工抱怨連連，公司的高層和基層都已經習慣彈性的工作方式。此外，公司的高層也擔心，這項新政策可能導致人才招募困難，也可能使人才離開公司。還有一點：拉德諾公司目前的獲利正好，執行長在公司營運成功之際，卻想要改變企業文化。

不過，執行長的立場很堅定，他向那些心裡存疑的管理高層傳達了他的遠景。人力資源副總裁雪莉．布朗寧如此描述當時她聽到的訊息：

> 他說：「我們是一家持續成長的公司，唯有大家合作，才能推動變革。在家上班無法有效地合作，你不會在餐廳裡碰到同仁，也不會讓同事知道事情的最新

進展，還會忘了告訴同事很多事，那都會減緩變革的速度……」所以他說：「所有的管理高層都會在辦公室裡上班，為此，我們會盡量雇用來辦公室上班的員工……你的工作在辦公室裡，因為那是我們一起合作的地方。」

大家心不甘情不願地回公司上班，極不情願。布朗寧說當時的反彈聲浪很大：

> 我們都很反對，並告訴他世界已經變了，說他的觀念很古板，管理階層需要在家上班。但八年來，他改變了每個人的想法……我們都相信了他的理念，公司持續成長，我們是以團隊的形式合作。

瓦伯的研究證明，不同領域的員工對話愈多，生產力愈高[252]。所以，員工交流的正面效果在公司的各個層級顯現，並不令人意外，拉德諾公司就是如此。近距離的接觸激發了新的對話，布朗寧說那些懷疑者親眼看到「面對面的交流才是合作無間該有的樣子」。執行長的決定也展現在公司的財務成果上：當分析師、業務員、顧問齊聚在一個空間裡工作時，拉德諾的成長速度變成原來的五倍。

拉德諾公司的執行長不僅把員工召回辦公室上班，他也鼓勵不同部門的管理者多多交流。公司裡挑出一群對公司未來很重要的管理者，讓他們齊聚一堂，開三天的研討會。他們不是去那裡學習新的技能，而是去接納一個新點子：拉德諾現在要推動面對面的領導文化。他們將成為公司的代表，在各自的部門裡推動這項改變。

布朗寧負責設計那次研討會，那個任務可不簡單。與會的管理者都很滿意原來的文化，以前他們可以在家上班，工時有彈性。布朗寧描述一開始的氣氛很低迷：「大家雙臂交叉，手上拿著黑莓機。」但是那場研討會挑戰了他們的固有想法。「後來沒有人打開筆電，也沒有人查看黑莓機，到了晚上也是如此。」

研討會中出現一個關鍵時刻：當時主持人問那些管理者，他們有多了解自己的下屬。尤其，他們是否知道下屬如何回答「你在公司的的使命是什麼？」這個問題。有些管理者已經帶領同一批員工十幾年了，還是不太確定答案。在沒有面對面的交流下，你不太可能知道那些事。那正是公司欠缺的東西，也是執行長想要改變的狀態。

二〇一一年起，拉德諾把有關「使命感」的對話也列為績效考核的核心，他們直接問管理者：「你和下屬談過工作使命了嗎？」那是考核單裡的一項。從面對面的交流中了解同事，變成公司DNA的一部分。

至於面對面的密集領導培育課程，也已經納入拉德諾公司的體系裡了。他們仔細評估該課程後發現，成效超乎預期。這個課程為整個公司培養了新的合作關係，事實上，那群原本不願交流的管理者，後來每個月還是持續開視訊會議。面對面交流的經驗培養了他們的互信，讓全公司也因此受惠。

對話日

拉德諾公司的故事說明了兩點：**聚在一起面對面交流，有助於提升公司的淨利；積極的領導者可以促成這種交流**。

二〇〇八年，國際設計公司史托達（Stoddard）的執行長想和一群副總裁開會，結果發現光是安排開會時間，就要花兩週以上。管理高層裡，有九成管理者的時間都事先安排好了，每位副總裁都有很多會議要開，幾乎沒有時間做非正式的交流。此外，如果有一個問題迫在眉睫，或是有人有好點子想迅速跟同事分享，這類需要安排的會議也找不出時間空檔。所以執行長推動了一項新計畫：共進早餐。

在公司總部，每週有一天是管理高層的早餐日。那天，他們比平常提早四十五分鐘到公司，大家一起吃早餐，沒有安排任何的議程，就只是共聚一堂。幾個月後，大家平日安排的會議少了二〇％，那表示管理高層多了二〇％的時間，可以自由地對話或安排臨時的會議。那群共進早餐的高管都對早餐日充滿了熱情，因為用餐時，可以當場解決一些問題，還可以聽到新點子。

非正式的對話很重要。舞臺總監哈瑞特回憶，以前因為「古典」排練廳的設計，非正式的對話很自然就出現了。演員工會要求，每排練八十分鐘，必須休息十分鐘；或是每排練一小時，必須休息五分鐘。排練當天，演員一起決定他們採取哪種休息方式，大家同時休息。

排練廳的門外有一、兩台付費電話。休息期間，電話前面總是排著長長的人龍，每個人都想打電話給經紀人，或是打電話回家聽電話留言。

> 你永遠不知道什麼時候會接到新工作，或臨時得到試鏡的消息。電話的前面，總是排著長長的隊伍。排隊時，大家都會聊天。你可能和其他的演員朝夕相處，大家都有很多想法。但現在，只要有人宣布「休息十分鐘」，大家馬上掏出手機，各自窩在一角。休息結束後，大家又回來繼續排練。但大家休息完後的精力，和以前每個人都去排隊打電話回來時的樣子很不一樣。

為了打電話而排隊，大家有機會聚在一起。現在，手機和筆電的螢幕使我們彼此疏離，或者頂多讓大家孤獨地湊在一起，雖然身處於同一個空間，但各自孤立，心思都放在自己的電子產品上。**除非我們有意願，才會交談**。史托達公司的早餐會再次顯示，想要鼓勵大家交談，需要高層的投入，你需要設計那樣的情境。

促進對話的設計：文化的重要性

促進對話的設計，可以像前述的早餐日那麼簡單，也可以涉及精心的環境設計。Google

在這種環境設計方面是頂尖高手，他們請瓦伯來研究，在員工餐廳排隊用餐時，是否有最佳等候時間可以增加員工之間的交談。瓦伯研究後發現，確實有最佳等候時間：約三到四分鐘，這個時間短到不會讓人覺得在浪費時間，也長到足以結識新朋友。同樣地，瓦伯也研究了餐桌的最佳尺寸，哪種長度不會讓陌生人不好意思坐下來加入別人的交談：可坐十到十二人的大桌子。

不過，在各種情況下，任何設計都需要文化的加持。

金融顧問哈蒙德很在意辦公空間的設計是否有利於對話，而且他也竭盡心力使設計達到應有的效果。哈蒙德的設計是把員工放在同一個空間裡，「迫使」他們對話，就像以前劇場的員工和演員只能在排練廳外排隊打付費電話一樣。哈蒙德的員工每天都在同一個地方開始一天的工作，那裡為他們準備了咖啡和零食。

哈蒙德的公司位於曼哈頓某棟大樓的十四到十六樓。他要求所有的員工，即使是在十四樓或十六樓上班，也必須先搭電梯到十五樓。十五樓準備了食物、飲料和舒服的椅子，他希望藉此讓員工認識本來很陌生或不太熟的同事。他希望不斷地創造新的對話機會，若發現有人上班時直接搭電梯到十四樓或十六樓，他會堅持帶他們去十五樓。

文森．卡斯特（Vincent Castell）在舊金山開了一家創投公司，名為卡斯特顧問公司（Castell Advisors）。他也一樣堅持辦公室的設計應該有利於對話。他說幾年前公司的氣氛「近乎處於危機狀態」，會議「死氣沉沉」，每個人都在傳簡訊，連他自己也是。

卡斯特覺得，死氣沉沉的會議是一種病症，他讓科技在公司裡塑造了一種不重視對話的文化。「隔壁辦公室的同事不來找我，而是發電郵給我，公司裡毫無靈感或團隊意識。」他覺得他逐漸失去了對公司的掌握：「在這一片沉寂中，你發電郵給共事的同仁時，你錯失了對話的微妙之處，無法看到他人當場應變思考。」

卡斯特誓言重啟對話。一開始他採取比較溫和的做法，要求大家開會時「關機」，但後來他決定推動徹底的改變。他買下新的辦公空間，找了幾家專門做創新家具設計的公司以及研究辦公室互動的學者來談。他也仔細研究了瓦伯對合作的研究。在新設計的辦公室中，有的空間可讓員工享有充分的隱私，有的空間很適合大家隨性地聚在一起。二〇%的辦公空間用來供應食物，吧台邊放了高腳椅以促進交談。

每天上班從簡短的站立會議開始，不准帶電子產品，開會的目的是讓大家知道公司的最新消息。任何人都可以發言，任何人都可以向其他的同仁發問。

站立會議是卡斯特抵擋簡訊及電郵誘惑的方式，這種會議已經變成當代企業文化的主流，因為這樣做可以逼大家在短時間內集中注意力。站立會議不是解決問題的萬靈丹，因為這種會議的目的是為了速戰速決，不適合討論複雜的問題。但卡斯特表示，站立會議對公司產生了強化效應，「大家的對話量和對話類型有很大的改變，現在大家常有三十秒的對話和即興交流，那是前所未見的。大家似乎變得樂於上班了」。

卡斯特覺得他用來改善公司的做法，「是基於一種基礎的人性：大家會自然去找自己喜歡和信任的人共事」。讓大家進辦公室上班的原因，是為了促進他們對話，以培養群體意識。辦公室的設計是一大關鍵。卡斯特認為，辦公室應該「促進群體意識，激發大家的求知欲」。

卡斯特說，現在很多客戶選擇和他的公司合作，因為他們喜歡這個工作環境。「這才是他們想要合作的公司，這種公司才能讓他們感到振奮。」公司的利潤也隨之成長。

從個人的層面來看，對話是幫人恢復同理心的方法。在職場上，同理心有助於提高生產力。卡斯特和哈蒙德都在公司裡目睹了類似拉德諾和史托達公司的改變效果。

哈特科技：建好，人不一定會來

當合作是生產力的關鍵時，公司為對話所做的設計會對公司有利。在大型軟體公司哈特科技裡，有全天開放的餐廳、迷你廚房、員工旅遊，還有每週一次的全員會議，任何人都可以參加並發表意見。哈特科技把溝通和透明化視為公司的核心價值。

不過，我在哈特科技也發現，「建好，人自來」（build it and they will come）的效應很有限。儘管有適切的設計和使命宣言，公司裡沒有人有時間進行開放式對話，又或者，員工並不覺得公司允許他們那樣利用時間。我走進哈特科技的迷你廚房時，發現健康的零食放在與視線平行的地方，不健康的零食則要費點兒功夫才能找到，我覺得這個設計很用心。在那個迷你廚房裡，我主動跟一個年輕人打招呼，他微笑回我：「你肯定是新來的。」他說，員工來這裡選好零食後，通常會馬上拿回自己的座位享用。大家也不是冷漠，只是沒有時間交流。

哈特科技自認為是世上最好的企業，覺得他們的員工都是超級英雄，所以員工一心想證明自己能夠因應任何挑戰。想要證明你比別人高竿、非比尋常，最簡單的方法是顯示你不需要離開網路。

以前軟體剛出現時，是由一群駭客編寫的。他們有深夜工作的文化，使用分時共用的電腦。晚上比較少人用電腦，所以電腦在夜裡運作得比較快。如今技術進步，已經不需要晚上工作了，但這種夜貓子的文化依然存在。優秀的程式設計師是以不分晝夜都在工作的方式，展現他們對電腦和程式的熱愛。在哈特科技，這種傳統風氣仍反映在一種共識上：最優秀的員工會隨時為工作待命。他們一直掛在公司的通訊系統上，名字旁邊有一顆心形的綠燈，表示他們隨時都在。

我和哈特科技的員工做焦點團體訪談時，聽到他們提及類似的狀況，每個人的說法大同小異。管理者的立意良善，他們其實不想讓員工有壓力，但公司裡每個人都想證明自己的價值。一直掛在網路上，隨時待命，就是證明這點的最簡單方法。由於全公司從上到下都抱持這種工作思維，你的老闆可能也一直掛在線上，名字的旁邊一直亮著綠燈。

所以，員工抱怨管理者晚上十點還在發電郵，又不講清楚他們是希望收件人當晚回覆郵件；還是因為家裡有幼童，等小孩九點就寢後才有時間處理電郵。在缺乏清楚的說明下，那些管理者的下屬不敢自以為深夜的電郵無須立即回覆。一位程式設計師說：「我的老闆常講一些很有道理的話，她總是強調『專心』、『休息』、『為自己留點時間』。但是她就像推特一樣，反應很快，總是掛在線上。她的大腦反應有如推特的訊息流，讓人搞不清楚究竟該照著她的說法行事，還是仿效她的做法？」這種困惑使大家疲於因應，不敢鬆懈下來。那也縮減了大家面對面交流的機會，因為大家要不是在開會，就是待在電腦前，努力跟上進度，而且還要確保自己「出現」在通訊系統中。

一位程式設計師說，她很珍惜晚上六點以後在辦公室的時間。白天幾乎一直在開會，一個接著一個，所以晚上感覺比較放鬆。她會去拿點食物，找一個沒有安排會議的會議室，靜靜地工作，有時和同事聊上幾句。她說：「六點以後，大家才有真正的對話。」但是，即使是下班時間，她依然抱著白天上班的矛盾感。就算是晚上，她也覺得在通訊系統上顯示「離開」的狀態是錯的。她說，只要她掛在系統上，「就一定會收到訊息」。

在哈特科技裡，公司的要求和員工的想法之間存在著矛盾。有一次我坐在他們的餐廳裡，跟一位年輕的工程師聊了起來。隨後，他說很抱歉打擾了我，並解釋他是新來的。他的上司希望他利用午餐時間，多和不認識的人聊天。然而，儘管公司設計了廚房、擺了食物，也明確地鼓勵員工多交談，但他知道公司最希望他做到的，還是隨時掛在線上待命。「我的老闆想看到通訊系統上那個心型的綠燈。」當然，一旦上網後，你就很難脫身去做面對面的交談。連獨處時，都會被別人傳來的訊息所打斷。

哈特科技的文化緊繃感，讓我們記取了一個教訓。如果你覺得對話對公司很重要，光是那樣說，或是設計漂亮的廚房和餐廳以促進對話，都是不夠的。你還必須幫大家騰出時間和空間。最重要的是，管理高層必須在日常中以身作則。不這樣做的話，那些精心打造的空間都只是裝飾罷了。新來的員工主動與人交談時，還要思考要不要因為打擾別人而道歉。

三十五歲的克莉絲蒂娜·羅伯茲（Kristina Roberts）回想起她在哈特科技的文化中「成長」的經驗。在她看來，公司的核心價值是：負責、卓越、奉獻。她加入哈特科技時，決心好好體現那些價值。

> 從一開始，我就不希望讓人覺得不負責任，所以馬上回覆電郵是展現責任心的最好方式。我堅持隨時掛在通訊系統上，讓名字旁邊的綠燈一直亮著。工程師連去滑雪時，也會讓那個綠燈亮著。在那種環境下，我感覺壓力愈來愈大，日益陷入憂鬱，覺得目標就像山岳一樣不斷地拔高，而我渴望持續攀登那座山。我跟別人共進晚餐時，當對方去洗手間，我就會馬上查看電郵，所以我一直掛在通訊系統上。

羅伯茲覺得，公司認定的「績效出色者」就是一直掛在線上。但是，每隔幾分鐘就回電郵，使她無法好好思考。慢慢地，她發現她心中「有價值員工」的條件（始終掛在線上，以顯示自己對工作的投入），與她覺得把工作做好所需的條件，相互矛盾。她花了多年的時間，才明白這點。那些年，她把一直掛在線上視為首要之務，她也因此在公司裡受到獎勵。她把隨時在線上當成一種自我要求，逐漸覺得手機和哈特科技的通訊系統彷彿是一種戒不掉的毒品。

羅伯茲覺得，哈特科技的企業文化削弱了那些專為對話設計的基礎設施（餐廳和迷你廚房）。文化帶給大家的壓力，尤其是不成文的「隨時在線上」要求，阻礙了員工之間的合作，也波及了生活的其他層面。

為公司隨時上線，意味著羅伯茲也為其他的一切一直掛在線上。手機變成不可或缺的隨身配備，那是她和其他人聯繫的方式，包括友人、家人和情人。羅伯茲努力為公司奉獻的同時，也讓自己陷入了人機不分的「機器地帶」：資訊流不斷地湧來，她覺得自己一定要回應，於是精神陷入渙散，產生了**依賴性**。羅伯茲如此描述自己：「手機一定要隨時放在身邊……因為你想像自己接收的刺激降到某個基準以下時，心裡自然會冒出一個想法：『我得趕快看一下手機』。」

哈特科技是一家多元的大公司，我在這裡發現了一些最佳實務案例。例如，有些管理者會設法讓員工知道，他們不需要隨時掛在線上。我聽到的一個例子是，某位管理者深夜發電郵時，會清楚說明她這樣做是因為孩子還小，深夜是她最方便工作的時間。所以，她凌晨一點發出電郵，並不預期馬上收到回覆，她的屬下都很感激她如此澄清。另一位管理者說，她覺得還可以再更進一步，效果會更好：她利用半夜把電郵寫好，但是先不發送。她說：「利用你方便的時間寫好電郵，但留在草稿匣裡。早上七點，你覺得大家可能已經起床看電郵時，再把它發送出去。」

事實上，哈特科技一些最受推崇的管理者是集中在某個時間點發信，而不是整天處理電郵，他們選擇對員工方便的時間。這就是以身作則，樹立榜樣，這顯示他們與網路的關係可以為自己騰出時間和空間。

哈特科技知道，員工的壓力很大。為了幫助他們，公司開了正念和冥想的課程，以鼓勵員工培養一種平靜的覺知狀態。公司也定時安排了「暫停」時間，讓所有的員工在上班時可以停下來放鬆，深呼吸。哈特科技的員工覺得這些課程都有價值，很多人覺得價值非凡，但他們並未因此真的放鬆。很多人覺得，正念課程傳遞的訊息，和工作帶給他們的感覺是相互矛盾的。我和哈特科技的員工進行焦點團體訪談時，聽到他們說，畢竟公司不是花錢請他們來維持心靈平靜的。某位員工說：「公司花錢雇用我們，不是為了找我們來對話。」

不過，在哈特科技裡，他們對正念的重視，就像公司盡力營造有利對話的空間那樣，是有重要意義的。企業界知道冷靜、專注、面對面交流對公司的獲利很重要時，就會盡量遠離那些干擾他們的科技。久而久之（不過在這個領域裡，時間過得飛快），公司和消費者就有共同的理念，並想辦法挽回那些對自己有利的東西。一位軟體開發者建議，軟體業應該重新定義App的成功標準，不該再以消費者花多少時間在上面來評估App的好壞，而是應該看消費者花在上面的時間是否值得[253]。長遠來看，消費者和業者可以一起重新定義電子產品和App的設計原則。

醫療界的對話

在這裡我主要談的是辦公室裡的對話，因為多數人是在辦公室裡上班。但其他類型的職場也有同樣的對話問題，或許醫療界是最引人注目的例子。

身體檢查是最充滿感情的溝通情境之一。身體檢查時，醫生幾乎把注意力全放在患者身上。不過，資深的醫生擔心，現在的年輕醫生踏入這一行時，以為問題的答案不是在檢查室裡找到，而是在「其他地方」，亦即之後所做的診斷測試。因為他們覺得可以從科學資料中了解患者，所以沒把注意力放在患者身上。醫生因為相信資料可以顯示一切，而草率問診。某大教學醫院的六十歲教授描述他最近訓練的住院醫生：「他們想用各種檢測來取代與患者的對話，因為跟患者對話很難，往往需要年輕醫生所欠缺的技巧。」

這位教授覺得，在這種「依賴檢測」的新文化裡，常態的身體檢查對年輕的醫生來說有種奇怪的親近感。你觸摸患者的身體，詢問病史，問一些問題。如果你相信檢測可以告訴你需要知道的一切，就會覺得有些觸摸和對話似乎沒有必要了。久而久之，你就習慣當個不太觸摸及交談的醫生。你為患者檢查身體的技巧開始退化，於是變得更加依賴檢測結果。這位資深教授想到學生對身體檢查的不自在時，感到難過：

> 他們不想為對話中可能出現的事情負責，也就是在詢問病患的完整病史時可能出現的事情。他們不想聽患者訴說焦慮、憂鬱或恐懼。以前醫生會想要聆聽這些訊息，他們會知道患者是整個人都病了，整個人都需要治療。如今，年輕的醫生不想和患者有這種對話。我的學生樂見新的病歷系統讓他們幾乎不需接觸患者，只交流一些相關細節，他們不想承擔更複雜的責任。

醫生兼作家亞伯拉罕・佛吉斯（Abraham Verghese）寫道，醫療界已經從為病患看病，轉變成為「i患者」（iPatient，亦即從患者身上蒐集的資料總和）看病了[254]。佛吉斯指出，在過程中，醫生不僅失去了對患者的同理心，也失去了治癒病人的能力。

不過，在「專業文化如何重啟對話」這個議題中，醫療界仍是一個充滿希望的地方。首先，醫療界已經開始討論逃避對話的問題了：他們討論到醫生只看電腦、不看患者的危險；對檢測結果的過度依賴；以及有必要恢復以前詳細詢問病史的方式。而且，他們不只是討論，也採取行動[255]。我訪問了一位資深醫師，她的醫院導入一套新的電子病歷系統，她覺得受到干擾。她解釋，如果她依照院方的指示使用系統，問診時會因為忙著把資料輸入系統中，而無暇正眼看著病人。她的對策是，問診時先寫下紀錄，晚上等孩子入睡有空時，再把紀錄輸入系統中。系統帶給她麻煩，但她正想辦法號召其他的醫生一起改變醫院的規定，為對話騰出空間。

這位醫生屬於老一輩的醫療專家，致力教導醫學院的學生學習如何和患者進行豐富的對話。另一位年近六十的腫瘤科醫師，則定期為醫學院一、二年級的學生開設體檢和問診課程。他向我說明，醫療體系中有各種迫使醫生陷入沉默的壓力——預期醫生每天要看很多病人、鼓吹高科技的診斷檢查、填寫各種資料和表單的壓力。不過，他授課的那所醫學院很重視對話，這點令他感到自豪。他的學生正在學習與患者建立信任關係，如何告知不好的消息、如何善用好消息來培養更深厚的關係。他很擔心「十年後」學生裡還有多少人能夠堅持對話。不過，當他們還在醫學院時，學校課程會鼓勵他們把對話視為看診的重點。

此外，面對那些阻礙對話的科技壓力，醫療界也做出了回應。醫療記錄師這種新興的專業開始崛起，他們的出現是為了讓醫生把注意力移開螢幕。這種記錄師是訓練有素的助理，他們跟在醫生的旁邊，幫忙填寫保險公司要求的報告，也幫醫生把資訊輸入電腦病歷系統。有人分擔那些記錄任務後，醫生更有餘裕和患者對話[256]。從醫療界納入記錄師的例子可以看出，一種職業可以自己發明方法來促進必要的對話。

前面也提過類似的創意發明，例如拉坦開會時，設置了一個專門放手機的地方；哈蒙德要求員工搭電梯到十五樓；史托達公司安排沒有議程的早餐日。這些發明和介入方式，就像醫療記錄師一樣，都是為了重啟對話。我們可以再發明更多的方法，激勵職場採取進一步的措施，也為教育界和家庭的重啟對話帶來一些新的啟發。

下一步：發明與介入

接下來我們將探討領導者在重啟對話中所扮演的特殊角色。企業文化的影響遠遠超越了公司內部的生活，也影響到我們和家人用餐時是否放下手機，或者是否需要整晚隨時待命。在這個大家都「知道」一心多用不好、卻放任不管的世界裡，當老闆告訴你，他會給你時間、空間和隱私，讓你逐一去完成重要的任務時，情況也會有所改變[257]。

對話塑造了我們，但如今我們在家裡已經疏於進行面對面的對話。面對家人、朋友、愛人時，我們也迴避這種對話。年輕人踏入職場時，獲得了展現關懷及理解對話的新機會。如果年輕人在面試時，感覺像被車燈照到的小鹿一樣不知所措，這就是前輩指導他的好機會，他可能對交談的了解很有限。

所以，在職場上，使用科技產品及理解對話的價值時，我們要更加留心[258]。我們應該更清楚自己的位置、對話的作用，以及可能遇到的阻礙。

在日常工作中倡導對話。這個時刻，我們需要懷抱謙遜心態的良師益友。就像某些父母批評孩子的行為（例如用餐時傳簡訊），但自己也做不好一樣；管理者也常為員工樹立不好的榜樣，例如開會時分心發電郵或玩遊戲、與下屬用餐或休息片刻時不忘拿出手機。我也聯想到我所在的教育領域，如果老師開教務會議時也處理電郵（確實有人如此），那麼學生上課時發簡訊也沒什麼好震驚的了。畢竟，大家都一個樣，同屬一種文化。

在日常工作中，管理者應該把對話變成常態。去參加面對面的指導課程，不該讓人覺得那樣做還需要鼓起勇氣，反而應該視為必要之舉。

我們在對話中培養信任，取得資訊，建立關係以利任務的完成。我們已經很熟悉這些道理，所以常把對話視為理所當然，覺得沒必要時時留意。為了重啟對話，我們應該態度明確，使對話成為公司內各個階層關注的重點，而且不分公司大小都是如此。

星巴克陷入財務困難時，它們以看似很小的改變來重建品牌，其中有些改變凸顯出顧客和門市人員之間的對話重要性。星巴克的每位員工都會佩戴名牌，他們也把櫃臺的高度降低，以便和顧客交談。

美國南部有一家小型的技術支援公司。公司的管理者發現，初次聯繫潛在客戶時，若採用打電話的方式，而不是電郵，這位潛在客戶更有可能變成長期往來的客戶。他們馬上把這個資訊轉變成商務準則：收到電郵詢問時，即使對方要求回信，公司也直接打電話回覆。公司的執行長表示：「工程師購買技術支援服務時，總是對價格很敏感。但他真正想買的，其實是一種確定感。也就是發生緊急狀況時（科技界常態），你不分晝夜都能提供技術支援。你從電郵裡得不到那種確定感，但從對話中可以感受到。」

清楚凸顯出對話的重要，有時意味著你必須意識到，我們的最佳利益和持續滑手機的欲望是互斥的。卡斯特發現他自己也忍不住在會議上發簡訊時，便宣布開會時不准帶電子產品，並以身作則。

鼓勵對話也是鼓勵獨處，讓你和他人（有時獨自）有時間和空間去思考。一位三十二歲的人講到他從商學院畢業後的第一份工作是在某家金融公司上班。他以前在學時，有好幾個暑假在那家金融公司實習。

> 工作幾個月後，終於輪到我幫老闆做點東西了。那其實是一個併購案的分析，非常複雜……我真的需要思考，卻無法靜下心來。手機帶給我的壓力絲毫未減，一直都在，我不斷收到各種簡訊和電郵。於是，我告訴大家，我生病了，得了流感，有傳染性。我在家裡待了四天，就只是工作。最後完成的分析很棒，但我無法在上班時做出那樣的報告。

他的情況並不罕見。某位哈特科技的工程師說：「如果你到一個會議室工作，那通常不夠隱密，因為四周都是玻璃牆，有時會有人敲門進來。」其他員工也覺得很難找到安靜思考的地方。在哈特科技，多數人在開放式的空間工作，幾乎沒什麼隱私[259]。他們說，若要完成「真正的」工作，必須待在家裡、請病假、熬夜做事，或是上班時找個地方「躲起來」。在哈特科技，「躲起來」意指在公司總部裡，找一個別人找不到你的偏僻地方。一名工程師告訴我，她需要思考時，會躲在桌子下面。

我跟哈特科技的一位建築師談到有人躲在桌子底下工作。他其實很了解這種情況，正在為公司設計基本的辦公室平面圖，也把這種隱蔽空間納入設計中。但目前，員工只能發揮創意，自己想辦法。一位三十二歲的工程師說：「我們那一組是戴耳機。戴耳機不只是為了阻擋噪音，也是在暗示此刻無法交談。」我造訪他們那組時，他們描述各種戴耳機的方式。不同的佩戴方式，意味著個人想要的隱私度不同。耳機完全戴在耳朵上，表示不想受擾；耳機只戴一耳，表示可以打擾，但僅限公事；耳機隨性地掛在耳邊，表示可以打擾，因為我在處理例常事務。但他們也坦言，即使把耳機戴好，也不一定能避免受擾。他們都說，真的需要專心時，最好還是待在家裡。還有一種替代方案：我們可以營造不受打擾的工作環境，一種追求生產力的「靜音車廂」[260]。

解決離線焦慮。當我們可以獨自工作時，合作更加融洽。在毫無干擾下，獨自工作的效果最好。不過，研究顯示，辦公室員工平均每三分鐘就會受到電子訊息的干擾；受擾後，平均需要花二十三分鐘才能回到工作正軌上[261]。這種循環很難打破，因為你一旦習慣了干擾，連你都會自我干擾[262]，因為你需要查看一下訊息才放心。前面提過，那個《財富》評選五百大企業的副總裁靜靜地坐在桌前時，反而變得十分焦慮，因為他已經習慣煩躁的狀態：心不在焉，效率不彰。

前面提過，如果我們不教孩子如何獨處，他們只會知道孤單是什麼感覺；如果我們不指導員工如何獨處，他們只知道一個人工作是什麼感覺，而且還會陷入焦躁。卓越的領導者知道如何以身作則，示範如何在不連線的狀況下工作。當員工說「我的老闆像推特一樣，反應很快，總是掛在線上，她的大腦反應有如推特的訊息流」時，那位管理者並未表現出她了解獨處對創意和生產力的重要，她自己可能就缺乏沉靜獨處的能力。

我們需要鼓勵一種非自我孤立的獨處能力。

波士頓顧問公司（Boston Consulting Group）是一家大型的跨國公司，他們做了一個離線實驗，一開始規模很小。他們給實驗組一段「可預期的離線時間」（predictable time off，簡稱PTO）[263]，那是指「下午或晚上完全抽離職場網路及無線裝置，不看電郵，或毫無干擾的工作時段，以便更加專注」。除了離線時段，每週他們也安排面對面的會議，讓實驗組討論商業目標的達成進度，以及離線實驗對個人及工作的影響。他們安排了社交場合讓大家抒解離線焦慮，社交力有助於提高生產力和創意。此外，員工需要安靜時，能夠保有隱私，不受干擾，也有同樣的效果。

那些參與PTO實驗的員工表示，工作滿意度提高了。他們更滿意工作與生活之間的平衡，早上也比其他的員工更樂於上班。波士頓顧問公司後來把實驗拓展成全球計畫。四年後，在三十個國家內，共有九百多個團隊參與。

支援有助於獨處的起步。前面提過，那些「待在駕駛艙的飛行員」遠離律師事務所的社交，並不是為了獨處，而是沉浸在自己的網絡中。管理者可以清楚告訴員工，獨處有助於創意和合作，以及萌生新點子[264]。但是如果你從小到大就是在隨時連線的環境裡成長，培養獨處能力是需要有人支持的。如果你成長在「我分享，故我在」的世界裡，也許你會覺得你需要分享想法，才算是真的有想法。

二十一世紀的卓越管理者需要協助員工學會忍受獨處的焦慮，學會獨自一人思考。如果一個人總是需要尋求他人的肯定，他不會相信自己能夠發揮創意。這也是為什麼冥想在商業界如此流行，它鼓勵我們獨自靜坐，那是在過度連線的世界裡泰然自處的一種方式，但不是唯一的方式。

把酒言歡

我為這本書進行研究時，訪問了數百位商業人士，我總是問他們一個問題：「工作時，你何時需要做面對面的交談？哪些對話是無法用電子交流取代的？」

他們都能馬上回答，而且毫不猶豫地說：培養信任、推銷東西、成交時，都需要面對面的交談。一位管理者說，當你必須找出「問題的根源」時，就需要面對面的交談。有人對你撒謊時，你也需要和他面對面談一談。有時他們會舉例說明，描述以前靠電郵處理問題、但無法解決的情況。

服務業的專業人士對這個問題特別感興趣。律師、會計師、顧問、銀行家的成功，取決於他們敢說出自己做的事與同業不同，他們不想讓自己的服務變成稀鬆平常的商品。避免服務被視為普通商品的最佳方法就是培養關係，那是需要靠對話培養的。

四十歲的賈寧．希爾瑪（Janeen Hilmar）是ReadyLearn公司的管理者，她以一部迪士尼的動畫為例，說明這種擔心自己被視為平凡商品的焦慮。她說：「在《超人特攻隊》（*The Incredibles*）裡，壞人想消滅所有的超級英雄，因為如果每個人都很特別，那等於沒有人很特別。對我來說，那就是關鍵……如果你無法與眾不同，科技只是使我們的轉速變得更快而已，但那也讓每個人變得毫無特色，一模一樣。」

李絲特也擔心她的律師事務所在未來變成毫無特色的平凡商品。如果年輕律師不懂得培養關係，他們的服務跟其他的事務所會變得沒什麼兩樣。李絲特說：「其他事務所的律師也相當優秀。你之所以能夠留住客戶，是因為多年來面對面的接觸所培養的信任，不是因為你寫電郵給他們。」

洛杉磯某大證券公司的執行長約翰．博爾寧（John Borning）經營事業時，就是抱著這個理念。他的證券公司業務蓬勃，商業顧問力勸他把事業拓展到全美各地，但他覺得在這個激烈競爭的市場中，能夠親自會見客戶並了解客戶需求是他的競爭優勢。不過博爾寧也提醒我，有時無論你做什麼，你還是可能會有覺得自己就像平凡商品的時刻，例如當對方拒絕跟你交談的時候。我訪問博爾寧的過程中，他說他需要離開幾分鐘去接個電話。約十分鐘後，他回來時向我致歉。他剛剛完成了一筆很大的交易，電話的另一頭是他的新合作夥伴，但博爾寧看來一臉心煩，對於成交似乎毫無雀躍之意。

他解釋他心煩的原因：新的合作夥伴離他的公司只有幾個街區之遙，博爾寧本來提議那天下班後或改天去喝一杯、共進晚餐。他想慶祝成交並規劃初步的合作，但對方拒絕了，而且也不提議別的見面方式。博爾寧說：「他只回我：『我們寫信溝通就好了。』」

博爾寧指出，他們即將展開的業務關係很複雜，所以對方的反應令他憂心。這位合作夥伴連把酒言歡、慶祝合作都不肯，博爾寧已經開始想像，以後可能會收到永無止境的電郵。

第五部　未來之路

10 公共領域

11 關鍵時刻

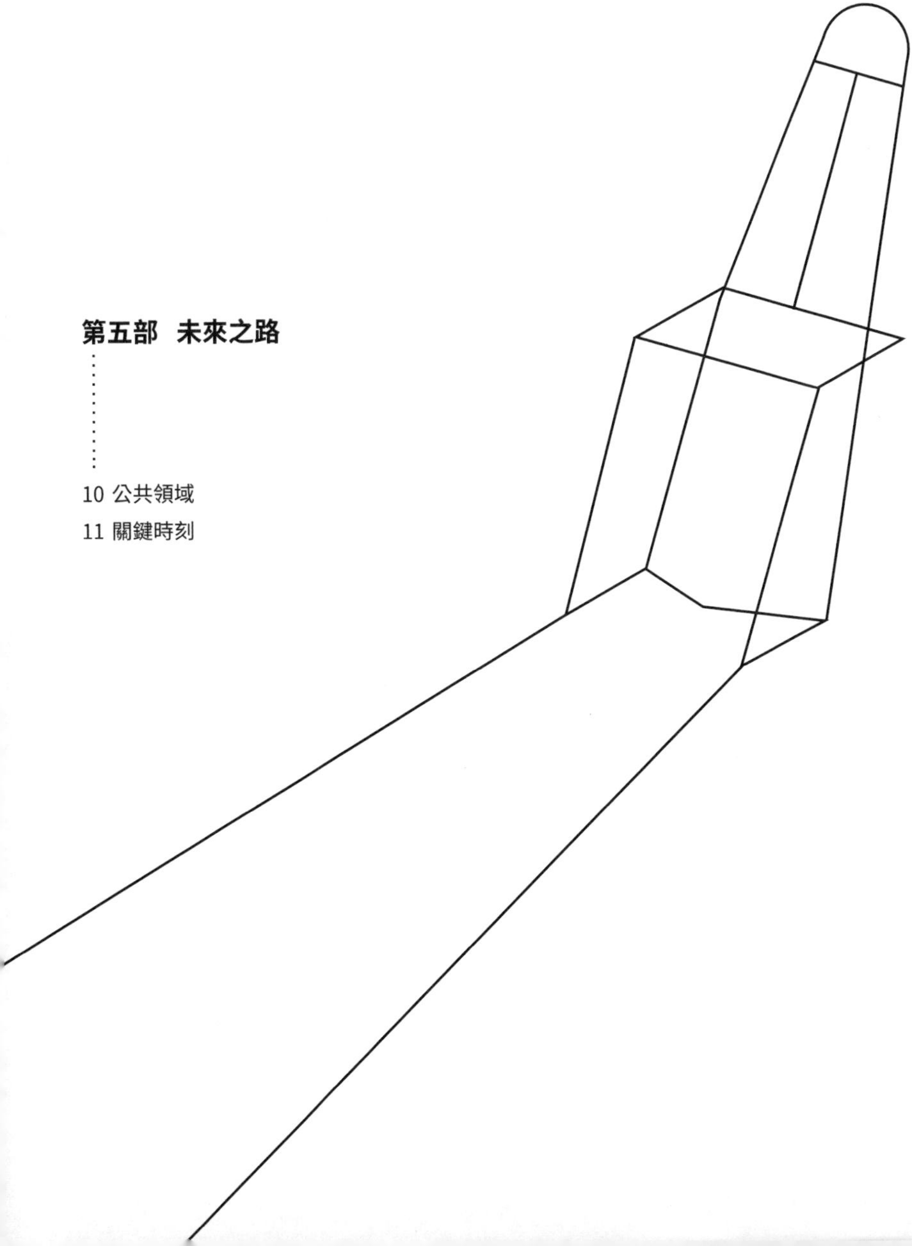

CHAPTER 10

公共領域
透過機器對話時，我們忘了什麼？

你點進網站，把錢捐出去，那就滿足了你參與對話的需求。

——網路行動「阻止科尼」（#StopKony）的某位參與者

如今，新的數位世界考驗著我們這些數位公民。儘管網路在提供資訊、動員行動方面是無與倫比的工具；但當我們面對煩惱的社交問題時，所謂的「網路現實」（online real）往往又成為我們逃避、麻醉自我的去處。在那裡，我們可以選擇只和意見相同的人往來，分享我們認為追蹤者想聽的看法[265]。

在那裡，一切變得更簡單。又或者，是我們自己把事情簡化了。在那個「無阻力」的世界裡，我們習慣了凡事皆可輕易解決的感覺，新世代就是在那種打怪破關的樂趣下成長的。那種凡事皆可輕易達成的設定，只是數位生活幫我們重新塑造公眾自我的方式之一。它讓我們習慣把這個世界視為許多危機的組合，需要立即採取行動、加以解決。在這種情境下，我們很容易忽略必要的對話。究竟是什麼原因造成這種問題？誰是利害關係人？現實的狀況又是怎樣？現實中從來沒有簡單的解決方案，只有爭執、錯綜複雜的事物與歷史。

電腦世界剛出現時，我曾以「第二自我」來比喻螢幕上的東西，因為我看到大家以機器裡的模樣來定義自我。大家看著電腦桌面，感受到自己的所有權。電腦桌面是他們肯定自我身分的新方法。他們藉由選擇應用程式、創造與管理的內容來肯定自我。當然，這一切延續至今。不過，現在又出現另一種類似、但沒那麼透明的行動。如今我們知道網路生活為我們創造出數位分身，因為我們在網路上的一舉一動都會被演算法列入考量（只不過我們不知道演算法如何運作）。演算法「探勘」我們的生活，以洞悉我們的欲望。但電腦螢幕顯現那些分析出來的欲望時，卻顯得支離破碎。

緊急狀態

伊莉莎白是習慣一心多用的經濟系研究生，她跟我提到她參與線上政治活動的經歷。二〇一二年，一個名為「看不見的兒童」（Invisible Children, Inc.）的線上活動組織，在網路上大肆宣傳約瑟夫．科尼（Joseph Kony）的暴行。科尼是一支武裝游擊隊的首領，在烏干達、南蘇丹、剛果民主共和國、中非共和國等地橫行。「看不見的兒童」製作了一支三十分鐘的影片，以凸顯出科尼濫用童兵的行徑。那支影片號召大家購買印有科尼頭像的海報，並於四月二十日，發起「覆蓋黑夜行動」，把科尼的海報放在草地上或貼在社區的建築上。該組織聲稱，這個行動將讓科尼身敗名裂，並施加道德壓力，終結他的恐怖統治。

那支影片是二〇一二年三月五日發布的，截至二〇一二年七月，YouTube上的觀看次數已突破九千一百萬次，Vimeo上的觀看次數也突破一千八百萬次。影片發布幾天後，十八歲到二十九歲的年輕人中，有五八%的人都說他們聽過那支影片。當時伊莉莎白住在美國，她覺得科尼造成的悲劇與她相關，便參與了線上活動。

伊莉莎白的母親是肯亞奈洛比的律師，父親是美國人，他在參加和平工作團（Peace Corps）時認識伊莉莎白的母親。伊莉莎白總覺得自己跟非洲相關，但是那個關係始終有一段距離。她總是想為非洲做點什麼，卻一直找不到機會。她覺得科尼行動是個好機會，也對事件發展的前景感到樂觀，並對非洲朋友的懷疑態度感到厭煩，甚至無法理解。她的朋友不相信大家真的關心非洲的狀況，覺得大家只是好奇而看了那支影片，其實並不關心。事實也的確是如此，到了「覆蓋黑夜行動」那天，很少人真的出來掛海報。伊莉莎白總結了這次經驗的感想：「你點進網站，把錢捐出去，那就滿足了你參與對話的需求。你上網展現出你對某項活動的支持，然後，就只有這樣。」

那支科尼影片本身就可以幫助我們了解，為什麼最終的行動反應冷淡。那部影片的旁白提到製作影片的緣起，它說社群媒體是一種改變世界的政治理念：

> 如今，臉書用戶比兩百年前的全球人口還多。人性最深的渴望是歸屬感與連結感。現在，我們聽得到彼此、看得見彼此……分享我們所愛，也讓我們想到我們之間的共通點……這種連結正在改變世界的運作方式。政府正努力跟上這股潮流……現在我們可以嚐到自由的滋味。

什麼自由？影片的旁白說：「我們的目的是改變文化的對話。」它在鼓吹大家相信，每個人只要轉貼那支影片、按讚、買海報，或是上推特散布有#StopKony標籤的推文，都是在進行改變文化的對話。

做這些事並沒有錯，它們只是在幫你宣傳理念。不過，線上支持和實際貼出海報的差別在於：你貼出海報時，鄰居可能會問你：「我們接下來要怎麼對付科尼？你打算怎麼做？你有什麼計畫？」（我撰寫這段文字時，阻止科尼的活動仍持續進行，但當初號召行動的組織已經解散了。）

友誼政治：購買與點擊

二〇一二年的科尼影片是描述政治的「友誼模型」：「全球的人都能看到彼此，保護彼此……逮捕科尼將會證明，我們的世界有了全新的規則，而且這個把我們凝聚在一起的科技，讓我們能夠伸出援手去解決**朋友**的問題。」所以，全新的理想化情境是這樣的：在臉書的世界裡，我們互為朋友，相互分享，而那些政治勢力終將妥協[266]。

那些政治勢力為何要妥協？科尼影片裡一位受訪的藝術家如此回應：因為友誼的簡單工具將會撼動政治勢力。他說，宣傳內容以及分享影片就是「簡單的工具，把它們散播出去吧！」[267]

伊莉莎白對於自己的參與深感懊悔。她現在覺得，分享感動會讓人產生「參與行動」的錯覺。那次經驗促使她思考，像科尼那種難題根本沒有「簡單的工具」可以解決。那不是花錢買東西、點擊連結就沒事了。#StopKony的標籤掀起了大家的討論，但網路上的按讚並未轉化成其他的行動。現實世界的活動也會因為人去樓空而退燒，例如鄰里發起慈善募捐活動，只要募款人不再登門勸募，大家對慈善活動的關注也會消失。不過，伊莉莎白覺得，現實與網路活動的差別在於，線上宣言的規模（數百萬人按讚）很容易讓人誤以為重要的大事發生了。

對伊莉莎白來說，科尼事件帶給她最大的啟示是，你與陌生人之間的連結其實很薄弱。那種連結很容易形成話題、引起大家討論，但不太能刺激大家採取行動。加入那個不斷壯大、令人激昂的活動令她為之振奮，但那個活動無法號召大家在現實世界裡貼出海報，無法使人向現實世界的鄰居表明自己的立場。

伊莉莎白並未以專有名詞來說明這次事件帶給她的啟示，但這就是社會學家所說的強連結和弱連結的力量。弱連結是指朋友的朋友或泛泛之交，強連結是你認識且信賴的人，你可能長期和他們面對面交談。而臉書上的連結、線上對話，以及廣義的網路「交友」，其實大多是依賴弱連結的力量。

有人把網路對話視為政治變革的直接來源[268]。二〇〇九年伊朗爆發革命後，美國國家安全局的前顧問馬克．菲弗（Mark Pfeifle）寫道：「如果沒有推特，伊朗人民不會有信心和力量去爭取自由與民主。」所以他建議提名推特角逐諾貝爾和平獎[269]。德黑蘭的示威活動開始時，美國國務院要求推特不要進行預定的休站維護[270]，以免示威者無法使用那麼強大的政治工具。我們對於這種有效的新行動主義所帶來的可能性，當然感到振奮。

但是當我們透過機器交流時，忘了什麼？我們很容易忘記政治活動裡的面對面交流、組織動員和紀律的重要。我們很容易忘記政治變革往往是前進兩步，再倒退一步。我們也很容易忘記，變革的發生通常需要很長的時間。

麥爾坎．葛拉威爾（Malcolm Gladwell）曾寫過社群媒體在政治活動中的優點與局限性。他比較「發起線上行動」和「以前推動美國民權運動」的必要條件，結果得出以下結論：如果你和不熟的人對話（網路上的朋友大多屬於此類），基本原則是不要提出太多的要求。誠如二〇一二年的科尼事件所示，別人要求你看一段影片、按讚或買海報時，網路行動就奏效了。近年，網路上出現一個有趣的活動：把一桶冰塊倒在頭上，並指定朋友做同樣的事情（同時為漸凍症基金會募款）。後來這個活動的募款總額突破了一億美元，弱連結的力量著實令人驚嘆[271]。

但葛拉威爾說，如果你願意冒險挑戰政權，你還需要更深的信賴關係、更深遠的歷史連結。你需要超越簡單的活動與募款，需要獲得共識、設定目標，策略性地思考，還要有理念方向。你的審慎思考左右了許多人的命運，或許也左右了你自己的命運。你需要進行大量的深刻對話。

葛拉威爾為了佐證這個論點，舉了一個例子：一九六〇年，四名黑人來到專為白人服務的伍爾沃斯百貨公司（Woolworth），到櫃檯坐下來點餐。點餐遭拒後，他們持續靜坐到商店打烊。那起事件為美國民權運動揭開了新的篇章。那是一群年輕人討論了近一個月才採取的行動，第一位到櫃臺點咖啡的黑人男子「在室友及兩位高中摯友的陪伴下」[272]行動。他們之間有最強的人際連結，他們需要這種緊密的關聯才能一起反抗、改變策略、堅持到底。

關於網路上的政治行動有多大成效的討論，使我回想起一九六〇年代末期我讀大學時，一場看似沒完沒了的政治會議。某位自以為風趣的朋友引用喬治．歐威爾（George Orwell）的話，結果當場被英語系的學生糾正，說那句話其實是王爾德（Oscar Wilde）說的：「社會主義的問題在於，占用太多夜晚了。」社群網絡讓人產生一種新的幻覺：在網路上，連社會主義都可以抄捷徑。不過，那終究只是幻覺罷了。

政治依然需要面對面的集會，依然需要有人聆聽對話。你會從那些對話中得知，情況比你想的還要複雜，你可能會想要改變你的思維模式。然而，當下的政治情勢並不鼓勵這些。

我們周圍充斥著各種交談，線上線下皆是如此，政治對手廣泛散布斷章取義的言論，很多對話都是事先排練好的橋段。不論你在線上或離線都可以迴避棘手的對話，網路使一切變得更加簡單。

誠如伊莉莎白的體悟，#StopKony活動令人振奮的那段期間，她和朋友的作為似乎符合許多人所想的政治「行動」。然而，她覺得那次行動根本一事無成。阻止科尼事件就只是一個迅速掀起話題的活動，大家針對一個危機做出反應，接著就幻滅了。

災難文化

從手機文化興起之初，大家就有一個共識：除非你在調情，否則電話或簡訊一來，你都應該回覆，那可能是急事。這種不成文的規矩，並未考慮到以前大家認定的「禮貌」，因為這套新規矩可以打擾用餐、睡眠、商務會議、親密對話。我們看到大學生離開課堂，去廁所找安靜的空間回覆朋友的簡訊。我們也看到年輕人把「手機上有人聯繫」視為「有緊急狀況」。

小孩很快就把手機視為「應急」的守護神，所以我訪問的很多年輕人好像都在等待緊急狀況似的。那個緊急狀況也許是個人的緊急狀況，也許是另一個卡崔娜颶風、另一場恐怖攻擊事件，或是全面停電。於是，大家逐漸陷入焦躁不安。

如果你把人生視為連串的緊急狀況，那也會變成你的生活敘事。事實上，推特的發明，一開始就是緣於共同創辦人對警方截聽器很感興趣。你知道把事情描述成緊急狀況可以引人關注，包括朋友的關心。在現今的社會裡，連中學生都坦言他們每天都有處理不完的訊息。在訊息氾濫下，當你告訴朋友：「這很緊急」時，馬上就變成別人關注的首要焦點。

手機與緊急狀況之間的關聯性，是從二〇〇一年九月十一日開始轉強的。當天，學童被安置在地下避難所中，裡面沒有公共電話，他們的父母因此誓言，這種失聯狀態「下不為例」，孩子一定要帶著手機。我訪問一群新英格蘭地區的大學生，共十四人。九一一恐攻當時，他們還在讀國小。他們覺得九一一那天周遭的世界明顯改變了，但某種意義上來說，一切似乎再也沒有恢復原狀。這些學生聊到「災難文化」中的生活，一位大四生說她總是帶著手機睡覺，她表示：「每天，每個頻道，新聞裡都充斥著災難。」

這群學生進一步闡述了這個觀點：他們覺得，媒體助長了這種世界觀，讓人覺得世界是連串的緊急狀況，而我們可以逐一解決那些狀況。媒體把悠久的社會歷史與政治歷史事件，描述成非比尋常、「令人難以置信」的特殊災難，例如大規模的原油外洩、小學生及教師成為校園槍擊事件的目標、極端氣候等等。當你的注意力集中在短期事件時，你知道你的思維是以應變災難的形式思考。在災難文化中，每個人都覺得自己處於緊急狀態。但我們卻是以捐錢及參與網站活動的方式，來抒解這種激動不安的感覺。

你遇到緊急狀況時，是以臨時應變的方式來因應問題。現在連全球氣候變化或重要基礎設施遭到輕忽等問題，都被媒體當成災難報導。他們把涉及政治又有固定模式的事件，變成需要立即因應卻不見得需要分析的問題。災難似乎不需要立法規範，只需要安慰與祈禱。

對那十四名學生來說，活在災難文化中，意味著你需要經常與人聯繫。面對你覺得很緊急的狀況時，會想利用社群媒體跟朋友取暖。

一位二十三歲的年輕人，在九一一恐攻時正在讀中學，他說：「媒體報導的緊急事件，大多是你無能為力的。你也不知道能做什麼來改變現實狀況。」這句話大致解釋了焦躁不安的自我如何因應媒體不斷傳來的壞消息：我們得知某些消息後，變得焦慮，接著趕緊上網。

災難讓人感覺是一種不可抗力，它們降臨在我們身上，我們看不到它們直撲而來。當恐怖主義被描述成災難時，媒體未提及它的歷史成因，因此感覺更像天災、一種邪惡的力量，而不是可以透過政策或思考其歷史根源來處理的問題。當我們把恐怖主義視為天災時，我們的應變之道就只剩根除恐怖份子一途了。

你把某些事情定調為災難時，就沒什麼好說的了；如果你把事件視為人為，那還有很多討論的空間：你可以追究責任、你需要去了解肇因、你會去思考行動、你需要對話，而且是大量的對話。

面對緊急狀況比進行棘手的對話來得容易。一進入危機模式，我們允許自己延後必要的對話。但現在，我們的政治局勢需要對話，這種對話已經推遲太久了，我們需要談談在大數據世界裡如何自處以及扮演好公民的角色。

大數據裡的思考空間

在這個新的大數據世界裡，我們以往視為私密的交流內容（例如電話、電郵、簡訊）其實是和企業分享的。那些企業宣稱他們擁有那些資料，因為他們提供我們溝通的工具。我們只要一上網，就會留下痕跡，成為他人的資料。當我們上網讓思緒馳騁，思考該讀什麼、該買什麼、哪些點子挺有意思時，這些思考也變成那些促成搜尋的企業所有。他們從資訊中尋找他們能應用的資訊，儲存起來，以便日後派上用場。那些資訊都是脫離我們獨立存在的，可以在分拆後，轉售給第三方。除了這個商業交易的世界以外，我們知道，政府也認為他們有權監聽這些資訊。

久而久之，我們逐漸習慣生活在電子陰影下，甚至覺得那些陰影似乎不存在。臉書的創辦人馬克・祖克柏（Mark Zuckerberg）曾說：「隱私不再是重要的社會常規了。」隱私也許不利於社群網絡的發展，但是少了隱私，還談什麼親近關係呢？少了隱私，還有民主可言嗎？少了隱私，自由思想是否依然存在？[273]

沒有隱私的世界

我的祖父母知道怎麼談這個議題，而且他們能講的內容可多了。我十歲時，祖母覺得我已經有足夠的理解力，帶我去布魯克林的公共圖書總館。那間圖書館是一棟宏偉的建築，屹立在大軍團廣場（Grand Army Plaza）上。我已經有社區分館的圖書證了，分館距離我家才幾分鐘的腳程，但我們現在去的是大總圖。

祖母準備了野餐盒，裡面裝著黑麥麵包做成的雞肉三明治和檸檬汁，我們坐在展望公園（Prospect Park）閱兵場的長椅上享用午餐，聊到了圖書館「守則」。祖母告訴我，我可以借閱任何書籍，但我借了什麼書，只有我與圖書館知道，沒有人有權知道我的閱讀清單。那就像我們的信箱一樣私密，保護了我們的「**心靈空間**」，這是她很慶幸自己能在美國養育家庭的關鍵因素。

祖母告訴我，在她父母生活的歐洲，政府會從信件裡窺探人民的隱私。在美國，信件是受到保護的。（顯然，祖母並不了解聯邦調查局局長胡佛〔J. Edgar Hoover〕的囂張行徑，但參議員約瑟夫・麥卡錫〔Joseph McCarthy〕的逝世倒是令她安心不少。＊）從我年紀很小開始，我們就談到信箱的私密性。事實上，我還記得每天早上祖母到屋外拿信時，她總是不忘說那個信箱令人放心。

不過，閱讀清單的保密性是她後來才告訴我的。顯然，她覺得那是比信箱隱私更為細膩的公民教育：如何跟孩子解釋，任何人都無權根據我的閱讀內容，對我做出不利的評斷。事實上，任何人都無權知道我讀過什麼。

祖母對美國的信箱和圖書館的推崇，是她最深切的愛國表現，心靈空間是那番愛國思維的核心。身為布魯克林勞工階層的第二代，我的祖父母認為能夠保有思想和溝通的隱私，意味著你可以和雇主抱持不同的意見，私自決定是否加入工會。在考量這個決定時，私下閱讀工會說明才是明智之舉，否則你尚未決定以前，可能會遭到雇主的威脅或開除。而且，你也需要時間考慮再三，需要隱私以改變你對重要問題的看法。

電視轉播美國最高法院大法官克拉倫斯・湯瑪斯（Clarence Thomas）的聽證會時，大家關注的焦點問題是：如果可以證明湯瑪斯常看色情影片，那麼安妮塔・希爾（Anita Hill）對他的性騷擾指控是否就能成立了。他是不是常到社區的錄影帶店租借色情影片？希爾的律師希望把錄影帶店的租借紀錄列為證物。我相信希爾的指控，我也希望那些影片的租借紀錄可以佐證她的指控，以證明湯瑪斯確實言語粗鄙，對她進行性騷擾。然而，湯瑪斯的辯護律師主張，錄影帶店的租借紀錄和公共圖書館的圖書借閱紀錄應該受到同樣的保護，湯瑪斯有權保有心靈空間的隱私。他贏了那場辯論，我覺得我的祖母也會希望他在那場辯論中獲勝。

我們創造出科技，科技也塑造了我們。我在布魯克林公寓門外的信箱邊，學習成為美國公民。而我對民主體制下心靈空間的認知，是由公共圖書館的運作方式塑造出來的。我的女兒今年二十四歲了，從小在網路環境中成長，我不知道該帶她去哪裡學習這些。

＊ 譯註：一九五〇年代麥卡錫打著反共旗號，到處獵巫，「麥卡錫主義」（McCarthyism）也成了「白色恐怖」「禍及無辜」的代名詞。

她必須學習了解，她的電子郵件信箱是不受保護的。儘管她的圖書館借閱紀錄仍是私密的，但她在網路上的閱讀紀錄並非如此。她跟我說明她如何保護隱私，例如，使用社群媒體App時，她從來不使用真實姓名，而是使用多個假名。那是他們那個世代自我保護的習慣做法，他們學會避免使用真名，以躲避在臉書上成為歹徒鎖定的目標。但她也知道，任何人只要有心，又對網路有足夠的了解，就能找到她。在使用手機方面，為了方便，她已經放棄一切隱私了。她想看地圖，所以開啟手機上的全球定位（GPS）功能，這表示她的手機會在所到之處留下類似麵包屑的痕跡。系統也知道她有哪些朋友、搜尋過什麼、瀏覽過什麼。

我女兒十八歲時，讓我看了一個程式名叫Loopt。那個程式就像Find My Friends一樣，使用iPhone上的GPS功能，顯示朋友目前的位置。她覺得那個程式雖然令人感到不自在，但她也說，每個朋友都裝了Loopt時，她很難不用。「他們會覺得我隱瞞了什麼。」

最近我提醒女兒一件事：如果她使用那種刻意隱藏身分的瀏覽器來保護隱私，那反而會引來更多的網路行為監視。我也是最近才得知這件事，如今你想要保護隱私時，反而會啟人疑竇，使保護隱私的能力受到限制。一想到我在公共圖書館獲得的啟示，對照如今這種情況，實在令人難過。當初我們之所以保護圖書館的借閱紀錄，不正是因為我們覺得心靈空間需要隱私嗎？

一個從小到大已經習慣一切事物都毫無隱私可言的世代，對此也不太抵抗。幾年前，一個十六歲的女孩試圖說服我，電子郵件不具私密性也沒有關係，她說：「誰會想知道我這種微不足道的生活？」這句話並沒有讓人聽了更加放心。事實證明她錯了，很多人確實想知道她那「微不足道的生活」。

監視下的數位分身

網路剛出現時，我們覺得那是先進的新領域。科技史學家耶夫根尼・莫洛佐夫指出，微軟IE瀏覽器的宣傳標語是：「你今天想去哪裡？」[274]如今我們的上網行為使我們面臨的真正問題卻是：「你今天必須**給出**什麼？」你今天要奉上哪些個資？我們和自己的數位分身並存，那些分身在不同時間，用來面對不同的群體。有的分身只適用於特定的時間點。數位分身一旦被創造出來，就永遠存在。

我們逐漸領悟出這一切道理。在史諾登（Snowden）揭露政府祕密監控工程的這幾年，我們得知美國民眾的電話、所在位置、線上搜尋都是受到監視的[275]。然而，美國政府仍以國家安全或所有人權益為由，盡可能把這個監視流程的一切資訊列為機密。究竟他們拿走了什麼東西？透過什麼形式取得？那些資訊會保留多久？做什麼用途？多數人逐漸明白，這些都是他們無從掌控的事情。

在這種環境下，對話會變成什麼樣子？前面已經提過一個現象：大家常忘了自身的處境。這是數位對話的一大矛盾：明明你站在台前，卻依然覺得自己的對話很隱密。你只要使用Gmail郵箱，就有人搜尋你的郵件，判斷該推銷什麼東西給你最恰當，但我們使用電郵時依然覺得這種溝通方式很私密。你面對著發亮的螢幕，覺得自己獨自一人。數位溝通的體驗與現實是脫節的[276]。你上網時，隨時遭到監視。

自我監視的自己

以前說到監視，就想到隨時有人盯梢的狀態。英國哲學家邊沁（Jeremy Bentham）為此提出了一套模式，他稱之為「圓形監獄」（panopticon），那是一種打造建築的方式：把監視者放在輪狀監獄的中央塔台，牢房繞著圓圈而建，牢內的犯人不知道監視者何時看著他，他時時刻刻都覺得自己受到監視，而監視者確實可能隨時看到他。所以犯人不敢逾矩，隨時遵守規範。

這種模式不僅適合套用在監獄上，對精神病院也有效。法國社會學家米歇爾．傅柯（Michel Foucault）把邊沁的「圓形監獄」意象[277]，拿來思考現代國家的人民處境。傅柯認為，現代國家的任務是培養出隨時自我監管的公民，如此一來，國家就可以減少監視人民的需求了。在街頭巷尾裝上監視攝影機時，即使你不確定某個角落是否安裝了監視器，你也不敢為非作歹。這就是自我監視，數位世界就是這樣運作的。如果你知道你的簡訊和電郵並不隱密，你會注意自己寫的內容，把審查內化於心。

現在，我們一上網就參與了資料蒐集，這種生活為「自我監視」增添了新變化。我們自己提報個人偏好、參與調查或填寫表單，積極主動地提交個資。**如今，對監視我們的人來說，最重要的資料是我們在日常生活中留下的痕跡**。我們購物、聊天、看電影、規劃旅遊行程時，把個資輸入資料庫裡。追蹤個人的健康數據、與社群媒體上的友人聯繫、使用智慧型手機等行為，都讓監視與社交參與看似是同一件事。智慧型手機上的每個新功能、每個新的App，都有可能把我們的新「種」資料傳給線上資料庫。對編寫App的人來說，他們的目標是讓用戶把監視聯想成一種關懷[278]。只要App「關照」我們，我們就不介意它們取用了哪些個資。

在傅柯分析的世界裡，把攝影機裝在街角時，你希望大家注意到它，讓每個人對監視習以為常。知道街角有監視器，讓你主動「安分守己」。然而，在這個新的大數據世界裡，最終目標是讓每個人都忘了監視的存在，或至少暫時忘記。當大家覺得可以自在地「做自己」時，那個機制運作得最好。這樣一來，大家提供給系統的都是「自然數據」[279]。

所以，儘管我只是大略記得今天我去哪裡購物了，iPhone卻很清楚我的行動軌跡。如果iPhone知道，那麼Google也一定知道——本來我完全沒想到會有這樣的進展。我發現手機有GPS功能，可作為互動式地圖使用時，還為自己再也不會迷路而感到高興。

系統塑造人生：泡沫中的生活

為系統提供資料的每個人，最終都會受到系統的形塑。不過，系統塑造我們的方式，與關在圓形監獄裡的人所受到的影響是截然不同的。我們之所以讓網路形塑我們，不是因為擔心自己逾矩而被逮，而是因為網路上顯現的東西，是我們過去的興趣所塑造出來的。系統展示的是它認為我們會購買、閱讀，或投票支持的東西。它把我們置於一個特殊的世界裡[280]，抑制了我們的感官感受，只讓我們看到某些選擇和可能的情境。

不管查詢什麼，搜尋引擎都是根據它對你的了解（包括你的所在位置、你用的電腦種類），來顯示篩選後的搜尋結果。所以，如果你搜尋烏克蘭，卻沒看到反對運動的相關資訊，那可能是因為演算法判斷你不想看到那些東西，所以你就不會知道那些資訊的存在（至少搜尋當下不會知道）。或者，根據演算化的邏輯，你可能只看到某些政治廣告。也許你不會知道一個在全國廣告上看似「溫和」的候選人，其實也對其他人散播反對槍支管制的廣告，只是你收不到而已[281]。

網路承諾把我們的世界變得更加寬廣。然而，以它目前的運作方式來看，它也縮限了我們接觸的想法。最終，我們可能被困在一個泡沫裡，只會接收到已知的概念，或特別偏好的內容。哲學家艾倫．布魯姆（Allan Bloom）指出這可能造成的代價：「思想的自由，不僅需要擺脫法律的束縛，更需要另類思維的刺激。比起另類思維的存在，擺脫法律束縛甚至不是特別重要。最成功的暴政統治，不是以暴力來確保人民的思想統一，而是讓人民不知道還有其他的可能。[282]」

一旦你對網路運作有了些許理解（只要一丁點就夠），你就有理由相信，網路呈現給你的內容，只反映了你曾經呈現給它的資訊。所以，如果社群媒體的動態消息裡出現反墮胎廣告，你應該自問你做了什麼，而導致那個廣告出現在你眼前。你搜尋、寫過或瀏覽過什麼？漸漸地，當網路積極地建構網路版的「你」[283]，把資訊不斷地推送到你的螢幕上時，你只會消極地瀏覽。

卡爾．馬克思（Karl Marx）曾說，一張簡單的木桌一旦變成商品，就會隨著鬼魅般的旋律起舞。馬克思的桌子，超越了我們對桌子的認知，「不僅以桌腳站立在地上……也會用頭站立，而且木質的大腦會逐漸衍生出怪誕的想法，那些想法遠比『桌靈轉』*（table-turning）更為奇妙[284]」。如今則是我們的數位分身有了自我意識，翩然起舞。

廣告公司利用它來打造更精準投放的行銷廣告，保險公司利用它來分配醫療保險給付。有時運算法推送給我們的數位分身形象可能讓我們嚇一跳。科技作家莎拉．沃森（Sara Watson）曾寫過這樣的經歷：某天她收到一封邀請（一種針對目標客戶發送的廣告），請她

* 譯註：類似碟仙的通靈形式。桌靈轉，又稱旋桌術（Table-tipping 或 Table-Tilting），最早在維多利亞時代英國各地的客廳進行，由幾個人圍坐桌邊，手放在桌上，過不久桌子就會動起來。

參與波士頓某家醫院的厭食症研究。沃森表示：「廣告**看似**瑣碎，但是當它開始質疑我是否飲食正常時，我覺得那已經越界了。[285]」

這種參與厭食症研究的邀請，令沃森覺得隱私遭到侵犯。她一直覺得她之所以收到那個邀請，一定是自己在網路上幹了什麼。但究竟是什麼呢？難道那個研究鎖定了食物消費金額很少的女性嗎？還是鎖定買營養補充品的女性？我們透過機器跟演算法對話，但我們對演算法的運作一無所知。

對沃森來說，最令她困惑的是，她不明白演算法為什麼會對她得出那樣的結論[286]，也不知道該如何質疑那種黑箱運算方式[287]，因為那些形塑你數位分身的演算法，是由許多不同的平台編寫出來的。就算你想「修正」你的數位分身，也無從下手。你也無法讓它更符合你想要呈現的方式。最後沃森自己也迷惘了：「我現在分不清楚，究竟是演算法根本不了解我們，還是演算法比我們更了解自己。[288]」難道演算法還知道連她也不曉得的個人資訊？

你從一輩子跟他人的對話中，對他人眼中的自己有了新理解，你是以新的方式「認識自己」。如果有人「不了解你」，你可以當場提出異議。但數位時代提供我們一種全新的體驗：**網路告訴我們，我們應該想要什麼、應該對什麼事感興趣，而且還要我們把自己看成那些東西的集合**。難道這是一種比較井然有序的個人身分嗎？

建構個人敘事是需要時間的，你永遠不會知道敘事是否結束，或是否正確。透過機器這面鏡子來觀看自己似乎比較容易。更別談你的電郵了

公開思考

梭羅到華爾騰湖畔，尋找獨處思索的空間，以避免活得太「濃稠」（他以「太濃稠」來描述生活周遭持續不斷的喧囂）。如今我們生活的「濃稠」度，遠遠超乎梭羅的想像，每天都接收許多他人的意見、偏好、按讚的轟炸。有了「我分享，故我在」的全新體悟，許多人因此認為「一起思考更能集思廣益」。

臉書創辦人祖克伯認為，在思索的範疇中，合力思考的成果總是比較好。分享你的想法與見聞，你會因此感到更加充實。他說他向來選擇「跟朋友一起看電影」[289]，因為可以一起分享體驗與心得。如果朋友不能親自到場，他們還是可以透過線上交流，獲得更豐富的觀影經驗。律師尼爾．理查茲（Neil Richards）檢視了這番說法，他發現凡事都與朋友分享是有代價的。

這表示你總得挑選別人也想看的電影，不會去挑別人可能取笑你的品味的電影……如果我們時時刻刻都和朋友在一起，就永遠沒有獨處的空間，永遠不會有機會自己探索新點子。當然，影響的層面不只局限於電影，也延伸到閱讀、上網，甚至思考[290]。

沒錯，甚至是思考，尤其是思考！一位學生攻讀碩士學位時，習慣把寫部落格列入學術活動的一部分[291]，但她到另一所大學攻讀博士後，風格就改變了。新的學術環境不鼓勵寫部落格，她說現在回想起來，以前那種不斷寫部落格的壓力，使她把自己視為一個品牌。她希望她寫的一切都符合她樹立的形象。寫部落格促使她寫一些她最擅長的東西，不鼓勵她冒險。現在私下創作讓她感覺更有求知欲。研究顯示，使用社群媒體的人若覺得別人可能不會認同某個觀點，就比較不會發表那個見解[292]。我們需要私密的空間來發揮想法。

世世代代的美國人都認為「私密空間是民主生活的必要條件」，他們覺得那是不言而喻的概念。祖母告訴我，我的圖書館借閱清單有私密性時，她已準備好灌輸我那個公民教育的概念。為了接觸最廣闊的思想，我在選擇閱讀內容時，需要覺得自己是受到保護的。理查茲指出，把閱讀偏好加以「群眾外包」（crowdsourcing）[293]，會導致你「在社會壓力下從眾，跟隨社會主流」。

不去多想的事情

認知科學告訴我們，有些特質讓我們更容易把本來就不願思考的東西拋諸腦後[294]，你不知道那個東西何時會「冒出來」，你也不知道它「冒出來」是什麼樣子。你的行動與後果之間也沒有立即應驗的因果關係。

假設你不願思考氣候變遷的問題，你就可以把「開休旅車帶全家人度假」和「地球的氣候危機」分開來看。同樣的概念也可以套用在「公開閱讀」的危險、數位分身的風險、數位世界裡的隱私威脅上。

大學剛畢業的拉娜覺得，她**不會去多想**網路隱私問題：

> 你是說cookie（數碼存根）嗎？我覺得現在的公司把一切搞得很複雜，讓人不知道他們在做什麼。連cookie這個名稱都取得很巧妙，聽起來很可愛，好像沒什麼大不了，對你有利無害似的。而且還可以幫你接收更實用的廣告，或是為你想要的東西提供更好的服務。但它們究竟是怎麼運作的？那些公司拿了你的資料後，打算怎麼利用？我不知道，也不喜歡這一切的走向。但是除非確實發生了什麼糟糕的事，不然我也不會去多想。

對於個資遭到蒐集，拉娜感到不安，但她已經決定現在不去擔心那個問題了。她說，以前年紀較小時，對於臉書掌握那麼多她的個資，感到「發毛」。現在她依然不信任臉書，但她的因應方式是只貼一些無關緊要的內容，大多是跟派對及社交活動有關，她不希望臉書上的發文「日後引發麻煩」。

拉娜也說，她「很慶幸自己沒有任何爭議性的想法，因為網路上找不到一個地方可以放心地談論爭議性的話題」。她想繼續在網路上交流，因為那是她和所有朋友聯繫的地方。拉娜描述一種鼓勵大家沉默的循環：她若有爭議性的想法，會想要上網表達，幸好她沒有那種想法，因為她在社群媒體上的任何發言毫無隱私可言。事實上，另一方向的思考更強化了拉娜說的那個循環：她覺得自己沒有爭議性的想法很好，因為有那種想法時，她會想要上網表達。一旦在網路上發表後，就永遠不會消失。她不樂見那種情況發生。

我訪問拉娜的時候，是二〇一四年六月。那時她剛從大學畢業不久，新聞裡充斥的報導包括氣候變遷的破壞力、戰爭與恐怖主義急速增溫、國際社會對伊波拉疫情的反應有限、種族問題引發嚴重的暴力衝突等等，社會上一點也不缺「爭議性」的話題。然而，這位剛跨入金融界工作的聰明女性，對於自己對爭議性的議題毫無看法而感到慶幸，只因為她表達意見的媒體是網路，但在網路上無法「安全」地交流。

拉娜沒有說她覺得這是個問題，把那個情況當成問題太麻煩了。如果你說一件事是個問題，那表示你應該想辦法改變它，但拉娜不確定她是否想去處理那種不安感，至少現在還不想。目前，她跟很多人抱持相同看法：「我們都願意為了方便而犧牲一些隱私。」

拉娜把這種取捨視為一種算術問題，彷彿一旦算好後，就不需要再改了。

模糊細節

我訪問年輕人時，發現他們很擅長在「小範圍」內保護隱私，例如有些祕密只和小圈圈分享，避免其他的同儕知道；避免家長或師長追蹤他們的網路帳號；使用各種暗語和縮寫[295]。然而，談到他們對網路上私密的心靈空間有什麼看法時，他們大多沒想太多，似乎也不願多想。他們就像社會上的多數人一樣，大多願意先把問題擱著，不去煩惱。停留在這種細節模糊的狀態助長了這種態度。

目前我們知道的少數細節看起來不合邏輯，或真假參半。例如，竊聽電話是違法的，但儲存別人的搜尋紀錄卻不違法。網路公司告訴我們，我們的搜尋是匿名的，但專家說那不是事實[296]。大公司擷取我們的資料（那樣做似乎合法），政府也想要取得我們的資料，他們取得的資訊包括：我們搜尋了什麼、發簡訊給誰、簡訊內容、打電話給誰、買了什麼等等。

我們連知道運作規則都很困難。我是電子自由基金會（Electronic Freedom Foundation）的委員，這個基金會致力保護數位文化裡的隱私權。但二〇一四年春季，委員會的成員之間流傳著一封電郵，信中描述每個人都很容易引來政府的監督，被政府列入特殊的名單，電郵和搜尋內容都會受到「全面追蹤」。例如，如果你試圖從美國以外的地方使用TOR（匿名上網瀏覽的工具），你就會被列入名單。那封信裡也提到，即使在美國境內，使用非主流的作業系統（例如連上Linux首頁），也會啟動「全面追蹤」[297]。看來Linux論壇似乎已經被列為「極端份子」網站。

我的研究助理需要使用一種只能在Linux上運作的標註軟體，所以登上了那個論壇。當她讀到那個有關Linux及全面追蹤的消息時，嚇了一跳，但她說：「理論上我應該生氣，但我現在毫無情緒反應。」根據那份我們都讀到的消息（那則消息經過國家安全局的認證），她的郵件和搜尋內容都受到監視。但她依然說：「誰知道那意味著什麼？監視我的是真人？還是演算法？它是追蹤我的名字？還是追蹤我的IP位址？」

她對細節感到困惑，但也不願進一步去追究細節。由於對事實的理解模糊，她覺得沒必要急著去一探究竟。另一個原因是，如果她設法去釐清問題，可能會受到阻礙，或是更容易被挑出來，列入更嚴格的監視名單。

一位大四學生得意地告訴我，他找到一種方法，可以幫他消除一些對網路隱私的擔憂。他的做法是：在瀏覽器上使用「無痕模式」設定。我也決定這樣做，跟著修改了電腦設定，放心地以為我往正確的方向邁進一步了。但我究竟邁出了哪一步？我知道「無痕模式」可以避免電腦記錄我的搜尋活動（例如，家人就無從檢查你搜尋過什麼了），但我無法阻礙Google或其他想取得我搜尋紀錄的人。而且，那些建議你如何保護上網隱私的文章，常推薦TOR之類的軟體，但美國國家安全局把TOR的使用者列為可疑對象，覺得需要對他們進行額外的監視，這實在很諷刺。

我逐漸了解，大家之所以對網路監視問題漠不關心，部分原因在於大家覺得是演算法在追蹤他們。演算法的背後還有人在掌控，那些人會判斷演算法發現的東西是否會給他們帶來麻煩。然而，我們現在都陷入麻煩了。為什麼對 Linux 感興趣就有可能引來政府的監視？我們對個人權益的重視正逐漸流失。

我的研究助理說，她不擔心她留下的資料痕跡，因為她覺得政府的立意良善。政府感興趣的是恐怖份子，不是她。但我不死心，繼續追問：既然她知道她因為連上 Linux 論壇而受到政府追蹤，那會對她的線上發言產生噤聲效果嗎？她回答：不會，她依然會表達想法，「萬一真的走到那一步」，有人以她的想法對她做出不利的攻擊時，她會反抗到底。然而，歷史顯示，「萬一真的走到那一步」，通常已經很難採取行動，或為時已晚了。

我想起拉娜對線上隱私的結論，她說「除非發生什麼糟糕的事情」，不然她不會多想。然而，我們可以反過來說，糟糕的事已經發生了。我們應該在看似無關緊要的「個人化」（例如你買鞋，所以看到鞋類廣告）以及可能造成更大問題的數位資訊蒐集之間劃清界線，這種界線有時很微妙。

在二〇一二年的總統大選中，臉書隨機挑了幾個選區，通知用戶他們的朋友已經投票了，藉此鼓勵大家投票。他們把這個政治介入包裝成一項研究，研究的主題是：社群媒體能否影響選民投票率？答案是肯定的。網路與法律專家喬納森·齊特林（Jonathan Zittrain）說社群媒體對投票的操弄是「數位選區重劃」＊（digital gerrymandering）[298]，那是不受法律規

＊ 譯註：Gerrymandering 指刻意重畫選區，無視天然社區界線（例如河流）或法律社區界線（例如都市和郡縣的界線），目的是讓一個政黨挑選選民，以掌握優勢，讓另一政黨陷入劣勢。

範的威脅力量。臉書也做了另一項研究：情緒實驗。實驗中，他們讓有些參試者看到友人開心的貼文，讓有些人看到友人不開心的貼文，看是否影響他們的情緒[299]。結果發現，情緒確實受到影響了，社群媒體能夠左右我們的政治行為與情感生活。我們已經習慣媒體的操弄——這是廣告一直以來想要發揮的功效。但如今網路握有大量前所未見的個資種類（例如我們服用的藥物、上床睡覺的時間），可以對我們造成前所未有的干預與侵犯。個人掌控自我的感覺以及公民獨立思考的能力都受到了威脅。

史諾登帶來變革

我跟高中生和大學生談網路隱私數十年了。多年來，年輕人看到網路資料蒐集的「結果」時，很難理解問題所在。那些資料大多是透過他們螢幕上的廣告蒐集的，他們覺得想要的鞋子或洋裝出現在他們的螢幕上，沒什麼大不了。不過，自從史諾登揭露美國政府追蹤民眾資料的方式後，年輕人比較懂得討論資料探勘（data mining）的問題。某種程度上，那是因為那件事比較容易聯想到類似間諜的暗中偵察（至少他們的腦子是這樣想的）。史諾登指出的問題，似乎和老式的暗中偵察很像。那也引起大家談論一件更難以捉摸的事：日常追蹤的侵犯。

史諾登揭弊後，高中生開始討論史諾登，接著話題還會轉到「臉書知道得太多了」。臉書知道什麼？臉書儲存了哪些資訊？臉書真的有權限做那些事嗎？

或者，他們可能開始討論如何設法遠離臉書（臉書已變成蒐集太多網路資料的象徵），接著話題再轉到史諾登。這其實是全然不同的議題，但史諾登讓他們產生了憂患意識，他們擔心的本質是：網路究竟「知道」多少？網路拿了那些資料後，打算做什麼？史諾登事件後，那些看似實用的螢幕廣告有了更多的背景故事。那表示有人（其實是很多人）對他們的了解，遠不止於球鞋偏好而已[300]。

但我們很容易忽略這類討論，因為當我們正要談論這種話題時，又突然出現令人著迷的App，要求我們揭露更多的個資。我們可以在App裡輸入情緒，讓App判斷我們的情緒是否值得注意。我們可以用App追蹤靜止心率或每週運動量。所以，我們主動交出資料以改善自己，並延後討論這些資料分享可能造成的問題。假設某天有人突然把我們四十多歲時不注意膳食的紀錄，拿來對我們做出不利的應用（例如據此計算五十幾歲的保費），那也是我們自願奉上的資料。

目前我們不討論這些議題，反而繼續下載另一個App。

科技公司會說（它們也確實這麼說了），不想分享個資的話，可以不要使用他們的服務。如果你不希望Google知道你的搜尋內容，就不要使用Google的搜尋引擎。有人問Google的執行董事長，他如何看待Google掌握的一切資訊，他的回應基本上是說：「安分守己就沒事了」[301]。

身為母親和公民，長久以來我一直覺得，在民主社會裡，我們一開始都需要假設，每個人都有想要「隱藏」的東西，都需要一個私密行動及反思的空間，即使我們對科技再怎麼狂熱，那都是需要保護的領域。你需要一個抱持異議的空間、一個心靈空間與科技空間（那些電子信箱！），那是每個人無需「安分守己」的私密空間。我覺得這種有關科技、隱私、民主的討論並非食古不化[302]，現在開始也為時不晚。

CHAPTER

11

關鍵時刻

最終，不僅我們創造出來的東西界定了我們，我們拒絕毀滅的東西也界定了我們。[303]

——約翰・瑟希爾（John Sawhill），自然保護主義者

梭羅曾說，屋裡聊的話題變得廣泛時，他會把椅子挪到屋子的角落[304]。關於如何透過演算法了解自我，最簡單的回答是積極對話，因為對話可以讓我們反思、回應朋友、回歸社群。誠如梭羅所言，有了三把椅子，房間也變得寬廣。

梭羅的三把椅子刻劃出一種良性循環。我們從獨處中找到心聲，再把心聲帶入公開對話或私人對話中，那也會反過來強化我們的自省能力。如今那個良性循環已遭到破壞，我們難以獨處，也難以與人相處。我們逃避面對面的交談，但那些交談可以豐富我們的想像力，並把想像導入現實。目前，我們理解他人及獲得傾聽的能力都陷入了危機。

但我們也展現了驚人的復原力。一項研究顯示，孩子參加禁用電子產品的夏令營五天後，恢復了同理心[305]。我對這個研究結果一點也不訝異，我也觀察過孩子參加這類營隊的狀況，看到他們很容易就體會到對話的價值（彷彿是第一次有這樣的感覺），包括與他人的對話，以及與自己的對話。

我訪問那些參加營隊的孩子時，他們談到獨處與同理心。他們比較關心營隊裡的朋友，而不是學校裡的朋友。他們認為差別在於，在家時，他們和朋友聊手機上的東西；在夏令營裡，他們聊心裡在想什麼。

我參與營隊的夜間閒聊時，孩子也談到他們和領隊的感情日益深厚。領隊提供給孩子的是一種近乎稀奇的東西：全心的關注。那些領隊值勤時也不帶手機。

很多孩子每年都會來參加這種脫離電子產品的夏令營。幾位屢次來參加營隊的孩子說，每年夏天結束時，他們都發現他們更喜歡自己了。最明顯的改變是，他們和身邊的人變成更好的朋友、更好的隊友。回家以後，也對父母更加和善。

他們也說，回家以後，要繼續維持那個「營隊裡的自己」很難。一回到家裡，家人和朋友都沉浸在電子產品中，自己很難不隨波逐流。

我從營隊採訪中獲得了很多啟示，包括：我們不必放棄手機，但需要懂得更謹慎使用手機。有時，我們需要刻意休息，抽離手機。我想起納斯說過，處理情緒的大腦部位就像肌肉一樣，用進廢退[306]，但面對面交談可以強化那個部位。放下手機有助於大腦恢復原來的功能，為我們提供練習交談的時間。

對多數人來說，對話練習不會發生在禁用電子產品的夏令營裡。大多時候，我們努力在日常生活中開闢一個不讓科技介入的神聖空間，藉此重啟對話。隨著抽離電子用品的經驗累積，我們會更了解自己何時需要獨處，何時應該把注意力完全放在他人身上。

當我們接受自己有「放下電子產品」以進行交談的需求時，就會學著主動去尋求交談的機會，也會更重視他人想要對話的需求。例如，孩子需要父母的聆聽、老師希望學生專心上課、商務會議試圖糾正大家的嚴重誤解、有人對朋友說：「我想跟你談談」。

指標

大家常問我：「那接下來呢？」

每項科技都要求我們檢視人類的價值觀。這是好事，因為這讓我們再次確認那些價值。由此，我們更容易看到下一步該怎麼走以及未來的指標。我們不是在找簡單的解決方案，而是在找起點。

勿忘手機的影響力，它不是配件。它是對心理有強大影響力的裝置，不僅可以改變你的行為，也可以改變你是誰。不要自然而然地把手機帶入任何場合：查看手機若是一種選項，你就很難把注意力轉移到對方身上，即使你明明知道基於效率或禮貌，你不該盯著手機。只要手機擺在眼睛看得見的地方，你的注意力就會分散，即使那並非你的本意。手機會從多方面限制對話：你的聆聽方式、談話內容、你與對方的共鳴度都會受到限制。再怎麼豐富的對話，都難敵一支擺在眼前的靜音手機。為了騰出對話空間，你應該把筆電和平板電腦擱在一邊，也收起手機。

放慢步調。最有意義的對話類型之一是自我對話，這種對話需要學習傾聽自己的心聲。第一步是放慢步調[307]，唯有步調夠慢，才能聽見心聲。

網路生活大幅增加了我們每天的所見所聞，使消息轉瞬即過。我們往往太忙於通訊，而沒有時間好好地思考、創作或合作。我們上網時，期待提出的問題可以馬上獲得答案。為了達到那樣的預期，我們問的問題愈來愈簡單。最後，我們的溝通日趨簡化，削弱了我們因應複雜問題的能力。

保護創意。別急，靜下心，慢慢來。找到個人目標，維持自己的步調。在現代科技的調教下，我們通訊交流時，反應迅速，像處理交易一樣，科技把這些事變得更簡便。我們都為這種應對方式感到苦惱。我訪問過許多成功人士，他們說他們的成功關鍵之一，在於不設法清空收件匣。他們會騰出一段時間來處理重要的訊息，但從來不讓收件匣左右他們的日常議程。

所以，當身為家長、老師或雇主的你收到一封信件時，可以回信說你需要時間**考慮**一下。這樣做看似只是一件小事，卻很少人這麼做。一位三十歲的顧問告訴我，在她的世界裡，那種回覆「不合時宜」。這使我開始思考，我們應該重新考慮每個領域的合宜做法。回信告訴對方：「我正在考慮」，顯示你很重視思考，不會在科技的催促下倉促做決定。電郵與簡訊使我們可以即時回覆，但馬上回覆不見得是睿智之舉。

我一再看到大家窩在螢幕前，只因為他們認為唯有時時盯著螢幕，才能「跟上」機器生活的步調。這讓我想起凡納爾．布希，以及他於一九四五年夢想發明的「滿覓思」。[308]他想像那個機器會讓人類有更多的時間，投入緩慢的創意發想，因為創意發明是只有人類才懂的事。但我們現在的做法正好相反，我們常想要加快腳步，以跟上機器建議的步調。現在是重拾布希那個原創夢想的時候了[309]。

我們幫小孩放慢速度的方法，是讓他們接觸泥巴和黏土。實際接觸自然界的物質阻力，激發了他們的想像力，使他們感到踏實。這種創意也可以在遊樂室、教室、公園以外的地方激發出來，而且是一輩子生生不息的能量。在Google裡，員工可以聚在一個特別設計的地方，使用具體的材料創作發明，那裡稱為「Garage實驗室」。設計理念很簡單：成人需要的玩樂時間跟孩子一樣多，他們運用空間和材料以鼓勵員工思考、交談和創新[310]。我們也可以把這個企業理念套用在家庭生活上。

開闢對話的神聖空間。在日常生活中，家庭需要刻意花心思去騰出這樣的空間，例如用餐、廚房、車內禁用電子產品。趁孩子年紀還小時，就灌輸他們這個觀念，使他們習慣這種家庭文化，以免他們年紀較大時覺得那是懲罰。四歲小孩的母親可以這麼說：「在家裡，我們需要不受電子產品干擾的時間安靜獨處，也需要時間跟彼此交談。我開車時不發簡訊，那正好是我們交談或凝視窗外的好時機。」

切記，我們幫孩子培養獨處能力的方法，是靜靜地陪在孩子旁邊，把注意力放在孩子身上。你可以設計周遭環境，以防沒必要的干擾。在住家附近散步時不帶手機，你可以獨自出門散步，也可以邀親友同行。把一晚不上網或週末不上網列為每隔一段時間執行的日常實驗。你想展現全心關注孩子的新態度時，想法應該切合實際，讓小孩了解你的意圖和價值觀。如果你無法丟下手機，全心陪孩子在公園裡玩耍兩個小時，你可以調整計畫，把兩小時縮短成一小時。在那一小時內，把注意力全部放在孩子身上。

不僅家庭需要這種受到保護的空間，學校和職場也需要。如今愈來愈多人希望大學在閱覽室和休息區裡，不要提供無線網路。當初為大學的每個空間架設網路時，我們沒想到那樣做反而讓學生更難把注意力放在同儕或自己的思緒上，這是始料未及的後果。在職場上，我們可以騰出無法連線上網的對話空間，可以把「週五便服日」變成「週四對話日」。刻意騰出對話空間可以讓大家知道，這是一個重視對話的地方，大家可以喘息一下。

把專注一心視為下一件大事。在生活的各個領域專注一心，一次只做一件事可以提高績效，減輕壓力。

一次只做一件事並不容易，因為那等於推翻了科技提供的優勢，也否定了一心多用短期帶給我們的效率錯覺。一心多用令人興奮，大腦渴望難以預測的快速刺激，我們知道這是人類的弱點。除非刻意設計生活和科技，迴避這種難以抵擋的渴望，否則我們只能放任績效下滑。

我訪問管理者、父母、教師時，發現他們日益熟悉一心多用有礙績效的研究。但實務上，一心多用依然隨處可見。專注一心才是提高生產力與創造力的關鍵，對話是練習專注一心的方法。

跟意見相左的人對話。注意力渙散有礙對話，偏見也有礙對話。最近一項研究顯示，社群媒體上的政治對話是一種「沉默螺旋」（spiral of silence）。一般人不願在社群媒體上貼出關注者不認同的看法[311]。為了讓人互動而開發出來的科技，不見得會促進人與人之間的交流。我們上網時，習慣只跟意見相同者互動。在離線的現實生活中，社群媒體的用戶比非用戶更不願討論觀點。

這種對意見相左者沉默以對的現象，也延伸到面對面的現實世界中。最近一項研究顯示，美國各地公開表示自己是共和黨人或民主黨人的大學生，不會在校園中和觀點不同的人討論政治[312]。也就是說，他們會避免和同宿舍或共用浴室的學生討論政治議題。我們把網路上的同溫層也拓展到現實世界了。生活在同溫層裡很愜意，但我們也可能學不到新知。

我們可以做得更好。我們可以以身作則，教孩子如何和意見相左的人對話。我們可以教導他們，一開始可以先談你如何看待理念、理由和價值觀。即使雙方的意見只有一點點共通點，也有助於對話[313]。

遵守七分鐘法則。那是一位大三生跟我分享的原則，她觀察發現，人與人的互動至少要持續七分鐘，才會知道對話的走向。你應該讓對話有時間展開，在過完七分鐘以前，不要滑手機。萬一對話出現冷場，就順其自然，不要刻意打斷。七分鐘法則也為獨處、自省、專注當下的生活建議了其他的對策。例如，學習把無聊的時刻視為找尋內在有趣特質的機會。讓思緒神遊，盡情地聯想，然後再回到原來的思路上，或回到對話上。我們放任大腦天馬行空馳騁時，大腦運作得最好。神遊回來後，你可能也帶了一些與對話有關的東西回來。

對話一如人生，沉默有時，無聊有時。這裡值得再次強調一個重點：我們往往是在失誤、猶疑或陷入沉默的時候，在別人面前展露出真實自我。數位交流讓我們編輯人生，我們不該忘記毫無編修的人生也同樣具有意義。

質疑App思維。心理學家霍華德·嘉納與凱蒂·戴維斯（Katie Davis）把成長過程中手機不離身、隨時打開App的一代人，稱為App世代[314]。這是指一個世代把人為設計的感知（engineering sensibility）也帶入日常生活及教育體驗中。App思維是這樣運作的：世上萬事的運行就像演算法一樣，某些行為會促成可預見的結果。根據這個邏輯，你只要進入某所學校、得到某個成績、參加某種暑期輔導課程、加入某些課外活動，結果就有如App運作一樣，你順利進入常春藤盟校就讀。

在友情中，App思維的體現就是缺乏同理心。友誼變成需要管理的東西，你有許多朋友，並以一套工具來管理那些朋友。在學校與職場上，App思維的體現就是缺乏創意與創新。選擇都擺在你面前，你只需要從選單中挑選即可。前面提過，中學老師發現學生以工具的觀點來看待友誼；家長以App思維來看待學校，覺得中學是讓子女前進大學的工具。老師覺得，學生沒有做夢發想的時間、沒有機會規劃自己的時間，也無法學到有些情境沒有必然的結果。

在學校裡，當App世代必須因應不可預測性時，他們變得不耐、焦慮、不知所措。進入職場後，這些問題依然存在。矽谷軟體公司哈特科技來了一位新的管理者，他之所以加入哈特科技，是為了離開工程領域，嘗試管理職。「我辭去上一份工作，是因為那裡的一切太好預測了，我想和難以預期的系統（他是指人）共事。」但他把以前的習慣也帶進了新工作。「我不習慣因應難以預測的系統，不擅長隨機應變。」他進一步解釋：「有人站在我面前時，我不習慣迅速思考反應……不習慣你來我往的對話。」

這種情況並非特例。從工程轉向管理職，做的是截然不同的工作。以前他們接受的訓練是以科學的態度看待管理，鼓勵研究，以明確的效用觀點來看世界。但是在日常實務中，管理者面對的是艱難的決定、含糊的情境、棘手的對話；具體來說，他們需要考核業績，提出負面意見，開除員工。

一家高科技公司的人力資源主管告訴我：「做人力資源的人常說：『工程師不知道怎麼進行棘手的對話。』」在科技業裡，我提起「對話」這個主題時，常聽到這種說法。

面對棘手對話需要發揮同理心，確實需要「隨機應變」。工程師若要順利進行這類對話，需要接受大量的指導。然而，誠如嘉納和戴維斯所述，如今大家的思維模式偏好可預期的東西，不只有工程師有這種問題。

不只工程師需要這類指導，現在我們的世界觀都偏向效用觀點，**我們都難以進行棘手的對話**。某種意義上來說，現在我們都是工程師。我們的挑戰在於如何進行那些棘手的對話，包括我們與他人的對話，以及我們與自己的對話。

針對不同的任務，挑選合適的工具。有時我們覺得某項科技實在太神奇了，不禁想把它套用在各種場合上，覺得它應該可以取代所有的工具，例如智慧型手機。但是，當你因為方便而以電郵取代對話時，你可能挑錯了工具。原因不在於電郵對某些任務來說不好用，而是它不適合用來處理各種任務。

簡訊、電郵、視訊會議都沒什麼不對。改善它們的技術，把它們變得更直覺好用，當然很好。但無論它們變得多好，都還是有一個先天的局限：它們做不到眼神交流。眼神交流更能夠傳達情感，使社交更為順暢[315]。缺乏眼神交流，與憂鬱、孤立、冷漠無情等孤僻特質有關聯。我們的心理問題愈多時，愈想要迴避眼神交流。我們可以把以下的說法當成準則：若某種工具阻礙我們目光相接，除非有必要，否則盡量不要使用。那不該是我們的工具首選。

有一件事是肯定的：方便的工具不見得都是合適的工具。電郵通常是處理商務問題時最簡便的方法，即使它愈處理愈糟，大家還是不願放棄；簡訊如今已經變成分手利器，即使它讓雙方都覺得不被重視、有苦難言，大家依然照發不誤。我撰寫這段文字之際，市面上出現一種新的機器人，可以充當兒童的玩伴，它正教導孩子向一個不懂得體諒的機器尋求理解。

從摩擦中成長。前面提過，有些專業人士對於科技在生活中扮演的角色感到衝突與矛盾。例如，一位熱中遠距辦公的人，在辦公室裡錄下四周一片沉寂的狀態，再把那個錄音檔寄給妻子；建築師明明知道大家渴望獲得更多的隱私，卻依然為大家設計開放式的工作空間；年輕的律師知道和同事共進午餐有助於培養長遠的共事關係，但他們還是不肯參與這些活動。

如果你也身陷這種矛盾，不妨停下來重新思考：你與科技的關係究竟對你有益，還是有礙？你能否把那些時刻視為獲得全新洞見的機會？

謹記你對人生的了解。前面提過，人類是在與人「單獨相處」中學會獨處的。我也發現，在那些關鍵時刻，如果我們總以科技來轉移注意力，連那些最熱烈支持隨時連線的人，也難免對自己的選擇心生疑惑。例如，有些父母為孩童洗澡時，忍不住查看電郵；或是在海灘上散步時，忍不住發簡訊。他們或許會持續這麼做，但他們坦言這麼做並不快樂，也察覺到自己逾越了界線。一位父親告訴我，他和十歲兒子玩拋接球時，也會把手機帶在身上。他說：「我可以感受到，我們的拋接互動不像當年我和父親的互動那麼好。」我在研究之初遇到一位母親，她習慣哺乳時發簡訊，她對我直言：「這可能是我想戒掉的習慣。」從這種有害共享獨處的時刻中抽身離開，是一種深層的人性渴望。

共享的獨處時光讓我們感到踏實，使我們回歸他人的身邊，也找回自我[316]。對梭羅來說，散步是一種共享的「獨處」[317]，讓他（在有人的陪伴下）「遠離塵囂」，找到自我。雅莉安娜．赫芬頓（Arianna Huffington）談及追尋個人潛能的困難時，提到梭羅那句「遠離塵囂」讓她特別有共鳴，因為如今我們有一種新的塵囂需要遠離，也就是數位塵囂。數位世界的塵囂不斷地追求績效和速度，要求我們自我揭露。

赫芬頓提醒我們，當我們發現自己心不在焉時，不該對自己太過嚴苛。畢竟，連梭羅都有心不在焉的時候。他在林間散步時，有時還掛念著工作上的問題，他說：「有時我就是無法輕易遠離塵囂，一些工作上的想法會闖入腦中，使我失去理性……如果我在森林裡還一直想著森林外的事情，那又何必走進森林呢？」

我們都知道那個問題的答案。即使梭羅的思緒有時會飄到工作或塵囂上，林中漫步依然讓他收穫滿滿。就像冥想一樣，思緒或許會四處遊走，但最終會回到當下，回到我們的呼吸，回到眼前這一刻。即使梭羅的思緒飄走了，他也為那樣的分神騰出了空間。如今我們散步時很少留意到周遭的情況——既不在意身邊的風景，也不在意同行的夥伴，一直低頭滑手機。但我們能效仿梭羅，把注意力拉回到重要的事物上。我們使用各種科技時，應該抱持更明確的目的。我們可以練習拉近我們和他人的距離，也拉近我們和內心的距離。再多的練習也許無法達到完美，但這個領域並不追求完美，練習可以堅定我們的價值觀、我們該前進的方向。

不要逃避棘手的對話。前面提到，除了生活與職場外，我們在公共場合也難以對話。尤其當有人問起隱私與自我所有權（self-ownership）的問題時，很多人也不知從何談起。

我說過，這些問題都屬於「不去多想的事情」，它們的特點是行為與後果之間沒有簡單的關聯。它們確實存在著危險，但你又很難確切說出你畏懼什麼傷害。此外，你也不確定傷害是否已經造成了。這些問題令我們煩惱，但我們又不願多想，只想把注意力轉到其他事物上。就像前面提過的拉娜，她很慶幸自己沒什麼爭議性的想法，所以不需要煩惱個人意見在網路上無處發表的問題，她不想進行那樣的對話。

為了鼓勵這類對話，我們應該避免概略性的通泛問法。一般人在被問及細節以前，通常宣稱他們對網路隱私不感興趣。但你一問到細節時，會發現他們其實都很在乎這些事[318]，例如未取得許可就調閱通話內容，或是國家安全局的資料蒐集。

我們之所以迴避有關網路隱私的對話，有個原因在於我們認為自己在道德層面上站不住腳。例如，你抱怨Google永久儲存你的個資，覺得Google的做法很不對勁，但是有人告訴你，當初你開Google帳戶時，是你自己同意讓Google有權那樣做，並讓Google瀏覽你的電郵、打造你的數位分身、出售那些內容。你當初沒有細看那些條款，所以這種對話一開始你就缺乏立場。你答應成為用戶時，似乎已經放棄身為公民的部分權利。

如果我們覺得數位分身與本尊不符，或是阻礙我們取得想要的資訊，我們也不知道該怎麼反抗[319]。這時我們應該去找那個追蹤我們並把我們商品化的公司談談嗎？政府可能有權力規範這類活動，但我們應該去找政府談談嗎？畢竟政府也宣稱它有權蒐集公民的資料。我們因為不知道該找誰對話，而放棄追究這些問題，就像我們因為不知道他們究竟「掌握」了哪些個資，或如何界定我們的權利，而不知該從何追究一樣。

然而，即使這些對話很難，那不表示對話就不可能進行。那些對話都是必要的，而且已經開始了，其中一個就是如何為現今的「隱私」界定一個切合實際的概念。現今的隱私定義顯然不同於以往，但是那不表示公民就要生活在沒有隱私的世界裡。如果我們一開始就覺得「這個問題實在太難思考了」，對話也會因此告終。

法律界有人提議討論該從「隱私權」轉向「個資掌控權」。這個提案主張，蒐集個資的企業有責任保護個資，就像醫生和律師有義務保密病患或客戶跟他分享的資訊一樣[320]。在上述兩種情況下，資料提供者保有個資使用方式的掌控權。

另一個需要討論的對話是資料透明度的問題：我們有多少權利知道那些演算法是怎麼運作的？身為智慧型手機的用戶，你屬於一個新的政治階級，我們都需要學習主張那些權利。

想法需要時間成形。取得個資的企業關注他們所能獲取的利益，但我們這些奉上資料的人也有我們關注的利益。我們在企業的誤導下，以為提供個資換取免費服務及實用建議是公平的交易。這種公平交易的概念令人存疑，也削減了我們的思辨力。

這種對話需要政治化，引起大家的關注，才能引發討論。如果不訴諸政治語言，只訴諸利益與矛盾，對話只會停擺，變成成本效益分析。你願意為了享有免費的電郵及文書處理程式而犧牲隱私嗎？美國憲法規定，某些自由是不能用來交易的。我們無權「決定」我們是否願意放棄言論自由。

如果對話太快轉入技術細節，對話也會停擺。例如，我跟一位六十多歲的軟體工程師聊到民眾知道自己被追蹤時，可能有什麼影響。他對公共政策特別感興趣，我問他：「民眾知道自己被追蹤時，是否會壓抑上網暢所欲言的意願？」他嗤之以鼻地回應：「大眾難道不知道那些演算法很蠢嗎？那些演算法實在爛透了……根本毫無意義。」他這樣說原本是為了安慰我，但我完全沒有被安慰到。他覺得，那些經常侵犯個人隱私的演算法「不夠好」，所以關於我們對個資掌控權的討論還可以再緩一緩。但他所謂的「不夠好」，是指哪方面不夠好？

避免二元思維。數位世界建立在二元基礎上，但我們對數位世界的認知不需要如此。無論是討論課堂上使用的電腦、遠距教學，或大型組織使用電話會議，都不是非黑即白的二元討論。然而，在這些領域裡，每次談及電腦的未來發展時，大家往往分成兩派陣營，壁壘分明，毫無中間立場。

目前的情境十分複雜，需要彈性的因應之道，但很難找到。回到網路與隱私的問題，當我們發現自己無能為力時，一種常見的反應是放棄反抗，覺得自己再怎麼反抗都是徒勞。網路公司把我們的言論、搜尋紀錄、分享的訊息都儲存起來了，我們已經拱手交出太多的資訊，此時再反對任何侵犯，似乎都顯得微不足道。那感覺就好像生活在一個到處安裝監視攝影機的城市裡，你反對某個街角的某個攝影機一樣。所以，我們不再談論應有的權利，逐漸習慣那些規定[321]。

又或者，我們不再談論應有的權利，而是僵化地反應。當沒有人能想出完全保障線上隱私的方法時，有人開始說，除非網路完全公開透明，否則任何改變都沒有用。科技評論家耶夫根尼·莫洛佐夫建議大家思考一下科技進步的另一項副產品——噪音——的歷史，避免抱持二元觀點。二十世紀初的反噪音運動主張，噪音不僅是個人問題，更是政治問題。但是後來噪音反對者終於讓步，達成切合實際的目標。莫洛佐夫指出：「噪音反對者推動的改革並未完全奏效，但噪音問題的政治化啟發了新一代的城市規劃師和建築師，使他們改變設計，把學校和醫院設在比較安靜的區域，並運用公園和花園作為過濾交通噪音的緩衝區。[322]」

就像工業化「必然」會製造噪音一樣，資訊界也覺得毫無設限的資料取得是「必要」的[323]，但這不表示資訊業就有權取得想要的一切。

反對噪音者想要的不是逆轉工業化，也不是寂靜的城市，而是把民眾對休息、交談、寧靜的需求也納入考量的城市。同理，以目前的情況來看，我們也不想捨棄社群媒體，但我們可能想要重訂我們和社群媒體之間的社會契約。如果社群媒體的運作更加透明，也許我們就不會覺得我們和社群媒體的對話（或是各種相關對話），令人如此茫然了。啟動這種對話的其中一種途徑，就是把我們對獨處、隱私、心靈空間的需求加以政治化。

對話的場所

我們有了重啟對話的指標，也有了重啟對話的途徑，但令人分心的事往往阻礙了對話。餐桌邊，孩子央求父母的關注；課堂上，老師在前面講課，學生低頭滑手機。我們創造的政治文化中，爭吵比對話更重要。無論點子有多好，只要是政治對手提出來的，就沒有興趣聆聽。事實上，我們看到政客尷尬地反對自己提過的好點子，只因現在是由別的政黨提出。

在這種環境下，我們可以想些有希望的事：我們可以找回對話的場所，我們知道在哪裡可以找到彼此，重啟對話。家長可以在餐桌邊找到孩子；老師可以在課堂及教師輔導時間找到學生；同事可以在走廊、茶水間、會議中找到彼此；在政壇上，我們有辯論和行動的機制。看著這些場所，我們也回想到那些充斥干擾的情境：像是不像會議的會議，及走向數位化的課堂。當然，還有本書一開始描繪的場景：家人共進晚餐卻不發一語，因為每個人都在滑手機。

然而，光是說「放下手機」是不夠的。關注對話發生的場所並重新掌握它們很重要，因為這是對話持續進行的地方，日復一日，年復一年。民主制度下的立法機關已存在數個世紀，儘管歷經多次的磨合和動盪，我們仍堅信立法機構的存在，凡事皆有轉機。因為在民主制度下，某些對話是應盡的責任。家庭共進晚餐也是多年來形成的傳統，你在家中打造這個傳統時，可以告訴孩子，問題不一定是災難，今天可以好好討論，萬一討論不完，明天還可以繼續。餐桌是培養孩子辨別輕重緩急的地方。父母用餐時心不在焉，無法跟孩子討論童年的點點滴滴，似乎不是什麼大不了的問題，但這一切是有代價的。父母的關注可以幫助孩子學習什麼是緊急狀況、什麼不是，以及哪些事情可以讓孩子自己處理。父母疏於關注孩子時，孩子可能覺得每個問題都很難處理。

孩子單獨處理問題時，只會覺得每件事都是緊急狀況。孩子和大人討論問題時，則是面對人生的重要時刻，並學習如何解決問題。

當我們重啟對話、重新找回對話場所時，那也促使我們重新思考長遠思維的重要性。人生不是一個尋求快速解方的問題，人生是一場對話，你需要場所來進行這場對話。**虛擬空間為我們提供了更多對話的空間，使對話更加豐富。**但實體場所之所以如此珍貴，是因為它以全然不同的方式來支持對話的延續。它並非時而出現、時而消失，而是把大家凝聚在一起。你不能隨意登出或下線，你是在學習體驗現場發生的一切。

有些學生原本抗拒在教師輔導時間親自去找老師，等他們終於硬著頭皮去了一趟後，又開心地說老師有多麼熱情，堅持他們要常來聊聊。我一直記得某位學生引述導師說的話，那位導師不停地問他：「你明天還會再來，對吧？」

我說過，我們的對話危機也可以是一種經驗傳承的危機。現在大家逃避引導互動，並以科技作為藉口：雇主透過電子郵件傳送員工的考績評估，那原本可以是面對面給予員工經驗引導的大好機會；有人鼓勵老師把課堂上的授課內容，變成一系列六分鐘的教學短片；家長不要求孩子用餐時放下智慧型手機，彷彿滑手機是某種世代權利似的；很多家長似乎已經準備好接受機器人保母，就等著實驗證明機器人安全無虞。在這些例子中，我看到我們背離了我們所知的愛與工作。

公開對話

我們之所以背離，是因為感到無助。很多人告訴我，他們感到孤單——他們必須獨自理解一切問題，從臉書上的隱私問題，到個資遭到利用——卻不明白這究竟是怎麼回事或為什麼會如此。然而，我們其實可以一起思索這些問題。

公開對話讓我們有一種模式可以依循，以便重啟私人對話。這種模式包括如何展現出對他人言論的包容，以及如何對他人的言論展現真正的興趣。它可以教我們對話是如何展開的，不是以公告或條列的形式，而是以輪流發言、協商，以及其他以相互尊重為前提的形式交流。

長久以來，大家一直覺得這種公開對話是民主制度的關鍵。古往今來，我們有市集、市鎮廣場、市民大會等活動，還有俱樂部、咖啡館、沙龍等場所。社會學家尤爾根・哈伯瑪斯（Jurgen Habermas）把十七世紀英國的咖啡館和「公共領域」的崛起連結在一起[324]。那是讓各階層民眾暢談政治的地方，不必擔心遭到逮捕。一七二八年，普弗神父（Abbe Prevost）曾說：「看到一兩位勳爵、一位男爵、一名鞋匠、一名裁縫、一名紅酒商人，還有幾名同業細心地閱讀同一份報紙，真是寶貴的一課。咖啡館果然是英國的自由之地。[325]」

當然，完美的公共領域從來不曾出現過。進入咖啡館需要有錢有閒，那以前也不是女人出沒的地方。儘管如此，咖啡館仍是討論政治及**學習**如何討論政治的地方。一七一四年，散文家兼政治家約瑟夫·艾迪生（Joseph Addison）是當時報紙《旁觀者》（*The Spectator*）的主筆，他說他很喜歡咖啡館內的辯論，那是學習的地方。「咖啡館一直是我主要的休閒場所，那裡是使我進步最多的地方。為了進步，我還會特別留心，永遠不找意見相同的交談對象。[326]」

艾迪生去咖啡館時，只想和**意見不同**的人對話。這和如今有心往政界發展的學生大不相同，現在的學生是盡量避免和意見相左的人談論政治，即使對方可能就住在同一層宿舍。不過，不管艾迪生是否與現在的學子截然不同，他的故事還是帶給了我們啟發：他透過公開對話來保持開放的心態，隨時準備好改變看法。

公開對話可以示範思想自由、示範勇氣與妥協，幫助大家仔細思考。

當梭羅思考我們如何負起把握當下的責任時，曾提到把握「關鍵時刻」。為了把握那一刻，梭羅還停下來反思，甚至在手杖上刻下印記：

> 在任何氣候、任何時刻，不分晝夜，我都亟欲把握關鍵時刻[327]，並在手杖

上刻下印記。我渴望立足於過去和未來那兩個永恆的交匯點，亦即當下這一刻，踩著那條線。

那個「印記」帶出了傳承問題。我們正在開創新世界，同時也代表我們需要仔細思索過往。不論氣候如何，梭羅都選擇把握當下的關鍵時刻，他也呼喚我們把握當下。

第六部　第四把椅子？

12 不再遺忘

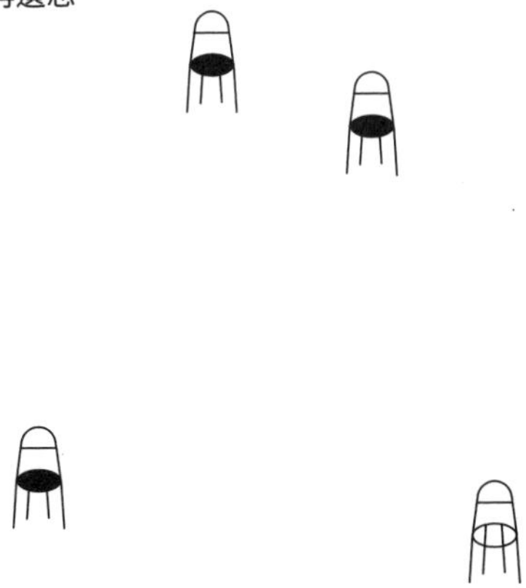

CHAPTER 12

不再遺忘
我們對著機器說話時，遺忘了什麼？

有些人努力結交朋友，但四處碰壁，最後只好放棄。所以，當他們得知機器人可以作為伴侶時，他們知道它不會像人類一樣有自己的思維，不會轉身離開或棄你而去。

——一位十六歲女孩思考更高端的Siri概念時如是說

梭羅描述了三把椅子，我則想到了第四把。梭羅說，當聊的話題變得廣泛，聊到那種又廣又深的議題時，他會帶著訪客走向大自然。他說大自然是他的客廳[328]，是「最好的房間」。對我來說，第四把椅子定義了一個充滿哲理的空間。梭羅可以走入大自然，但現在我們面對著的不僅是大自然（nature），還有我們自己創造出的另一種自然：「第二天性」（second nature），亦即人造的虛擬世界。在那裡，我們遇到了隨時準備好與你對話的機器。

於是，第四把椅子帶出了一個問題：我們對著機器說話時，我們變成了什麼樣子？

有些說話機器人的目的不大，例如只用來幫你模擬面試的步調，但有些機器追求的抱負遠不止於此。這種機器大多才剛問世：「照護機器人」可以在我們沒時間、沒耐心或沒資源時，幫我們照顧家裡的老小；自動化心理治療程式可以取代對話的對象[329]。這些發明為我們帶來嶄新的東西。

我們也許不覺得它們很新鮮。畢竟，每天我們都使用機靈的App，把資訊輸入對話程式，也從私人數位助手取得資訊。我們已經習慣對著機器說話，以及透過機器說話。如今，科技的發展邀請我們加入一種新的對話，這種對話還承諾提供「感同身受」的連結。

機器無法給予我們什麼，但我們依然希望這種無生命的物體可以提供陪伴，或甚至和我們交流。同理心的模擬，已經提供夠多感同身受的效果了嗎？交流的模擬，已經讓我們感受到足夠的情感交融了嗎？

第四把椅子定義了梭羅始料未及的空間，那是我們的關鍵時刻。我們對著機器說話時，遺忘了什麼？我們又能記住什麼？

「一台迷人到靈魂都想入住的電腦」

一九八〇年代初期，我採訪了馬文・閔斯基（Marvin Minsky）的一位年輕學生。閔斯基是人工智慧（ＡＩ）的發明者之一，學生把他當成偶像。那位學生說，閔斯基正「試圖打造一台迷人到靈魂都想入住的電腦」。

那個畫面在我的腦海中留存了三十幾年。

在人工智慧的世界裡，一切已經從天馬行空走向平凡。如今，孩童在機器寵物和數位玩偶的陪伴下成長，他們覺得和手機聊天是再自然不過的事了。我覺得我們正處於「機器人時刻」[330]，但不是因為我們打造出來的機器人帶來諸多好處，而是因為我們亟欲獲得它們的陪伴。早在我們打造出機器人以前，我們就已經把自己改造成隨時準備好陪伴它們的人。

長久以來，我們對機器人的寄託，始終洋溢著一種對科技的樂觀。我們深信，萬一出了狀況，科學可以導正一切。在複雜的世界裡，機器人的出現總讓人覺得是在召喚救兵，它們可以在戰場上拯救生命、在宇宙和海上執行命令——事實上，只要是人類可能發生生命危險的地方，它們都可以前往。它們完成人類做不了的醫療程序，為設計與製造帶來了變革。

機器人讓我們萌生了更大、更多的希望，我們不僅期待它們像騎兵般英勇，也期待它們成為簡單的救贖。什麼是簡單的救贖？亦即希望機器人成為我們的伴侶，希望它們把照顧我們變成職責，希望我們因為它們的陪伴與對話而感到愜意。這是這場遺忘之旅裡的其中一個停靠站。

我們對著機器說話時，遺忘了什麼？我們忘了生為人類的獨到之處，忘了真實對話的意義。我們為機器編寫程式時，使它「彷彿」能夠理解對話的意思。於是，我們對機器說話時，也縮限在那個「彷彿」的狀態裡。

簡單的救贖

這幾十年來，我看到大家對機器伴侶的期待愈來愈強烈，即使多數人並未體驗過機器人的陪伴，頂多只接觸過蘋果的人工智能助理Siri之類的軟體。他們和人工智能助理的對話很可能是：「找出某家餐廳的位置」，或是：「找出某個朋友在哪」。

不過，現在人們對Siri的期待已從「找出朋友在哪」，迅速演變成幻想Siri就是我們的朋友。有些人告訴我，他們很期待不久的將來，與Siri或類似的程式可以變成好友，相信這段關係甚至在某些方面比好友更好：你可以隨時跟它說話，它永遠不會生氣，也不會對你感到失望。

事實上，蘋果為Siri製作的第一個電視廣告，不是把它當成一種新功能（取得資訊的便利方式）介紹給大家，而是把它當成伴侶。廣告中出現許多電影明星，包括柔伊・黛絲香奈（Zooey Deschanel）、山繆・傑克森（Samuel L. Jackson）、約翰・馬克維奇（John Malkovich），他們都把Siri視為知己。黛絲香奈飾演迷糊的傻大姊，與Siri談論天氣，說雨天不想穿鞋，也不想打掃屋子，只想跳舞、喝番茄湯。Siri扮演了解她的閨密。傑克森和Siri聊天時，他正在煮西班牙凍湯和義大利燉飯。他一語雙關地說，大熱天有個火辣的約會對象（hot date）來訪，馬克維奇則坐在一張真皮大沙發上，屋裡有高級的壁飾和窗簾（或許是某間位於巴黎或巴塞隆納的公寓），他嚴肅地與Siri討論生活的意義，也很欣賞Siri的幽默感。

這些廣告都教我們如何和機器對話，這些機器的言談近乎插科打諢，但它們其實完全不明白我們的意思。在這些對話中，所有的溝通都是我們做的，但我們卻不以為意。

我上一個廣播節目和一群工程師及社會學家談 Siri。我們的討論聊到有些人很喜歡跟 Siri 說話，那主要是因為你跟機器說話時，感覺可以暢所欲言、肆無忌憚，他們喜歡那種不受評斷的感覺。在場的一位社會學家說，不久的將來，比較平易近人的加強版 Siri 也可以充當心理醫生。

這位社會學家似乎覺得，Siri 充當心理醫生來指導他人生活沒什麼大問題，儘管 Siri 毫無人生經歷。他說，如果 Siri 可以**表現**得跟心理醫生一樣，它就能當心理醫生。如果沒有人介意「彷彿」和「真實」之間的差別，讓機器取代人力也沒什麼不好。這是機器人時刻裡的實用主義觀點。

然而，以機器人作為伴侶或治療師之類的簡單救贖，其實一點也不簡單。

無論我們把機器人設計得多像人，那些言談間彷彿很關心我們的機器，其實一點也不了解人生架構。當我們對著它訴說愛與失落之類的人生煩惱、番茄湯的美味、雨天赤腳跳舞的樂趣時，它們只是在展演同理心與交流罷了。

人工智慧**能夠**理解的是你的行事曆、電郵內容，以及你對電影、電視、食物的喜好。你穿戴著體感科技裝置時，人工智慧可以從生理指標推斷你的情緒反應，但它無法理解那些東西對你的**意義**。

然而，我們希望機器能夠理解的，正好就是那些事物的意義。而我們也願意相信機器能夠理解，並持續助長那樣的幻想。

脆弱遊戲

我們和人工智慧玩脆弱遊戲已經很久了，早在人工智慧的先進度還遠不如現今程度就開始了。一九六〇年代，麻省理工學院的約瑟夫・維森鮑姆（Joseph Weizenbaum）寫出電腦程式ELIZA，它模仿了羅傑斯學派＊（Rogerian）心理治療師的治療模式[331]。如果你輸入：「為什麼我恨我媽？」，ELIZA可能回覆：「我聽到你說你恨你媽。」這個程式可以營造「用心聆聽」的假象，至少短時間內是如此。**即使我們知道機器不值得信賴，我們依然想對機器說話。我將這稱為「ELIZA效應」**。

維森鮑姆發現，有些人（例如他的祕書和研究生）明知ELIZA的認知和理解能力有限，依然想跟程式在一起、對它傾訴，他感到相當驚訝。ELIZA的發明證明了人們喜歡把人類特質投射在有人類形象的程式上，尤其在我們和「社交」機器人（可以追蹤你的動作、與你眼神交流、記住你名字的機器[332]）相處時，這種特質更明顯。這時，人類往往會覺得身邊有一個了解自己的人對自己展現了關懷。一位二十六歲的年輕人和名叫Kismet的機器人對話，Kismet可以和人目光交流、解讀表情、講話時還抑揚頓挫。那個年輕人覺得Kismet對他充滿鼓勵[333]，所以他會主動跟它聊起生活中的喜怒哀樂。

會說話的機器特別容易讓我們感到被理解[334]。嬰兒學習認識母親時，就是從辨識母親的聲音開始，這個過程甚至從他們還在子宮裡就開始了。在人類的演化中，我們聽到的唯一言談是其他人類的語言。如今，在先進人工語言的開發下，我們是最早有機會分辨人類語言和非人類語言的人。就神經學來說，我們先天沒有這種能力，因為人類自古以來（約二十萬年前開始）只聽得懂人類的聲音，區別人類話語和機器話語需要耗費很大的心力[335]。對大腦來說，語言是人類獨有的。對人腦來說，說話是只有人類會做的事。

更別提有著一張人類臉孔的機器帶來的威力有多強大了。

在人類身上，微笑或皺眉的樣子會使身體釋放化學物質，進而影響心理狀態。我們自己展露那些表情，或是看到別人展露那些表情時，腦中的鏡像神經元都會啟動[336]。**我們可以感受到他人臉上的表情**，當機器人附帶人類的臉部表情時，也對我們有同樣的影響力。哲學家安曼紐．列維納斯（Emmanuel Levinas）說過，人臉的存在啟動了人類的倫理契約，那張臉傳遞的訊息是：「你不能殺我。」我們還不知道臉孔背後是什麼之前，就受到這樣的約束了。我們甚至在得知那個不能殺死的東西是機器之前，就已經受到約束了。列維納斯覺得，機器

＊ 譯註：卡爾．羅傑斯（Carl Rogers）主張人本心理學，他的「人本中心」治療後來被稱為Rogerian Approach，著重與當事人建立治療關係。

人的臉孔確實是在傳達：「你不能拋棄我。」這又是另一種約束倫理和情感的契約，但是我們對機器產生那種感覺其實是毫無意義的[337]。

一張表情豐富的機器臉孔（無論是在機器人身上或是在電腦螢幕上），會使我們想要獲得認同，並對這樣的認同信以為真。其實，我們是在向無法展現同理心的物件尋求同理心。

大家第一次見到有社交功能、情緒反應的機器人Kismet時，我正好在麻省理工學院的人工智慧實驗室裡工作[338]。Kismet說的話其實沒什麼意義，但它發出的聲音聽起來很溫和，像是在噓寒問暖或表達關切似的。

Kismet的訪客有時會覺得Kismet肯定了他們、「聆聽」了他們的故事。從科技角度來看，一切運作完美，訪客感覺他們和機器人之間產生了一種共鳴。這種逼真的感受確實很厲害，如果你把這種體驗想成戲劇效果的話，可能會覺得很有趣。但我開始看到某些孩子想把Kismet當成現實中的朋友，我看到孩子希望獲得機器人的肯定，有時他們發現機器人無法提供慰藉時，還會感到失落。

十二歲的艾絲黛兒來到Kismet面前時，想跟它對話。她覺得很孤獨，由於父母離異，與Kismet相處的時光令她覺得自己很特別，這個機器人能只聽她訴說。艾絲黛兒來參觀那天，Kismet的豐富表情令她相當投入。不過那天Kismet的說話功能並非處於最佳狀態，經過一段令人失望的對話後，艾絲黛兒和一小群研究人員一起回到訪問室，我們在那裡訪問孩童和機器人相處前後的感想。訪談室裡備有我們準備的點心，艾絲黛兒開始享用果汁和餅乾，而且吃個不停，直到我們請她留點食物給其他的小朋友，她才停止。但她只停了一下子，我們在等車子把她接去上課後輔導時，她又吃了起來，而且吃得很匆忙。

艾絲黛兒告訴我們她不開心的原因，她覺得Kismet不喜歡她。機器人跟她說了幾句話以後，就把頭轉往別處了。我們跟她解釋，事情不是她想的那樣，而是出了技術問題。艾絲黛兒不相信我們的說法，在她看來，這一天她遭到否定了。她離開時，從我們的點心櫃拿了四盒餅乾，塞進背包裡，我們也沒有阻止她。研究小組累了一天後，聚在附近一家咖啡館聊天，自問一個困難的問題：故障的機器人是否也能讓孩子心碎？

孩子使用有問題的微軟Word程式或玩破爛的娃娃時，我們並不擔心有什麼倫理問題。畢竟，文字處理程式是輔助工具，運作異常時，頂多只是讓人感到麻煩罷了。但是一個程式鼓勵你跟它產生共鳴時，那又是另一回事了。

故障的Kismet機器人和破舊的玩偶有什麼區別？玩偶鼓勵孩子把自己的故事和想法投射在一個被動的物體上，但孩子覺得社交機器人「夠鮮活」，應該有自己的想法。孩子親近社交機器人時，不是抱著投射的心理，而是抱著培養關係的心理，就像與人相處那樣。

一個小女孩因打破母親的水晶飾物而內疚時，可能會懲罰芭比娃娃，把它們關起來，模擬自己的情緒。娃娃是讓孩子宣洩情緒的媒介，投射心理就是這樣運作的：幫孩子處理情感。但社交機器人讓人覺得它有自我意識。在孩子看來，機器人把頭轉開，是因為它真的有那個意思。所以孩子覺得獲得社交機器人的青睞是一種個人成就，你讓一個討人喜歡的東西也喜歡上你了。當孩子和社交機器人互動時，不是抱著投射心理，而是把它視為人際往來。孩子的反應彷彿是面對一個真人，有可能因此傷心難過。

艾絲黛兒面對這種情況時，感到情緒低落，於是從食物中尋找慰藉。其他和Kismet對話後感到失望的孩童，則出現攻擊性行為。Kismet和六歲的愛德華對話，但愛德華聽不懂Kismet在講什麼時，他把一些東西塞進Kismet的嘴裡，包括別針、鉛筆、玩具毛毛蟲，那些都是愛德華在機器人實驗室裡找到的東西。但愛德華從頭到尾都沒有離棄Kismet，他沒有放棄讓Kismet認可的機會。

關於這個實驗，重要的問題不在於故障機器人的潛在危險，我們該問的是：「如果機器人運作良好，那在情感上對孩子有什麼助益？」為什麼我們要為孩子研發機器人伴侶？對孤獨的孩子來說，有了一個會對話的機器人，他就不再沒人理了，機器人可以讓他傾訴心聲。然而，孩子真正需要的，不是一個接納他的無生命體，而是能教導他們了解互動、關懷、同理心的人際關係。

所以，問題不是發生在機器故障以後。即使機器人運作良好，孩子的需求仍未獲得滿足。以機器保母為例，當你必須跟孩子解釋為什麼沒有「人」能做這份工作時，問題已然存在。

把機器當人看待，把人當機器看待

這一切討論讓人看到了諷刺的一點：我們把機器當成真人看待時，也逐漸養成把人當成機器看待的習慣。舉個簡單的例子，我們與人聊天時，有時會暫時從交談中抽離去查看手機，彷彿對著對方按下「暫停鍵」似的。我們和心不在焉的人對話時，感覺好像跟沒有理解能力的機器交談。對方投入不夠多時，你與機器對話似乎也不是多退化的事了。

在一場探討「網路禮儀」的會議上，我和一位科技線記者及兩位「禮儀顧問」專欄作家同台討論。我們對重要問題大致上都有共識，例如家裡用餐時不該發簡訊；餐廳用餐時不該發簡訊；參加孩子的球賽時，不該帶筆電，無論多想帶都不行。

後來，觀眾提出一個問題。一位女士表示，身為職業婦女，她幾乎沒有時間跟朋友交談、通電郵、傳簡訊、聊近況。她坦言：「其實我只有晚上才有時間，也就是下班後、回家前去喬氏超市（Trader Joe's）添購居家用品的時候，超市的收銀員想要聊天，我卻只想滑手機、發簡訊、上臉書。我有權不理他嗎？」那兩位禮儀專家先回答了她的問題，他們的回答差不多：收銀員的存在是為了結帳，她身為顧客，當然有權在對方提供服務時，處理隱私及發簡訊。

我聽到這些答案時，覺得不太舒服。我想起小時候常和祖母去購物，她認識每家店的人，包括烘焙師傅、魚販、水果商、雜貨店老闆。如今，我們都知道超市收銀員的工作可以由機器取代。事實上，附近就有另一家超市使用機器結帳，機器會自動掃過商品的條碼。所以，我在研討會上分享的看法是：在機器取代人力以前，那位收銀員當然可以要求一個人應得的認同與尊重。收銀區的簡短寒暄可能讓他覺得，在這份**可以**被機器取代的工作上，他依然被當人看[339]。

此話一出，顯然不是觀眾和其他的討論者樂於聽見的話。後來我自己檢討大家對那番說法反應冷淡的原因，並發現一個新的對應現象：我們希望從科技中獲得更多，卻希望減少彼此的交流互動。社區超市中以往看似「友善的服務」，如今大家覺得那只是阻礙我們滑手機的舉動。

以前，我們想像有了手機後，隨時都可以跟彼此通話；現在我們希望手機跟我們對話，Siri的電視廣告就是在傳遞這樣的訊息：想像這些新的對話，感受那種對話可能會有的感覺。我們正處於一個充滿誘惑的時刻，準備好接受機器的陪伴，卻對超市寒暄這種簡單對話感到苦惱或麻煩。我們希望科技靠近一點，也希望其他人離遠一點。

大家感到孤獨，卻又害怕親近。機器人似乎就在身旁，觸手可及。**只要忘了親密關係是什麼，我們就已經準備好接納機器人的陪伴了**。孩子沒什麼可遺忘的，他們還是學習何時和機器對話比較恰當。

史蒂芬妮四十歲，是羅德島的房地產經紀人。她有一個十歲的女兒塔拉，塔拉是完美主義者，一向「乖巧」，對任何帶點批評的話都很敏感。最近，塔拉開始跟Siri說話。孩子喜歡跟Siri說話並不令人訝異。Siri的應答有足夠的新意，使孩子覺得好像有人真的在傾聽她說話。如果孩子又害怕他人評斷自己，跟Siri相處也令人安心。所以，在親友面前一向「乖巧」的塔拉向Siri宣洩了她不會對父母或朋友展現的怒氣。史蒂芬妮無意間聽到女兒對著Siri吼叫，她說：「她是對Siri發洩，一開始只是說話，後來開始發火。」

史蒂芬妮不知道這究竟「是不是好事」，但相較於塔拉在現實生活中的對話，「這確實是比較坦率的對談」。這是值得深入探討的議題。塔拉能在Siri面前展露出不輕易示人的情感，那確實是好事。但是，跟Siri對話也使塔拉變得脆弱，她可能以為她的情緒是別人無法回應的。她可能持續堅信，別人想看的是她裝出來的乖巧形象，或是別人只願意接受她的乖巧形象。塔拉不會知道大家也重視她的真實感受，她學到的是：別跟人接觸，日子會比較好過。

如果塔拉只在機器人面前「做自己」，她也許會逐漸認為，只有無生命的物件能包容她的真面目。她現在的做法並不是在「學習」人際相處之道。若要真正學習人際相處，塔拉需要學習信任他人，了解犯錯無妨，勇於和人開誠布公地對話。她與無生命的物件交談，正好往相反地方向發展：走向一個毫無風險也沒有關懷的世界。

自動化心理治療

我們創造出與人類十分相似的機器，這些機器吸引我們對話，接著我們開始覺得機器彷彿可以做人類能辦到的一切事情。這也是麻省理工學院一個研究小組的明確策略，他們正透過「群眾外包」集體ＥＱ的方式，來打造自動化的心理治療師[340]。這是怎麼運作的呢？想像一下，一位年輕人在電腦程式裡輸入簡單的狀況（一到三句話），描述他承受的壓力或痛苦情緒[341]。接著，程式把治療任務分給「眾工」（crowd worker）處理。成為眾工的唯一錄取標準，是具備基礎的英語能力。

這個程式的開發者表示，他們之所以開發這個程式，是因為心理治療的對話很有意義，但是收費高昂，不是每個需要的人都負擔得起。然而，這個系統又是以什麼方式提供對話呢？一位眾工馬上回覆了一句「展現同理心」，另一位眾工則回訊確認那個問題陳述是否扭曲了現實，同時鼓勵他換個方式陳述問題，或重新評估狀況。這些回覆也很簡短，頂多四句話。他們是系統裡的真人，但你無法跟他們當面對談。系統只傳給每位眾工獨立的資訊片段，要他解題。**事實上，程式開發者希望這個運作相當順利的系統，將來可以全面自動化，過程中完全不需要真人介入，連零碎的片段都不需要人為處理。**

這個自動化的心理治療師程式、塔拉與Siri的對話，以及覺得將來會有「更聰明」的Siri取代其工作的心理醫生，這些例子都充分說明了我們的文化現況。他們都欠缺的一個概念是：在心理治療中，對話之所以有療效，是因為病患與治療師培養了關係。在那個關係中，治療師和病患的共通點在於他們都有人生歷練。我們每個人都曾經是小孩，年幼時都需要依賴他人。我們都有成長經歷，面對過感情、生育、工作、人生的抉擇。我們都需要面對失落，思考死亡。我們自問想留給下一代什麼樣的傳承。人生遇到問題時（那些麻煩是人生的必經之路），其他人知道怎麼開導我們。然而，隨著我們與機器討論這些問題的意願愈來愈高，整個文化也開始為人工心理醫生以及小孩對iPhone訴說煩惱的世界預做準備[342]。

我對這種對話提出疑慮時，常聽到以下回應：「如果有人就是喜歡跟機器人對話，有人就是想要不離不棄的朋友，有人就是不想面對分享個人經歷時的尷尬或掏心掏肺的脆弱感，你為何那麼在乎？」但我們為何不反過來問：「為什麼大家不在乎呢？」為什麼大家都不覺得追求那種對話其實是在追求一種幻想呢？為什麼大家都不覺得我們應該獲得更好的對待？難道我們不值得嗎？

我們說服自己，我們不需要更多東西了，有機器就夠了。接著，我們開始想像，人生不再需要擔心遭到批評、不再感到尷尬或脆弱也許是好事。或許機器對話帶給我們的是進步，引領我們邁向更好的生活？或許與這些機器「對話」不僅是聊勝於無，而是真的勝過一切對話？

這些工作沒人做

《連線》雜誌的封面報導〈比人優異〉稱頌機器人在生活的各個領域取代人類的必然性及優勢[343]。該文的前提是：每次有機器取代人類做的事時，人類就可以去做更人性化的事情。該文作者凱文．凱利以「科技烏托邦主義者」自居，但他的主張呼應了這幾十年來我聽到大家談這個主題時的說法。他的主張可分成兩部分：第一，機器人增加我們的關係選項，讓我們更有人性，因為現在我們可以跟這種新「物種」交流了。第二，無論機器人取代什麼角色，那本來就不是「非人莫屬」的工作。**久而久之，那也延伸到對話、陪伴、照護等角色**[344]。於是，我們開始從科技無法做的事來重新定義人類。然而，誠如艾倫．圖靈（Alan Turing）所說，電腦對話是一種「模仿遊戲」[345]。當電腦能讓我們誤以為它們是人類時，電腦即具有智能，但即便如此，那不表示它們就是人類。

我在全球頂尖的科技和工程機構任職，這表示多年來我周圍一些最聰明的同仁和學生研究過機器對話與機器伴侶的問題[346]。我有一個學生以他兩歲女兒的聲音作為機器娃娃 My Real Baby 的聲音。那款機器娃娃號稱反應靈敏，可以教小孩社交技巧。最近，另一位學生開發出一種人工對話夥伴，你可以跟它練習面試技巧。

在麻省理工學院裡，研究者想像社交機器人在改良過後可以當老師、家庭助手、孤獨者的好友。他們想像的孤獨者不分老少，但以老年人為主[347]，因為老年人對機器人的需求顯而易見。機器人專家解釋，因人口結構問題，「這些工作沒人做」。

人口趨勢很明顯：老人太多，照顧他們的年輕人則不夠多。機器人專家說，這是他們需要開發「照護機器」的原因[348]。

持平而論，不是只有機器人專家抱持這樣的觀點。過去二十年來，我一直在研究社交機器人，這段期間我持續聽到「這些工作沒人做」的說法，而且那些人都不任職於機器人領域，包括木匠、律師、醫生、水電工、老師、辦公室的上班族。他們這樣說時，通常想表達的是，有時間去做「這些工作」的人，並非合適的人才。那些人可能人會偷竊、不稱職，或甚至有虐待傾向，改用機器的風險比較小。他們可能會說：「我寧可讓機器人來照顧我媽，也不想找高中輟學生來照顧她，我知道那些療養院都雇用什麼樣的人。」或者說：「我寧可讓機器人來照顧我的孩子，也不要讓某些日托中心裡的青少年來帶孩子，那些青少年連自己在做什麼都搞不清楚。」

所以當我們談到機器對話時，究竟在談論些什麼？我們談的是對彼此的恐懼、對彼此的失望。我們缺乏社群感、缺乏時間。他們的言談從「對療養院雇用的高中輟學生有所疑慮」直接跳到「幻想機器人及時出現，以便照顧自己」。我不禁再次強調，我們正處於「機器人時刻」，但不是因為機器人已經完備了，而是因為我們亟欲依賴它們。

一位十六歲的少女思考了與機器人為友是什麼情況，她說那不適合自己，但她覺得她可以理解部分的吸引力。

有些人努力結交朋友，但四處碰壁，最後只好放棄。所以，當他們得知機器人可以作為伴侶時，他們知道它不會像人類一樣有自己的思維，不會轉身離開或棄你而去。

> 就情感上來說，你不用擔心機器人劈腿，因為它是機器人，它的設計就是永遠跟你在一起。所以，如果有人聽到這個點子，而且以前談戀愛時常遭到劈腿或被甩，他們可能會乾脆選擇和機器人交往，因為他們知道那不會遇到什麼壞事。

如今我們已經把這個概念傳給了下一代：機器人可以提供無風險的人際關係，與機器人交友或交往「不會遇到壞事」。不過，質疑機器人伴侶所帶來的簡單救贖是有助益的。我們肯定會遇到的第一個問題是：我們與機器人共處的時光，會讓我們無法與彼此共處，或是犧牲與孩子或自己相處的時間。

第二個問題是：可隨時對話的機器夥伴雖然讓人不再感到孤獨，但我們是獨自投入一種「模擬」對話的活動[349]。如果熟能生巧是真的，我們遺忘了真實對話的樣子，也忘了真實對話為何重要，那會是什麼狀況？這也是我那麼擔心「群眾外包」心理治療師的原因。發明者認為那是朝向更自動化的替身發展，將來可以取代真正的治療師，所以毫無顧慮地使用「治療師」或「對話」來描述那個機器的功用。

智慧型玩具：對模擬情境的脆弱

一九七〇年代末期，我開始研究電腦與人的關係時，是先從兒童著手。那時第一代的電子玩具和電玩開始量產上市，個個標榜具備智能。在孩子的眼中，這種新玩具跟人一樣有智慧，但孩子覺得人比電腦多了情感。人類之所以特別，是因為有感情[350]。

一位十二歲的孩子說：「電腦跟人類一樣聰明時，可以做很多工作，但有些事還是只能靠人類自己來。他們開餐廳、品嚐食物、彼此相愛、組成家庭。我想，以後也只有人類會持續上教堂。」事實上，一九八〇年代中期到一九九〇年代初期，各年齡層的人都提出類似看法：**模擬思維也許是思維，但模擬情感並非情感，模擬的愛也絕非真愛。**

後來，一九九〇年代末期突然出現了巨變，電腦產品開始標榜它們具有情感。電子雞、菲比精靈（Furby）、AIBO電子狗之類的電子寵物以玩伴自居，要求人類照顧，煞有介事。對照顧它們的孩子來說，它們確實很重要。人類先天就會照顧自己喜愛的東西，也會去喜愛自己照顧的東西。

沒想到養寵物遊戲真的是「殺手級應用」。我們一旦開始照顧電子寵物，或是負責調教或逗弄它，就會開始產生感情，到最後「彷彿」電子寵物也會反過來關心我們似的。

孩子愈來愈相信社交機器人是有情感的，他們不再覺得人類情感具有獨特性。我採訪過許多成年人，他們提到孩子對這種模擬關係的依戀：「那想法挺可愛的，長大以後就不會那樣想了。」但孩子也同樣可能在長大後依然那樣想（事實上非常有可能），甚至長大後愈來愈沉迷。

孩子把機器視為知己時，他們學到什麼？一位十五歲的男孩說，每個人所知有限，受到人生閱歷的限制，但「機器人可以透過程式設計，擁有無限多種故事」。所以他覺得，機器人作為知己時，是以專業知識取勝。此外，機器人也明顯贏在可靠性。這個男孩的父母已經離異，他以前在家經常目睹雙親爭吵。他指出，人有「風險」，機器人很「安全」，它們能提供情感上的穩定，那個穩定性源自於它們沒有情感。

人工導師

套用閔斯基學生的說法，如今我們想打造的機器，不是讓人想要**沉浸其中**，而是讓人想要**一起生活**。

十七歲的湯瑪斯說，從年紀很小開始，他就習慣以電玩作為情感慰藉、「心靈寄託」。湯瑪斯八歲時從摩洛哥移居美國，當時父親仍留在摩洛哥。現在他和母親及姊姊住在一個小鎮裡，離他就讀的郊區私校有一小時的車程。他的家人住在世界各地，彼此透過電郵和簡訊工具聯繫。他與母親的關係不太親密，母親兼了好幾份工作，他說他不想讓母親為他的煩惱操心。現在他遇到任何困擾時，電玩裡的人物會給他具體的建議。

湯瑪斯舉例說明那是怎麼運作的。學校有個朋友給了他一張價值不菲的蒐藏卡，但那張卡是偷來的。湯瑪斯很想把它收下來，但他想到電玩裡有個角色也收到了偷來的贓物。

湯瑪斯說，在那個遊戲裡，那個角色把贓物歸還原主了，所以他也那樣做。「那個角色做了正確的選擇，歸還東西，最後的結果是好的，所以我心想：『喔，那很棒，我也應該物歸原主』。」

在電玩角色的啟發下，湯瑪斯把那張偷來的蒐藏卡歸還給失主。遊戲幫他做出正確的選擇，但是他沒有機會說明真相，也不知道該怎麼和那兩個同學相處。那個偷東西的同學顯然沒有承擔任何後果，那個被偷蒐藏卡的同學覺得湯瑪斯是小偷。湯瑪斯說，他在學校時，感覺像「周遭都是叛徒」。那種感覺很糟，跟其他人傾訴也許會好一些。但湯瑪斯覺得他短期內應該不會找人傾訴。事實上，他覺得他愈來愈依賴機器的陪伴和建議。我聽他這麼說時，感覺我似乎漏聽了什麼？他怎麼會突然直接跳到人工友誼了？湯瑪斯解釋：玩線上遊戲時，有時他難以區分真人和程式。

湯瑪斯最喜歡的電玩裡有很多「非玩家角色」，那是程式設計出來的代理人，目的是在電玩中扮演人類。這些角色可能很重要，它們可以救你的命，有時為了讓遊戲繼續進行，你也必須拯救它們的性命。但每隔一段時間，遊戲設計者就會把電玩裡的世界搞得天翻地覆：程式設計師會操縱他們自己創造出來的角色。「所以有時你遇到的角色只是程式，但隔天又變成真人了……因此你根本分不清楚機器人和真人。」

我們剛碰面時，湯瑪斯才剛遇到把程式誤認為真人的經驗，令他印象深刻。他不禁思考，如果「真正的機器人程式」（亦即電腦程式扮演的角色）想跟他當朋友，他有什麼感覺？他無法提出任何反對意見。他說：「如果那個機器人程式真的問我問題，表現得跟真人一樣，我會把它當成朋友。」

在圖靈的「模仿遊戲」裡，一稱得上具備智能的電腦，必須在跟人類溝通的過程中（透過鍵盤或電傳打字機），讓人分辨不出那些文字背後究竟是機器、還是真人。圖靈主要透過行為測試，看機器有沒有足夠的人性。湯瑪斯就活在這種行為主義者的世界裡，他有一種測試友誼的「湯瑪斯測驗」。想要當湯瑪斯的朋友，你必須**表現**得像朋友，像個「自然人」。

因為湯瑪斯清楚表示：他願意把「友誼表現」視為真正的友情。他告訴我，如果有個機器人問他：「你好嗎？現在感覺如何？你在想什麼？」，他會回答。從這裡，湯瑪斯開始幻想這個機器朋友最好有哪些人格特質。他說，這個機器朋友會很誠實，不像學校那些跟他合不來的孩子那樣。機器朋友會陪伴他，但不會給他壓力，也不會逼他做棘手的道德選擇。他說，那個前景似乎「令人放鬆」。

這就是「機器人時刻」。對一個曾經和小惡霸當朋友的十七歲少年來說，他覺得這個時刻「令人放鬆」。湯瑪斯之所以把程式當成知己，是因為他已經大幅降低他對交談的要求，他願意接受電玩提供的東西：**展演**出誠實及夥伴關懷。

另外，還有一個問題：我們對「資訊」究竟有多重視？二〇〇〇年代，很多高中生已經覺得，跟電腦程式討論感情煩惱比跟父母討論更好[351]。他們解釋，電腦程式有較大的資料庫可以參考。然而，提供感情方面的意見，需要了解對方的感受。所以，你跟父親聊女孩子的問題，可能是討論同理心與道德行為的機會。即使父親給你的意見不實用，你或許還是可以從那次交談中學到一些東西，使下次的戀情更加順遂。

你讓機器負責交友對話，那也表示你沒有機會進行更廣泛的對話。我們覺得機器可以幫我們對話時，會更加覺得人與人之間的對話不重要，因為人與人的對話無法提供機器給的資訊。

我聽過成年人和青少年談到「建議機器」很可靠，不會出錯。那些機器使用了大量的資料及驗證可行的演算法。當我們把人生視為可以用演算法分析的東西，把機器的建議視為金玉良言時，我們會覺得跟偶爾犯錯的人類交流很沒有安全感。

我聽年輕人說找機器討論問題比找父母好時，我感受到的是孩子對父母的失望。父母不太參與孩子的成長時，孩子更難以與人相處。家長遁入手機的世界時，似乎抒解了他們忽略孩子成長的焦慮感。在這個新世界裡，再加入照護機器人這種角色，似乎也沒什麼大不了的，甚至還像是一種解決方案。機器人之所以對這些心不在焉的父母有吸引力，是因為他們早就不太參與孩子的成長了；機器人之所以吸引孤獨的孩子，是因為它們可以一直陪在他們身邊。

孩子在童年與青少年時期最重要的任務，是學習對他人產生感情和信任。那是透過關注、陪伴與對話學習的。當我們想把孩子交給機器人照顧時，也忘了孩子真正需要了解的是，大人永遠是他們的穩定依靠。

從「聊勝於無」轉為「勝過一切」

對孩子來說，親密關係和情感表達是同一回事[352]。孩子和成人對話時，他們逐漸了解聲音變化、臉部表情、肢體動作是怎樣融合在一起的，他們也學到人類情感是如何層層推疊的，一切流暢自然。

孩子需要了解複雜的人類情感與矛盾情緒是什麼樣子，他們也需要他人來回應他們的複雜情緒表達。在孩子成長的過程中，我們透過對話給予他們這些珍貴的東西，那是機器人無法教導的。

我們思考孩子花大量的時間跟機器交談、看著機器人的面容、信賴機器人的照護時，同時也忘了這些珍貴的東西。面對如此敏感脆弱的事物，為什麼我們卻如此輕忽隨便，肆意妄為？

然而，我們確實是如此。這是社會整體進程的一環，我稱之為「從聊勝於無轉為勝過一切」。一開始我們覺得無可奈何，認為機器人的陪伴聊勝於無，畢竟「沒有人做這些工作」。接著，我們開始頌揚模擬產品的種種可能。到最後我們開始覺得，人工產品提供的服務可能真的勝過人類可提供的一切。畢竟，幼教人員可能虐待孩子，護士或本意善良的母親可能犯錯，孩子說AIBO電子狗之類的電子寵物永遠不會生病，而且當你想關注其他的事物時，還可以把它們關掉。更重要的是，它們永遠不會死。成年人也有同感，一位年長的女性表示，機器狗「不會突然死掉，丟下你一人傷心難過」。

在這個全新的連結文化中，我們感到孤獨，卻又對親密關係感到恐懼。與人工產品「對話」的幻想，解決了這個矛盾。它們提供陪伴的幻覺，又不需要我們為友誼付出。它們讓我們想像一種無阻力的友誼，我們對那種友誼握有掌控權，或許那「掌控」還包含字面意義。

前面提到，新的連結科技之所以如此誘人，是因為它們滿足了我們的幻想與願望——隨時有人傾聽我們的心聲、注意力可以放在任何地方、永遠不再感到孤單。當然，它們也滿足了第四種不言而喻的幻想——永遠不再感到無聊。

一般人表達這些幻想時，往往沒有意識到，他們是在描述自己和機器人的關係。機器人永遠把注意力放在你身上，即使你把注意力轉到別處，它也不以為意。你為了傳簡訊或接聽電話而打斷你和機器的對話時，它更不可能介意。而且，它永遠不會拋棄你，雖然它是否打從一開始就真的陪在你身邊，這點還有待商榷。至於無聊，它會盡力讓你忘了無聊是怎麼一回事。

如果我們跟塔拉一樣，擔心現實中的親友可能不願接受我們的真面目或真實感受，而只跟機器傾訴失落與挫敗感，友誼的意義也會隨之改變。所謂的友誼，可能只是你閒聊瑣碎事物的對象，你擔心講嚴肅的話題可能令人疲憊。如此一來，以後再也不會有嚴肅對話了，因為機器人也不會理解。

然而，許多人告訴我，他們希望不久的將來，更先進的Siri可以跟知己一樣，在沒人願意聆聽我們時，傾聽我們的心聲。我覺得這種願望反映了我從多年研究中發現的一個難過事實：「沒有人傾聽我的心聲」影響了我們和科技的關係，所以在臉書或推特上開帳號才會那麼誘人，因為有那麼多追蹤者聽你發言。那種「沒人傾聽我心聲」的感覺，使我們想要跟看似關心我們的機器相處。我們願意接收機器透過介面所展演的關懷與對話。

機器人專家展示人類與社交機器人開心互動的影片時[353]，他們想讓大家看到的是那些歡樂時刻，那彷彿是在宣告一場小小的勝利：我們成功了！我們終於讓人類開心地和機器對話了！**但在這種實驗中，人類成了「再造的」實驗物件**。我們正在學習如何認真看待自己和機器之間的模擬對話，那些「展演性」對話也開始改變我們對對話的認知。

我們正在演練新的東西，但改變的對象是我們自己。我們喜歡改變後的自己嗎？我們真的想讓自己更擅長那種「展演性」的對話嗎？

變成旁觀者

在研究的過程中，我遇到一個特殊的機器人時刻，令我終身難忘，因為那一刻徹底改變了我的想法。

那時我常把專為老人設計的機器伴侶帶去養老院，或帶去獨居老人的家中。我想探索各種可能性。某天，我看到一位失去孩子的老婦人對著小海豹模樣的機器人聊天。那隻小海豹似乎凝視著她的眼睛，好像真的聽得懂對話似的，為她帶來了慰藉。研究團隊的許多同仁和養老院的工作人員都覺得那個實例很驚人。

那位老婦人想透過一台演技精湛的機器，傳達喪子的失落感。我們都很脆弱，即使別人裝出同理的樣子，我們也會覺得自己受到安慰。但機器人沒有同理心，它們不會面對死亡，也不懂人生。所以，這位老婦人從機器伴侶獲得安慰時，我並不覺得那是多麼美好的事，我只覺得我們拋棄了這個女人。當時，我投入社交機器人研究已經十五年了，那個場景是那段研究生涯中，最令我痛心的一刻。

對我來說，那是一個轉捩點：我感受到工作同仁、養老院的員工和護理人員的熱情。現場有那麼多人可以幫忙，但我們都默默退到幕後。整個房間裡都是旁觀者，大家只希望那位老人可以跟機器建立關係。我們似乎都把自己最擅長的事情——理解彼此、相互關照——外包出去了。

那天在養老院裡，我為我們放任自己束手旁觀、讓一個什麼都不懂的機器來取代我們而擔憂。那天，機器人的表現亮眼，但也襯托出我們的無能，並反映出老人試圖講述人生故事時，我們看待老人的方式。這幾十年來，每次討論到老人和機器人的互動概念時，大家關注的焦點都是老人是否願意和機器人對話？機器人能否促進他們表達？機器人是否有足夠的說服力讓老人敞開心房？

然而，關於人生時刻的思考，我們不該只是側重於「老人應該多訴說」，**年輕人也應該**

多傾聽，這是世代之間的契約。有人曾經告訴我，某些古老文化裡有一種說法：年輕人行為失當時，那表示「沒有人告訴他們過去的故事」。我們把無法做到聆聽的機器人推崇為最佳聽眾時，那表示我們對老年人分享的事物毫無興趣。我們打造出來的機器，注定讓人類故事的傳承就此失落。

機器人能夠協助老人做很多美好的事，那些事使機器人形同人類的救兵。機器人可以幫老人、病人或足不出戶的人拿取高處的罐頭或衣物，使他們的生活更獨立自主；機器人可以幫手抖的人烹飪食物；機器人可以把站不穩的人扶回床上；機器人可以幫忙尋找不知去向的眼鏡，這些事似乎對我們有很大的助益。有些人主張，讓機器人跟老人聊天無疑也有助益。然而，在這一點上，我認為我們需要更仔細考慮人類在對話和情感關懷上的獨特性。

社交機器人是一種喚起記憶的物體，它使我們反思自己以及價值觀。關於第四把椅子，我們思考的天性包括我們的本性以及我們打造出來的第二天性。我們與機器的對話帶出了第四個問題：這種互動沒有共同的人生經歷作為基礎，也對人類意義的傳承沒有貢獻（甚至可能貶低了人類的價值），它的存在有什麼價值？這個問題沒有現成的答案，但這是值得提出及反覆思索的問題。

一旦我們認真思考機器伴侶的概念，這種對話將難以展開；一旦我們把機器陪伴視為新的常態，這種對話將開始消失。

如今大家抱持的研究前提是「讓機器人來做，聊勝於無」，這樣的假設是有瑕疵的。遇到照護和陪伴的問題，卻想要透過機器人解決問題時，你可能再也不會想要請朋友、家人或社群來幫你解決了。

機器人的模擬自我喚起使用者的模擬自我，這對孩子的成長毫無助益，也對想要過踏實生活的成人沒有幫助。

有些人說，機器人正適合那些想要了解生命意義的老人，但那種說法未免太小看老人的價值。我們應該給予老人機會，讓他們跟想了解人生的人，分享那些充滿失落與愛的人生歷練。

尋找自我

我們已經準備好進行這種對話了，有時我會擔心這種對話可能一直不會出現。

本書研究接近尾聲時，我參加了一場大型國際會議，其中有個研討會的主題是「斷線以便相連」。在場的心理學家、科學家、科技專家和商業人士一起討論數位時代的感情生活。大家普遍認同年輕人有同理心落差，他們在成長過程中，隨時連上手機、遊戲、社群媒體，但情感上卻是失聯的。現場也熱烈討論科技如何幫忙改善這個問題。以後會出現「同理心App」，指導缺乏同理心的人學習包容與體諒[354]；以後也會出現鼓勵合作而非以暴力解決問題的電玩遊戲。

總之，大家覺得我們的科技運用出了問題，但科技也可以幫我們擺脫困境，每個人都認為科技就是救兵。以前我們幻想機器人可以避免我們身體受傷，如今我們幻想App會照顧我們的情緒。萬一我們對彼此冷漠，App可以溫暖我們的心靈；萬一我們忘了如何聆聽彼此，App會教我們更用心。但是，指望科技來修補同理心落差，似乎很諷刺。畢竟，當初要不是因為那些科技，根本不會出現這些問題。

我說過，打造App可能比對話來得容易。每次我想到有些父母寧可趁著用餐時間處理電郵，也不想跟孩子對話，我就很難相信科技能修復科技造成的情感疏離。沒錯，我們發展科技時，應該把人性弱點納入考量，例如開發出放過我們、而不是綁住我們的手機。但是，為了修補同理心落差，我覺得解方應該是看人類能做什麼，而不是看科技能做什麼。我想到某些父母為了重新啟動親子對話，在家裡實驗「神聖空間」或「科技休息時間」；我也想到某些大學生和執行長刻意把手機收起來，以便專注在朋友或同事身上；我想到近來流行的冥想讓人專注在當下，探索內心世界。我們給自己時間自省時，會更重視我們能夠給予他人什麼。

現在這個時機正好。我們和一種看似神奇的科技，走過了一番轟轟烈烈的愛戀。這種科技就像精彩的魔術一樣，吸引我們的關注，但只讓我們看到魔術師希望讓我們看見的東西。現在我們已經準備好挽回注意力，以便獨處、關心友誼、關注社會。

照護機器挑戰了我們對「相互扶持」這個基本概念的看法。同理心App聲稱它們可以幫我們恢復人性。這些提案可能帶領我們走向遺忘之旅的終點：現在我們應該自問，當我們把最人性化的工作拱手讓給機器時，我們真的變得更有人性了嗎？我們應該重新思考這種凡事都想委任機器的想法。現在不是排拒科技的時刻，而是尋找自我的時刻。

這是我們的關鍵時刻，也是採取行動的時刻：坦承那些誘人科技帶來了始料未及的後果，正視我們始終擁有的復原力。我們還有時間修正這一切，記得我們是誰——歷史的產物、擁有深刻心靈且需要複雜親密關係的生物，同時也是能真誠地面對面暢談的人類。

ACKNOW.

謝辭

在這本書裡，我研究的是我覺得正悄悄消逝的東西——某種面對面的交談，即興的開放性對話。那種對話需要時間。唯有研究那種對話是什麼，才知道我們失去了什麼。所以為了探索消失的對話，我詢問大家交談的內容、交談的對象、交談的感受。在回答這些問題時，很多人拿出筆電或掏出手機來讓我看他們最近的交流。但是，我說我也想跟他們面談時，他們都很驚訝。我的對話主張是以面對面的交流為基礎，很多人坦言那種對話通常不太容易，所以當他們願意接受我的訪問，讓我格外感激。

在這項研究中，我很幸運獲得兩位研究同仁多年來的協助。艾米麗·卡琳（Emily Carlin）協助我訪問學生及年輕人，而艾麗卡·凱斯文（Erica Keswin）則協助訪談商業人士。我的論證框架在這些訪談過程中逐漸成形，訪談的內容也為研究結論的詮釋提供豐厚的資料。

此外，卡琳作為這個案子的研究助理，不僅拓展了我的閱讀領域，也是我最好的對話夥伴。凱莉．葛雷（Kelly Gray）也是這個研究團隊的成員，從二〇〇一年我創立ＭＩＴ科技與自我計畫（MIT Initiative on Technology and Self）以來，葛雷的品味與過人點子就是持續支持我了解事情及思考的力量。葛雷為那個計畫所衍生的每一本著作都貢獻良多，這是我們合作的第六本作品。

我還要感謝以下諸位：謝謝Katinka Matson、Susan Pollak、Nancy Rosenblum、Merilyn Salomon、Natasha Schull、Susan Silbey、Daniel Stern、Susan Stern促成這個專案；謝謝Mel Blake、Rogers Brubaker、Jackson Davidow、Amira Eltony、Emily Grandjean、Alice Kurtz、Herb Lin、Nelly Mensah、Chris Meyer、Stan Rogow、Benjamin Sherman、Elizabeth Thys、Rodanthi Vardouli、Theodora Vardouli在撰寫這本書的過程中所提供的實用建議；與Richard Giglio及Diane Hessan的對話給了我許多啟發；謝謝Jean Rhodes不僅大方協助這個案子，還提供很多新點子；與Paul Reitter的對話是最棒的學術交流，每次都讓我獲得新的想法與靈感！謝謝阿茲•安薩里跟我分享數位時代的愛情觀；謝謝路易ＣＫ授權我引用他對獨處、同理心、手機的看法；謝謝Judith Spitzer和Randyn Miller提供令人安心的行政支援，那是每位作者都夢寐以求的協助。此外，我想感謝細心的Spitzer女士，我把一些遍尋不著的引述記在黃色便條紙上，她都逐一幫我找出來了。企鵝出版社的編輯Virginia Smith為這本書的初稿寫了一封回信，我對此充滿感激，那封信為接下來的修改方向提供了明確的指引。企鵝出版社的Veronica Windholz為這本書的手稿所寫下的評論，也是一份珍貴的禮物。感謝Andrew Chen和Leslie Fang醫生努力幫我治療偏頭痛，讓我能夠堅持完成這部作品。

我的女兒蕾貝卡以編輯的嚴厲眼光閱讀初稿，並提出許多建設性的意見。後來，她也讀了定稿，以更高的標準要求我。能夠養育出這樣一位可愛的女兒兼大膽的編輯，我深感欣慰。

麻省理工學院以及我在科學、科技與社會系（ＳＴＳ）的辦公室，為這項專案提供了美好的研究環境。我在ＳＴＳ開了「科技與對話」研討課，班上學生在我構思這本書時，給了我不少意見。我要謝謝那個班級的同學，以及二〇一〇年至二〇一五年包容我不斷提起這個主題的所有學生，希望他們能看到我很認真地看待他們的想法。

做這項研究時，每天我都對一種諷刺現象特別有感：我正在寫一本有關逃避對話的書，但這本書同時也讓我體驗到這輩子最難忘的一些對話。

雪莉・特克

二〇一五年五月，於波士頓

Encourage Social Interaction Among the Elderly," *Proceedings of the 2006 IEEE International Conference on Robotics and Automation* (2006): 3972–76。

349.我在這個情境中使用「模擬」這個詞，是本著海倫．朵伊契（Helene Deutsch）研究「彷彿人格」的精神：Helene Deutsch, "Some Forms of Emotional Disturbance and their Relationship to Schizophrenia," *Psychoanalytic Quarterly* 11 (1962): 301–21。

350.關於我對運算物件、活躍性問題、以及人類之所以「特別」的早期研究，請見著作 *The Second Self*。
我研究第二代運算物件時，仍持續研究活躍性，研究結果請見拙著《虛擬化身：網路世代的身分認同》。我的探究側重於兒童的推理，而不是他們的答案，那是受到以下資訊的啟發：Jean Piaget, *The Child's Conception of the World*, Jean Tomlinson and Andrew Tomlinson, trans. (Totowa, NJ: Littlefield, Adams, 1960)。

351.雪莉．特克，《在一起孤獨》。

352.孩子從嬰兒時期開始，就從照護者的臉上獲得情緒反饋，因此得以穩健發展。嬰兒研究指出，嬰兒遇到「面無表情」的沉默母親時，他們會變得焦慮不安，並想盡辦法爭取母親的投入。當他們怎麼做都毫無效果時，他們會變得孤僻、沮喪、尖叫，身體姿勢失控。沉默的母親是病態的母親，也容易導致孩子異常發展。參見 Edward Tronick, Heidelise Als, Lauren Adamson, et al., "The Infant's Response to Entrapment Between Contradictory Messages in Face-to-Face Interaction," *Journal of the American Academy of Child Psychiatry* 17, no. 1 (1978): 1–113, doi:10.1016/S0002-7138(09)62273-1。亦見 Lauren B. Adamson and Janet E. Frick, "The Still Face: A History of a Shared Experimental Paradigm," Infancy 4, no. 4 (October 1, 2003): 451–73, doi:10.1207/S15327078IN0404_01. For a video of the phenomenon, see "Still Face Experiment: Dr. Edward Tronick," YouTube video, posted by "UMass Boston," November 30, 2009, https://www.youtube.com/watch?v=apzXGEbZht0。

353.一個經典的 Kismet 互動影片是 "Kismet and Rich," MIT AI video, http://www.ai.mit.edu/projects/sociable/movies/kismet-and-rich.mov.

354.例如，參見威斯康辛大學理查．戴維森（Richard J. Davidson）的研究，他在蓋茲基金會的支持下，正在開發掌上遊戲以教導多種技能，包括注意力、同理心等等。關於這項研究的公告，請見 Jill Sakai, "Educational Games to Train Middle Schoolers' Attention, Empathy," *University of Wisconsin-Madison News*, May 21, 2012, http://www.news.wisc.edu/20704.。關於中心的研究，參見 http://www.investigatinghealthyminds.org/cihmProjMeditation.html。正念訓練是課程的一大部分。

2014)。

343. Kevin Kelly, "Better than Human: Why Robots Will—and Must—Take Our Jobs," Wired, December 24, 2012, http://www.wired.com/2012/12/ff-robots-will-take-our-jobs/all.

344. 資工專家大衛．李維認為，我們甚至應該讓機器人有機會成為我們的配偶。參見*Love and Sex with Robots: The Evolution of Human-Robot Relationships* (New York: HarperCollins, 2007)。在日益增加的「簡單救贖」文學作品中，《和機器人的愛與性》（*Love and Sex with* Robots）是我個人最喜歡的作品，因為那本書是獻給一個名叫安東尼的駭客。我在1984年的第二本著作《電腦革命》（*The Second Self: Computers and the Human Spirit*）中，以安東尼作為個案研究的對象。李維認為安東尼是孤獨的，而且有點孤立。他覺得安東尼應該會想要一個機器人當情人，因為他難以和真人談戀愛。我讀安東尼的故事時，覺得他渴望一段感情，他難以因應的是這個世界，但他仍想要處在這個世界裡。在我看來，李維搞錯了重點，他太急於用機器人來幫安東尼解決「問題」了。李維建議以機器來取代真人，而不是增加人的潛力。

    我覺得，李維的著作《和機器人的愛與性》彷彿是凱文．凱利那篇《連線》雜誌封面報導的伴讀手冊。對李維來說，以機器人當情人對安東尼不會造成任何損失。根據凱利那篇文章，如果安東尼以機器人來做一項工作，那麼根據定義，那項工作就不見得要由人來做。

345. Alan Turing, "Computing Machinery and Intelligence," *Mind* 59 (1950): 433–60.

346. 對於大家如此大方地分享研究、機器人和想法，我要特別感謝以下幾位同仁：Lijin Aryananda, Rodney Brooks, Cynthia Breazeal, Aaron Edsinger, Cory Kidd, and Brian Scasellati。

347. 關於以機器人取代服務工作者的經濟利益，目前仍有爭議。參見Zeynep Tufecki, "Failing the Third Machine Age," The Message, Medium, 2014, https://medium.com/message/failing-the-third-machine-age-1883e647ba74。

348. 參見Timothy W. Bickmore and Rosalind W. Picard, "Towards Caring Machines," in *CHI 04 Extended Abstracts on Human Factors and Computer Systems* (New York: ACM Press, 2004).

    我研究了那個外型是小海豹模樣的機器人「帕羅」（Paro）。帕羅的設計是為了陪伴老人。帕羅的宣傳影片顯示，老人（不分男女）與帕羅一起居住，跟它一起吃早餐、看電視、上超市、外出吃飯。訪問這些老人與帕羅一起生活的心得時，他們都說很高興有它的陪伴，說它比真的寵物更容易照顧，有一隻不會死的寵物令他們感到放心。參見帕羅的網站：www.parorobots.com。關於帕羅，參見Sherry Turkle, William Taggart, Cory D. Kidd, et al., "Relational Artifacts with Children and Elders: The Complexities of Cybercompanionship," *Connection Science* 28, no. 4 (2006): 347–61, doi:10.1080/09540090600868912。亦見Cory D. Kidd, William Taggart, and Sherry Turkle, "A Sociable Robot to

Emotional Intelligence."

341. 三句話的限制，是我們因技術限制而簡化對話，接著又把簡化對話塑造成一種特色、而非缺陷的例子。自動化心理治療專案的研究者說：「限制文字輸入頂多三句，可以幫用戶劃分壓力源。此外，較短的文字輸入也比較容易閱讀，對線上工作人員來說更容易處理。」來源同上。

342. 這種情況正在發生，因為愈來愈少人要求做對話治療，也愈來愈少專業人士提議做對話治療。此外，我們的文化預期治療師提供的服務也變了。以前我們預期治療師會想要了解我們的家庭、出生背景、生活情況的細節。現在，如果藥物能讓我們感覺更好，我們就心滿意足了。此外，我們通常是透過電話或Skype向專業人士諮詢。當然，這些都有它存在的意義，它們有時很有效，往往也有必要。參見Gardiner Harris, "Talk Doesn't Pay, So Psychiatry Turns Instead to Drug Therapy," *New York Times*, March 5, 2011, http://www.nytimes.com/2011/03/06/health/policy/06doctors.html?ref=health。賓州大學研究員史蒂文・馬庫斯（Steven C. Marcus）記錄了近年來心理治療的衰退，參見Steven C. Marcus and Mark Olfson, "National Trends in the Treatment for Depression from 1998 to 2007," *Archives of General Psychology* 67, no. 12 (2010): 1265–73, doi:10.1001/archgenpsychiatry.2010.151。亦見Mark Olfson and Steven C. Marcus, "National Trends in Outpatient Psychotherapy," *American Journal of Psychiatry* 167, no. 12 (2010): 1456–63, doi:10.1176/appi.ajp.2010.10040570。

但我們熱中追求新發展的同時，便利變成了習慣。我們早已忘記面對面接觸的力量。在英國受訓、目前在美國工作的精神分析師吉莉安・艾薩克・羅素（Gillian Isaacs Russell）採用電腦輔助的精神分析治療，並為中國、英國、中美洲的患者進行遠距治療。她寫到這些經歷：「三年多來，我與一小群在中國做精神分析治療的同行開會。最初我們開會討論如何因應跨文化的領域，但後來我們日益發現，我們擔心的是電腦媒介本身的局限性。」她的工作為現場接觸的重要，提出了強而有力的支持論據；對於有些人相信精神分析透過網路進行和面對面的效果一樣，她的工作也提出了強而有力的反證。Gillian Isaacs Russell, *Screen Relations: The Limits of Computer-Mediated Psychoanalysis* (London: Karnac Books, 2015)。

很多東西在網路上難以轉化傳達，例如身體體驗是治療體驗的一部分。患者全心全意接受治療，治療師也是全心全意投入治療。所以治療師說，他們聆聽病患的說法時，可能對病人的話產生身體體驗。他們可能感到睏倦、頭痛、腰酸、噁心。那種身體體驗是「反移情作用」的一部分，那種反應一再顯示身心之間是相連的。在分析導向的治療中，治療師認為他的工作是把這些身體感覺再訴諸為文字：那是一種詮釋、一種干預，希望以一種對病人有用的方式來重新建構發生的事情。關於這點，參見Patrick Miller, *Driving Soma: A Transformational Process in the Analytic Encounter* (London: Karnac Books,

除系統限制），參見Rob Morris and Rosalind Picard, "Crowdsourcing Collective Emotional Intelligence," *Proceedings of CI* 2012, http://www.robertrmorris.org/pdfs/Morris_Picard_CI2012.pdf。關於第一個有志成為社交與情感伴侶的機器人，請關注辛西婭・佈雷齊爾（Cynthia Breazeal）所研發的Jibo，佈雷齊爾是全球頂尖的社交機器人研究者。http://www.myjibo.com。.

330. 更多有關「機器人時刻」的討論，參見《在一起孤獨》。

331. 維森鮑姆探討ELIZA的原始論文是1966年發表的：Joseph Weizenbaum, "ELIZA: A Computer Program for the Study of Natural Language Communication Between Man and Machine," *Communications of the ACM* 9, no. 1 (January 1966): 36–45。十年後，他的著作《電腦威力和人類理性》（*Computer Power and Human Reason: From Judgment to Calculation*）深刻批判了人工智慧。ELIZA的經驗使他對人工智慧產生了戒心。

332. 若要概略了解這個領域中兩位領導者的社交機器人，參見Rodney Brooks, *Flesh and Machines: How Robots Will Change Us (New York:* Pantheon, 2002), and Cynthia Breazeal, *Designing Sociable Robots* (Cambridge, MA: The MIT Press, 2002)。

333. 例如，參見人與機器人Kismet的互動：MIT CSAI, "Kismet and Rich," MIT AI video, http://www.ai.mit.edu/projects/sociable/movies/kismet-and-rich.mov。

334. Anthony DeCasper, "Of Human Bonding: Newborns Prefer Their Mothers' Voices," *Science* 208, no. 4448 (1980): 1174–76, doi: 10.1126/science.7375928.

335. 茱迪斯・舒萊維茨（Judith Shulevitz）彙集了許多有關「人類難以辨識機器話語」的事實，包括這裡的例子。參見Judith Shulevitz, "Siri, You're Messing Up a Generation of Children," *New Republic*, April 2, 2014, http://www.newrepublic.com/article/117242/siris-psychological-effects-children。

336. 概要請見Giacomo Rizzolatti, Laila Craighero, "The Mirror-Neuron System," *Annual Review of Neuroscience* 27 (2004): 169–92, doi:10.1146/annurev.neuro.27.070203.144230。

337. Emmanuel Levinas, "Ethics and the Face," *Totality and Infinity: An Essay on Exteriority*, Alphonso Lingus, trans. (Pittsburgh, PA: Duquesne University Press, 1969).

338. 我與佈雷齊爾和布萊恩・史卡瑟拉提（Brian Scassellati，他是Kismet和Cog的首席設計師）一起研究兒童對這些社交機器人的反應。後面有關兒童和機器人的故事，是取自我的研究報告。參見Turkle, Alone Together, 84–101。

339. 研究顯示，這種簡短寒暄不僅對他人表達善意，也會讓人更加開心。Nicholas Epley and Juliana Schroeder, "Mistakenly Seeking Solitude," *Journal of Experimental Psychology: General*, advance online publication (2014), http://dx.doi.org/10.1037/a0037323。

340. 關於該系統的描述，參見Morris and Picard, "Crowdsourcing Collective

321. 一項研究讓一群臉書用戶了解，臉書如何決定哪些內容出現在他們的動態消息上，哪些不會出現在動態消息上。半數以上的參試者在參加研究以前，完全不知道他們的動態消息是臉書策展的，他們以為朋友的發文都會出現在他們的動態消息上，他們反對這種策展模式。但是後續追蹤顯示，一旦用戶知道策展這種「令人反感」的原則後，他們的補救之道是想辦法讓策展模式對他們有利。他們試圖猜測臉書的意圖，操弄系統的方法很多：你可以在發文中加入品牌名稱，以引起關注；你可以刻意對家人的發文按讚，以提高家人發文出現在動態消息的數量。
關於這點，參見 Christian Sandvig, Karrie G. Karahalios, and Cedric Langbort, "Uncovering Algorithms: Looking Inside the Facebook Newsfeed," Berkman Luncheon Series, Harvard Law School, Cambridge, MA, July 21, 2014。完整影片請見 http://cyber.law.harvard.edu/interactive/events/luncheon/2014/07/sandvigkarahalios。亦見 Tarleton Gillespie, citing a personal communication with danah boyd in "The Relevance of Algorithms," *Media Technologies: Essays on Communication, Materiality, and Society*, Tarleton Gillespie, Pablo J. Boczkowski, and Kirsten A. Foot, eds. (Cambridge, MA: The MIT Press, 2014)。
322. Evgeny Morozov, "Only Disconnect," *The New Yorker*, October 28, 2013, http://www.newyorker.com/magazine/2013/10/28/only-disconnect-2.
323. 關於科技業及其渴望，布魯諾・拉圖（Bruno Latour）的研究影響了我整個職業生涯。參見 *Science in Action: How to Follow Scientists and Engineers Through Society* (Cambridge, MA: Harvard University Press, 1999 [1987]); *Aramis, or the Love of Technology*, Catherine Porter, trans. (Cambridge, MA: Harvard University Press, 2002 [1996])。
324. See Jürgen Habermas, *The Structural Transformation of the Public Sphere: An Inquiry into a Category of Bourgeois Society* (Cambridge, MA: The MIT Press, 1991 [1962]). Cited in Steven Miller, *Conversation: A History of a Declining Art* (New Haven, CT: Yale University Press, 2007), 91.
325. 引用同上，90.
326. 引用同上，91.
327. 梭羅，《湖濱散記》(Princeton, NJ: Princeton University Press, 2004 [1854]), 17.

不再遺忘

328. 梭羅，《湖濱散記》(Princeton, NJ: Princeton University Press, 2004 [1854]), 141.
329. 關於面試練習，參見 Mohammed (Ehsan) Hoque, Matthieu Corgeon, Jean-Claude Martin, et al., "MACH: My Automated Conversation coacH," http://web.media.mit.edu/~mehoque/Publications/13.Hoque-etal-MACH-UbiComp.pdf。
關於自動化的心理治療師（雖然目前仍需要人工輸入，但希望未來能盡快消路，也是一種哲學》（*A Philosophy of Walking*），John Howe, trans.（New York: Verso, 2014 [2009]，八旗文化出版）。葛霍說:「因為獨處也可以分享，就像麵包和日光一樣。」
梭羅說散步是「遠離塵囂」的方法，這是出自下文 June 1, 1862, essay, "Walking," originally published in *The Atlantic*. 。雅莉安娜·赫芬頓在《從容的力量》（*Thrive*）中引用了那個說法。赫芬頓也在書中引用了矽谷高管妮洛佛·莫晨特（Nilofer Merchant）的說法。莫晨特喜歡走路開會，而不是坐在桌邊開會，因為走路開會不會受到電話的干擾。莫晨特在談論走路的TED演講中，稱之為「邊走邊談」（walking the talk）。Nilofer Merchant, "Got a Meeting? Take a Walk," TED mainstage, February 2013, http://www.ted.com/talks/nilofer_merchant_got_a_meeting_take_a_walk?lan guage=en。赫芬頓在書中引用了莫晨特在《紐約時報》談走路的文章，莫晨特在該文中闡述：「你和人並肩行走時，確實是一起面對問題或狀況，我很喜歡那種感覺……我喜歡走路開會，這樣一來，就無法一邊開會一邊查看電郵或推特了，你很清楚當下周遭的情況，感官會變得更敏銳，而且走路會議結束後，你會得到坐著開會時鮮少得到的愉悅感。」David Hochman, "Hollywood's New Stars: Pedestrians," August 16, 2013, http://www.nytimes.com/2013/08/18/fashion/hollywoods-new-stars-pedestrians.html?page wanted=1&_r=2。

318. 一項調查顯示，十八到二十四歲的人中，僅35%的人表示他們對行動通訊的隱私問題感興趣。至於四十歲以上的人，他們對隱私問題的興趣，只比年輕一輩稍多一點。參見"Can Data Become a New Currency?," *Amdocs Survey*, 2013, http://www.amdocs.com/vision/documents/survey-highlights.pdf.。不過，針對特定的監控活動進行調查時（例如「如果官員說，政府監控每個人的電郵及其他的線上活動可以防止未來的恐怖攻擊，你認為政府應該有監控電郵和其他線上活動的權限嗎？」），52%的受訪者反對那種監控。"Majority Views NSA Phone Tracking as Acceptable Anti-Terror Tactic," Pew Research Center for the People and the Press, June 10, 2013, http://www.peoplepress.org/files/legacy-pdf/06-10-13%20PRC%20WP%20Surveillance%20Release.pdf。

319. Sara M. Watson, "Data Doppelgängers and the Uncanny Valley of Personalization," *The Atlantic*, June 16, 2014, http://www.theatlantic.com/technology/archive/2014/06/datadoppelgangers-and-the-uncanny-valley-of-personalization/372780.

320. Jack Balkin, "Information Fiduciaries in the Digital Age," *Balkinization* (blog), Yale Law School, March 5, 2014, http://balkin.blogspot.com/2014/03/information-fiduciaries-indigital-age.html, cited in Jonathan Zittrain, "Facebook Could Decide an Election Without Anyone Ever Finding Out," *New Republic*, June 1, 2014, http://www.newrepublic.com/article/117878/informationfiduciary-solution-facebook-digital-gerrymandering.

August 26, 2014, http://www.pewinternet.org/2014/08/26/social-media-and-the-spiral-of-silence。前面提過，臉書的科學家在《科學》雜誌上發表了一項新的研究結果，以質疑這個效應的強度。Eytan Bakshy, Solomon Messing, and Lada Adamic, "Exposure to Ideologically Diverse News and Opinion on Facebook," *Science*, May 2, 2015. doi:10.1126/science.aaa1160。

312. Rebecca Ellen Turkle Willard, "The Irrelevant Opposition: Reference Groups in the Formation of Political Attitudes Among Partisan College Students" (undergraduate dissertation, Harvard College, 2014).

313. 為了培養對話，戒除「以資料蒐集替代議題討論」的惡習會有幫助。現在的資料比以前更容易造成誤導。如今我們有那麼多的資料，可以做相關研究以佐證各種立論。例如，最近有一個有名的相關性研究，把「喜歡捲曲薯條」和「高智商」連結在一起。這種相關性欠缺立論基礎、假設、理論（這就是「大數據」對理性對話的威脅）。它僅顯示，只要有足夠的資料，你就可以佐證任何事情。Michal Kosinski, David Stillwell, and Thore Graepel, "Private Traits and Attributes Are Predictable from Digital Records of Human Behavior," *Proceedings of the National Academy of Sciences* 110, no. 15 (2013): 5802–5, doi:10.1073/pnas.1218772110。

314. Howard Gardner and Katie Davis, *The App Generation: How Today's Youth Navigate Identity, Intimacy, and Imagination in a Digital World* (New Haven, CT: Yale University Press, 2013).

315. For example, Atushi Senju and Mark H. Johnson, "The Eye Contact Effect: Mechanisms and Development," *Trends in Cognitive Sciences* 13, no. 3 (January 3, 2009): 127–34, doi:10.1016/j.tics.2008.11.009, and Laura Pönkänen, Annemari Alhoniemi, Jukka M. Leppänen, et al., "Does It Make a Difference If I Have Eye Contact with You or with Your Picture? An ERP Study," *Social Cognitive and Affective Neuroscience* 6, no. 4 (September 1, 2011): 486–94, doi:10.1093/scan/nsq068.

316. 作家賽巴斯提安・鍾格（Sebastian Junger）試圖從一群退伍老兵的身上了解海外戰鬥多年的意義時，發現了這點。他選擇和他們一起散步，讓他們在談及痛苦的回憶時，不是那麼孤單。他們就這樣散步橫越美國，「走了三百英里、四百英里，聊著戰爭、戰爭對你的影響、以及為什麼這麼多年輕人在戰爭結束後仍對戰爭念念不忘。」Gisele Regato, "A 300 Mile Walk to Talk About War," WNYC News, October 23, 2014, http://www.wnyc.org/story/300-mile-walk-talk-about-war。

317. 亞當・高普尼克（Adam Gopnik）寫道，散步是西方冥想的一種形式，並在下文中分享「獨處」:"Heaven's Gaits: What We Do When We Walk," *The New Yorker*, September 10, 2014, http://www.newyorker.com/maga zine/2014/09/01/heavens-gaits。那篇文章提到斐德利克・葛霍（Frédéric Gros,）的著作《走

com/watch?v=NYGzB7uveh0。施密特第一次提到用戶應該安分守己，而不是擔心掌控隱私的機制，是接受CNBC訪問的時候。那段影片在Ryan Tate, "Google CEO: Secrets Are for Filthy People," *Gawker*, December 4, 2009, http://gawker.com/5419271/google-ceo-secrets -arefor-filthypeople.。更早之前，另一個常被引用的類似說法，是當時擔任昇陽電腦公司（Sun Microsystems）執行長的史考特．麥克里尼（Scott McNealy）提出的。1999年，他在Jini技術的新聞發布會上表示，「你本來就毫無隱私，別再為此糾結了。」他的說法掀起廣泛的報導，參見Sally Sprenger, "Sun on Privacy: Get Over It," *Wired*, January 26, 1999. http://archive.wired.com/politics/law/news/1999/01/17538.

302.我在《在一起孤獨》裡首次提出這個論點。我覺得這個論點隨著時間的經過，變得更加迫切。

關鍵時刻

303.John Sawhill, cited in E. O. Wilson, The Future of Life (New York: Knopf, 2002), vi.

304.梭羅，《湖濱散記》(Princeton, NJ: Princeton University Press, 2004 [1854]), 141.

305.Yalda T. Uhls, Minas Michikyan, Jordan Morris, et al., "Five Days at Outdoor Education Camp Without Screens Improves Preteen Skills with Nonverbal Emotional Cues," *Computers in Human Behavior* 39 (2014): 387–92, doi: 0.1016/j.chb.2014.05.036.

306.Clifford Nass, "Is Facebook Stunting Your Child's Growth?," *Pacific Standard*, April 23, 2012.

307.關於這個主題的撰寫例子，參見David Levy, "No Time to Think: Reflections on Information Technology and Contemplative Scholarship," *Ethics and Information Technology* 9, no. 4 (2007): 237–49, doi:10.1007/s10676-007-9142-6。

308.Vannevar Bush, "As We May Think," *Atlantic Monthly*, July 1945, 101–6, http://www.theatlantic.com/magazine/archive/1945/07/as-we-may-think/303881.

309.關於這點，雅莉安娜．赫芬頓（Arianna Huffington）鼓勵及支持對話。參見Arianna Huffington, *Thrive: The Third Metric to Redefining Success and Creating a Life of Well-Being, Wisdom, and Wonder* (New York: Harmony, 2014)。

310."Go Inside Google Garage, the Collaborative Workspace That Thrives on Crazy, Collaborative Ideas," *Fast Company* (video), http://www.fastcompany.com/3017509/work-smart/look-inside-google-garage-the-collaborativeworkspace-that-thrives-on-crazy-creat.

311.該研究也意外顯示，社群媒體用戶也比較不願和非用戶在離線時討論他們的觀點。Keith Hampton, Lee Rainie, Weixu Lu, et al., "Social Media and the 'Spiral of Silence,'" Pew Research Center's Internet & American Life Project,

296. 1997年有一個典型的例子，卡內基美隆大學的資工專家拉坦婭．斯威尼（Latanya Sweeney）只用性別、出生日期、住家的郵遞區號，就找到當時麻州州長威廉．韋爾德（William Weld）的就醫紀錄。"No Silver Bullet: De-Identification Still Doesn't Work" (unpublished), http://randomwalker.info/publications/no-silver-bullet-de-identification.pdf.。其他比較近期的研究顯示，從臉書的按「讚」資料就能預測許多個人特質，包括性取向、種族、宗教觀點、政治觀點：Michal Kosinski, David Stillwell, and Thore Graepel, "Private Traits and Attributes Are Predictable from Digital Records of Human Behavior," *Proceedings of the National Academy of Sciences* 110, no. 15 (2013): 5802–5, doi:10.1073/pnas.1218772110, cited in Zeynep Tufecki, "Engineering the Public: Big Data, Surveillance, and Computational Politics," *First Monday* 19, no. 7 (2014), http://firstmonday.org/ojs/index.php/fm/article/view/4901/4097。
297. Patrick Tucker, "If You Do This, the NSA Will Spy on You," *Defense One*, July 7, 2014, http://www.defenseone.com/technology/2014/07/if-you-do-nsa-will-spy-you/88054/?oref=d-topstory。亦見Sean Gallagher, "The NSA Thinks Linux Journal Is an 'Extremist Forum'?" *ArsTechnica*, July 3, 2014, http://arstechnica.com/security/2014/07/the-nsa-thinks-linux-journal-is-anextremist-forum/.
298. Zittrain, "Facebook Could Decide an Election Without Anyone Ever Finding Out," *New Republic*, June 1, 2014, http://www.newrepublic.com/article/117878/informationfiduciary-solution-facebook-digital-gerrymandering.
299. Adam D. I. Kramer, Jamie E. Guillory, and Jeffrey T. Hancock, "Experimental Evidence of Massive-Scale Emotional Contagion Through Social Networks," *Proceedings of the National Academy of Sciences of the United States of America* 111, no. 24 (2014): 8788–90, doi:10.1073/pnas.1320040111。這個故事的詳盡報導，參見"Everything We Know About Facebook's Secret Mood Manipulation Experiment," *The Atlantic*, June 28, 2014, http://www.theatlantic.com/technology/archive/2014/06/everything-we-know-about-facebooks-secretmood-manipulation-experiment/373648。
300. 2015年4月，喜劇演員兼電視節目主持人約翰．奧利佛（John Oliver）訪問史諾登時，採取「反思」策略。他告訴史諾登，美國人不太在乎政府有能力竊聽他們的電話，卻很在意政府有權看他們貼在網路上或是以JPEG檔附在電郵或文件裡的私密照片。奧利佛帶著一張已經位於網路某處的個人私密照來訪問史諾登。他問史諾登，哪個監視計畫讓政府有合法的權限看他的裸照。*Last Week Tonight with John Oliver*, HBO, April 6, 2015, https://www.youtube.com/watch?v=XEVlyP4_11M.
301. 施密特談到用戶使用那些會追蹤住家的Google服務時，他的立場是：「如果你不喜歡，就不要用。」The Fletcher School, "Eric Schmidt and Jared Cohen on 'The New Digital Age,'" YouTube video, February 28, 2014, https://www.youtube.

料包所組成的個體。個人是記錄的偏好、歷史、品味的總和。如果我們在這種新的情勢中感到迷惘徬徨，德勒茲會說那很自然，因為以前我們從來不是那種「個人」。Gilles Deleuze, "Postscript on the Societies of Control," October 59 (1992): 3–7, http://jstor.org/stable778828。

284. Karl Marx, *Capital, Volume 1: A Critique of Political Economy* (New York: Penguin Classics, 1992 [1867]).

285. Watson, "Data Doppelgängers."

286. 沃森後來了解，那項研究是鎖定她那個年齡層的所有女性。來源同上。

287. 在這方面，沃森就像2014年皮尤中心研究隱私和網路時所找到的受訪者一樣。受訪者覺得他們沒有足夠的隱私，但也不知道該怎麼做。使用臉書、推特、LinkedIn等社群網站的人中，有80%的人擔心廣告商和企業取得他們在網站上分享的資訊。三分之二的受訪者認為，政府應該做更多的事情來規範這些廣告商。Mary Madden, "Public Perceptions of Privacy and Security in the Post-Snowden Era," Pew Research Center's Internet & American Life Project, November 12, 2014, http://www.pewinternet.org/2014/11/12/public-privacy-perceptions/。

288. Watson, "Data Doppelgängers."

289. 莫洛佐夫指出，祖克伯接受查理・羅斯（Charlie Rose）的訪問時這麼說。"The Death of the Cyberflâneur." He is cited in Neil M. Richards, "The Perils of Social Reading," *Georgetown Law Journal* 101, no. 689 (2013): 691, http://ssrn.com/abstract=2031307。

290. 同上。

291. Molly Sauter, "Curiosity, Being Yourself, and Being Bad at Things," *Odd Letters: The Online Home of Molly Sauter* (blog), December 5, 2013, http://oddletters.com/2013/12/05/curiosity-being-yourself-and-being-bad-at-things.

292. Hampton, Rainie, Lu, et al., "Social Media and the 'Spiral of Silence.'"

293. Richards, "The Perils of Social Reading."

294. 在認知層面上，一般人幾乎不可能把缺乏明確定義的問題，視為道德問題來關心。研究人員已研究證實，氣候變遷的問題就是如此——那是「複雜、龐大、無心造成的」問題。Ezra M. Markowitz and Azim F. Shariff, "Climate Change and Moral Judgment," Nature Climate Change 2 (2012): 243–47, doi:10.1038/nclimate1378。亦見Matthew C. Nisbet, "Communicating Climate Change: Why Frames Matter for Public Engagement," *Environment: Science and Policy for Sustainable Development* 51, no. 2 (2009): 12–23, doi:10.3200/ENVT.51.2.12-23。

295. 關於青少年防止父母及社群中其他人侵犯其隱私的策略，參見danah boyd, *It's Complicated: The Social Lives of Networked Teens* (New Haven, CT: Yale University Press, 2013)。

277. Michel Foucault, *Discipline and Punish*, Alan Sheridan, trans. (New York: Pantheon Books, 1977 [1975]).

278. Rob Horning, "No Life Stories," *New Inquiry*, July 10, 2014, http://thenewinquiry.com/essays/no-life-stories, a review of Marc Andrejevic's *Infoglut: How Too Much Information Is Changing the Way We Think and Know* (London: Routledge, 2013).

279. Zeynep Tufecki, "Engineering the Public: Big Data, Surveillance, and Computational Politics," *First Monday* 19, no. 7 (2014), http://firstmonday.org/ojs/index.php/fm/article/view/4901/4097.

280. Eli Pariser, *The Filter Bubble: How the New Personalized Web Is Changing What We Read and How We Think* (New York: Penguin Press, 2013)。同一主題，亦見Rob Horning, "No Life Stories."。網路極化的程度是一個可研究的重要主題。本書付梓時，臉書的研究人員在《科學》雜誌上發布一項新的研究結果。那項研究顯示，臉書動態消息（News Feed）的極化效應不像預期的那麼大。臉書動態消息顯示的新聞中，有近29%的內容與用戶的意識形態不同。Eytan Bakshy, Solomon Messing, and Lada Adamic, "Exposure to Ideologically Diverse News and Opinion on Facebook," Science, May 2, 2015. doi: 10.1126/science.aaa1160。那個研究所掀起的討論大多提到，該研究的樂觀發現不堪一擊：動態消息上出現什麼新聞，畢竟是臉書決定的，臉書可以隨時改變演算法。（最近臉書讓用戶有一些權限，以掌控時間軸上出現的內容。這又是一次耐人尋味的企業決策，目標是追求更高的透明度，但依然可以隨時反轉過來）。目前，這項有關「臉書動態消息多樣性」的研究，正與其他的研究（例如2014年的皮尤研究報告）進行比較。2014年的皮尤研究報告顯示，我們上網閱讀我們認同的內容，並張貼我們覺得追隨者會想聽到的內容，因此造成「沉默螺旋」（spiral of silence）的現象。Keith Hampton, Lee Rainie, Weixu Lu, et al., "Social Media and the Spiral of Silence," Pew Research Center's Internet & American Life Project, August 26, 2014, http://www.pewinternet.org/2014/08/26/social-media-and-the-spiral-of-silence。

281. Jonathan Zittrain, "Facebook Could Decide an Election Without Anyone Ever Finding Out," New Republic, June 1, 2014, http://www.newrepublic.com/article/117878/information-fiduciary-olutionfacebook-digital-gerrymandering.

282. Allan Bloom, *The Closing of the American Mind* (New York: Simon and Schuster, 2008 [1987]), 249.

283. Sara M. Watson, "Data Doppelgängers and the Uncanny Valley of Personalization," *The Atlantic*, June 16, 2014, http://www.theatlantic.com/technology/archive/2014/06/datadoppelgangers-and-the-uncanny-valley-of-personalization/372780。我們已經變成社會哲學家吉爾・德勒茲（Gilles Deleuze）所謂的「個人」，意指由多種可在新市場中購買、出售、交易的資

271. 葛拉威爾並未輕描淡寫弱連結的威力。他指出，研究顯示，「我們獲得最新想法和資訊的最佳來源是泛泛之交，而不是朋友。」Gladwell, "Small Change."。在這裡，他引用史丹佛社會學家馬克・格蘭諾維特（Mark Granovetter）對弱連結的研究。參見Mark Granovetter, "The Strength of Weak Ties," *American Journal of Sociology* 78, no. 6 (1973): 1360–80, http://www.jstor.org/stable/2776392。但是民權運動變得血腥又危險時，效果也跟著出現了。葛拉威爾問道：「什麼因素使人有這種行動主義的能力？」為了回答這個問題，他鑽研了一項研究。那項研究比較持續力挺「自由之夏運動」（Freedom Summer movement，譯註：1964年6月美國舉辦的志工活動，目標是推廣非裔美國人的投票登記。這個計畫同時也在密西西比的小鎮設立許多自由學校、自由之家以及社區中心，以幫助當地的黑人人口。）的人和那些退出活動的人。研究發現，持續力挺那個運動的人，有親近的朋友去密西西比。葛拉威爾在〈小變化〉（*Small Change*）中總結，高風險的行為主義是一種「強連結」的現象。

272. Gladwell, "Small Change."

273. 美國憲法第四修正案使公民享有免於無理搜查及扣押財產的自由，該修正案也適用於公民的書籍和文件。如今書籍和文件數位化以後，難道就不受保護了嗎？

274. Evgeny Morozov, "The Death of the Cyberflâneur," *New York Times*, February 4, 2012, http://www.nytimes.com/2012/02/05/opinion/sunday/the-death-of-the-cyberflaneur.html?pagewanted=all&_r=0.

275. 史諾登與《華盛頓郵報》遭到竊聽的部分對話顯示，「十個帳戶中有九個……不是預定的監視目標，而是因為中央情報局想監視其他人而連帶一網打盡的。」Barton Gellman, Julie Tate, and Ashkan Soltani, "In NSA-Intercepted Data, Those Not Targeted Far Outnumber the Foreigners Who Are," *Washington Post*, July 5, 2014, http://www.washingtonpost.com/world/nationalsecurity/in-nsa-intercepted-data-those-not-targeted-far-outnumber-the-foreigners-whoare/2014/07/05/8139adf8-045a-11e4-8572-4b1b969b6322_story.html。

276. 你處於一種新的空間裡，有些人用「超公開」（hyper-public）來形容這種空間。2011年6月，哈佛的貝克曼網路與社會中心（Berkman Center for Internet and Society）舉辦了「超公開：在網路世界設計隱私與公共空間的研討會」。該研討會的網站上，有會議的背景資訊和錄影片段。http：//www.hyperpublic.org。

2015年5月，聯邦上訴法院發現，美國國家安全局（NSA）的一些搜尋是違法的，尤其是個資的大量蒐集。我覺得，這個領域的法律正迅速發展，跟我的假設（我覺得重新思考這些事情的時候到了）不謀而合。Charlie Savage and Jonathan Weisman, "NSA Collection of Bulk Call Data Is Ruled Illegal," New York Times, May 7, 2015。

Press): 3127–30, https://www.ics.uci.edu/~gmark/Home_page/Research_files/CHI%202011%20Self-interruption.pdf.
263. Leslie Perlow, "Predictable Time Off: The Team Solution to Overcoming Constant Work Connection," *Fast Company*, May 2012, http://www.fastcompany.com/1837867/predictable-time-teamsolution-overcoming-constant-work-connection。亦見Perlow, *Sleeping with Your Smartphone: How to Break the 24/7 Habit and Change the Way You Work* (Cambridge, MA: Harvard Business Review Press, 2012)。
264. 關於獨處及其重要性，包括商業環境中的獨處，參見Cain, Quiet。

公共領域

265. Keith Hampton, Lee Rainie, Weixu Lu, et al., "Social Media and the 'Spiral of Silence,'" Pew Research Center for Internet, Technology, and Society, August 26, 2014, http://www.pewinternet.org/2014/08/26/social-media-and-the-spiral-of-silence.
266. 安東尼・溫・柯斯納（Anthony Wing Kosner）在Forbes.com的部落格上發文寫道，這個模式顛覆了遊戲規則："12 Lessons from KONY 2012 from Social Media Power Users," Forbes (blog), March 9, 2012, http://www.forbes.com/sites/anthonykosner/2012/03/09/12-lessons-fromkony-2012-from-social-media-power-users.
267. "KONY 2012," YouTube video, posted by Invisible Children, March 5, 2012, https://www.youtube.com/watch?v=Y4MnpzG5Sqc.
268. 麥爾坎・葛拉威爾稱克雷・薛基（Clay Shirky）的《鄉民都來了》（*Here Comes Everybody*）（New York: Penguin Press, 2008，貓頭鷹出版）是「社群媒體運動的聖經」，雖然實際上不只薛基頌揚社群媒體推動的政治行動有促成烏托邦的可能。參見Malcolm Gladwell, "Small Change: Why the Revolution Will Not Be Tweeted," *New Yorker*, October 4, 2010, http://www.newyorker.com/magazine/2010/10/04/small-change-3。柯尼影片也引發不少負面的報導，多數的負面報導是批評它的「懶人行動主義」（slacktivism），把行動主義變成鍵盤式參與感。例如參見Michael Deibert, "The Problem with 'Invisible Children: Kony 2012,'" *Huffington Post*, March 7, 2012, http://www.huffingtonpost.com/michael-deibert/joseph-kony-2012-children_b_1327417.html。底下這篇文章摘要整理了一些評論報導：Eleanor Goldberg, "Invisible Children, Group Behind 'Kony 2012,' Closing Because of Funding Issues," *Huffington Post*, December 16, 2015, http://www.huffingtonpost.com/2014/12/16/invisible-children-closing_n_6329990.html.
269. Mark Pfeifle, cited in Gladwell, "Small Change."
270. 同上。

255. 例如，參見Robert Wachter, *The Digital Doctor: Hope, Hype, and Harm at the Dawn of Medicine's Computer Age* (New York: McGraw-Hill, 2015)。

256. 關於醫療記錄師這個職業的發明，參見Katie Hafner, "A Busy Doctor's Right Hand, Ever Ready to Type," *New York Times*, January 12, 2014, http://www.nytimes.com/2014/01/14/health/a-busy-doctors-right-hand-ever-ready-to-type.html。

257. 關於放慢速度的倡議，參見David Levy, "No Time to Think: Reflections on Information Technology and Contemplative Scholarship," *Ethics and Information Technology* 9, no. 4 (2007): 237–49, doi:10.1007/s10676-007-9142-6.

258. 2015年1月，紐約市出現一項活動，名為「放空更精彩」（Bored and Brilliant）。那個活動每天號召數千人暫停使用智慧型手機的部分功能。這個活動源自於「無聊激發創意」的概念，但我們握有智慧型手機時，沒有機會感到無聊。這個活動的主辦者評估活動的結果時，發現它促成的最大影響是：讓大家更關注手機如何塑造我們的敏感性。http://www.wnyc.org/series/bored-and-brilliant。換句話說，那個活動影響了參加者使用手機的意圖。

259. 關於開放式辦公空間對社會、心理、經濟的影響，相關的研究請見 Maria Konnikova, "The Open-Office Trap," *The New Yorker*, January 7, 2014。

260. 這裡可以回想一下前面提過的驚人發現：隱私可以大幅提升程式設計師的生產力。蘇珊．坎恩對那個實驗提出以下總結：「62%績效良好的人認為，他們的工作空間有足夠的隱私。相較之下，績效不佳的人中，僅19%覺得他們的空間有足夠的隱私。76%績效低落的工程師表示，別人常對他們做不必要的干擾。相較之下，績效優異的工程師中，僅38%覺得自己常受到干擾。」Susan Cain, *Quiet: The Power of Introverts in a World That Can't Stop Talking* (New York: Crown, 2012), 84。

261. 這些發現是專注力研究者葛洛利亞．馬克（Gloria Mark）和研究團隊的研究成果。瑞秋．艾瑪．西佛曼（Rachel Emma Silverman）在報導中引用了這些發現，參見"Workplace Distrations: Here's Why You Won't Finish This Article," *Wall Street Journal*, December 11, 2012, http://www.wsj.com/articles/SB10001424127887324339204578173252223022388。重點是，馬克的研究涵蓋了經理、財務分析師、軟體開發者。西佛曼那篇報導也摘要整理了一些公司為了讓員工專心而強制執行的方法，例如一家公司完全取消電子郵件，有些公司刻意騰出時間讓大家創意思考。有一家公司制定了「無電郵政策」，另一家公司則是規定特定的時間內不准使用電郵，因為那是創意思考的時間。關於馬克研究「中斷科學」的參考書目，參見http://mail.freeknowledge.org/ref erences/authors/gloria_mark.html。

262. Laura Dabbish, Gloria Mark, and Victor Gonzalez, "Why Do I Keep Interrupting Myself? Environment, Habit and Self-Interruption," CHI 2011, *Proceedings of the SIGCHI Conference on Human Factors in Computing Systems* (New York: ACM

needs。

248. James Hamblin, Katherine Wells, and Paul Rosenfeld, "Single-Tasking Is the New Multitasking," *The Atlantic* (video), June 19, 2014, http://www.theatlantic.com/video/index/373027/singletasking-is-the-new-multitasking.

249. 在一項探索聲音和身體溝通的傳統研究中（亦即把焦點放在大家討論好惡、感受、態度的時候），心理學家亞伯特．麥拉賓（Albert Mehrabian）提出「7%、38%、55%法則」。這個法則是說，我們與他人同處一室時，7%的感受是以語言表達，38%是以語調表達，55%是以肢體語言表達。Albert Mehrabian, *Silent Messages: Implicit Communication of Emotions and Attitudes* (Belmont, CA: Wadsworth, 1981)。

250. 商業理論家克里斯汀生寫道，破壞性創新對公司長期穩健發展的重要。為了做出徹底的創造性改變，人們需要資料，但他們也需要時間去思考和討論，不能對短期的結果過度焦慮。短期思維導致企業把資源分配到已經成功的事業上，沒有為破壞性創新騰出空間。
套用克里斯汀生的說法，崔普認為他的公司使破壞性創新更難發生，因為它已經摧毀了破壞性創新最有可能出現的地方——亦即每天共事、一起討論問題及解決方案的同事關係。崔普的公司因應了短期的財務結果，所以不太可能得到克里斯汀生所謂的「創造市場」的改變（那種改變才能帶來真正的變化）。參見Clayton Christensen, "The Capitalist's Dilemma," *Harvard Business Review*, June 2014, http://hbr.org/2014/06/the -capitalists-dilemma/ar/1。

251. 一種衡量工作的傳統方式，是看生產力與員工職場互動的關聯。另一種方式是追蹤學者的研究成果被引用的次數，接著看引用次數與該研究的幾位作者之間的實際距離有何關聯。研究顯示，一起工作會增加合作的影響力。參見Kyungjoon Lee, John S. Brownstein, Richard G. Mills, et al., "Does Collocation Inform the Impact of Collaboration?" *PLOS ONE* 5, no. 12 (2010), doi:10.1371/journal.pone.0014279。

252. Waber, Olguin, Kim, et al., "Productivity Through Coffee Breaks."

253. 「消耗的時間 vs. 善用的時間」（Time spent vs. time well spent）是崔斯頓．哈瑞斯（Tristan Harris）在Google演講時提到的用語，他在演講中暢談他的願景：消費者和產業一起合作打造對人性更有助益的科技。2014年12月，哈瑞斯在布魯塞爾舉行的TEDx演講中，把手機比喻成只提供兩種可悲選擇的吃角子老虎機：它要不是使你分心，就是使你產生資訊焦慮感。https://www.youtube.com/watch?v=jT5rRh9AZf4。

254. Abraham Verghese, "Treat the Patient, Not the CT Scan," *New York Times*, February 26, 2011, http://www.nytimes.com/2011/02/27/opinion/27verghese.html?pagewanted=all, and "Culture Shock—Patient as Icon, Icon as Patient," *New England Journal of Medicine* 359, no. 26 (2008): 2748–51, doi:10.1056/NEJMp0807461.

239. 同上。
240. Lynn Wu, Benjamin N. Waber, Sinan Aral, et al., "Mining Face-to-Face Interaction Networks Using Sociometric Badges: Predicting Productivity in an IT Configuration Task," *Proceedings of the International Conference on Information Systems* (2008), http://papers.ssrn.com/abstract=1130251.
241. "Presence vs. Productivity: How Managers View Telecommuting,"narrated by Neil Conan, *Talk of the Nation*, National Public Radio, February 27, 2013, http://www.npr.org/2013/02/27/173069965/presence-vs-productivity-how-managers-view-telecommuting.
242. ReadyLearn公司試圖簡化組織，他們的做法是以低薪酬市場的員工來取代高薪酬市場的員工。所以後來幾乎所有的團隊都是全球團隊，都需要透過Skype溝通。
243. Gretchen Gavett, "What People Are Really Doing When They're on a Conference Call," *Harvard Business Review*, August 19, 2014, http://blogs.hbr.org/2014/08/what-people-are-reallydoing-when-theyre-on-a-conference-call/?utm_source=Socialflow&utm_medium=Tweet&utm_campaign=Socialflow.
244. Giles M. Phillips, "Mobile Users Are More Vigilant than Situated Users," in *Human-Computer Interaction, Part III, HCI 2014, LNCS 8512*, Masaaki Kurousu, ed. (Switzerland: Springer International Publishing, 2014): 166–77.
245. Eyal Ophir, Clifford Nass, and Anthony D. Wagner, "Cognitive Control in Media Multitaskers," *Proceedings of the National Academy of Sciences* (2009), doi:10.1073/pnas.0903620106.
246. Faria Sana, Tina Weston, and Nicholas J. Cepeda, "Laptop Multitasking Hinders Classroom Learning for Both Users and Nearby Peers," *Computers and Education* 62 (March 2013), 24–31, doi:10.1016/j.compedu.2012.10.003.
247. 拉坦的經驗並不罕見。一項研究訪問全球各地的一千兩百一十五名員工。66%的受訪者表示，他們無法一次專注於一件事。70%的受訪者表示，他們在工作上沒有固定的時間進行創意思考或策略性思考。但是，那些一次可以專注做一件事的受訪者（20%）投入工作的程度，比其他人高出50%。研究者指出，數位科技的興起是導致思考時間消失的最大因素，因為資訊和要求湧入時，「我們覺得收到任何訊息都必須迅速閱讀及回應，不分晝夜。」這項研究的作者是精力專案（Energy Project）的托尼・施瓦茨（Tony Schwartz）和克莉絲汀・波拉斯（Christine Porath），底下是他們的研究發現："Why You Hate Work," *New York Times*, May 30, 2014, http://www.nytimes.com/2014/06/01/opinion/sunday/whyyou-hate-work.html。更詳細的研究報告，請參見他們與《哈佛商業評論》的合作報導：Tony Schwartz, Christine Porath, "The Power of Meeting Your Employees' Needs," *Harvard Business Review*, June 30, 2014, https://hbr.org/2014/06/the-power-of-meeting-your-employees-

指標。感應器的紀錄顯示，學生自己讀書、在實驗室裡做研究、以及做家庭作業期間，感應器常出現明顯的高峰值。但學生進行兩項活動時，感應器的讀數呈水平狀態：上課和看電視。From Eric Mazur, et al. "Blended Models of Learning: Bringing Online to On-Campus," MIT, March 21, 2013, citing Ming-Zher Poh, N. C. Swenson, and R. W. Picard, "A Wearable Sensor for Unobtrusive, Long-Term Assessment of Electrodermal Activity," *IEEE Transactions on Biomedical Engineering* 57, no. 5 (May 2010): 1243–52, doi:10.1109/TBME.2009.2038487。

231. Daniel Kahneman and Vernon L. Smith, "Daniel Kahneman—Biographical," in *Les Prix Nobel (The Nobel Prizes)* , 2002, Tore Fraängsmyr, ed. (Stockholm: Nobel Foundation, 2003). Full text available at: http://www.nobelprize.org/nobel_prizes/economicsciences/laureates/2002/kahneman-bio.html.

232. Amos Tversky and Daniel Kahneman, "Judgment Under Uncertainty: Heuristics and Biases," *Science* 185 (1974): 1124–31.

233. Adam F. Falk, "In Defense of the Living, Breathing Professor," *Wall Street Journal*, August 28, 2012, http://online.wsj.com/news/articles/SB10000872396390444327204577615592746799900.

234. MIT, "MacVicar Day 2014," MIT TechTV (video), March 14, 2014, http://techtv.mit.edu/collections/duevideos/videos/28190-macvicar-day-2014.

235. 關於「學生放棄教師輔導時間」的抱怨，不只發生在麻省理工學院。除了硬性規定「教師輔導時間」也列入最後成績評量以外，教師也想不出其他方法以改變這種情況。

236. Laura Vivienne and Jean Rhodes, "Someone Who 'Gets' Me: Adolescents' Perceptions of Relational Engagement with Key Adults" (manuscript under review, 2014).

工作

237. 前面提過，本章提到的所有企業和機構名稱都已經改變，文中提到的人名業也是如此，以保護他們的隱私。

238. 李絲特談到的閒談，屬於「飲水機效應」（water cooler effect）的一部分。飲水機效應是社交聯繫和資訊分享的結合，需要在職場上實體相處才會發生。班・魏柏（Ben Waber）使用社會計量識別牌（sociometric badges）做研究，那個牌子是用來衡量生產力以及參試者在社交空間裡的位置。他的研究顯示，飲水機確實有強大的威力：員工互動可以提高生產力。參見Benjamin N. Waber, Daniel Olguin Olguin, Taemie Kim, et al., "Productivity Through Coffee Breaks: Changing Social Networks by Changing Break Structure," *Proceedings of the Thirtieth International Sunbelt Social Network Conference*, Trento, Italy (2010), http://papers.ssrn.com/sol3/papers.cfm?abstract_id=1586375。亦見Benjamin N. Waber, *People Analytics* (New Jersey: FT Press, 2013)。

Life Consciously," narrated by Krista Tippett, *On Being*, National Public Radio, November 10, 2011, http://www.onbeing.org/program/holding-life-consciously/transcript/293.

223. 布奇阿雷利指出：「你可能對這種體驗的價值深感好奇。我學到了什麼？我讀了課程，看了授課影片，回應了版上我覺得很有創意的留言，但是那樣做有什麼效果？我的回應是不是幼稚可笑、衝動、不顧史實、別人早就講過了？我不知道，因為沒有人回應我的評論。此外，如果有同學讚美或批評我，我如何判斷那個價值呢？我們可以清楚看到這裡需要什麼——老師的回應……這就是MOOC的致命弱點。MOOC因註冊人數眾多，阻礙學生透過與教職員的交流，獲得真正的學習效果……知識無論再怎麼巧妙、深刻、令人信服，當它變成線上資訊時，就不是驅動青少年教育的動力。真正重要的是學生自己帶來課堂的東西，他們如何在經驗豐富的教師指導下投入課堂中。線上論壇促使學生寫下想法，有些人可能受到啟發，但學生若要真正學習，需要有人要求他們反思自己的貢獻。所以，教師是鼓勵思辨、反思（和重寫）的必要條件。」Louis Bucciarelli, *MOOC Thread Commentary I*, unpublished manuscript, 2014.

224. 關於雅典娜計畫的經驗和啟示，參見Sherry Turkle, *Simulation and Its Discontents* (Cambridge, MA: The MIT Press, 2009).

225. See, for example, Richard Pollak, *The Creation of Dr. B.* (New York: Simon and Schuster, 1997).

226. 線上課程已經實驗過找模特兒來扮演學生的效果。即使那群模特兒根本不是學生，但是教授看著一群帥哥美女當「學生」，上起課來顯然比較容易。哈佛商學院的克雷頓．克里斯汀生（Clay Christensen）的錄影課程，就是請模特兒來扮演學生。克里斯汀生講到複雜的內容時，那些「學生」會依照錄影的指示，露出疑惑的表情。克里斯汀生解開疑惑時，他們會點頭回應。克里斯汀生每次深入解釋時，他們似乎都聽得入迷。Jerry Useem, "Business School, Disrupted," *New York Times*, May 31, 2014, http://www.nytimes.com/2014/06/01/business/business-school-disrupted.html。

227. MIT, "MacVicar Day 2013," MIT Video, March 17, 2013, http://video.mit.edu/watch/mac-vicar-day-13993.

228. 雖然我主張能見度很重要，但我也知道網路的匿名性可以讓那些對社群感到不安的人充分表達想法。

229. Lauren Berlant and Lee Edelman, "Sex, or the Unbearable: Lauren Berlant and Lee Edelman in Conversation About Their New Book" (discussion, Tufts University, Somerville, MA, February 28, 2014).

230. 不是每個人都以這種方式看待教室授課。我發現，如果你以喚醒（arousal）的生物測量標準來衡量教學成效，教室授課的效果其實不太好。一群學生佩戴腕帶一週，以測量皮膚導電性，作為「與情緒、教育、專注力相關的喚醒」

213. Seymour Papert, "You Can't Think About Thinking Without Thinking About Thinking About Something," *Contemporary Issues in Technology and Teacher Education* 5, no. 3 (2005): 366–67.
214. 那個持續發展的社群網站是 hour25.heroesx.chs.harvard.edu。
215. 主要研究者夏南・史密斯・傑格斯（Shanna Smith Jaggars）是哥倫比亞大學社區大學研究中心的副主任。她的研究比較了維吉尼亞州和華盛頓州那些「只有線上課程」和「面對面授課」的社區大學師生。結果發現，在維吉尼亞州，32%的線上課程學生不及格或退選。相較之下，面對面課程的不及格或退選比例是19%。Shanna Smith Jaggars, cited in Geoffrey A. Fowler, "An Early Report Card on Massive Open Online Courses," *Wall Street Journal*, October 8, 2013. http://www.wsj.com/articles/SB10001424052702303759604579093400834738972。
216. Shanna Smith Jaggars, cited in Fowler, "An Early Report Card."
217. Andrew Ng, cited in Emma Green, "What MOOCs Can't Teach," *The Atlantic*, December 16, 2013, http://www.theatlantic.com/education/archive/2013/12/what-moocs-cant-teach/282402。吳恩達對MOOC體驗做出以下總結：「如果有混合式的學習課程，我們不建議學生優先挑選只提供線上課程的體驗。」Cited in Fowler, "An Early Report Card."
218. Lawrence Summers, "The Future of X: Lawrence Summers on Higher Education," *The Atlantic* (video), July 9, 2012, http://www.theatlantic.com/video/index/259430/the-futureof-x-lawrence-summers-on-higher-education.
219. Daphne Koller, "The Online Revolution—Learning Without Limits," YouTube video, posted by CCNMTL, April 17, 2013, https://www.youtube.com/watch?v=Fc8Yl094KOA.
220. 有些學生告訴我，線上課程比較好，因為線上課程不需要應付那些愛閒扯題外話或愛現的學生。不過，或許這就像克服害羞一樣，也是在教室裡比較容易學到的技巧。
221. Nwadiuto Amajoyi, "Can Online Courses Replace Classrooms?," *SF Gate*, February 15, 2013, http://www.sfgate.com/opinion/article/Can-online-coursesreplace-classrooms-4283110.php.
222. 物理學家努力在課堂上創造「真實效果」，那是他們對反應靈敏產生的錯覺，因為大多時候他們的反應並不靈敏。為什麼他們想要創造真實效果？他們想模仿科學中創意發生的時刻。你犯了錯，走錯路，回頭修改後，看到新的東西。他們希望學生即時看到這個流程是如何發生的。安默斯特學院（Amherst）的物理學教授亞瑟・札炯克（Arthur Zajonc）試圖掌握科學中的創意時刻，但徒勞無功，他指出：「大家對於科學裡的發現有一種誤解，他們以為發現是你計算出來的，但發現從來不是那樣發生的。你可以埋首在數學中，徹底研究它，仔細探究資料集，但是見解是一種靈光乍現。」"Holding

206. Nicholas Carr, *The Shallows: What the Internet Is Doing to Our Brains* (New York: W. W. Norton, 2010), 197.
207. 以電腦做筆記的研究，證實了這種課堂體驗。以電腦做筆記的人變得像打字員一樣，很難用心思考授課內容。由此可見，手寫筆記的「低效率」有其優點，因為這種方法逼你決定哪些東西該記下來，哪些東西不必記錄。參見Pam Mueller and Daniel M. Oppenheimer, "The Pen Is Mightier than the Keyboard," *Psychological Science* 25, no. 6 (2014), doi:10.1177/0956797614524581。
208. 2011年9月，史丹佛大學把三門資工系的課程放上網路。第一個是賽巴斯欽．斯朗（Sebastian Thrun）和彼德．諾米格（Peter Norvig）教的AI入門。斯朗後來創立了提供線上課程的公司「優達學城」（Udacity）。另一門線上課程是機器學習，由吳恩達（Andrew Ng）授課。那門課程在史丹佛大學開課時，通常可以吸引四百多位學生來修課。史丹佛把課程搬上網路後，吸引了十萬名學生來註冊。2012年1月，吳恩達和資工系的同仁達芙妮．科勒（Daphne Koller）創立另一家公司Coursera，那家公司迅速和史丹佛大學、賓州大學、普林斯頓大學、密西根大學建立合作關係，目標是製作線上課程軟體。麻省理工學院迅速與哈佛大學結盟，共組線上教育平台edX。其他的學校迅速加入他們，包括加州大學柏克萊分校、加州理工學院、芝加哥大學、康乃爾大學。2014年夏季，edX已彙集五十個以上的參與機構，Coursera彙集了八十個以上。
209. Laura Pappano, "Massive Open Online Courses Are Multiplying at a Rapid Pace," *New York Times*, November 2, 2012, http://www.nytimes.com/2012/11/04/education/edlife/massive-open-onlinecourses-are-multiplying-at-a-rapid-pace.html.
210. 磨課師（MOOCs）被譽為「學習如何學習」的獨特環境。任何教學法的改變，都可以一次套用在成千上萬名學生的身上進行測試。當然，唯一能測試的教學法改變，也是那種只能在MOOC上進行的教法。
211. 網路教育運動包含許多人士——例如有人覺得網路教育可以讓老師有更多的時間離開講台，促進課堂的對話；有人想像教師只擅長研究，覺得機器可以更有效率地完成他們的「死板」教學工作。2012年，在麻省理工學院的MOOC檢討會上，一位簡報者非常看好線上教育，他認為機器可以代替教授向學生傳授內容，但他不知道機器能否回應學生的問題。對他而言，MOOC的未來有賴於這種人工智慧的開發。想上MOOC課程的學生那麼多，你永遠找不到足夠的教授跟那些學生交談。
212. 史丹佛大學的校長約翰．亨尼斯（John Hennessy）在《紐約客》一篇談史丹佛和矽谷關係的文章中，以海嘯來形容線上教育。Ken Auletta, "Get Rich U," *The New Yorker*, April 30, 2012, http://www.newyorker.com/reporting/2012/04/30/120430fa_fact_auletta? currentPage=all.

肢。參見danah boyd, "Participating in the Always-On Lifestyle," in *The Social Media Reader*, Michael Mandiberg, ed. (New York: New York University Press, 2012)。博依德主張，你透過手機找到的東西，可以幫你把原本看似不相干的事物聯想在一起，從而增進你對事物的理解。她指出：「創意主要是來自於新的聯想，而不是專注於單一任務。」然而，我訪問的教育工作者提出了另一種觀點。他們認為，基於個人興趣，先把一些素材融會貫通成「自己的」知識很重要。博依德主張你只需要「查看相關的事物」就夠了，那表示你知道你想查什麼東西。但是在創意流程中，你通常不知道你想找什麼。此外，你也需要時間以處理素材——你必須先「熟知」那個東西，才能那樣做。

200. 關於這點，我是採用耶魯統計學家兼資訊工程專家愛德華・塔夫特（Edward Tufte）的研究。Edward R. Tufte, *The Cognitive Style of PowerPoint: Pitching Out Corrupts Within* (Cheshire, CT: Graphics Press, 2006 [2003]).

201. See Robert W. Clowes, "The Cognitive Integration of E-Memory," *Review of Philosophy and Psychology* 4, no. 1 (2013): 107–33, doi:10.1007/s13164-013-0130-y。亦見Annie Murphy Paul有關學習科學的週刊：Annie Murphy Paul, "Your Two Kinds of Memory: Electronic and Organic," *The Brilliant Report*, August 6, 2014, http://anniemurphypaul.com/2014/08/your-two-kinds-of-memory-electronic-and-organic。

202. Randall S. Edson, Thomas J. Beckman, Colin P. West, et al., "A Multi-Institutional Survey of Internal Medicine Residents' Learning Habits," *Medical Teacher* 32, no. 9 (2010): 773–75, doi:0.3109/01421591003692698. Cited in Paul, "Your Two Kinds of Memory: Electronic and Organic."

203. 珍妮佛・菲利浦（Jennifer K. Phillips）和同事描述專業知識與決策之間的關係：「專家的知識基礎，比學徒和新手更廣泛、深入。他們了解專業領域中的事件動態……專家就是知道更多的事實和細節。」參見See Jennifer K. Phillips, Gary Klein, and Winston R. Siek, "Expertise in Judgment and Decision Making: A Case for Training Intuitive Decision Skills," *Blackwell Handbook of Judgment and Decision Making*, Derek J. Koehler and Nigel Harvey, eds. (Malden, MA: Blackwell Publishing, 2004), 297–315。他們指出，這類事實知識就是約翰・安德森（John Anderson）所謂的「陳述性知識」（declarative knowledge），參見John Anderson, *The Architecture of Cognition* (Cambridge, MA: Harvard University Press, 1983)。

204. Jerome Kassirer, "We Should Encourage Browsing," *British Medical Journal* 342 (2011), doi:http://dx.doi.org/10.1136/bmj.d2182。亦見Curtis A. Olson, "Focused Search and Retrieval: The Impact of Technology on Our Brains," *Journal of Continuing Education in the Health Professions* 32, no. 1 (2012), doi:10.1002/chp.21117。

205. 引自 Paul, "Your Two Kinds of Memory: Electronic and Organic."

the Future of People, Nations, and Business (New York: Knopf, 2013).

195. Philip J. Guo, Juho Kim, and Rob Rubin, "How Video Production Affects Student Engagement: An Empirical Study of MOOC Videos," *Proceedings of the First ACM Conference on Learning @ Scale Conference* (2014), doi:10.1145/2556325.2566239。亦見Philip J. Guo, "Optimal Video Length for Student Engagement," edX (blog), November 13, 2013, https://www.edx.org/blog/optimal-video-length-student-engagement#.U71MsxZFFBW。

196. Michael S. Rosenwald, "Serious Reading Takes a Hit from Online Scanning and Skimming, Researchers Say," *Washington Post*, April 6, 2014, http://www.washingtonpost.com/local/serious-reading-takes-a-hit-from-online-scanning-and-skimmingresearchers-say/2014/04/06/088028d2-b5d2-11e3-b899-20667de76985_story.html.

197. 沃夫對於「能力是如何喪失的」，提出一套發展論點：「超越文字去分析、推斷、思考新的想法，是多年培養出來的能力。那需要時間的累積，也需要努力學習以深入、廣泛的理解力去閱讀，並以閱讀行家的身分執行這些流程。這種大腦閱讀迴路沒有預先設定的模式，你在大腦中建構這種閱讀迴路時，沒有任何基因保證任何新手讀者都可以建構出這種迴路。閱讀迴路的可塑性也是它的致命弱點，它可以在日積月累下完全打造出來，並在我們閱讀時充分運作，但它也可能出現短路（可能發生在迴路形成的初期，或是在迴路建構完成後，只執行部分可用的認知資源）。由於我們實際上及生理上可以用多種方式閱讀，我們的閱讀方式以及從閱讀中吸收的東西，會受到閱讀的內容及使用的媒體所影響。」Maryanne Wolf, "Our 'Deep Reading' Brain: Its Digital Evolution Poses Questions," Nieman Reports, Summer 2010, http://www.nieman.harvard.edu/reports/article/102396/Our-Deep-Reading-Brain-Its-Digital-Evolution-Poses-Questions.aspx。沃夫對可塑性提出的論點，讓她對一件事情感到特別焦慮：「如今我們面對大量的數位即時資訊，這些資訊的接收愈來愈不需要動腦。我最擔心的是，以後讀者可能沒有時間、也沒有動機去仔細思考他們閱讀的內容中，可能還有哪些層面的意義。令人分心的事物五花八門，無處不在，再加上大腦先天就容易受到新奇事物的吸引，導致我們偏好閱讀那些盡量通俗簡化的東西。各種斷章取義的評論，反映出一種已經遺忘或是被新資訊吸引而沒時間思考的文化。參見Maryanne Wolf and Mirit Barzillai, "The Importance of Deep Reading," *Educational Leadership* 66, no. 6 (March 2009): 32–37, http://www.ascd.org/publications/educational-leadership/mar09/vol66/num06/The-Importance-of-Deep-Reading.aspx。

198. John Palfrey and Urs Gasser, *Born Digital: Understanding the First Generation of Digital Natives* (New York: Basic Books, 2010).

199. 網路研究員達娜・博依德主張，現在最重要的技能是知道如何查找事物，而不是了解事物。她的主張意味著，你需要把手機隨時帶在身邊，作為資訊義

179. Tao Lin, *Taipei* (New York: Vintage Contemporaries Original, 2013), 241.
180. 例子包括iPhone的「夫妻爭吵追蹤器」App（Marriage Fight Tracker）。
181. 這些是我早年研究身分和網際網路的主題。十多年來，我以那些主題，研究在網路上建立分身的人。參見拙著《虛擬化身：網路世代的身分認同》。
182. 關於數位媒體促進的依賴問題，以及這對人際關係的影響，參見Jeffrey K. Hall and Nancy K. Baym, "Calling and Texting (Too Much): Mobile Maintenance Expectations, (Over)dependence, Entrapment, and Friendship Satisfaction," *New Media & Society* 14, no. 2 (March 1, 2012): 316–31, doi:10.1177/1461444811415047。

教育

183. Anant Agarwal, cited in Jeffrey R. Young, "The New Rock-Star Professor," *Slate*, November 6, 2013, http://www.slate.com/articles/technology/future_tense/2013/11/udacity_coursera_should_celebrities_teach_moocs.html.
184. 即使一心多用不會導致我們做得更差，那也需要更久的時間才能完成。Carrie B. Fried, "Laptop Use and Its Effects on Student Learning," *Computers and Education* 50 (2008): 906–14, doi:10.1016/j.compedu.2006.09.006。
185. Eyal Ophir, Clifford Nass, and Anthony D. Wagner, "Cognitive Control in Media Multitaskers," *Proceedings of the National Academy of Sciences* (2009), doi:10.1073/pnas.0903620106.
186. Deborah R. Tindell and Robert W. Bohlander, "The Use and Abuse of Cell Phones and Text Messaging in the Classroom: A Survey of College Students," *College Teaching* 60, no. 1 (January 2012): 1–9, doi:10.1080/87567555.2011.604802.
187. Faria Sana, Tina Weston, and Nicholas J. Cepeda, "Laptop Multitasking Hinders Classroom Learning for Both Users and Nearby Peers," *Computers and Education* 62 (March 2013): 24–31, doi:10.1016/j.compedu.2012.10.003.
188. "AT&T Commercial—It's Not Complicated, 'Dizzy,'" YouTube video, posted by CommercialCow, February 4, 2013, https://www.youtube.com/watch?v=yYaSl_VgqbE.
189. 參見莎娣・史密斯（Zadie Smith）在著作《*NW: A Novel*》裡的謝辭 (New York: Penguin Press, 2013)。
190. Katherine N. Hayles, "Hyper and Deep Attention," *Profession* (2007): 187–99.
191. 同上，195。
192. 同上，196。
193. The Fletcher School, "Eric Schmidt and Jared Cohen on 'The New Digital Age,'" YouTube video, February 28, 2014, https://www.youtube.com/watch?v=NYGzB7uveh0.
194. Eric Schmidt and Jared Cohen, *The New Digital Age: How Technology Is Reshaping*

172. Sara H. Konrath, William J. Chopik, Courtney K. Hsing, et al., "Changes in Adult Attachment Styles in American College Students over Time: A Meta-Analysis," *Personal Social Psychology Review* (2014): 1–23, doi:10.1177/1088868314530516.
173. Barry Schwartz and Andrew Ward, "Doing Better but Feeling Worse: The Paradox of Choice," *Positive Psychology in Practice* (New York: John Wiley and Sons, 2004)。我的討論是採用史瓦茲對選擇及選擇的壓力所做的分析。我發現，他描述的動態反映在那些有關約會的訪談中。
174. 引用同上，108–110。
175. 如今，大家生活在愈來愈小的家庭和社交圈裡。一項研究比較1985年和2004年的資料，結果發現，美國人可以討論重要事情的平均人數縮減了近三分之一。有些人甚至覺得自己完全找不到討論重要事情的對象，這種美國人的人數多了一倍。調查發現，家庭和非家庭的知己都減少了，其中又以非家庭的知己減少最多。參見Miller McPherson, Lynn Smith-Lovin, and Matthew E. Brashears, "Social Isolation in America: Changes in Core Discussion Networks over Two Decades," *American Sociological Review* 71, no. 3 (June 1, 2006): 353–75, doi: 10.1177/000312240607100301。
176. Sheena Iyengar and Mark R. Lepper, "When Choice Is Demotivating: Can One Desire Too Much of a Good Thing?" *Journal of Personality and Social Psychology* 79, no. 6 (December 2000): 995–1006, doi:10.1037//0022-3514.79.6.995.
177. 社會學家傑若米．本霍茲（Jeremy Birnholtz）認為，一般人在網路上有時會依賴所謂的「管家謊言」（butler lie，一種管理個人時間的招數，用來禮貌地結束電子郵件、即時訊息或電話交談的謊言。），以迴避經常聯繫的缺點。例如，一個女人不想和某個追求者往來，她收到那個人的簡訊時，可能會回應：「現在不方便說話，我在看電影。」參見Lindsay Reynolds, Madeline E. Smith, Jeremy P. Birnholtz, et al., "Butler Lies from Both Sides: Actions and Perceptions of Unavailability Management in Texting," in *Proceedings of the 2013 Conference on Computer Supported Cooperative Work* (2013): 769–78, doi:10.1145/2441776.2441862。
178. 十八至二十九歲有認真交往對象及手機的年輕人中，42%表示他們和戀人在一起時，對方曾因手機而分心（所有的情侶中，25%表示對方曾因手機分心）。Amanda Lenhart and Maeve Duggan, "Couples, the Internet, and Social Media," Pew Research Center's Internet & American Life Project, February 11, 2014, http://www.pewinternet.org/2014/02/11/couples-the-internet-and-social-media/。2015年英國一項研究顯示，四分之一的手機用戶在性愛進行時接聽電話。http://www.yourtango.com/201165808/shocking-stat-25-percent-people-answer-phone-during-sex。在美國，2013年的哈里斯民調（Harris poll）顯示，十八到三十四歲的人中，有20%在性愛進行時接聽電話。http://www.cbsnews.com/news/cell-phone-use-duringsex-believe-it/。

西罷了？那些對Google眼鏡抱持樂觀態度的探索者令我感動，他們覺得科技很美妙，希望能用它來解決嚴重的人類問題。但是，擁有一項技術，並不表示那項技術對每種人類用途都有助益。對有些人類用途來說，我們可能已經擁有適合的技術了：人與人的交談。

160. Google眼鏡的使用者認為，運用這種技術可以幫助自閉症系列障礙者，尤其對亞斯伯格症患者很有幫助。有了Google眼鏡，就可以一再重複播放之前沒有充分了解的互動和對話。

161. Mark R. Dadds, Jennifer L. Allen, Bonamy R. Oliver, et al., "Love, Eye Contact, and the Developmental Origins of Empathy Versus Psychopathy," *British Journal of Psychiatry* 200 (2012): 191–96, doi:0.1192/bjp.bp.110.085720.

162. Daniel Siegel, cited in Mark Matousek, "The Meeting Eyes of Love: How Empathy Is Born in Us," http://www.psychologytoday.com/blog/ethical-wisdom/201104/themeeting- eyes-love-how-empathy-is-born-in-us.

163. At Sushi Senji cited in Kate Murphy, "Psst. Look Over Here," *New York Times*, May 16, 2014, http://www.nytimes.com/2014/05/17/sunday-review/the-eyes-have-it.html.

164. 這是引用自心理學家莎拉·孔瑞思（Sara Konrath）的論文，她從七十二個研究中蒐集證據。那些研究顯示，美國大學生的同理心水準比二十年前下滑了40%。她指出，過去十年間，跌幅特別急劇。參見Sara Konrath, Edward H. O'Brien, and Courtney Hsing, "Changes in Dispositional Empathy in American College Students over Time: A Meta-Analysis," *Personality and Social Psychology Review* 15, no. 2 (May 1, 2011): 180–98, doi:10.1177/1088868310377395。

165. 這個論點最有說服力的說法，是來自網路學者達娜·博依德（danah boyd）有關社群網絡與青少年的著作。danah boyd,《鍵盤參與時代來了！》（*It's Complicated: The Social Lives of Networked Teens*，時報出版）。

166. Plato, Phadedrus, Christopher Rowe, trans. (New York: Penguin Classics, 2005).

167. Rowan Williams, "The Paradoxes of Empathy," Tanner Lectures on Human Values, Cambridge, MA, April 8–10, 2014.

168. William Deresiewicz, "Faux Friendship," *Chronicle of Higher Education*, December 6, 2009, 2014, http://chronicle.com/article/Faux-Friendship/49308.

169. Mihaly Csikszentmihalyi, *Flow: The Psychology of Optimal Experience* (New York: Harper Perennial Modern Classics, 2008 [1990]), 186.

170. Henry David Thoreau, *The Writings of Henry David Thoreau*, Bradford Torrey, ed., Journal IV, May 1, 1852–February 27, 1853 (Boston: Houghton Mifflin and Company, 1906), 397.

171. Csikszentmihalyi, *Flow*, 189.

愛情

Social Networks, Self-Esteem, and Self-Control," *Journal of Consumer Research* 40 (November 27, 2012), doi:10.1086/668794.

157. Sara H. Konrath, William J. Chopik, Courtney K. Hsing, et al., "Changes in Adult Attachment Styles in American College Students Over Time: A Meta-Analysis," *Personal Social Psychology Review* (2014): 1–23, doi:10.1177/1088868314530516.

158. 在記錄生活的科技方面，已有廣泛的實驗。從1980年代中期開始，MIT媒體實驗室的史蒂夫・曼恩（Steve Mann）就戴著可穿戴設備來記錄日常生活的體驗。曼恩的目的有兩個，一個是藉由監視自己的環境，提出有關監視的主張；另一個目的是實驗電算和記憶功能。關於他的經驗，參見Steve Mann, with Hal Niedzviecki, *Digital Destiny and Human Possibility in the Age of the Wearable Computer* (New York: Random House, 2001)。MIT媒體實驗室機械合體人小組（cyborg group）的另一位成員賽德・史塔納（Thad Starner）則是研究「記憶代理人」（Remembrance Agent）。這個工具可以放在你的電腦桌面上（現在可放在行動裝置上），不僅記錄你正在做什麼，也會建議接下來你可能感興趣的東西。參見Bradley J. Rhodes and Thad Starner, "Remembrance Agent: A Continuously Running Personal Information Retrieval System," *Proceedings of the First International Conference on the Practical Application of Intelligent Agents and Multi-Agent Technology (PAAM '96)* , 487–95, www.bradleyrhodes.com/Papers/remembrance.html)。戈登・貝爾（Gordon Bell）運用這些概念，和吉姆・格默爾（Jim Gemmell）一起開發了MyLifeBits系統，透過穿戴式相機和麥克風，幫用戶記錄生活的點點滴滴。參見Gordon Bell and Jim Gemmell, "A Digital Life," *Scientific American* 296, no. 3 (March 2007): 58–65, http://www.scientificamerican.com/article/a-digital-life. Bell and Gemmell published a book-length discussion of this project, *Total Recall: How the E-Memory Revolution Will Change Everything* (New York: Dutton, 2009)。這類科技夢想發展已久，Google眼鏡是最近的發展實例。

159. Google暫時取消Google眼鏡專案，但是它把Google眼鏡發給測試員（所謂的Google眼鏡「探索者」）時，我聽說Google眼鏡將會作為同理心輔助器或同理心訓練器（我聽到許多不同的說法）。一位二十六歲的男性測試員談到，Google眼鏡可以提供給曾對少數族群暴力相向的人，讓他們從受害者的觀點去了解種族暴力。他知道有些方案可以讓人談論暴力、種族滅絕、受害者、加害者等等，讓人設身處地為他人著想，例如「面對歷史和我們自己」的課程（Facing History and Ourselves）。但是他認為科技會比「那種東西」更有效。為什麼呢？「親眼看到比聽到的效果更強大，如今大家已厭倦文字，他們比較想看到的東西，而不是聽很長的故事。」在他看來，與其以目前的方式（深入談論過去）培養同理心和道德感，還不如使用「同理心機器」，效果更加迅速。我們這個因種族和經濟而分裂的社會，真的需要這種「第一人稱視角的暴力」嗎？還是，我們提供那種科技，只是因為我們有能力做出那種東

Maeve Duggan, et al., "Teens and Technology 2014," Pew Research Center's Internet & American Life Project, March 13, 2013。關於2015年的數字，參見Lenhart, "Teens, Social Media, and Technology Overview 2015."。

151. 桑塔格寫道，她的說法其實是更新十九世紀法國詩人馬拉美（Mallarmé）的主張：「如今，一切事物的存在，都是為了在一本書裡終結。」Susan Sontag, *On Photography* (New York: Picador, 2001 [1973])。

152. Google眼鏡是可穿戴技術把訊息直接顯示在佩戴者視野中的一個實例。關於「觸碰手鐲」（tap bracelet），詳情參見http://www.usemagnet.com。

153. Andrew Przybylski and Netta Weinstein, "Can You Connect with Me Now? How the Presence of Mobile Communication Technology Influences Face-to-Face Conversation Quality," *Journal of Social and Personal Relationships* (2012): 1–10, doi:10.1177/0265407512453827。亦見Shalinni Misra, Lulu Cheng, Jamie Genevie, et al., "The iPhone Effect: The Quality of In-Person Social Interactions in the presence of Mobile Devices," *Environment and Behavior* (2014): 124, doi: 10.1177/00139165 1453975.

154. 最近一項研究顯示，兩個人對手機的使用規範有共識時，使用手機不會對兩人的關係產生負面影響。即使有更廣大的手機社會規範需要遵循，那也不重要。重要的是，彼此之間對於手機的使用是否有共識。Jeffrey Hall, Nancy Baym, and Kate Miltner, "Put Down That Phone and Talk to Me: Understanding the Roles of Mobile Phone Norm Adherence and Similarity in Relationships," *Mobile Media & Communication* 2, no. 2 (May 1, 2014): 134–53, doi:10.1177/2050157913517684。不過，這項研究沒有回答一個問題。即使你「允許」朋友暫停對話去使用手機，即使你說你不會為此感到不高興，那種自我報告式的調查也無法衡量你們的關係可能出現的變化。例如，〈Can You Connect with Me Now?〉和〈The iPhone Effect〉這兩個報告指出，研究顯示，只要手機出現在社交場合上，就會影響談論的話題。這些研究顯示，朋友暫停對話去使用手機時，你可能不會為此生氣，但那不表示對話的性質沒變。

155. 這種看待友誼的方式，是把朋友視為App。哈佛大學發展心理與教育學的教授霍華德．嘉納（Howard Gardner）和華盛頓大學資訊學院的教授凱蒂．戴維斯（Katie Davis）在《破解APP世代》（*The App Generation: How Today's Youth Navigate Identity, Intimacy, and Imagination in a Digital World*，時報出版）裡，討論了這種感受。嘉納和戴維斯區分「App依賴」（app-dependent）和「App賦能」（App-enabled）的差異。當我們覺得可能發生的事情受到App的限制，而且只處理App可解決的問題時，那就是「App依賴」。當我們使用App來節省時間，以便專注於重要事物，或是為我們指引新方向時，那就是「App賦能」。嘉納和戴維斯擔心年輕人可能比較偏向「App依賴」。

156. Keith Wilcox and Andrew T. Stephen, "Are Close Friends the Enemy? Online

of Devices, Sherry Turkle, ed. (Cambridge, MA: The MIT Press, 2008)。

143. Jean Lave and Etienne Wegner, *Situated Learning: Legitimate Peripheral Participation* (Cambridge, UK: Cambridge University Press, 1991).

144. 這裡（家庭）出現一個議題，很像一種更大規模的隱私問題，後面我會回頭討論，參見「公共領域」那章。

友誼

145.《麥克米倫字典》，熱門字單元，"Phubbing", http://www.macmillandictionary.com/us/buzzword/entries/phubbing.html.。

146. 2012年，皮尤研究中心的報告顯示，「63%的青少年表示，他們每天都會和周遭的人傳送簡訊，使用頻率遠遠超過其他形式的日常溝通，包括手機通話（39%的青少年每天以手機通話）、校外的面對面交流（35%），社群網站的傳訊（29%），即時通（22%）、固網（19%）、電郵（6%）。Amanda Lenhart, "Teens, Smartphones & Texting," Pew Research Center's Internet & American Life Project, March 19, 2012, http://www.pewinternet.org/2012/03/19/teens-smartphones-texting. 到了2015年，88%的青少年有手機或智慧型手機。那些有手機的青少年中，90%每天傳簡訊。Lenhart, "Teens, Social Media & Technology Overview 2015," Pew Research Center's Internet, Science, and Technology Project, April 9, 2015, http://pewinternet.org/2015/04/09/teens-social-media-technology-2015.

147. 在這種情況下，接收方可以選擇保留訊息，但接收方選擇保留訊息時，發送方會收到通知。

148. 研究顯示，用戶被動地接收他人的照片和發文，而不是自己主動發文及上傳照片時，他們往往會覺得更嫉妒、更孤單。例如，參見Edson C. Tandoc, Patrick Ferrucci, and Margaret Duffy, "Facebook Use, Envy, and Depression Among College Students: Is Facebooking Depressing?" *Computers in Human Behavior* 43 (2015): 139–46, doi:10.1016/j.chb.2014.10.053.。關於臉書和不快樂的相關研究，參見Maria Konnikova, "Why Facebook Makes Us Unhappy," *The New Yorker*, September 10, 2013, http://www.newyorker.com/tech/elements/howfacebook-makes-us-unhappy.

149. David Riesman, *The Lonely Crowd, Revised Edition: A Study of the Changing American Character* (New Haven, CT: Yale University Press, 2001 [1950]).

150. 2012年，皮尤研究中心的報告指出，近25%的美國青少年擁有智慧型手機（而不是普通手機）。2013年，那個比例已升為50%。2015年，皮尤發現88%的美國青少年持有手機，73%持有智慧型手機。關於2012年的數字，參見Amanda Lenhart, "Cell Phone Ownership," Pew Research Center's Internet & American Life Project, March 19, 2012, http://www.pewinternet.org/2012/03/19/cellphone-ownership。關於2013的數字，參見 Mary Madden, Amanda Lenhart,

of Mobile Device Use by Caregivers and Children During Meals in Fast Food Restaurants," *Pediatrics* 133, no. 4, doi:10.1542/peds.2013-370。一些速食店把有觸控螢幕的平板電腦安裝在餐桌上，目的是讓顧客用觸控螢幕點餐。點餐後，兒童可以用那個螢幕來玩遊戲。有了這種創新設計，餐廳可能變成近乎沉靜的地方。顧客不必跟服務生對話，而且這個研究也顯示，大人和小孩已經不太交談。

134. Edward Tronick, Heidelise Als, Lauren Adamson, et al., "The Infant's Response to Entrapment Between Contradictory Messages in Face-to-Face Interaction," *Journal of the American Academy of Child Psychiatry* 17, no. 1 (1978): 1–113, doi:10.1016/S0002-7138(09)62273-1。亦見Lauren B. Adamson and Janet E. Frick, "The Still Face: A History of a Shared Experimental Paradigm," *Infancy* 4, no. 4 (October 1, 2003): 451–73, doi:10.1207/S15327078IN0404_01。

135. James Swain, Sara Konrath, Carolyn J. Dayton, et al., "Toward a Neuroscience of Interactive Parent-Infant Dyad Empathy," *Behavioral and Brain Sciences* 36, no. 4 (2013): 438–39, doi:10.1017/S0140525X12000660.

136. Nicholas Carr, *The Shallows: What the Internet Is Doing to Our Brains* (New York: W. W. Norton, 2010), 33.

137. 關於沃夫如何處理閱讀問題及大腦的可塑性，參見*Proust and the Squid: The Story and Science of the Reading Brain* (New York: Harper, 2007)。沃夫對「你在Google上的心思」這個更廣泛的概念所做的研究，啟發了尼可拉斯．卡爾。關於沃夫最近研究的報導，參見Michael S. Rosenwald, "Serious Reading Takes a Hit from Online Skimming, Researchers Say," *Washington Post*, April 6, 2014, http://www.washingtonpost.com/local/serious-reading-takes-a-hit-from-online-scanning-and-skimmingresearchers-say/2014/04/06/088028d2-b5d2-11e3-b899-20667de76985_story.html

138. 電腦以這種類似「家庭壁爐」的方式使用時，也可以把家人凝聚在一起。Wii（把電視螢幕變成虛擬網球場、保齡球館、高爾夫球場的遊戲機）之所以流行，部分原因在於家人和朋友可以一起同樂。這和蕾斯莉描述的「連鎖反應」（每個人各自沉浸在手機螢幕中）是截然不同的螢幕使用方式。

139. Erik Erikson, *Childhood and Society* (New York: W. W.Norton, 1950).

140. 我是2013年夏季前往夏令營訪問，訪問對象是十四、十五歲的青少年，他們都是十人一組接受訪問，共有六組。當然，這些「床鋪聊天」訪談是在特殊的環境中進行，他們在為期一個月的夏令營一開始，就把手機交出去，所以這些青少年是自願擺脫手機那麼長的時間。

141. "Louis C.K. Hates Cell Phones," YouTube video, *Conan O'Brien*, posted by Team CoCo, September 20, 2013, https://www.youtube.com/watch?v=5HbYScltf1c.

142. 參見《在一起孤獨》以及 John Hamilton, "The World Wide Web," Kim Leary, "Cyberplaces," and Marsha Levy-Warren, "Computer Games," in *The Inner History*

數據的演算法，「那不見得會轉化成對自我的全面理解。」Evgeny Morozov, interviewed by Natasha Dow Schüll, Public Books, 2013, http://www.publicbooks.org/interviews/the-folly-oftechnological-solutionism-an-interview-with-evgeny-morozov。亦見Gideon Lewis-Kraus, "Numerical Madness," *Harper's*, September 2013, http://harpers.org/archive/2013/09/numer ical-madness。

123. 750words.com是使用文本分析系統「Regressive Imagery Dictionary」來報告用戶的情緒狀態。參見http://www.kovcomp.co.uk/wordstat/RID.html。

124. Evgeny Morozov, *To Save Everything, Click Here: The Folly of Technological Solutionism* (New York: Public Affairs, 2013).

125. Natasha Dow Schüll, interviewing Morozov for Public Books.

126. 莫里斯和團隊的研究例子包括瑪格麗特・莫里斯（Margaret Morris）、夸西・凱薩瓦拉（Quasi Kathawala）、塔德・李恩（Todd K. Leen）等人。"Mobile Therapy and Mood Sampling: Case Study Evaluations of a Cell Phone Application for Emotional Self-Awareness," *Journal of Medical Internet Research* 12, no. 2 (2010), doi:10.2196/jmir.1371, and Margie Morris and Farzin Guilak, "Mobile Heart Health: Project Highlight," *IEEE Pervasive Computing* 8, no. 2 (2009), doi:10.1109/MPRV.2009.31

127. 莫里斯與作者的私下通訊，2014年7月3日。

128. Tara L. Kraft and Sarah D. Pressman, "Grin and Bear It: The Influence of Manipulated Facial Expression on the Stress Response," *Psychological Science* 23, no. 11 (2012): 1372–78, doi:10.1177/0956797612445312.

129. 在維多利亞時代末期，避免自我審查原本是精神分析避免面對面對話的原因之一。當時的想法是，如果分析師坐在患者的後方，患者比較願意透露想到的事情，分析師也可以讓自己的思想超越文字。在分析過程中，分析師以自由浮動的注意力來關注患者的一連串聯想。這樣做的目的，是為了幫分析師和患者善用潛意識。

130. Adam Phillips, *On Kissing, Tickling, and Being Bored: Psychoanalytic Essays on the Unexamined Life* (Cambridge, MA: Harvard University Press, 1998).

家庭

131. 回想一下，前面那個不同社經背景的兒童發展出不同語言能力的研究。弱勢家庭的孩子認識的字彙較少，語言處理速度較慢，他們從小表達自我的能力落後。Anne Fernald, Virginia A. Marchman, and Adriana Weisleder, "SES Differences in Language Processing Skill and Vocabulary Are Evident at Eighteen Months," *Developmental Science* 16, no. 2 (2013): 234–48。

132. 透過電郵與作者的私下通訊，2014年7月2日。

133. 研究中，五十五名成人裡，有十六人沒有使用手機，四人與孩子分享手機上的東西。Jennifer Radesky, Caroline J. Kistin, Barry Zuckerman, et al., "Patterns

的步調會開始感到混亂。大家開始擔心自己在網路上分享「太多」，卻依然持續分享，因為分享是新的常態。不過，自從史諾登事件爆發後，美國人的線上行為開始出現一些改變，有些人變得比較沉默。參見Lee Rainie and Mary Madden, "Americans' Privacy Strategies Post-Snowden," Pew Research Center for Internet, Technology, and Society, March 16, 2015, http://www.pewinternet.org/2015/03/16/americans-privacy-strategies-post-snowden。

118. Jamie Bartlett, "Brand You: Why Facebook and Twitter Are Deliberately Turning Us into Narcissists," The Telegraph, December 27, 2013, http://blogs.telegraph.co.uk/technology/jamiebartlett/100011912/why-facebook-google-and-twitter-aredeliberately-turning-us-into-narcissists.。臉書不是唯一這樣做的媒體，Google和推特也提供類似的回顧功能，並搭配背景音樂。

119. 2014年年底，新聞報導「年度回顧」功能所引發的反應。網頁設計顧問兼作家艾瑞克．邁耶（Eric Meyer）的六歲女兒是當年六月過世。他收到臉書的「精彩集錦回顧」時很生氣。那支影片凸顯了女兒的身影，並以歡樂的氣球和跳舞的動畫包圍著她。邁耶在部落格上寫道：「這種殘酷的演算疏失是程式碼造成的，在絕大多數的情況下，程式碼可以提醒大家一年的精彩片段，顯示他們在派對上的自拍照、在賞鯨船上看到的鯨魚噴水、或是度假屋外面的碼頭。但是對痛失親人、長期住院、遭受離婚或失業打擊，或遇上任何危機的人來說，他們可能根本不想回顧過去那一年。」
邁耶建議網站做一些簡單的程式修復，臉書可以先確定用戶想看某張照片之後，才把照片顯示出來。此外，不要「強迫」用戶接受那個功能。「或許它可以問用戶想不想預覽，只要簡單回覆就好（是或否）……也許系統無法可靠地預測用戶想不想回顧那一年，但是，如果那是用戶想要的東西，禮貌地詢問，設身處地為用戶著想，一點也不難。」臉書後來道歉了。邁耶在那篇部落格文章的最後，呼籲整個產業多思考他們接觸的人。那個論點明顯呼應了本書的大部分主題，邁耶說：「假如我能修改這個產業的一件事，一件事就好，那會是：提高大家對失靈模式、邊緣用例、最壞情況的關注和思考。」http://meyerweb.com/eric/thoughts/2014/12/24/inadvertentalgorithmic-cruelty。

120. 臉書這個「精彩集錦回顧」專案是為了十週年紀念而推出的。其他的App也為各自的目的，推出這類回顧功能。例如，Timehop把一年前用戶做的事情做成快照，然後傳給用戶，並稱之為「你的時間膠囊」。它把這種資訊放在「我分享，故我在」的情感脈絡中，假設你會「與朋友一起慶祝過去的美好時刻！」，詳情參見 www.timehop.com。

121. 當然，有些人比其他人更投入量化自我的概念。就像任何運動一樣，每個人的參與度各不相同。有些人只追蹤行動App上的運動計畫，覺得那有助於維持減肥方案。有些人把裝置上的資料帶去接受訪問，以便分析數據。有些人努力開發更完美的追蹤裝置，以及闡述那些量化自我的方式。

122. 技術評論家莫洛佐夫說明這種自我模型的不透明問題：如果你不理解那個產出

distraction.

110. Maggie Jackson's *Distracted: The Erosion of Attention and the Coming Dark Age* (New York: Prometheus Books, 2008) 探討導致我們心不在焉的心理和社會因素（尤其是pp. 45–127）。亦見Emily Yoffe, "Seeking How the Brain Hardwires Us to Love Google, Twitter, and Texting. And Why That's Dangerous," *Slate*, August 12, 2009, http://www.slate.com/articles/health_and_science/science/2009/08/seeking.html。
111. Jonathan Schooler, cited in Glausiusz, "Devoted to Distraction."
112. Erikson, *Identity and the Life Cycle and Childhood and Society*.
113. William Deresiewicz, "Solitude and Leadership: If You Want Others to Follow, Learn to Be Alone with Your Thoughts," *American Scholar*, March 1, 2010, http://Theamericanscholar.Org/Solitude-And-Leadership/#.Vdf1b-Erhx4.

自省

114. 例如，參閱哲學家查爾斯·泰勒（Charles Taylor）如何解釋精神分析的「內化客體」（internalized objects）概念：「在對話中，我們總是以重要的家人想看見我們具備的特質，來定義我們的身分，有時內心百般的不願意。即使我們長大後脫離了其中一些人（例如父母），或者他們從我們的生活中消失，但只要我們還活著，我們與他們的對話仍會長久存在我們的心中。」Charles Taylor, *Multiculturalism: Examining the Politics of Recognition* (Princeton, NJ: Princeton University Press, 1994 [1992]), 37
115. 人類學家娜塔莎·舒爾（Natasha DowSchüll）最早使用這個詞，她正在進行自我追蹤的民族志。*Keeping Track: Personal Informatics, Self-Regulation, and the Data-Driven Life* (New York: Farrar, Straus and Giroux, forthcoming 2016)
116. 參考拙著《虛擬化身：網路世代的身分認同》，亦見Amy Bruckman, "Identity Workshops: Emergent Social and Psychological Phenomena in Text-Based Virtual Reality," unpublished essay (Media Lab, Massachusetts Institute of Technology, 1992), ftp://ftp.cc.gatech.edu/pub/people/asb/papers/identity-workshop.ps。
117. 光是被觀察，也可能使人自尊低落，產生憂鬱或焦慮的感覺。所以，人放棄愈多隱私時，感覺愈不快樂，這個結果並不令人意外。參見Kate Murphy, "We Want Privacy but Can't Stop Sharing," *New York Times*, October 4, 2014, http://www.nytimes.com/2014/10/05/sunday-review/we-want-privacy-but-cant-stop-sharing.html。社會滲透理論（social penetration theory）描述自我揭露的互相對應型態，在面對面的世界裡可以保護隱私，促進親近關係。然而，這種型態在網路上中斷了，由新的社會習俗取而代之。參見 Irwin Altman and Dalmas Arnold Taylor, *Social Penetration: The Development of Interpersonal Relationships* (New York: Holt, 1973)。然而，即使隱私日益減少，大家依然留在社群媒體上，擔心自己遭到冷落。一旦加入社群媒體，我們對於自我揭露

doi:10.1126/science.1239918. P. Matthijs Bal and Martijn Veltkamp, "How Does Fiction Reading Influence Empathy? An Experimental Investigation on the Role of Emotional Transportation," *PLOS ONE*, January 30, 2013, doi:10.1371/journal.pone.0055341.

101. 賓州大學的心理學家安琪拉·達克沃斯（Angela Lee Duckworth）以「恆毅力」作為預測成功的指標，並使那個概念普及。Angela Lee Duckworth and Lauren Eskreis-Winkler, "True Grit," *Association for Psychological Science Observer* 26, no. 4 (2013), http://www.psychologicalscience.org/index.php/publications/observer/2013/april-13/true-grit.html。

102. 溫尼考特以關注孩子的「獨處能力」聞名，參見Winnicott, "The Capacity to Be Alone," 29–37. For an eloquent elaboration of Winnicott's perspective on boredom, see Adam Phillips, *On Kissing, Tickling, and Being Bored: Psychoanalytic Essays on the Unexamined Life* (Cambridge, MA: Harvard University Press, 1998), 69。

103. Natasha Dow Schüll, *Addiction by Design* (Princeton, NJ: Princeton University Press, 2012), 173.

104. Alexis Madrigal, "The Machine Zone: This Is Where You Go When You Can't Stop Looking at Pictures on Facebook," *The Atlantic*, July 31, 2013, http://www.theatlantic.com/technology/archive/2013/07/the-machine-zone-this-is-where-you-go-when-youjust-cant-stop-looking-at-pictures-on-facebook/278185.

105. Mihaly Csikszentmihalyi, *Flow: The Psychology of Optimal Experience* (New York: Harper, 2008 [1990]).

106. The Fletcher School, "Eric Schmidt and Jared Cohen on 'The New DigitalAge,'" YouTube video, February 28, 2014, https://www.youtube.com/watch?v=NYGzB7uveh0.

107. Henri Poincaré, "Mathematical Creation," *The Monist* 20 no. 3 (1910): 321–35.

108. 華盛頓大學資訊學院的電腦學家兼哲學家大衛·李維（David Levy）曾試圖把龐加萊（Poincaré）的直覺加以系統化。他利用科學家、藝術家、哲學家的論述，研究緩慢刻意的努力與創意「靈光乍現」之間的關聯。
李維指出，哲學家很早以前就把迅速的常規思想和緩慢的深入努力區分開來了。李維認為，凡納爾·布希（Vannevar Bush）對邏輯流程（「順著可接受的脈絡」）和成熟創意流程的區別，可溯及中世紀學者對快／慢的區別（區分知性〔論述性的思考〕和理性〔純粹觀看〕）。參見David Levy, "No Time to Think: Reflections on Information Technology and Contemplative Scholarship," *Ethics and Information Technology* 9, no. 4 (2007): 237–49, doi:10.1007/s10676-007-9142-6。

109. Jonathan Schooler, cited in Josie Glausiusz, "Devoted to Distraction," *Psychology Today*, March 1, 2009, http://www.psychologytoday.com/articles/200903/devoted-

89. 例如，在麻省理工學院，西摩爾・派普特（Seymour Papert）的學習和認識論族群（Learning and Epistemology Group）進行「建構主義者」的傳統研究：研究兒童一開始就自己寫程式的狀況。這個立場的典型論述是收錄在派普特的著作《*Mindstorms: Children, Computers, and Powerful Ideas*》中（New York：Basic Books，1980）。這種建構式研究的傳統，持續在麻省理工學院的終身幼稚園研究團隊（Lifelong Kindergarten Group）裡進行。MIT的米謝爾・雷斯尼克（Mitchel Resnick）也持續開發Scratch程式語言。http://scratch.mit.edu/info/research.
90. Winnicott, "The Capacity to Be Alone," 29–37.
91. 也就是說，思考時需要獨處，那是我們和自己的對話。Hannah Arendt, *The Origins of Totalitarianism* (New York: Harcourt Brace Jovanovich, 1974), 174。
92. Paul Tillich, *The Eternal Now* (New York: Scribner, 1963), 17–18.
93. 「那使我們得不到可靠父母的關注，萬一剛好沒有東西彌補那個缺憾，我們會一輩子感到孤獨。不僅如此，那種寂寞感可能會使我們陷入憂鬱、自我懷疑、憤怒、悲觀、羞怯，以及對批評過度敏感。」Judith Shulevitz, "The Science of Loneliness: How Isolation Can Kill You," *New Republic*, May 13, 2013, http://www.newrepublic.com/arti cle/113176/science-loneliness-how-isolation-can-kill-you
94. Sy Safransky, ed., *Sunbeams: A Book of Quotations* (Berkeley, CA: North Atlantic Books, 1990), 42
95. Rainer Maria Rilke, *Letters to a Young Poet*, Stephen Mitchell, trans. (New York: Vintage Books, 1984 [1929]), 54.
96. Reed Larson, "The Emergence of Solitude as a Constructive Domain of Experience in Early Adolescence," *Child Development* 68, no. 1 (1997): 80–93.
97. 我覺得我們有理由感到樂觀。大眾對冥想及「正念」愈來愈感興趣——除了個人投入以外，愈來愈多的公司也開始把它們納入職場——由此可見，個人和組織都想培養獨處的能力。關於企業對正念的興趣，參見David Gelles, *Mindful Work* (New York: Houghton Mifflin, 2015), and David Hochman, "Mindfulness—Getting Its Share of Attention," *New York Times*, November 1, 2013, http://www.nytimes.com/2013/11/03/fashion/mindfulness-and-meditation-are-capturing-attention.html?pagewanted=all。
98. 參見http://zenhabits.net/creative-habit。
99. 坎恩繼續指出：「62%績效良好的人認為，他們的工作空間有足夠的隱私。相較之下，績效不佳的人中，僅19%覺得他們的空間有足夠的隱私。76%績效低落的工程師表示，別人常對他們做不必要的干擾。相較之下，績效優異的工程師中，僅38%覺得自己常受到干擾。」Cain, *Quiet*, 84
100. David Comer Kidd and Emanuele Castano, "Reading Literary Fiction Improves Theory of Mind," Science 342, no. 6156 (October 18, 2013): 377–80,

列障礙（autistic spectrum disorder）之間可能有關聯：對他們來說，預設模式網絡的中斷「可能導致心思專注在環境上，不理會他人的想法」。

81. 2012年有一項研究顯示，十二至十七歲的青少年一天傳送的簡訊中位數（亦即樣本內中間的用戶）從2009年的五十則，增至2011年的六十則。至於十四到十八歲的女孩，每天傳送的簡訊中位數是一百則。Amanda Lenhardt, "Teens, Smartphones & Texting," March 19, 2012, Pew Research Center for Internet, Science, and Technology, http://www.pewinternet.org/2012/03/19/teens-smartphones-texting。
82. Donald W. Winnicott, "The Capacity to Be Alone," *The Maturational Processes and the Facilitating Environment: Studies in the Theory of Emotional Development* (London: The Hogarth Press and the Institute of Psycho-Analysis, 1965), 32.
83. 梭羅，《湖濱散記》。
84. 例如，參見Kalina Christoff, Alan M. Gordon, Jonathan Smallwood, et al.,"Experience Sampling During fMRI Reveals Default Network and Executive System Contributions to Mind Wandering," *Proceedings of the National Academy of Sciences* 106, no. 21 (May 26, 2009): 8719–24, doi:10.1073/pnas.0900234106；亦見約翰·堤爾尼（John Tierney）對「思緒神遊」的研究，"Discovering the Virtues of Mind Wandering," *New York Times* (June 28, 2010), http://www.nytimes.com/2010/06/29/science/ 29tier.html?pagewanted=all&_r=0, and Josie Glausiusz, "Devoted to Distraction," *Psychology Today*, March 1, 2009, http://www.psychology today.com/articles/200903/devoted-distraction。
85. 關於我們對社交的熱愛，甚至把它變成一種公民美德，可參見蘇珊·坎恩（Susan Cain）的《安靜，就是力量》（*Quiet*）。
86. 在《安靜，就是力量》中，蘇珊·坎恩提到這個引人注目的故事：最早鼓吹腦力激盪、鼓勵大家集思廣益的研究，是1940年代亞歷克斯·奧斯本（Alex F. Osborn）在《發揮你的創造力》（*Your Creative Power*）裡提出的 (New York: Scribner, 1948).。凱斯·索伊爾（Keith Sawyer）在《團隊的天才》裡（*Group Genius: The Creative Power of Collaboration*）(New York: Basic Books, 2007)，檢視奧斯本的研究：結果顯示，儘管腦力激盪激發出更多的點子，但那樣做也促成了更多**糟糕的點子**。大家被迫接受那些糟糕的點子，以示自己是團隊的一員。
87. 美國疾病管制與預防中心（CDC）的統計資料顯示，五歲以下兒童的非致命傷害在2007到2010年間上升了12%，一反過去十年這類意外事故減少的狀況。參見Ben Worthen, "The Perils of Texting While Parenting," *Wall Street Journal*, September 29, 2012, http://online.wsj.com/news/articles/SB10000872396390444772404577589683644202996。
88. Erik Erikson, *Identity and the Life Cycle* (New York: W. W. Norton, 1980 [1952]), and *Childhood and Society* (New York: Norton, 1950).

Computing (Cambridge, MA: The MIT Press, 2000)。
70. 詳情請參見拙著《在一起孤獨》。
71. 這個議題是科技評論家耶夫根尼・莫洛佐夫（Evgeny Morozov）的著作《技術至死：數字化生存的陰暗面》（*To Save Everything, Click Here: The Folly of Technological Solutionism*）所探討的主題 (New York: Public Affairs, 2013)。他在書中指出，這種謬論是「解決方案主義」（solutionism）。
72. 有些公司要求員工在上班日在一段「可預知的時間」抽離手機，例如參見波士頓諮詢公司（BCG）的個案。值得注意的是，這種計畫也應該包括你在共事團隊中為了規劃工作及支持團隊的講話時間。參見Leslie A. Perlow, *Sleeping with Your Smartphone* (Cambridge, MA: Harvard Business Review Press, 2012)。
73. 例如參見digitaldetox.org。那裡的規矩是：「不用數位科技。不用手機、網路或螢幕。遠離社群恐慌症。」
74. "Steve Jobs didn't let his children use iPhones and here's why." *Inquisitr*, September, 11, 2014, http://www.inquisitr.com/1468612。蘋果的首席設計師強納森・艾夫（Jonathan Ive）也限制孩子使用螢幕的時間，參見Ian Parker, "The Shape of Things to Come," *The New Yorker*, February 23, 2015, http://www.newyorker.com/magazine/2015/02/23/shape-things-come。
75. Sara Konrath, "Harnessing Mobile Media for Good," *Psychology Today*, December 18, 2013, http://www.psychologytoday.com/blog/the-empathy-gap/201312/harnessing-mobilemedia-good.
76. 這句簡單的論述是大家不見得承認、但心知肚明的事情。關於這句話的證據，可以參見布芮尼・布朗的TED演講「脆弱的力量」。那場演講十分熱門，累積觀看次數已逾兩千萬次。http://www.ted.com/talks/brene_brown_on_vulnerability?language=en。

獨處

77. "Louis C.K. Hates Cell Phones," September 20, 2013, YouTube video, *Conan O'Brien*, posted by Team CoCo, September 20, 2013, https://www.youtube.com/watch?v=5HbYScltf1c.
78. 同上。
79. Susan Cain, *Quiet: The Power of Introverts in a World That Can't Stop Talking*(New York: Crown, 2012).
80. 綜覽過去三十年的「預設模式網絡」研究，參見Randy L. Buckner, Jessica R. Andrews-Hanna, and Daniel L. Schacter, "The Brain's Default Network: Anatomy, Function, and Relevance to Disease," *Annals of the New York Academy of Sciences* 1124 (2008): 1–38, doi:10.1196/annals.1440.011。那幾位作者寫道：「個人從事內在專注的任務時（包括寫自傳時的記憶提取、構想未來、思考他人觀點等），預設模式網絡是啟動的。」他們也討論預設模式網絡的中斷和自閉症系

經常共餐，不要自責，只要想其他的方法和孩子相處就好了。」
那篇讀者投書的目的是提醒父母，親子相處是必要的。但即使你無法和孩子共進晚餐，你還是可以找其他的場合。那篇文章在字裡行間透露的訊息是：我們都知道晚餐很重要，但我們無法共進晚餐，或者我們應該找其他的場合相處。那樣說也有道理，但是缺乏共進晚餐的機會時，你需要另闢其他的場合。社會學家主張晚餐的重點在於對話，而不是食物，但那不表示晚餐不重要。晚餐還是很重要，因為我們的文化傳統習慣為家人騰出那段時間以便交流。家長問我如何在數位世界培養親子關係時，我的第一個建議是：把廚房和飯廳變成對話的「神聖空間」。然而，相較於把廚房和飯廳變成對話的「神聖空間」，或許想像有「另一個時間」可以和孩子相處比較容易。Ann Meier and Kelly Musick, "Is the Family Dinner Overrated?," *New York Times*, June 29, 2012, http://www.nytimes.com/2012/07/01/opinion/sunday/is-thefamily-dinner-overrated.htm。

66. Benjamin N. Waber, *People Analytics: How Social Sensing Technology Will Transform Business and What It Tells Us About the Future* (Upper Saddle River, NJ: FT Press, 2015), and Benjamin N. Waber, Daniel Olguin Olguin, Taemie Kim, et al., "Productivity Through Coffee Breaks: Changing Social Networks by Changing Break Structure," *Proceedings of the Thirtieth International Sunbelt Social Network Conference*, Trento, Italy (2010), http://papers.ssrn.com/sol3/papers.cfm?abstract_id=1586375.
67. 2011年夏季，我參加一場為高等教育的行政人員所舉辦的聚會，那場聚會的主題是談高等教育的「生產力」。顯然，有人要求這些人「證明」他們的體制是有成本效益的，所以他們在思考如何因應這樣的要求。他們討論的核心是：線上課程如何幫他們根據標準化的評量基準，來量化學生及學習效果。
68. 在中國，微軟發布「微軟小冰」（XiaoIce），那是為手機設計的人工智慧聊天機器人。2014年9月5日，部落格發文提到這個專案的抱負：「只要把它加入對話中，用戶就可以跟它進行長時間的交流。但小冰比你見過的聊天機器人更進化，它有獨特的個性，對話老練。它可以在對話中加入與脈絡有關的事實，談及名人、體育或金融等等，它也有同理心和幽默感。運用情感分析功能時，它可以根據對方言語中的正面或負面線索，來調整措辭和反應。她會講笑話、吟詩作對、講鬼故事、播歌、宣布彩券中獎號碼等等。它就像朋友一樣，可以進行長時間的對話，對話往來的次數可達數百句⋯⋯自從推出以來，它已經進行了五億次對話。它的個性和幽默感令用戶嘖嘖稱奇。它是微博上的頂級意見領袖，目前在微博上的粉絲超過八十五萬。」取自Bing的資深總監斯特凡．韋茨（Stefan Weitz）的部落格發文，"Meet XiaoIce, Cortana's Little Sister," September 5, 2014, http://blogs.bing.com/search/2014/09/05/meet-xiaoice-cortanas-little-sister。
69. 參見羅薩林．皮卡（Rosalind W. Picard）在這個領域的開創性研究，*Affective*

58. 這個發人深省的說法，是我和艾米麗・卡琳（Emily Carlin）對話時想出來的。
59. Giles M. Phillips, "Are Mobile Users More Vigilant?," *Proceedings of the 2014 ACM Conference on Web Science* (2014): 289–90, doi:10.1145/2615569.2615642.
60. 有跡象顯示，在科技業裡，新一代的設計師對這個主題逐漸產生共識。例如，臉書按「讚」機制的發明者賈斯汀・羅森斯坦（Justin Rosenstein）和目前在Google任職的崔斯頓・哈瑞斯（Tristan Harris）都主張，設計不該以掌控注意力為目標，設計的目的應該是為了幫我們過最充實的生活。誠如哈瑞斯所言，這種設計的成敗衡量指標，不該看用戶使用多少時間，而是看用戶「使用得宜的時間」。參見Rosenstein in May 2014, http://techcrunch.com/video/do-great-things-keynote-by-justin-rosenstein-of-asana/518220046/ and Harris in December 2014, https://www.youtube.com/watch?v=jT5r Rh9AZf4。哈瑞斯希望「使用得宜的時間」可以變成新的品牌標準，就像消費者購物時尋找「有機」標誌那樣。這段內容是根據2015年4月6日作者與哈瑞斯的私下交流。
61. *Oxford English Dictionary* (Oxford University Press, 2015, http://www.oed.com). http://www.oed.com/view/Entry/40748?rskey=URvqon&result=1&isAdvanced=false#eid.
62. 關於大專院校如何把對話納入課程中，參見"The University: The Social Emotional Well-Being of College Students," Aspen Ideas Festival, July 1, 2014, http://www.aspenideas.org/session/social-emotional-well-being-college-students。
63. 在經常連線的問題受到關注以前，精神分析師海因茲・柯胡特（Heinz Kohut）就已經主張，脆弱者（他稱為自戀人格）的特徵不是自戀，而是自我意識受創。他們把其他人想成「自我客體」（selfobject）來支持自己。把別人視為「自我客體」時，別人猶如自體的延伸，因此完全符合個體脆弱的內在狀態。新的通訊科技讓我們更容易把他人視為自我的碎片，使我們覺得想從他人獲得需要的東西時，我們有無窮無盡的選擇。關於需要這些「碎片」的心理學，參見Paul Orenstein, ed., *The Search for Self: Selected Writings of Heinz Kohut (1950–1978)* , vol. 2 (New York: International Universities Press, 1978)。
64. 全家共進晚餐有助於防範犯罪和吸毒成癮，共進晚餐的次數可用來預測孩子的學業成績。關於這項研究，參見Barbara H. Fiese and Marlene Schwartz, "Reclaiming the Family Table: Mealtimes and Child Health and Well-Being," Society for Research in Child Development, Social Policy Report 22, no. 4 (2008), http://srcd.org/sites/default/files/documents/22-4_fiese.pdf。
65. 那個臉書廣告以半開玩笑的口吻批評對話，以彰顯我們的文化時刻。《紐約時報》有一篇嚴肅的讀者投書也是如此，標題是〈全家共進晚餐的效益是否被高估了？〉。那篇文章一開始就提到與晚餐有關的種種效益，接著指出一個顯而易見的問題：孩子的差異不是共進晚餐促成的，關鍵在於父母是否「善用時間與孩子相處，以了解孩子的日常生活」。該文作者總結：「如果你無法和家人

Internet & American Life Project, March 19, 2012, http://www.pewinternet.org/2012/03/19/teenssmartphones-texting.
49. Amanda Lenhardt, Rich Ling, Scott Campbell, et al., "Teens and Mobile Phones,"Pew Research Center's Internet & American Life Project, April 20, 2010, http://www.pewinternet.org/2010/04/20/teens-and-mobile-phones.
50. "Generation Z: The Limitless Generation Study of 1200 Teen Wikia Users by Wikia and Ipsos MediaCT," PR NewsWire.
51. 這項發現是來自樂高公司（LEGO）的研究。2014年5月，在米爾肯研究機構（Milken Institute）所舉辦的研討會上，我從莎夏・史特勞斯（Sasha Strauss）的簡報裡注意到這個訊息。"Capturing the 'Cool Factor' in Consumer Tech," *Currency of Ideas*, May 2014, http://currency-ofideas.tumblr.com/post/84355392003/capturing-the-cool-factor-in-consumer-tech。
52. 史丹佛大學有25%的學生每次使用媒體時，使用了四種媒體。Clifford Nass, "The Myth of Multitasking," narrated by Ira Flatow, *Talk of* the *Nation*, National Public Radio, May 10, 2013, http://www.npr.org/2013/05/10/182861382/the-myth-ofmultitasking
53. Ophir, Nass, and Wagner, "Cognitive Control in Media Multitaskers." 新的研究顯示，一小部分的人口（1-2%）可以一心多用。但是對98%至99%的多數人來說，每增加一項新的任務，都會降低績效。更諷刺的是：你愈常一心多用，一心多用時的績效愈差。Maria Konnikova, "Multitask Masters," *The New Yorker*, May 7, 2014, http://www.newyorker.com/online/blogs/mariakonnikova/2014/05/multitaskmasters.html?utm_source=tny&utm_medium=email&utm_campaign=dailyemail&mbid=nl_Daily%20(173)
54. Zheng Wang and John M. Tchernev, "The 'Myth' of Media Multitasking: Reciprocal Dynamics of Media Multitasking, Personal Needs, and Gratifications," *Journal of Communication* 62 (2012): 493–513, doi: 10.1111/j.1460-2466.2012.01641.x.
55. Becker, Alzahabi, and Hopwood, "Media Multitasking Is Associated with Symptoms of Depression and Social Anxiety."
56. Pea, Nass, Meheula, et al. "Media Use: Face-to-Face Communication, Media Multitasking, and Social Well-Being Among 8- to 12-Year-Old-Girls."
57. 華盛頓州立大學的神經學家賈克・潘克沙普（Jaak Panksepp）自創這個術語。Jaak Panskepp, *Affective Neuroscience: The Foundations of Human and Animal Emotions* (Oxford: Oxford University Press, 1998), 151。至於科學運用的神經科普觀點，請參見Emily Yoffe, "Seeking How the Brain Hardwires Us to Love Google, Twitter, and Texting. And Why That's Dangerous," *Slate*, August 12, 2009, http://www.slate.com/articles/health_and_science/science/2009/08/seeking.html。

Cruelty (New York: Basic Books, 2012)。
43. Nass, "Is Facebook Stunting Your Child's Growth?"。關於「人比較容易回想起負面事件，而不是正面事件」的論點，參見Roy F. Baumeister, Ellen Bratslavsky, and Catrin Finkenauer, "Bad Is Stronger than Good," *Review of General Psychology* 5, no. 4 (2001): 323–70, doi:10.1037//1089-2680.5.4.323。安東尼奧·達馬西歐（Antonio Damasio）和同仁的研究顯示，相較於身體疼痛的反應，神經面對某些情緒（例如欽佩和同情）時，需要較長的處理時間，參見Mary Helen Immordino-Yang, Andrea McColl, Hanna Damasio, et al.,"Neural Correlates of Admiration and Compassion," *PNAS*10, no. 19 (2009): 8021–26。在「中介傳播」的環境中，這很重要，因為互動發生得太快，來不及產生同理心。這項研究的首席研究者是曾任國中教師的伊姆莫迪諾－楊（Immordino-Yang），她受訪時做出以下總結：「事情發生太快時，你無法完全體會他人的心理狀態，那會影響你的道德觀。」達馬西歐領導的研究團隊也發現，同情心與「預設模式網絡」（default-mode network）有關聯。人獨自思考時，會啟動「預設模式網絡」。欣賞美德，以及對社會或心理痛苦所產生的同情，都是由「預設模式網絡」負責處理。這兩種反應的處理都比較慢，在充滿好消息的生活中，我們來不及處理這些感受。參見Rick Nauert, "Twitter Tweets, Texting May Lack Compassion," Psych Central, April 14, 2009, http://psychcentral.com/news/2009/04/14/twitter-tweetstexting-may-lack-compassion/5317.html)。
44. Nass, "Is Facebook Stunting Your Child's Growth?"
45. 這個統計數據來自媒體普遍報導的一項研究，那是2013年諾基亞（Nokia）委託進行的手機使用調查。參見"Mobile Users Can't Leave Their Phone Alone for Six Minutes and Check It up to 150 Times a Day," *Mail Online*, http://www.dailymail.co.uk/news/article-2276752/Mobile-users-leave-phone-minutes-check-150-times-day.html。
46. 這就是所謂的「iPad寶寶躺椅」（iPad Apptivity Seat），是費雪牌（Fisher-Price）推出的商品，底下是亞馬遜上的產品說明:「這是一種伴我成長的嬰兒座椅，舒適、有趣，還有科技感。」這裡必須指出，那個座椅確實引起大眾的反彈。http://www.commercialfreechildhood.org/action/tell-fisher-price-no-ipad-bouncy-seats-infants。
47. 行銷人員靠這個事實行銷商品。這些數字是來自易普索市調研究公司（Ipsos MediaCT）和Wikia（一家網站託管及維基農場網站）一起發布的報告："Generation Z: The Limitless Generation Study of 1,200 Teen Wikia Users by Wikia and Ipsos MediaCT," PR NewsWire, March 19, 2013, http://www.wikia.com/Generation_Z:_A_Look_at_the_Technology_and_Media_Habits_of_Today's_Teens。
48. Amanda Lenhardt, "Teens, Smartphones, and Texting," Pew Research Center's

35. 事實上，海因里希・馮・克萊斯特為了舉例說明對話如何讓我們產生最佳想法，他提到米拉波（Mirabeau）在法國大革命一開始主張的國家權利。米拉波在偶然下成為能言善道的雄辯家，因為他有對話者。你可以感受到他在觀眾面前特別辯才無礙。
36. 我們之所以渴望受到干擾，那背後有認知和情感方面的理由。這是尼可拉斯・卡爾（Nicholas Carr）提出的論點。他指出:「我們希望受到干擾，因為每次干擾都帶給我們有價值的資訊。若是關閉那些通知，可能會讓人產生脫節或社交孤立感。」卡爾繼柯利・多克托羅（Cory Doctorow）之後，說使用電腦的感覺像「接上干擾科技的生態系統」。參見《網路讓我們變笨？》（*The Shallows: What the Internet Is Doing to Our Brains*），貓頭鷹出版。
37. Alex Kantrowitz, "John McCain Unapologetic After Playing iPhone Poker During Syria Hearing," *Forbes*, September 3, 2013, http://www.forbes.com/sites/alexkantrowitz/2013/09/03/john-mccain-unapologetic-after-playing-iphonepoker-during-syria-hearing/.
38. Faria Sana, Tina Weston, and Nicholas J. Cepeda, "Laptop Multitasking Hinders Classroom Learning for Both Users and Nearby Peers," *Computers & Education* 62 (March 2013): 24–31, doi:10.1016/j.compedu.2012.10.003.
39. Sandi Mann and Rebekah Cadman, "Does Being Bored Make Us More Creative?," *Creativity Research Journal* 26, no. 2 (2014): 165–73. For an overview on this point, see Scott Adams, "The Heady Thrill of Having Nothing to Do," *Wall Street Journal*, August 6, 2011, http://online.wsj.com/article/SB10001424053111903454504576486412642177904.html.
40. 與尋求資訊的行為有關的神經獎勵系統，參見Kent C. Berridge and Terry E. Robinson, "What Is the Role of Dopamine in Reward: Hedonic Impact, Reward Learning, or Incentive Salience?," *Brain Research Reviews* 28 (1998): 306–69。卡爾在《網路讓我們變笨？》裡的研究，形塑了「線上生活如何改變大腦」的大眾討論。他主張，一個人掛在網路上愈久，愈難安靜地幻想；可想而知，深度閱讀和專心對話也變得很難。
41. 納斯研究八至十二歲女孩的網路生活，那個年紀是建立身分及穩定自我意識的關鍵年齡。這項研究的成果之一是一篇合著的論文：Pea, Nass, Meheula, et al., "Media Use, Face-to-Face Communication, Media Multitasking, and Social Well-Being Among 8- to 12-Year-Old Girls."。
42. 同理心研究人員賽門・拜倫－柯恩（Simon Baron-Cohen）提出這個論點：「同理心往往與自我意識密切相關。同理心強的人，不僅擅長察覺他人的感受，也善於反思自己的行為。」參見 "Does Empathy Explain Cruelty?," *Science Friday*, September 30, 2011, http://www.sciencefriday.com/guests/simon-baron-cohen.html#page/full-width-list/1。拜倫－柯恩主張，同理心減弱是導致個人及社會冷酷無情的原因，參見 *The Science of Evil: On Empathy and the Origins of*

Cyberpsychology, Behavior, and Social Networking 16, no. 2 (November 5, 2012): 132–35, doi:10.1089/cyber.2012.0291.

28. 任教於史丹佛大學的媒體心理學家克利福德・納斯（Clifford Nass）在2013年過世以前，是研究社群媒體和同理心。參見Elizabeth Cohen, reporting on Clifford Nass's resesarch: "Does Life Online Give You 'Popcorn Brain'?," CNN, June 23, 2011, http://www.cnn.com/2011/HEALTH/06/23/tech.popcorn.brain.ep/index.html。讓一心多用的人看臉部照片時，他們難以判斷照片中的人有什麼感受。對一心多用的人說故事時，他們難以辨識故事中人物的情緒，也難以說明如何讓故事中的人物感覺更好。參見Clifford Nass, "Is Facebook Stunting Your Child's Growth?," *Pacific Standard*, April 23, 2012, http://www.psmag.com/culture/is-facebookstunting-your-childs-growth-40577.。亦見Eyal Ophir, Clifford Nass, and Anthony Wagner, "Cognitive Control in Media Multitaskers," *PNAS (Early Edition)* 106, no. 37 (2009): 1–5, doi:10.1073/pnas.0903620106。
29. Roy Pea, Clifford Nass, Lyn Meheula, et al., "Media Use, Face-to-Face Communication, Media Multitasking, and Social Well-Being Among 8- to 12-Year-Old Girls," *Developmental Psychology* 48, no. 2 (2012): 327–36, doi:10.1037/a0027030.
30. 即使桌上擺著靜音手機，也會使人「改變話題」。這是普伯斯基（Przybylski）和溫斯坦（Weinstein）的研究，研究名稱是「現在你可以跟我產生共鳴嗎？」。前面提過，第二個同名研究是實驗室的實驗，在自然環境中探究時，也得到類似的結果。在第二個研究中，現場只要出現手機，人與人對話中的同理心就會減弱。Misra, Cheng, Genevie, et al., "The iPhone Effect."。
31. 我們知道社經背景不同的孩子有不同的語言能力，弱勢家庭的孩子認識的詞彙較少，語言處理速度較慢，一開始表達自我的能力落後。如果各行各業的父母都覺得對話不重要，所有的孩子一開始都會出現語言缺陷，透過語言學習的人際互動技巧也會有缺陷。參見Anne Fernald, Virginia A. Marchman, and Adriana Weisleder, "SES Differences in Language Processing Skill and Vocabulary Are Evident at Eighteen Months," *Developmental Science* 16, no. 2 (2013): 234–48。
32. 這個詞是科技專家琳達・史東（Linda Stone）自創的。參見"Continuous Partial Attention," http://lindastone.net/qa/continuous-partial-attention。
33. Mark R. Dadds, Jennifer L. Allen, Bonamy R. Oliver, et al., "Love, Eye Contact, and the Developmental Origins of Empathy Versus Psychopathy," *British Journal of Psychiatry* 200 (2012): 191–96, doi:0.1192/bjp.bp.110.085720.
34. 這篇文章和觀點有許多翻譯版本。參見Heinrich von Kleist, *On the Gradual Production of Thoughts Whilst Speaking*, David Constantine, ed. and trans. (Indianapolis: Hackett Publishing, 2004), 405。

19. Andrew Przybylski and Netta Weinstein, "Can You Connect with Me Now? How the Presence of Mobile Communication Technology Influences Face-to-Face Conversation Quality," *Journal of Social and Personal Relationships* (2012): 1–10, doi:10.1177/0265407512453827.

20. Shalini Misra, Lulu Cheng, Jamie Genevie, et al., "The iPhone Effect: The Quality of In-Person Social Interactions in the Presence of Mobile Devices," *Environment and Behavior* (2014): 124, doi:10.1177/0013916514539755。這個研究的主題是「現在你可以跟我產生共鳴嗎？」，這是一個實驗室的實驗，在自然環境中探究時，也得到類似的結果。

21. 心理學家莎拉・孔瑞思（Sara Konrath）從七十二項研究中彙整證據。結果顯示，美國大學生的同理心水準比二十年前低了40%。她指出，過去十年間的跌幅特別劇烈。她和研究團隊推測，那可能是「中介傳播」（mediated communication）增加所造成的——「**網路上**互動的時間遠比實際互動的時間還多時，同理心之類的人際動態肯定會改變。」Sara Konrath, Edward H. O'Brien, and Courtney Hsing, "Changes in Dispositional Empathy in American College Students over Time: A Meta-Analysis," *Personality and Social Psychology Review* 15, no. 2 (May 2011): 180–98, doi:10.1177/1088868310377395

22. D. A. Christakis, J. Gilkerson, J. A. Richards, et al., "Audible Television and Decreased Adult Words, Infant Vocalizations, and Conversational Turns: A Population-Based Study," *Archives of Pediatrics and Adolescent Medicine* 163, no. 6 (June 2009): 554–58, doi:10.1001/archpediatrics.2009.61.

23. 不出所料，在這項研究中，視訊對話的熱絡感排名第二，語音對話排名第三。L. E. Sherman, M. Michikyan, and Patricia Greenfield, "The Effects of Text, Audio, Video, and In-Person Communication on Bonding Between Friends," *Cyberpsychology: Journal of Psychosocial Research on Cyberspace* 7, no. 2, article 1 (2013), doi:10.5817/CP2013-2-3

24. 哲學家安曼紐・列維納斯（Emmanuel Levinas）寫道，臉部的出現會讓人想到人類道德契約。*Alterity and Transcendence*, Michael B. Smith, trans. (London: Athlone, 1999)

25. 精神分析學家唐諾・溫尼考特（Donald W. Winnicott）在研究中探索這個概念，參見"The Capacity to Be Alone," *International Journal of Psychoanalysis* 39, no. 5 (September–October 1958): 416–20。

26. 2010年6月，布芮尼・布朗（Brené Brown）在TED上演講「脆弱的力量」。那場演講是最受人矚目的TED演講之一。截至2015年2月，TED網站上的觀看次數已逾兩千萬次。http://www.ted.com/talks/brene_brown_on_vulnerability?language=en

27. Mark W. Becker, Reem Alzahabi, and Christopher J. Hopwood, "Media Multitasking Is Associated with Symptoms of Depression and Social Anxiety,"

十四世紀中葉，這個字仍源自於與「共同生活，與他人打交道」、「為人處世方式」有關的字彙。Dictionary.com, Online Etymology Dictionary, Douglas Harper, historian, http://dictionary.reference.com/browse/conversation

15. 本書的主要內容，是由數百場有關「對話」的對話所構成的。我從「一把椅子」的對話（獨處和自省）開始談起，接著談到「兩把椅子」的對話（意指友誼和親密關係，與家人、友人、戀人的交談），再談到「三把椅子」的世界（我們的社交關係，有關教育、工作、政治的對話）。除非另有說明，否則書中引用的訪談都是2010年到2015年之間進行的。除非是引用公開紀錄或公開會議，否則我會掩飾受訪對象及機構（學校、大學、公司）的身分。
為了思考「一把椅子和兩把椅子」的對話，我訪問了一百五十位以上年齡介於十幾歲到三十出頭的年輕人，有些是集體訪問，有些是個別訪問，有些是家庭訪問。多數的集體對話是在辦公室或會議室裡進行，但有些是和夏令營的孩子進行的「小屋對話」（通常是在關燈以前，和十個同睡一間小屋上下舖的孩子對談）。此外，二十七位成人與我分享了他們最難忘的對話。我也訪問了六十四位國中和高中的教育工作者，包括老師、輔導員、心理學家、行政人員。在某些地方，為了讓讀者了解最近的歷史，我回顧了2008到2010年間採訪青少年的內容。當時，我做了三百多次訪談，記錄了那個簡訊和社群媒體剛出現的年代。
本書探討「三把椅子」對話的章節，是把焦點放在高等教育和職場上。在談「教育」的那章中，我採訪了大專院校的教授、行政人員和學生。這裡的採訪人數很難加總，因為那些對話是擷取自數十年來我在大學任教的經驗。
至於談論「工作」的那章，我訪問了許多行業的專業人士，包括律師、醫生、建築師、顧問、金融從業人員。在軟體公司哈特科技（HeartTech）、設計公司史托達（Stoddard）、顧問公司ReadyLearn裡，我做了焦點小組訪談，也對多種員工做了個人訪談，包括工程師、程式設計師、財務主管、建築師、行政助理等等。為了職場那章，我訪問了兩百零二個人。
我談公共對話時，側重於那些跟著智慧型手機一起成長的年輕人所抱持的政治觀，我主要是引用我蒐集的青少年和年輕人資料。

16. 我研究人類與智慧型機器的對話已逾三十年了，這項研究涉及數百位研究對象，不分老少。有關早期研究的回顧，請見拙著《在一起孤獨》（*Alone Together: Why We Expect More from Technology and Less from Each Other*，時報出版）。

逃避對話

17. The Fletcher School, “Eric Schmidt and Jared Cohen on ‘The New Digital Age,’”February 26, 2014, YouTube video, https://www.youtube.com/watch?v=NYGzB7uveh0.

18. 《柯伯特報告》（*The Colbert Report*）, January 17, 2011.

6. 這個詞出自麻州劍橋市的一幅防癌壁畫，是那群壁畫繪製者一起想出來的。Genevieve Howe,"Cambridge Mural Cries Out Against the Cancer Epidemic," Peacework Magazine (March 1999), http://www.peaceworkmagazine.org/pwork/0399/039904.htm
7. 關於我對兒童與數位文化的早期研究，參見拙著《電腦革命：人工智慧所引發的人文省思》（*The Second Self: Computers and the Human Spirit*，遠流出版）及《虛擬化身—網路世代的身分認同》（*Life on the Screen: Identity and the Age of the Internet*，遠流出版）。
8. 亨利・大衛・梭羅（Henry David Thoreau），《湖濱散記》（*Walden*）。
9. Timothy D. Wilson, David A. Reinhard, Erin C. Westgate, et al., "Just Think: The Challenges of the Disengaged Mind," *Science* 345, no. 6192 (2014): 75–77, doi:10.1126/science.1250830.
10. 例如，一項研究顯示，孩童只要五天不接觸電子裝置，就比對照組的孩童更能判讀臉部情緒，以及辨識影片中演員的情感。該項研究的作者寫道：「研究結果顯示，數位螢幕即使是用於社交互動，也會縮減我們培養情感判讀技巧的時間。」Yalda T. Uhls, Minas Michikyan, Jordan Morris, et al., "Five Days at Outdoor Education Camp Without Screens Improves Preteen Skills with Nonverbal Emotional Cues," *Computers in Human Behavior* 39 (2014): 387–92, doi:0.1016/j.chb.2014.05.036
11. 例如，2006年的一項研究顯示，覺得沒有對象可討論重要事情的美國人大增，從1985年到2004年，人數翻了三倍。Miller McPherson, Lynn Smith-Lovin, and Matthew E. Brashears, "Social Isolation in America: Changes in Core Discussion Networks over Two Decades," *American Sociological Review* 71 (2006): 353–75, doi:10.1177/000312240607100301。羅伯特・普特南（Robert Putnam）的《獨自打保齡球》（*Bowling Alone*）(New York: Simon and Schuster, 2001) 描述美國集體生活的惡化。2012年5月，史蒂芬・馬奇（Steven Marchie）在《大西洋週刊》（*The Atlantic*）發文提到，社群媒體和社交隔離引發「網路矛盾」（亦即愈連線反而讓我們感覺愈孤單）的爭論，"Is Facebook Making Us Lonely?" http://www.theatlantic.com/magazine/archive/2012/05/is-facebookmaking-us-lonely/308930。
12. Sara Konrath, Edward H. O'Brien, and Courtney Hsing, "Changes in Dispositional Empathy in American College Students over Time: A Meta-Analysis," *Personality and Social Psychology Review* 15, no. 2 (May 2011): 180–98, doi:10.1177/1088868310377395.
13. Faria Sana, Tina Weston, and Nicholas J. Cepeda, "Laptop Multitasking Hinders Classroom Learning for Both Users and Nearby Peers," *Computers and Education* 62 (March 2013): 24–31, doi:10.1016/j.compedu.2012.10.003.
14. 在聖經中，conversation這個字意指一個人身為公民時，他與社群的關係。在

注釋

同理心日記

1. 2015年皮尤研究中心（Pew Research Center）的研究指出，年輕人「使用手機的兩個目的特別明顯：避免無聊；避免接觸周遭的人。」Aaron Smith, "U.S. Smartphone Use in 2015," Pew Research Center for Internet, Science, and Technology, April 1, 2015, http://www.pewinternet.org/2015/04/01/us-smartphoneuse-in-2015。
2. 《麥克米倫字典》（*Macmillan Dictionary*），熱門字單元，"Phubbing"，http://www.macmillanthedictionary.com/us/buzzword/entries/phubbing.html。
3. 瑞秋・卡森（Rachel Carson），《寂靜的春天》（*Silent Spring*）。
4. 《我沒帶手機》（*I Forgot My Phone*）是邁爾斯・克勞福德（Miles Crawford）執導的短片，由夏琳・德古茲曼（Charlene deGuzman）編劇及主演，該片充分說明了這番體悟。那支短片於2013年8月在網路上發布，呈現出以下的劇情，可說是逃避對話的警示故事：

   試想，一名年輕女子一如既往展開日常慣例，唯一的例外是：她忘了帶手機。她從愛人的懷裡醒來時，看到愛人一邊漫不經心地摸著她的手臂，一邊收發電郵。在生日派對上，客人搶拍生日蛋糕的照片。舉杯慶祝時，大家忙著拍攝香檳的照片。與朋友共進午餐時，大伙兒鴉雀無聲，因為每個人都在滑手機。她打保齡球全倒時，沒有朋友和她擊掌慶祝，因為大家都在發簡訊。她和男友去看喜劇脫口秀時，無法與男友同樂，因為男友忙著上網發文，以便和線上的朋友分享聽到的笑話。

   該片發布六個月內，累積了近四千萬觀看次數。那支影片的熱門度讓我覺得，我們依然有審慎樂觀的理由。觀眾在那個令人不安的劇情中看到了自己，或許他們已經準備好重新思考自己與手機的關係。參見*I Forgot My Phone*，https://www.youtube.com/watch?v=OINa46HeWg8。
5. Andrew Przybylski and Netta Weinstein, "Can You Connect with Me Now? How the Presence of Mobile Communication Technology Influences Face-to-Face Conversation Quality," *Journal of Social and Personal Relationships*(2012): 1–10, doi:10.1177/0265407512453 827; Shalini Misra, Lulu Cheng, Jamie Genevie, et al., "The iPhone Effect: The Quality of In-Person Social Interactions in the Presence of Mobile Devices," *Environment and Behavior*(2014): 124, doi:10.1177/0013916514539755.

重新與人對話：迎接數位時代的人際考驗，修補親密關係的對話療法 / 雪莉．特克 (Sherry Turkle) 著；洪慧芳譯 .-- 初版 .-- 臺北市：時報文化，2018.07
面；　公分 .-- (Next；249)
譯自：Reclaiming conversation : the power of talk in a digital age
ISBN 978-957-13-7481-9(平裝)

1. 人際關係　2. 社會互動

541.76　　107010923

ISBN 978-957-13-7481-9
Printed in Taiwan.

NEXT 249
重新與人對話：迎接數位時代的人際考驗，修補親密關係的對話療法

Reclaiming Conversation: The Power of Talk in a Digital Age

作者／雪莉．特克 Sherry Turkle ｜ **譯者**／洪慧芳｜**審訂**／林鶴玲｜**主編**／陳盈華｜ **責任編輯**／石瑷寧｜ **責任企劃**／黃筱涵｜ **美術設計**／廖韡｜ **內文排版**／薛美惠｜ **發行人**／趙政岷｜**出版者**　時報文化出版企業股份有限公司　10803 台北市和平西路三段 240 號 3 樓 **發行專線**—(02)2306-6842 **讀者服務專線**—0800-231-705．(02)2304-7103 **讀者服務傳真**—(02)2304-6858　**郵撥**—19344724 時報文化出版公司　**信箱**—台北郵政 79-99 信箱　**時報悅讀網**—http://www.readingtimes.com.tw ｜**法律顧問**／理律法律事務所 陳長文律師、李念祖律師｜ **印刷**／勁達印刷有限公司｜ **初版一刷**／ 2018 年 7 月｜ **定價**／新台幣 560 元｜行政院新聞局局版北市業字第 80 號｜ **版權所有 翻印必究**（缺頁或破損書，請寄回更換）。

時報文化出版公司成立於 1975 年，並於 1999 年股票上櫃公開發行，於 2008 年脫離中時集團非屬旺中，以「尊重智慧與創意的文化事業」為信念。